出土戰國文獻字詞集釋

卷五

曾憲通 陳偉武 主編

范常喜 編撰

中華書局

卷五部首目録

卷　五

竹 艸

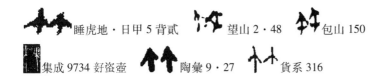

睡虎地·日甲 5 背貳　　望山 2·48　　包山 150

集成 9734 䣄酓壺　　陶彙 9·27　　貨系 316

○丁福保（1938）　"竹"見第六六〇圖。《殷虚書契後編》下第二十七葉"甲子歸𠂤妹示四茅"中𠂤，𠂤即竹字，國名。《禹貢》："荊州惟箘簵楛三邦底貢厥名。"按：箘、簵皆竹名，則以竹名國，由此可證矣。（善齋吉金錄）

《古錢大辭典》頁 1258，1982

○何琳儀（1998）　竹，甲骨文作𠂤（前二·三七七），象竹枝、葉之形。戰國文字分寫作竹，或加飾筆作竹。《說文》："艸，冬生艸也。象形。下垂者箁箬也。"（中略）望山簡"竹□"，竹製器物。包山簡竹，地名。

《戰國古文字典》頁 192

△按　古幣文中的"竹"爲單字，古幣文多記地名，但具體所指仍待詳考。包山簡第 150 號簡云"䣈易之牢中獸竹邑人宋纍"，似亦指地名。睡虎地秦簡"竹"字作竹，與小篆字形最爲接近。

【竹圉】望山 2·48

○中大楚簡整理小組（1977）　竹圉亦即竹笥。

《戰國楚簡研究》3，頁 48

○朱德熙、裘錫圭、李家浩（1995）　此墓出竹笥六件（頭一〇號等）。

《望山楚簡》頁 127

△按　"圉"字原簡文作𡴴，據此可知，隸定作"圉"至確，讀作"笥"亦可從。竹笥，即用以盛放衣物書籍等的竹製盛器。《後漢書·逸民傳·戴良》："良五女並賢，每有求姻，輒便許嫁，疏裳布被，竹笥木屐以遣之。"

【竹枳】包山 260

○湖北省荊沙鐵路考古隊（1991）　枕　2 件。遣策記有"一竹椹"（編按：即包山簡 260 號簡中的"一竹枳"）。竹質枕面，木質枕身。依枕座分爲框形和盒形兩種。

《包山楚墓》頁 122

○**劉彬徽、彭浩、胡雅麗、劉祖信**（1991）　竹柅。

《包山楚簡》頁 38

○**李家浩**（1998）　雖然《包山楚墓》把（1）、（2）的"枳"誤釋爲"柅"或"椹"，但是該書 122 頁認爲（2）的"一竹枳"是指墓内出土的枕卻是值得注意的。按枕在古代又叫作"妓"。《玉篇》立部説："妓，枕也。"《廣韻》紙韻過委切"詭"小韻也説："妓，枕也。"（中略）《急就篇》"奴婢私隸枕牀杠"，顏師古注："枕，所以支頭也。"枕又叫作"妓"，當是因枕是支載人頭用的而得名。（中略）

　　包山二號楚墓出土枕二件，分別編號爲 2:425、2:430。據枕座的形態，《包山楚墓》把 2:425 號稱爲框形座枕，把 2:430 號稱爲盒形座枕。（中略）

　　那麼簡文（2）所記的"一竹妓"當是指墓内出的框形座枕。

《徐中舒先生百年誕辰紀念文集》頁 173—174

○**劉信芳**（2003）　"枳"讀爲"枝"，《莊子·齊物論》："師曠之枝策也。"司馬《注》："枝，柱也。策，杖也。"疑"櫝枝"（編按：包山簡 259）是杖也。該墓北室出土有"龍首杖"一件（標本 2:224），由銅質首、鐏和積竹柲等三部分構成，通長 155.2 釐米。該杖與席、枕、几、奩、梳、篦、瑟同出，與簡文所記大略相合。簡 260 記有"一竹枳"，疑是竹杖。

《包山楚簡解詁》頁 274

△**按**　"竹枳"中的"枳"字作，多見於楚簡當中，如郭店簡《唐虞之道》26 "四枳（肢）倦惰"；《語叢四》17"不折丌（其）枳（枝）"；上博簡《相邦之道》"庶人勸於四枳（肢）之藝"。據此可證，李家浩釋"枳"爲"枝"，讀爲"妓"，劉信芳照本字"枝"解之，均有道理。後來李家浩又對"竹枳"作了新的考釋，認爲"枳"當讀作"嚔"，指墓中出土的竹杆。參見氏著《櫝枳、竹枳、枳銘》（《出土文獻研究》第 12 輯第 10—15 頁，中西書局 2014 年）。

【竹肯】集成 9734 舒盗壺

○**張政烺**（1979）　竺，《説文》："厚也。从二，竹聲。"經傳皆以篤爲之。

　　肯見瘔壺，此處上部筆畫稍省略。瘔壺肯是盉，此處讀爲迪。《爾雅·釋詁》"迪，道也"，又"迪，進也"（參考郝懿行《爾雅義疏》及章炳麟《古文尚書拾遺》卷末《附説亂洪迪爽四字義》）。

《古文字研究》1，頁 235

○朱德熙、裘錫圭(1979)　至於"百僚竹胄無疆"一句到底是什麼意思,現在還難以確定。訊鞫的"鞫"《説文》作"簼",从竹聲。"竹胄"可能當讀爲"鞫囚"。銘文蓋謂百僚訊囚無有界畔,濫施刑罰,先王日夜不忘此事,故大去刑罰以憂民之不辜。一説"竹胄"當讀爲"祝壽"或"祝禱"。

《文物》1979-1,頁44

○徐中舒、伍仕謙(1979)　"竹"即竹帛之竹,即簡册書籍也。

《徐中舒歷史論文選輯》頁1339,1998;原載《中国史研究》1979-4

○李學勤、李零(1979)　"竹倜",當讀爲篤周。篤,義爲厚。周,義爲信。這個倜字上半與第十五行倜字上半完全相同。

《考古學報》1979-2,頁161

○于豪亮(1979)　竹讀爲畜,胄讀爲育。《詩·淇奥》:"綠竹猗猗。"《爾雅·釋草》:"竹,萹蓄。"《釋文》引陶弘景云:"萹蓄亦呼爲萹竹。"竹可讀爲蓄,當然也可以讀爲畜。《書·堯典》"教胄子",《説文·云部》引作"教育子",《禮記·王制》鄭注引作"教育子",《周禮·大司樂》鄭注又云"若舜命夔典樂教育子",《釋文》云:"育音胄。"育與胄音義俱近,故可通假。因此竹胄讀爲畜育。《詩·蓼莪》"拊我畜我,長我育我",《老子·第五十一章》"故道生之,德畜之,長之育之,亭之毒之,蓋之覆之",均以畜育連言,正爲此竹(畜)胄(育)之所本。"竹(畜)胄(育)亡(無)彊(疆)",意思是養育無數之民,與《周易·臨》"君子以教思無窮,容保民無疆",《坤》"坤厚載物,德合無疆"的意思略同。

《考古學報》1979-2,頁181

○張克忠(1979)　"竹胄亡(無)疆",《説文》:"竹,冬生艸也。"胄假借爲壽。此句意爲萬古長青。

《故宫博物院院刊》1979-1,頁46

○陳邦懷(1983)　竹胄亡(無)疆,竹字在此句無義可説。以音求之,當是祝之借字,祝、竹同音也。胄訓後,《左傳》襄公十四年杜注曰:"胄,後也。"祝胄無疆者,言祝後世無疆也。

《天津社會科學》1983-1,頁64

○何琳儀(1998)　中山王圓壺"竹周",讀"篤周"。《吕覽·孝行》"朋友不篤",注:"篤,信也。"《榖梁·成十七年》"公不周乎伐鄭也",注:"周,信也。"

《戰國古文字典》頁192

○湯餘惠(1998)　竹胄,于豪亮先生謂"竹讀爲畜,胄讀爲育,畜育無疆,意思是養育無數之民"。今按,竹、畜、蓄、孝、好諸字並音近義通(《六書音均表》均收在第三部)。《爾雅·釋草》:"竹,萹蓄。"《釋文》引陶弘景云:"萹蓄,亦呼為萹竹。"于氏文中曾引此以證竹、蓄字通。蓄又通畜,《詩·谷風》:"我有旨蓄,亦以御冬。"《釋文》:"蓄,本亦作畜。"畜又通好、孝,《孟子·梁惠王下》:"畜君者何?畜君者,好君也。"段玉裁《説文解字注》十三篇下:"畜即好之同音叚借也。"《禮記·坊記》"以畜寡人",注:"畜,孝也。"又《祭統》:"孝者,畜也。順于道,不逆于倫,是謂之畜。"壺銘的"竹胄",即古書所説的"好胄"、"孝胄"、"畜胄",意猶春秋銅器欒書缶之言"畜孫"。全句銘文大意是説,曩昔中山國的先君慈愛百民,因而能夠保有江山社稷,子孫蕃衍,懿嗣無疆。

《出土文獻研究》3,頁 66

△按　綜合形音義諸要素,上列諸説中以湯餘惠的觀點最貼近"竹胄"的意思,而"竹"字與"畜、蓄、孝、好"雖音近,但出土材料中似未見具體相通之例,因此,"竹胄"一語尚有進一步討論的餘地。

【竹箑】信陽 2·19　包山 260

○中大楚簡整理小組(1977)　(編按:信陽 2·19)竹箑,顧名思義,當是破竹編製而成,入墓後散壞,不知其狀。馬王堆一號墓竹簡有"大扇一,錦周椽(緣)。鞇秉(鞇柄)"。其二曰:"一小扇,綿緣。"在隨葬品中有長柄竹扇和短柄竹扇各一,以素絹緣扇邊,用錦色柄(見《長沙馬王堆一號漢墓》圖二三四,二二九,簡 279、280)。漢代雖稱扇,不叫箑,但對照實物和文獻資料來看,箑確是後代的羽扇。

《戰國楚簡研究》2,頁 30

△按　"竹箑"當即竹扇之稱,其中"箑"字或亦作"翣、箑"等。《儀禮·既夕禮》:"杖笠翣。"鄭玄注:"翣,扇也。"《説文》竹部:"箑,扇也。从竹,疌聲。箑,箑或从妾。"在楚遣册簡中,竹扇多寫作"箑",羽扇則作"翣",二者本當有别,偶或通用。參見陳偉武《一簡之内同字異用與異字同用》(《古文字論壇》第 1 輯第 126—138 頁,中山大學出版社 2015 年)。

箭　簜　籌

箐　集成 12110 鄂君啟車節

○何琳儀(1998)　籌,从竹,壽聲。疑箭之省文。《説文》:"箭,矢竹也。从竹,前聲。"鄂君車節簹,讀箭。

《戰國古文字典》頁 1045

△按　節銘辭例云"毋載金革龜簹(箭)","簹"即"箭"之楚寫。"岁"在楚文字中即"前",如:(包山 122)、(上博二子·11)、(上博四·曹 30)等。

筱 筱

上博六·慎子 5

○李朝遠(2007)　"筱",《説文·竹部》:"箭屬,小竹也。"

《上海博物館藏戰國楚竹書》(六)頁 281

△按　上博六《慎子曰恭儉》簡 5 中的"筱"字,劉建民讀爲"蓧",可從。《説文》艸部:"莜,艸田器。《論語》曰:'以杖荷莜。'"今《論語》作"蓧"。參見劉洪濤《上博竹書〈慎子曰恭儉〉校讀》(簡帛網 2007 年 7 月 6 日)引述。

簜 簜

集粹

○黃德寬等(2007)　秦印簜,人名。

《古文字譜系疏證》頁 1838

△按　湯餘惠主編《戰國文字編》(福建人民出版社 2001 年)285 頁收録此字,并釋作"簜"。《説文》云:"大竹也。从竹,湯聲。《夏書》曰:'瑶琨筱簜。'簜可爲幹,筱可爲矢。"秦印用爲人名。

筍 筍　筍 笋

集粹

(芍)近出 228 筍鼎

包山 180

○王輝(1990)　(編按:近出 228 筍鼎)此鼎與高奴殷同出,銘文盧同志原釋"芍止",無説。細審拓本,當隸作"筍廿"二字。筍讀作枸,爲枸邑之省,廿則爲器

物編號。筍爲地名,長安縣下泉村出土的多友鼎銘文有"戎伐筍",長安縣張家坡又出有筍侯毁。多友鼎之筍,學者或以爲指漢右扶風之栒邑,即今旬邑縣,或以爲在今山西南部,即周郇侯國。此鼎出於旬邑縣古墓中,筍自然爲栒邑,由此知多友鼎之筍當亦指栒邑。

　　余已爲此説之後,又讀到黃盛璋先生在 1988 年長春中國古文字研究會成立十周年學術研討會上的論文油印稿,題爲《秦兵器分國、斷代與有關制度研究》,知黃先生亦讀首字爲筍,與鄙見同。

《秦銅器銘文編年集釋》頁 166

○**何琳儀**(1998)　(編按:近出 228 笌鼎)笌,從竹,匀聲。《集韻》:"笌,筊也。"笌鼎笌,讀栒,地名。秦器亦作樽。

《戰國古文字典》頁 1113

(編按:包山 180)笋,從竹,尹聲。筍之異文。《集韻》:"筍,或作笋。"《説文》:"筍,竹胎也。從竹,旬聲。"包山簡笋,人名。

《戰國古文字典》頁 1337

○**黃盛璋**(2001)　栒矛　栒(骹)　《貞圖》中七一,《三代》二〇·三二·四
　　《漢書·地理志》栒邑屬右扶風。《史記·酈商傳》:"破雍將軍烏氏周類、軍栒邑。"

《古文字研究》21,頁 258

○**劉信芳**(2003)　(編按:包山 180)矓笋:僅此一見,疑讀爲"童尹",童地之尹,《戰國策·楚策二》:"昭雎勝秦於重丘。"此重丘在楚方城範圍以内。重、童古音相通。

《包山楚簡解詁》頁 188

○**李守奎**(2003)　(編按:包山 180)筍　笋　《集韻·準韻》:"筍,或作笋。"

《楚文字編》頁 275

△**按**　黃盛璋刊于《古文字研究》第 21 輯中的文章,即王輝所述及的"1988 年長春中國古文字研究會成立十周年學術研討會上的論文"。兩位先生對此字論之甚詳,可以參看。兩位先生所論及的古文字材料中的"栒"字以及其具體地望的最新考證可參見劉釗《兵器銘文考釋(四則)》(《出土文獻與古文字研究》第 2 輯,復旦大學出版社 2008 年)。1979 年初,笌鼎出土於陝西旬邑縣,讀爲秦地名"栒"可信。《漢書·地理志》:"栒邑,属右扶风,古豳地。"包山簡中的"笋"字,原簡文辭例作"壬戌,矓笋夆㠯安,舟室舒臣,雨(靈)里子之州差無時"。據此看來,"矓笋夆"似當爲地名。

箬 𥰡 若

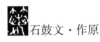
石鼓文・作原

上博二・容成 15

○**吳大澂**（1884） 箬 𥰡石鼓文，𦰌古玉鉢。

《說文古籀補》頁 17，1988

○**強運開**（1935） （編按：石鼓文）薛郭趙作"若"，潘迪云："籀文若字。"張德容云："按陸德明《經典釋文》，《周易》離卦'出涕沱若'之若作'𥰡'。釋云古文若字皆如此。惟鼓文從竹。《說文》訓竹皮，與從艸訓杜若擇菜者異耳。"王國維曰："'亞箬'與'猗儺'音義俱近，'亞箬其華'，猶《詩》言'猗儺其華'。"運開按：鼓文從竹作"箬"，自不必與若字相牽混。《說文》："竹，冬生艸也，象形，下垂者箬箬也。""箬"下云"竹箬也"。"箬"下云："楚謂竹皮曰箬。"竊疑"箬、箬"即指竹葉而言，竹葉下垂故曰象形，至以竹皮爲箬，蓋楚人方言如此，非箬乃竹皮之專稱也。鼓言"亞箬其華"正狀華之茂者，枝葉繁生參差下垂也，是王氏國維之說固自可從耳。

《石鼓釋文》己鼓，頁 10–12

○**李零**（2002） （編按：上博二・容成 15）"蓋若冒"即"箬箬帽"。按《說文・竹部》"箬，竹箬也"，"箬，楚謂竹皮曰箬"。箬箬帽即今之竹笠。

《上海博物館藏戰國楚竹書》（二）頁 261

△**按** 《上博二・容成氏》15 號簡"箬"字從艸，與從竹有異，原簡文辭例作"乃卉備（服）蓋（箬）若（箬）"。其中"若"字似即"箬"之異體。石鼓文中的"箬"字，現於"亞箬"一語中，此語的解釋可以參見徐寶貴《石鼓文整理研究》一書（中華書局 2008 年）。該書第 795 頁中認爲："亞箬"是聯綿詞，"箬"字之義，在這個聯綿詞中跟它所從的竹旁是沒有聯繫的，而只跟它的聲旁有聯繫。此字本應寫作"若"，但石鼓文的書寫者喜歡用結構繁複的字，所以用了"箬"字。這個聯綿詞在古文獻裏，除作"猗儺"外，還作"阿儺、阿難、猗狔、阿那、阿娜"等形。《詩・檜風・隰有萇楚》"猗儺其枝""猗儺其華""猗儺其實"，"猗儺"一詞重複使用三次以狀其枝、華、實，其義當有別。《經義述聞》對此已有闡述，引之於下，讀之可知其別："《箋》曰銚弋之性，始生正直，及其長大，則其枝猗儺而柔順。不妄尋蔓草木。"引之謹按：萇楚之

枝,柔弱蔓生,故《傳》《箋》並以猗儺爲柔順。但下文又云"猗儺其華""猗儺其實",華實不得言柔順,而亦云"猗儺",則"猗儺"乃美盛之貌矣。石鼓文"亞箬其華"之"亞箬",亦當是狀其華美盛之貌。後來出版的清華簡第一册《楚居》篇中亦有"箬"字,簡文寫作:䕪(簡 7)、䕪(簡 9),是一地名,係楚先公所徙居之地。

節 䇏

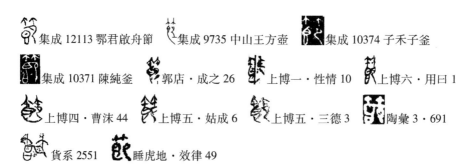

集成 12113 鄂君啟舟節　　集成 9735 中山王方壺　　集成 10374 子禾子釜

集成 10371 陳純釜　　郭店·成之 26　　上博一·性情 10　　上博六·用曰 1

上博四·曹沫 44　　上博五·姑成 6　　上博五·三德 3　　陶彙 3·691

貨系 2551　　睡虎地·效律 49

○**睡簡整理小組**(1990)　(編按:睡虎地·日甲 76 正貳)節,讀爲齏,蔬菜和肉細切做成的肉醬。

《睡虎地秦墓竹簡》頁 194

○**張政烺**(1979)　(編按:集成 9735 中山王方壺)"節于"見子禾子釜及陳純釜,"左關釜節于廩釜",節是動詞,約制之意。

《古文字研究》1,頁 209

○**徐中舒、伍士謙**(1979)　(編按:集成 9735 中山王方壺)節,《易·節卦》:"節亨,苦節不可貞。"疏:"節者,制度之名,節止之義,制事有節,其道乃亨。"是節者,止也,制也,言制事有節,合於法度。

《徐中舒歷史論文選輯》頁 1329,1998;原載《中國史研究》1979-4

○**湯餘惠**(1993)　(編按:集成 10371 陳純釜)節於廩釜,意思是作器時容量以國家倉廩所用的釜量爲標準。節,校量,勘驗。《荀子·性惡》:"故善言古者必節於今。"

《戰國銘文選》頁 16

△**按**　戰國文字中的"節"所表詞義與傳世文獻並無太大差異,鄂君啟節中的"節"表示通告憑證,古幣文中表示"節(即)墨"之"節",楚簡中可用作節制、符節、禮節、法則等義,也可重疊成"節節"表示整齊貌。睡虎地秦簡《封診式》

92—93："丙家節(即)有祠,召甲等,甲等不肯來,亦未嘗召丙飲。里節(即)有祠,丙與里人及甲等會飲食,皆莫肯與丙共栖(杯)器。""節"用爲"即"。

【節大夫】集成 12090 馬節

〇陳偉武(1996)　12090 馬節銘:"齊節夫=(大夫)□五□。""齊節大夫"疑爲"齊節(即)墨大夫"之省,《史記·田完世家》:"威王召即墨大夫而語之曰……"

《華學》2,頁 83

【節墨之大化】貨系 2551

〇鄭家相(1958)　大者(編按:貨系 2546)面文曰節墨邑止夻化,小者(編按:貨系2552)面文曰節墨邑夻化,省一止字。大者文字峻利而嚴正,形制精練而厚重,邊緣斷作隆起,與齊止夻化刀及安易刀爲同系之制作。或釋節墨夕之夻化,謂夕時而市,乃都會也。或釋節鄙之夻化,謂古人地名多加邑旁也。癖談更謂節乃筥與即之合字爲筥同即墨兩地之合貨,可謂奇談。《古泉滙》釋節墨邑之夻化。除夻爲夻外,餘可从之。節墨即即墨,刀文即字从竹,可知古時原作節墨,今作即墨,蓋竹頭爲後人所去也。節墨在春秋初期,尚爲小國,何時見併於齊,史無可考。但齊自桓公以後,其疆域東至於海,則即墨之見併,似亦在桓公時矣。當時已鑄齊止夻化刀於齊城,安易刀於筥地,至即墨見併,又鑄節墨刀於即墨也。即墨因遠處近海之地,又爲齊之大都市,而鑄行刀化較久。至春秋末期,呂齊國勢衰弱,乃減輕其質量,而鑄小形節墨邑夻化刀。此刀文制較率,可爲衰世所鑄之證,面文省去止字,實啟田齊刀化之制,其時大小並行,似爲二等制也。

《中國古代貨幣發展史》頁 79

〇汪慶正(1984)　"節墨之大化"亦無確切的斷代根據。"節墨"在今山東平度縣東南,唐《元和一統志》(編按:疑當爲《元和郡縣志》)。謂城臨墨水,故曰即墨。《後漢書·郡國志》:"北海國,即墨侯國有棠鄉。"《左傳》襄公六年:"圍棠,齊侯滅萊。"注云:棠,萊邑也。因知其地春秋初爲萊之棠邑。襄公六年,萊滅於齊,估計其地亦於此時入齊。"即墨"之名不見於《左傳》《國語》。但入戰國後,即墨與臨淄同爲齊國的重要都市,《孟子》"發棠",即指當時屬齊國的大都市"即墨"的倉廩而言。"即墨"之名屢見於《戰國策》而與臨淄並提。《史記·田敬仲完世家》:威王九年,"威王召即墨大夫而語之曰,自子之居即墨也,毀言日至,然吾使人視即墨,田野闢,民人給,官無留事,東方以寧。是子之不事吾左右求譽也。封之萬家"。"即（編按：當爲"節"）墨之大化"有三種其他齊刀所沒有的背文，即"闢封、安邦"和"大行"。結合威王封即墨大夫的史實看，所謂的"闢封、安邦"很可能就是指此而言。那麼，"節墨之大化"刀應屬田齊威王九年（公元前 348 年）後所鑄。至於製作粗糙、重量較輕的"節墨大化"刀，顯然是在即墨地區經濟惡化的狀況下鑄行的。燕昭王二十八年至三十三年（公元前 287—前 282 年），燕軍破齊，即墨被圍達六年之久，"節墨大化"有可能鑄於此時。

《中國歷代貨幣大系・先秦貨幣總論》頁 28

○朱活（1995）　〔節鄒之法化・齊刀〕，春秋中期至戰國早期青銅鑄幣。鑄行於齊國。面文"節鄒之法化"。刀面五字，俗稱"五字刀"。幕上模鑄"三"橫，中鑄"◆"紋。下鑄陽文"闢封、閜封、安邦、法昌、大行、卜、日、⇔、中、工、吉、上、化、行、司"等字。"節鄒"，齊都邑名，春秋前期即墨爲萊之棠地，齊靈公十五年（公元前 567 年）滅萊，地入於齊。《元和郡縣志》卷十一："城臨墨水，故名即墨。"在今山東平度東南。"法化"即標準鑄幣。刀刃反張，外緣斷，作隆起，面文有"之"字，制精美，屬姜齊。刀一般通長 18—18.1，最寬 2.7—3.1，環徑 2.5—3 釐米，重 44.5—63.2 克。係早期齊刀化。1950 年以來山東青島、莒南、即墨、平度、濟南、臨沂、蒙陰、海陽等地均有出土。

《中國錢幣大辭典・先秦編》頁 393

△按　齊刀幣銘"節墨之大化"中的"化"，吳振武（《戰國貨幣銘文中的"刀"》，《古文字研究》第 10 輯第 310—326 頁，中華書局 1983 年）釋作"刀"，分析爲從刀七聲。

筞　茶

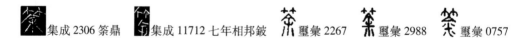

集成 2306 筞鼎　　集成 11712 七年相邦鈹　　璽彙 2267　　璽彙 2988　　璽彙 0757

○丁佛言（1924）　茶古鉥𨛭筞。許氏説。折竹筤也。按今竹茹字作此。原書入艸部。

《説文古籀補補》頁 20，1988

○黃盛璋（1983）　（編按：集成 11712 七年相邦鈹）"筞"字見東周銅器筞鼎，此處爲工師姓。

《考古》1983-5，頁 472

○**吴振武**（1983） 0757 長箈·長箈。

《古文字學論集》（初編）頁 494

○**何琳儀**（1998） 箈鼎箈，見《廣雅·釋詁》：“箈，分也。”

《戰國古文字典》頁 537

△**按** “箈”在戰國文字材料中多爲姓名用字。

籍 籍

睡虎地·效律 27　秦代印風 190　秦印

○**黃德寬等**（2007） 秦印籍，姓氏。見《萬姓統譜》。秦簡籍，用其本義。

《古文字譜系疏證》頁 1636

△**按** 睡虎地秦簡中“籍”字多用作户籍或者登記户籍之義，如《秦律雜抄》5：“有爲故秦人出，削籍，上造以上爲鬼薪，公士以下刑爲城旦。”其中的“削籍”即削除其名籍之意。此外，戰國文字中或用“夂”爲“籍”，相關辭例如上博二《容成氏》36：“湯乃專爲正（征）夂（籍）。”“征籍”是抽税的意思。又中山王方壺：“夂（籍）斂中則庶民附。”“籍斂”即依名籍收税之意。《管子·山至數》：“古者輕賦税而肥籍斂，取下無順於此者矣。”

篁 篁

包山 190　天星觀

○**何琳儀**（1998） 《説文》：“篁，竹田也。从竹，皇聲。”包山簡篁，地名。

《戰國古文字典》頁 631

△**按** 包山簡 190 號簡辭例作“辛酉篁命州加公陽女、楚斦阼”。可見確爲地名，但具體位置尚不得而知。

籥 籥 筀

近出 1177 十八年莆坂令戈　郭店·老甲 23　睡虎地·答問 30

○**楊明珠**（1989） （編按：近出 1177 十八年莆坂令戈）此戈銘曰：“十八年，莆反命籥，左工師即，冶□。”（中略）

至於戈銘“籥、即”及“冶”下之字，當係人名，即上述三個職官的名字。

《考古》1989-1，頁 84—85

○睡簡整理小組（1990） （編按：睡虎地·答問 30）鑰，門鍵，《説文》作鬮，云：“關下牡也。”《漢金文録》有雍庫鑰，銘：“雍庫籥，重二斤一兩，名百一。”寫法與簡文相同。

《睡虎地秦墓竹簡》頁 101

○荊門市博物館（1998） （編按：郭店·老甲 23）籗〈籥〉。

《郭店楚墓竹簡》頁 112

○李守奎（2003） （編按：郭店·老甲 23）《集韻·桓韻》有籗字。

《楚文字編》頁 283

○劉釗（2003） （編按：郭店·老甲 23）“籗”即“籥”字，戰國文字中“瞿”形和“侖”旁經常相亂。

《郭店楚簡校釋》頁 19

△按　郭店簡《老子》甲本 23 號簡“籥”字作“籗”即“籥”之形近誤字，傳世本作“籥”，“橐籥”是古代冶煉時用以鼓風吹火的裝置，犹今之風箱。《老子》：“天地之間，其猶橐籥乎？虛而不屈，動而愈出。”吳澄注：“橐籥，冶鑄所以吹風熾火之器也。爲函以周罩於外者，橐也；爲轄以鼓扁於内者，籥也。”

簡 𥳑 𥱼

石鼓文·田車　　新蔡乙四 6　　睡虎地·爲吏 9 肆

集成 9735 中山王方壺

○强運開（1935）　《説文》：“簡，牒也，从竹，閒聲。”張德容云：“按，此引申爲簡閲之義。”運開按：《周禮·春官》大田之禮：“簡，衆也。”《郊特牲》“簡其車賦”是此簡字之義也。

《石鼓釋文》丙鼓，頁 3

○張政烺（1979） （編按：集成 9735 中山王方壺）𥱼，从竹从外。《説文》：“閒，隙也，从門、月。𨳈，古文閒。”𨳈，从門从外，見曾姬無卹壺，讀爲閒。此字蓋从閒省聲，𥱼𥱔即簡策。

《古文字研究》1，頁 222

○朱德熙、裘錫圭（1979） （編按：集成 9735 中山王方壺）𥱼（簡）（中略）曾姬無卹壺

"閒"字作"閞",此"簡"字所從之"外"即其變形。

《文物》1979-1,頁 48—49

○**李學勤、李零**(1979)　(編按:集成 9735 中山王方壺)《説文》閒字古文作閞,壽縣朱家集出土曾姬壺(《三代》12,25)同。本銘卅八行的簡字,實際是從閒字古文省。這一類出人意外的省略,是某些戰國文字難以釋讀的重要原因。

《考古學報》1979-2,頁 153

○**于豪亮**(1979)　(編按:集成 9735 中山王方壺)"簡筴(策)"的簡字作筞,曾姬無卹壺"閒"字作"閞",《説文·門部》"閒"字的古文作"閞",知筞字乃是"簡"的省文,就是簡字。

《考古學報》1979-2,頁 180

○**徐中舒、伍士謙**(1979)　(編按:集成 9735 中山王方壺)筞,即簡,與注[二]之閒同。《説文·門部》:"閞,古文閒。"此處省門。

《徐中舒歷史論文選輯》頁 1333,1998;原載《中國史研究》1979-4

○**張克忠**(1979)　(編按:集成 9735 中山王方壺)筞(外)

《故宮博物院院刊》1979-1,頁 44

○**徐寶貴**(1990)　(編按:石鼓文)四介既簡:此句潘迪、王昶均誤釋爲"避衆既簡"。潘氏解"簡"爲"選也"。郭沫若説:"'四介'二字頗漶漫,然諦審可辨。《詩·清人》'駟介旁旁'。"此説甚是。《説文》:"駟,一乘也。"《玉篇》:"駟,四馬一乘也。"《左傳·僖公二十八年》"駟介百乘,徒兵千",杜預注:"駟介,四馬被甲。"簡,從竹,閒聲。這個字在此詩句中本當作"閒",但由於石鼓文喜用結構繁複的字,所以使用了從竹閒聲的"簡"字。這猶如《作原》篇"亞箬其華",本應作"亞若其華",但卻使用了從竹若聲的"箬"字。可以説,石鼓文使用從竹的這幾個字,只是爲了取其筆畫繁茂,其所從之竹與詩意無涉。有人從該字所從的竹旁附會其説,造成不少誤解,這是不可取的。大量的古文獻、古代銘刻已經證明:有些字在其文句中不能按其本義去解釋,只有破讀,按假借義去解釋,才能使前後文義順暢,才能符合文辭的原意。否則總扞格難通。此"簡"字也是如此。"閒"音義與"閑"通,此例在古文獻中不勝枚舉。今本《詩經》中的"簡、蕑、閑"諸字,阜陽漢簡《詩經》均以"閒"字爲之。(中略)這是"簡"通"閒、閑"的最有力之證明。"簡"既與"閒、閑"通,因此也可讀爲有"習"意的"閑"。"簡"是見紐元部字,"閑"是匣紐元部字,二字爲見、匣旁紐雙聲,元部疊韻,故可通假。(中略)古文獻上也確實有把"簡"字用作有"習"意的"閑"字的例證,《國語·吳語》"簡服吳國之士於甲兵",韋昭注:"簡,習也。"此句與《戰國策·燕策二》"閑於兵甲,習於戰攻"語意相同。這是釋石鼓文"簡"爲有"習"意的"閑"字的有力證據。根據上文的考證,石鼓文《四車》篇的"四介既簡"應讀爲"駟介既閑",就是《詩·秦風·駟驖》的"四馬既閑"(阜陽漢簡《詩經》的"閑"正以石鼓文"簡"字的聲旁"閒"字爲之),毛傳:"閑,習也。""駟介既閑",大意爲四匹駕車被甲馬的步伐已經很熟習。

《石鼓文整理研究》頁 811—813,2008;原載《中國文化研究所學報》21

○**何琳儀**(1998)　石鼓簡,簡熟。《國語·吳語》"簡服吳國之士於甲兵",注:"簡,習也。"

《戰國古文字典》頁 912

△**按**　中山王𦉈壺"𥿊"即"簡"之異體。石鼓《田車》"駟馬既簡"中的"簡"當如徐寶貴所論,讀作"閑",訓作"熟習"。

等 𥬲 𥰰

　　𥬲 上博四·曹沫 41　　𥬲 上博五·季庚 14　　𥬲 睡虎地·效律 60

　　𥬲 郭店·緇衣 4　　𥬲 包山 127　　𥬲 包山 133　　𥬲 上博五·季庚 7

○**睡簡整理小組**(1990)　(編按:睡虎地·日甲 32 正"以生子,既美且長,有賢等")等,讀爲寺,《釋名·釋宮室》:"寺,嗣也。"有賢寺即有賢嗣。

《睡虎地秦墓竹簡》頁 185

○**劉彬徽、彭浩、胡雅麗、劉祖信**(1991)　(編按:包山 13)𥰰,讀作等。《説文》:"齊簡也。"

《包山楚簡》頁 41

○**湯餘惠**(1993)　(編按:包山 157 反)簡文數見,注 37:"𥰰,讀作等。《説文》:'齊簡也。'"今按,時同寺,𥰰即等字。簡文云"娿少宰尹郇訦以此𥰰至命",後接所命之事。揣摩文義,"等"當訓簡策,這在《説文》中可以找到根據。《説文》對等字的釋語,舊皆將"齊簡"二字連讀,其實應在中閒斷讀,即"等,齊、簡也"。理由是,等訓齊、同,乃典籍之通詁,自成一義。"齊、簡也"是把等字的兩個義項並提。《説文》一書解説字義,往往二義並書,後人多有不察者,如:"儕,等、輩也。""匌,帀、徧也。""庀,開張、屋也。""嬖,便嬖、愛也。"等等,均屬同一體例。另外,《説文》一書之作,同部之內以義相從,因此前後相次的字,其義多相近。"等"字在《説文》五上,前有"簡、笘"(訓"竹列",義不明)、

"籊"（訓"蒬妾"，即簡牘），後有"笵"（訓"法"，即竹刑），皆簡策之類，"等"居其閒，其義自然不會例外。小徐本"等"字下云："簡，簡牘也，官曹之書也。"跟簡文中"等"字用義相合。13 簡、127 簡"大宮疕入氏等"，氏等，指氏簡，今言户口簿。

《考古與文物》1993-2，頁 73

○**劉樂賢**（1994）　（編按：睡虎地·日甲 32 正）等，讀爲寺，《釋名·釋宮室》："寺，嗣也。"有賢寺即有賢嗣。按：鄭剛讀"賢等"爲"賢能"，可從。

《睡虎地秦簡日書研究》頁 56

○**葛英會**（1996）　《説文》："等，齊簡也。从竹、寺，寺官曹之等平也。"段注云："齊簡者，疊簡册齊之，如今人整齊書籍也。""《説文》从寺之意……寺，廷也，有法度者也。官之所止九寺，於此等平法度，故等从竹寺。"可知，所謂齊簡，即官有司等平法度之簡策。（編按：包山楚墓竹籤）竹籤墨書稱這類文書簡爲等，簡文内容又確爲理獄訟、平法度者，自然是恰如其分的。

《南方文物》1996-2，頁 86

○**陳偉武**（1997）　（編按：包山 13、127 等）疑"等、簹"應讀作"證"。等，古音爲端紐蒸部；證，章紐蒸部，兩字韻部相同，聲紐甚接近，故可通借。簡 13："大宮疕内氏簹。"簡 127 與此同。李零先生解釋"内（入）氏（視）等（辭）"爲"上其所驗之辭"，符合原簡大意，只是"等"字畢竟不能讀爲辭，讀作"證"則更允貼。簡 132 反："喬尹集駐從郢以此等迷。"簡 157 反："如少宰尹郍敔以此簹至（致）命。"整理者以 132 簡背面次於 139 背面之後，故"此等"的先行詞是"（左尹）其所命於此箸之中，以爲訐"，劉信芳先生釋訐爲證可信。如此看來，訐爲本字，等、簹爲借字，簡文並用。簡 133："子郙命郹（魏）右司馬彭懌爲僕笑簹。"整理者謂"笑簹，讀如券等……券等似指文書。"其實，"笑簹"即"券證"。包山墓所出籤文稱"廷簹"，亦爲司法術語，指廷議證供之類。

《第三屆國際中國古文字學研討會論文集》頁 640—641

○**何琳儀**（1998）　等，从竹从寺，會法庭簡册之意。寺亦聲。等，端紐蒸部；寺，定紐之部。端、定均屬舌音，之、蒸陰陽對轉。《説文》："簧，齊簡也。从竹从寺，寺，官曹之等平也。"包山簡等，訴訟之簡册。參《説文》。

《戰國古文字典》頁 46

○**荊門市博物館**（1998）　（編按：郭店·緇衣 4）簹，讀作"志"，有記識之義。

《郭店楚墓竹簡》頁 132

○**王子今**（2001）　（編按：睡虎地·日甲 32 正）“等”通於“德”。《易·繫辭上》“行其典禮”，《釋文》：“‘典禮’，京作‘等禮’。”《詩·周頌·我將》“儀式刑文王之典”，《左傳·昭公元年》及《漢書·刑法志》引文“典”均作“德”。“寺”聲之字又可見“特”通於“德”以及“時”通於“德”之例。如《史記·宋微子世家》：“六十四年，景公卒。宋公子特攻殺太子而自立，是爲昭公。”司馬貞《索隱》：“昭公也。《左傳》作‘德’。”《書·咸有一德》：“終始惟一，時乃日新。”《周書·蘇綽傳》引作：“終始惟一，德乃日新。”

《睡虎地秦簡〈日書〉甲種疏證》頁 91，2003；原載《簡帛研究二〇〇一》

○**晏昌貴**（2002）　（編按：睡虎地·日甲 32 正）睡簡《日書》甲種 32 正：“秀，是胃（謂）重光。利野戰，必得侯王，以生子，既美且長，有賢等。”整理小組注：“等讀爲寺，《釋名·釋宮室》：‘寺，嗣也。’有賢寺即有賢嗣。”劉樂賢先生引鄭剛説，讀“賢等”爲“賢能”，並謂“其説可從”。王子今先生以爲“等”又通“德”，“有賢等”即“有賢德”。今按：諸家所釋，均以“賢”爲形容詞，以修飾“等”，其重點在“等”字上。但也可能簡文是以“賢”爲重點，“等”是用來説明“賢”的，這樣解釋，無需破讀通假。“賢”爲古人品行之一，其例甚多，如《論語·學而》：“賢賢易色。”《荀子·儒效》：“身不孝而誣賢。”“賢”或優秀品德有多種等級，“賢等”即説明“賢”這一品級。《墨子·非儒下》：“親親有術，尊賢有等。”《禮記·中庸》：“親親之殺，尊賢之等。”《荀子·君道》：“上賢使之爲三公，次賢使之爲諸侯，下賢使之爲士大夫，是所以顯設之也。”《管子·立政》：“凡上賢不過等，使官不兼能，罰有罪不獨及，賞有功不專與。”《左傳·襄公三十一年》：“年鈞擇賢，義鈞則卜，古之道也。”杜預注：“義鈞，謂賢等。”

《簡帛術數與歷史地理論集》頁 11—12，2010；
原載《楚地出土簡帛文獻思想研究》1

○**劉樂賢**（2003）　（編按：包山 13、127 等）在包山楚簡第 13 號、第 127 號、第 133 號及第 132 號、第 157 號簡的反面，都記載了作爲司法文書用的“等”字。（中略）

按，《説文》中“等”字的釋語到底應如何斷讀，簡文的“等”字是否爲本字，這些問題或可再作討論。但是，“無論如何，從簡文推究，‘等’指文書，‘此等’指這件文書，應無疑義”。

在張家山漢簡中，“書”與“等”並列，“等”字的用法顯然與包山楚簡一致，也應指司法文書。至於“書”和“等”的區別，尚待進一步考證。

《第四屆國際中國古文字學研討會論文集》頁 212—213

○**陳偉**（2003）　（編按：包山 13、127 等）這個在包山簡中被釋爲“等（從口）”的字，在郭店簡本《緇衣》中也有出現。其第3—4號簡説："子曰,爲上可望而知也,爲下可頬而等(从口)也,則君不疑其臣,臣不惑于君……"整理者注釋云："頬,讀作'述',兩字同屬物部。簡文多以'頬'作'述'。等(从口),讀作'志',有記識之義。"裘錫圭先生按云："簡文讀爲'可頬而等之',於義可通,似不必從今本改讀。"後世通行的《禮記・緇衣》篇,此句作:"爲上可望而知也,爲下可述而志也,則君不疑於其臣,而臣不惑於其君矣。"由于今本作"述"的位置簡本作"頬",彼此有異,所以將簡本後面的字釋作"等",看作是與今本不同的用字,彼此存在一種相互印證的關係。不過,《緇衣》這句話在西漢曾存在另外一種版本。賈誼《新書・等齊》引孔子語云:"爲上可望而知也,爲下可類而志也。"頬、類古今字。這一介於簡本和今本之間的版本,"類"字與簡本一致,而"志"字則與今本相同。從這個角度看,簡本此字確有讀作"志"的可能。

郭店簡中還有一種上下二"止"疊加的字。多讀爲"止",亦讀爲"之"或"待",而在《五行》35號簡中則被讀爲"等"。整理者的這一選擇,顯然是對照帛書本而作出的。這是目前唯一一個通過與其他資料對比而得以確定的"等"字。以此比照,將上述《緇衣》簡的字讀爲"志",似有更大的把握。

現在回到包山簡。"志有記載、記録的意思。《周禮・春官・小史》小史掌邦國之志",鄭玄注引鄭司農云:"志謂記也,春秋傳所謂《周志》,《國語》所謂鄭書之屬是也。"孫詒讓《周禮正義》云:"注'鄭司農云志謂記也'者,《外史》注義同。又《保章氏》注云:'志,古文識。識,記也。'《吕氏春秋・貴當》篇高注云:'志,古記也。'《國語・楚語》云:'教之故志,使知廢興者而戒懼焉。'韋注云:'故志,謂所記前世成敗之書。'《孟子・滕文公》篇云'且志曰,喪禮從先祖',趙注云:'志,記也。'亦引此經,與先鄭義同。"將包山簡原先釋爲"等"的字,改釋爲"志",看作記録或文書,似無不允當。

《新出楚簡研讀》頁17—18,原載《簡帛研究匯刊》第一輯

○**李零**(2004)　(編按:上博四・曹沫41)周等　疑讀爲"周志"("志"是章母之部字,"等"是端母蒸部字,讀音相近)。《左傳・文公二年》引《周志》"勇則害上,不登於明堂",據考,即《逸周書・大匡》文。湖北省荆沙鐵路考古隊《包山楚簡》(文物出版社1991年)簡一三三、一三二反有類似用法的"等"字(前者作"簹",後者作"等"),疑亦讀爲"志"。

《上海博物館藏戰國楚竹書》(四)頁269—270

○**劉國勝**(2006)　(編按:包山9)"廷簹"又見於包山9號簡。該簡共五字,第一

字，滕壬生先生釋“廷”。第二字“篅”，學者多讀爲“等”，陳偉先生後來改釋爲“志”，看作記錄或文書。第三字，舊未釋，經紅外線照像，字作：F3 。顯然是“所”字。包山 9 號簡簡文當作“廷篅所以内”。

（編按：包山）2：479-5 號籤牌的“廷篅”，疑當讀爲“廷志”。郭店《緇衣》4 號簡“爲下可頼而篅也”，郭店整理者讀“篅”爲“志”，今本《緇衣》正作“志”。《國語·晉語四》“夫先王之法志”，韋昭注：“志，記也。”“廷志”，可能即指治獄辦案的記錄。包山 9 號簡“廷志所以内”，陳偉先生曾認爲其“難以與其他簡書連讀，或許也屬於篇題”，這一意見是合理的。我們還能見到與之措辭相類似的標題名，如包山 258 號簡“相徙之器所以行”、256 號簡“食室所以賓窔”，以及放馬灘秦簡《日書》與孔家坡漢簡《日書》中的“禹須臾所以見人日”。内，讀爲“納”，《尚書·益稷》“以出納五言”，蔡沈《集傳》：“自下達上謂之納。”“廷志所以内”大概是指要上報的案件記錄。

（編按：包山）2：440-1 號“廷志”籤牌出土於文書簡的上面，它可能是這批文書的“楬”，也就是説“廷志”是爲這批文書起的一個標題，可能係左尹屬下整理卷宗檔案時所備。包山文書簡還有兩種標題，一種是單獨寫在一支簡的正面，如 1 號簡“集書”、14 號簡“集書言”、9 號簡“廷志所以内”，標題一般頂格書寫，所用的簡不修契口。另一種是寫在已經記錄有内容的簡的背面，如 33 號簡“受期”、84 號簡“疋獄”，標題一般寫在簡中閒，簡修有契口。這兩種標題大概都是對某一類別文書所作的標識，有的可能就是該類文書的名稱。就包山文書簡而言，它們應該分別統領一部分簡。不過，由於這兩種標題在取名用詞、書寫形式方面有一些差異，大概相互閒存在着從屬關係，這一問題有待進一步考察。

《古文字研究》26，頁 328

△按　楚簡中的許多“等”字當從陳偉、李零、劉國勝等讀作“志”，訓爲記錄或文書。關於睡虎地秦簡《日書》甲種“有賢等”一語中的“等”，《孔家坡漢墓簡牘·日書》簡 31 此句作“以生子，美且長，賢其等”。整理者懷疑“等”字讀爲“德”，同於上文所列王子今的觀點。古籍中多用“等”表示等級、官階、爵位等的差別，如《管子·五輔》：“上下有義，貴賤有分，長幼有等，貧富有度，凡此八者，禮之經也。”《白虎通·爵》：“爵有五等，以法五行也，或三等者，法三光也。”《荀子·王制》：“尚賢使能，而等位不遺；折願禁悍，而刑罰不過。”尤其是從最后《荀子·王制》一例來看，秦漢簡《日書》中的“賢等”中的“等”可能

當如字讀,義爲等次。"賢"義即有德行、多才能,引申亦有優良、美善義,如《書・大禹謨》:"克勤于邦,克儉于家,不自滿假,惟汝賢。"《禮記・內則》:"若富則具二牲,獻其賢者於宗子。"鄭玄注:"賢,猶善也。"因此,"賢等"似即指有好的等級,與當今常說的有較好的社會地位略相似。睡虎地秦簡《日書》甲種多見對所生孩子將來社會地位的推測,如:68-1(正):"生子,爲【吏】。"69-1(正):"生子,必有爵。"76-1(正):"生子,爲大夫。"80-1(正):"生子,爲大吏。"94-1(正):"生子,男爲見(覡),【女】爲巫。"所以,將"有賢等"理解爲有較高的社會地位,當與上列《日書》中所記"生子"內容相仿佛。據此亦可知上列諸說當中以晏昌貴所論較爲可取,但孔家坡漢簡中相應的簡文作"賢其等",因此"賢等"理解爲"說明'賢'這一品級"仍欠妥當。"賢等、賢其等"應當是指有好的等級,與當今常說的有較好的社會地位略相似。此外要指出的是,晏氏所引《左傳・襄公三十年》:"年鈞擇賢,義鈞則卜,古之道也。"杜預注:"義鈞,謂賢等。"這里的"賢等"是指"義鈞"即德行相當、相等之義,與秦漢簡《日書》中的"賢等、賢其等"無涉。

　　此外,陳偉武云,此處"賢等"猶言"勝等、優等",《禮記・投壺》:"某賢於某若干純。"鄭玄注:"以勝爲賢。"

范 范

珍秦 127　　　珍秦 115　　　陶彙 9・85

○**何琳儀**(1998)　秦器范,讀范,姓氏。帝堯劉累之後,在周爲唐杜氏,周宣王滅杜,杜伯之子溫叔齊奔晉爲士師,曾孫士會,食采於范,遂爲范氏。見《元和姓纂》。

《戰國古文字典》頁 1402

符 符

集成 12108 新郪虎符 Ⅴ　　集成 12109 杜虎符　　睡虎地・雜抄 4

○**睡簡整理小組**(1990)　(編按:睡虎地・雜律 4)符,一種憑證,《說文》:"信也,漢制以竹長六寸,分而相合。"

《睡虎地秦墓竹簡》頁 80

○**何琳儀**（1998）　新郪虎符符，兵符。《史記‧信陵君傳》："公子之盜其兵符。"

《戰國古文字典》頁 393

筮簭　簎簎

筮 睡虎地‧日乙 126　　筮 陶録 3‧541‧3

筮 侯馬 194:3　　簎 新蔡乙四 100　　簭 新蔡甲三 114

簎 上博三‧周易 9　　簭 新蔡甲三 72　　簭 新蔡甲三 189　　簎 新蔡乙四 149

簎 郭店‧緇衣 46　　簎 上博四‧曹沫 52

嗇 郭店‧緇衣 46

○**何琳儀**（1998）　筮，金文作筮（史懋壺）。从竹从巫，（巫《説文》古文作𮧵，爲巫之繁文。）會巫人以竹製蓍具占卦之意。竹亦聲。筮，定紐；竹，端紐；均屬舌音。戰國文字筮所从巫作𠱭，已有訛變（𠯑→𠱭），與三體石經《君奭》筮作筮形體一脈相承。（中略）侯馬盟書筮，以蓍占吉凶。《詩‧衛風‧氓》："爾卜爾筮。"傳："蓍曰筮。"

《戰國古文字典》頁 930

○**劉釗**（2003）　（編按：郭店‧緇衣 46）"簎"即"筮"字繁文。"嗇"乃"筮"字異體。

《郭店楚簡校釋》頁 67

○**濮茅左**（2003）　（編按：上博三‧周易 9）"簎"，同"簎、筮"字，《古文四聲韻》引《裴光遠集綴》作"簭"。龜曰卜；蓍曰筮。《周禮‧春官‧簭人》："簭人掌三易，以辨九簭之名。"

《上海博物館藏戰國楚竹書》(三)頁 149

○**李零**（2004）　（編按：上博四‧曹沫 52）汲尔龜簎　讀作"及爾龜策"，疑指用龜策占卜。

《上海博物館藏戰國楚竹書》(四)頁 278

○**李守奎、曲冰、孫偉龍**（2007）　（編按：上博四‧曹沫 52）簎　按：字當隸作"簎"，釋爲"筮"。

《上海博物館藏戰國楚竹書(一——五)文字編》頁 235

○**王恩田**（2007）　（編按：陶録 3‧541‧3）筮　《説文》："筮，《易》卦用蓍也。从竹从聚。聚,古文巫字。"

《陶文字典》頁 107

△按　戰國文字中,秦系的睡虎地秦簡"筮"字與當今所用最爲接近。晉系的侯馬盟書"筮"字下部加"廾",與小篆字形最爲接近。楚系則下部常加"口"形,或者作"筈",或省竹旁作聚等。《説文》:"筮,《易》卦用蓍也。从竹从聚。聚,古文巫字。"戰國文字中的"筮"均爲卜筮之意。

笄 笄

笄 天星觀　　笄 天星觀　　笄 天星觀

○何琳儀(1998)　天星觀簡笄,見《釋名・釋首飾》:"笄,係也,所以係冠使不墜也。"

《戰國古文字典》頁 999

△按　天星觀簡"笄"出現的辭例是"大軼之笄""一笄",參見滕壬生《楚系簡帛文字編》頁 358,湖北教育出版社 1995 年。清華簡第五册《封許之命》6 號簡亦有"笄"字作笄,石小力讀作"旝/旃",訓爲旝旗,頗爲可信。參見氏著《清華簡(伍)〈封許之命〉所載"朱旃"考》(簡帛網 2015 年 4 月 12 日)。若據此看來,天星觀簡文中的"笄"亦可讀作"旝/旃"。簡"大軼之笄"中的"軼"似當讀作"倅",其形旁从車,應即倅車之專字。《周禮・夏官・射人》:"乘王之倅車。"鄭玄注:"倅車,戎車之副。""大軼之笄"即"倅車之上的旝旗"。

筦莞 筅芫

筦 望山 2・48　　芫 包山 99　　筅 包山 133　　筦 包山 190　　筅 上博五・季庚 4

芫 包山 263　　芫 信陽 2・23

○李家浩(1983)　(編按:信陽 2・23)從(6)"芫"與"寢"連言來看,"芫"當是臥具。上引王存乂《切韻》"完"作"奍",簡文"浣"作"洗",據此,"芫"似當讀爲"莞"。《詩・小雅・斯干》"下莞上簟,乃安斯寢",鄭玄箋:"莞,小蒲之席也。""寢莞"即寢臥用的莞席。(中略)

(7)的"簀莞"(編按:望山 2・48)蓋謂牀上用的莞席。按古人習慣一般是席地而臥。既然簡文稱牀上的莞席爲"簀莞",那麼(6)的"寢莞"就有可能是指鋪在地上寢睡的莞席了。

《著名中年語言學家自選集·李家浩卷》頁 207—208,2002;
原載《中國語言學報》1

○劉彬徽、彭浩、胡雅麗、劉祖信(1991)　(編按:包山 99)芙,簡文作䇬。李家浩
同志釋䇬作芺。

《包山楚簡》頁 46

○朱德熙、裘錫圭、李家浩(1995)　(編按:望山 2·48)信陽二二三號簡有"一寑
(寝)芙",可知芙爲臥具,疑讀爲"莞"。"芺、完"古音相近,《汗簡》卷下之二
引王存乂《切韻》"完"字作𡨄,從土,芺聲。《詩·小雅·斯干》"下莞上簟",
鄭玄箋:"莞,小蒲之席也。"

《望山楚簡》頁 126

○何琳儀(1998)　(編按:望山 2·48)望山簡芙,讀莞。見芙字。包山簡"芙篒",
疑讀"券等"。《説文》:"券,契也。"《釋名·釋書契》:"券,綣也。相約束繾綣
以爲限。"包山簡笑,地名。

《戰國古文字典》頁 1005

○劉釗(1998)　(編按:包山 99)[74]簡 99 有字作䇬,字表隸作"笑"。按字從
竹、從芺,應釋爲"篒"。"篒"字見於《集韻》,在簡文中讀作"券"。

《出土簡帛文字叢考》頁 16,2004;原載《東方文化》1998-1、2

○白於藍(1999)　(編按:《包山楚簡文字編》文物出版社,1992 年)68 頁"笑"字條,"䇬"
(99)等三例,即《説文》莞字。

《中國文字》新 25,頁 182

○劉信芳(2003)　(編按:包山 190)笑:讀爲"卷",《左傳》昭公二十五年:"使熊
相禖郭巢,季然郭卷。"杜預《注》:"卷城在南陽葉縣南。"《續漢書·郡國志》
南陽郡葉縣:"有卷城。"其地即今河南葉縣南之舊縣。

《包山楚簡解詁》頁 181

○濮茅左(2005)　"笑",從竹從芺(叒)。《説文·奴部》:"叒,搏飯也,从廾,
采聲。采,古文辨字,讀若書卷。"字或"篒"之省,如"眷"又作"睠"。"篒",
《玉篇》:"篒,丘下切。曲竹。"《類篇》:"篒,驅圓切。揉竹。又苦倦切。"與
"管"音通。字亦見《包山楚簡》(一三三、一九〇)、《江陵望山沙塚楚墓竹簡》
(二·七)。"中",與"仲"通。"笑中",即"管仲",音通。

《上海博物館藏戰國楚竹書》(五)頁 207

△按　戰國楚遣策簡中的諸"笑"字當從李家浩釋作"莞"或"筦"之異體,訓

爲席之一種。包山簡中的"筸簿"中的"筸"或讀爲"券、卷"，當是指一種文書。上博五《季庚子問於孔子》4 號簡中的"箮"字用作表示文獻中的人名"管仲"之"管"。

【筸簿】包山 133

○**劉彬徽、彭浩、胡雅麗、劉祖信**（1991）　（編按：包山 133）筸簿，讀如券等。《説文》："券，契也。"《釋名·釋書契》："券，綣也。相約束繾綣以爲限。"券等似指文書。

《包山楚簡》頁 49

○**葛英會**（1996）　133 號簡文等上一字，《包山》釋卷，可從。《釋名·釋書契》："券，綣也。相約束繾綣以爲限。"《詩經》："以謹繾綣。"《左傳》："繾綣從公。"《廣韻》："繾綣志盟。"繾綣均爲牢固相著之意。簡文"卷等"，應即訟者明誓具結，以示獄訟之辭堅實無欺者。亦與以上五例等字意義相同。

《南方文物》1996-2，頁 86

○**劉信芳**（1996）　"筸等"讀如"謄等"，謄，《説文》："迻書也。"（中略）"等"，簡文多謂記事文書。"爲僕謄等"，即爲被告迻錄有關案情。

《簡帛研究》2，頁 27

○**陳偉武**（1997）　簡 133："子郚命郹（魏）右司馬彭懌爲僕筸簿。"整理者謂"筸簿，讀如券等……券等似指文書"。其實，"筸簿"即"券證"。包山墓所出籤文稱"廷簿"，亦爲司法術語，指廷議證供之類。

《第三屆國際中國古文字學研討會論文集》頁 640—641

○**史傑鵬**（1997）　（編按：包山 133）此簡以"筸"與"等"連言，當是一個複合詞，其義也應該是指竹簡文書。《説文·刀部》："券，契也。从刀，关聲。券別之書，以刀判契其旁，故曰契券。""筸、券"二字皆从"关"得聲，疑簡文"筸"應該讀爲"券"。其字从竹，也許就是"券"的異體。

《簡帛研究二〇〇一》頁 21

○**劉信芳**（2003）　（編按：包山 133）筸等："筸"又見簡 99，"筸等"，據文意應是將訴狀"詰"轉錄爲官方文書。以移送陰之地方官。"筸等"之性質類似於秦漢"爰書"。

《包山楚簡解詁》頁 131

△**按**　包山簡中的"筸簿"中的"筸"或讀爲"券、卷"，當是指一種文書。"簿"當讀作"志"，同樣表示文書。此外，李守奎進一步指出，包山 133 號簡中的"等"亦當讀爲"廷志"之"志"。"簿志"的構詞也是偏正結構，"簿"是限定

“志”的，“簪”是“志”中的一類，是小名限定大名。“爲僕簪等（志）”是雙賓語結構。參見氏著《包山楚簡 120—123 號簡補釋》（《出土文獻與傳世典籍的詮釋:紀念譚樸森先生逝世兩周年國際學術研討會論文集》第 207 頁，上海古籍出版社 2010 年）。

筵 篦 簑

信陽 2·23　　包山 262

○**李家浩**（1983）　　（編按:信陽 2·23）疑“簑”與“侯”並讀爲“筵”，《説文·竹部》:“筵，竹席也。”

　　　　　　　　　　　　　　　　　　　《中國語言學報》1，頁 196

○**何琳儀**（1998）　　簑，从竹，晏聲。疑簏之異文。《廣韻》:“簏，竹名。”楚簡簑，讀簏。《詩·邶風·谷風》:“宴爾新婚。”《釋文》:“宴本又作燕。”《戰國策·趙策》四:“燕郭之法。”姚注:“曾作郭偃之法。”兩周銅器銘文燕國之燕作匽或郾。是其佐證。簏本竹名，可編織爲席。

　　　　　　　　　　　　　　　　　　　《戰國古文字典》頁 971

△**按**　　李家浩釋爲“筵”之異體，正確可從，不必如何琳儀所云，輾轉通作“簏”。此外，楚文字“筵”字或作“醒”，參見卷三谷部“醒”字。

藩 蒲

近出 1194 六年上郡守閒戈

△**按**　　戈銘中用作工師之名。

箚 𥬷 笒

集成 10370 郘大府量　　　集成 9580 鑄大□壺

○**裘錫圭**（1978）　　（編按:集成 10370 郘大府量）這個字上半从𥫗，跟長沙仰天湖和信陽等地所出楚簡文字的“竹”頭相同，下半是“少”字，應即从“竹”“肖”聲的“箚”字的異體（“肖”从“小”聲，“小、少”古爲一字）。“箚”亦作“箾、箱”，本

是一種盛飯之器的名稱,由於這種器物一般有固定的容量,所以也可以用作量器的名稱。《論語·子路》"斗筲之人何足算也",以筲與斗並提,就應該是指量器。筲的容量正好是五升。《説文》:"䈰,飯筲也,受五升。""筲,……一曰:飯器,容五升。"《漢書·敘傳上》音義引《字林》:"筲,飯筲也,受五升。"釋銘文末字爲"筲",與此器容量相合。

《古文字論集》頁 490,1992;原載《文物》1978-12

○李零(1986)　(編按:集成 10370 郱大府量)"☒笒",器名,上字不清,下字讀爲"筲",《方言》:"箸筩,陳、楚、宋、魏之間謂之筲,或謂之籝。自關而西謂之桶檧。"筲是箸筩的方言異名,這種異名流行於陳、楚、宋、魏一帶。郭璞注説箸筩是"盛杚箸簪也",是一種盛放飯匕和筷子的竹筒(《説文》:"筩,斷竹也。")。這件器物恰好作圓筒狀,應當就是仿竹器"箸筩"而作。《度量衡》以此器可容秦量制的五升,將此字讀爲《説文》䈰字。《説文》:"䈰,陳留謂飯帚曰䈰,从竹,捎聲。一曰飯器,容五升。一曰宋、魏謂箸筩爲䈰。"所釋共三義,第一字之䈰,可能就是《説文》"芀"字,也就是苕帚的苕;第二義即《説文》並列之箱字,解釋是"飯筲也,受五升。从竹稍聲,秦謂筥曰箱",是一種飯器,經典字亦作筲;第三義則是《方言》筲字。我們認爲此器恐與五升之飯筲沒有關係。

《古文字研究》13,頁 386

○裘錫圭(1992)　(編按:集成 9580 鑄大☒壺)編校追記:《劫掠》A713 銅壺銘文曰:"□大□之笒一之"(參看 R484)。此壺"笒"字之義是否與郱太府銅量"笒"字相同,尚待研究。

《古文字論集》頁 490

○廣瀬薫雄(2006)　按此假説,1110 毫升的量器該叫"籹"(編按:新蔡簡甲三 211 等),而郱大府銅量銘文(編按:集成 10370 郱大府量)自稱"笒"。裘錫圭先生認爲此字應是"筲"字的異體,並且他引用了《説文》竹部"䈰,飯筲也,受五升""筲……一曰飯器,容五升",《漢書·敘傳上》音義引《字林》"筲,飯筲也,受五升"等。丘光明先生的看法與此相同。勺是藥部禪母字,少是宵部書母(或禪母)字,筲是宵部山母字。藥部和宵部是對轉關係,禪母和書母發音部位相同,因此勺和少音理上可通。關於勺和筲的通假關係,雖然聲母的發音部位不同,但馬王堆帛書《戰國縱橫家書》"趙"往往寫作"勺",可以作爲佐證。

《簡帛》1,頁 219

△按　"笒"作爲楚量器名稱,在釋字方面已基本達成共識,但具體作哪個詞尚不能統一。董珊《楚簡簿記與楚國量制研究》(《考古學報》2010 年 2 期)對

包括"筡"在内的楚量器名稱以及相應的具體容量均有詳考,可以參考。此外,後來刊布的清華簡貳《繫年》簡 71 亦見"筡"字,前後辭例爲"齊人爲成,以鵮骼玉筡與淳于之田",亦可參看。

筥 筥　　鄐 簹

　　　　　　　　　　　　　　　　　　　　　　上博二·容成 25

○**鄭家相**(1958)　(編按:貨系 3789 等)鄐即簹邦刀之簹字,此增邑爲異。鄐即鄆,古通譚,古譚國,爲齊桓所滅,注詳簹邦殘刀。

　　(編按:貨系 3789 等)簹鄆古通譚,从竹,陶器中常見,猶即墨之作節墨也。(中略)按譚,見《莊七年》,杜注,譚國,子爵,爲齊桓所滅,今在山東歷城縣東南七十里,有譚城。

　　　　　　　　　　　　《中國古代貨幣發展史》頁 166—167、82

○**裘錫圭**(1978)　(編按:貨系 3789 等)所謂"簹"字實際上是从"竹""膚"聲的一個字。這個字應該釋作"莒"。莒國之"莒",古文字都用"筥"字,其字或从"膚"聲作"簹"(筥大史申鼎),有時並加邑旁作"鄐"(筥侯簋,見《金》234 頁)。"膚"从"膚"聲,"簹"和"簹"無疑是一個字。(中略)

　　用作地名的"筥",古書皆作"莒"。齊國有兩個莒。一個是莒國的故都,在今山東莒縣附近。莒國於公元前 431 年(楚簡王元年)爲楚所滅,其地不久即爲齊所併。樂毅入齊時沒有攻下的,就是這個莒。另一個莒就是《左傳》昭公三年"齊侯田於莒"、昭公十年"桓子……請老於莒"的莒。這個莒的確切所在地古書沒有記載,《左傳》杜注說它是"齊東境",恐怕也是臆測之辭。背文有莒字的明刀據說都出土於山東博山(《辭典》下 66—67 頁),說不定這裏就是桓子退老的莒邑的所在地,筥字明刀就是這個莒邑所鑄造的。《發展史》認爲齊明刀是齊地被燕人占據時所鑄的(165 頁)。此說若確,見於上引明刀背文的莒將便應該是入齊的燕將了。

　　莒邦殘刀可能是莒縣之莒所鑄的。刀文"筥"字所从的"膚"的寫法,跟筥大史申鼎和筥侯簋"筥"字所从的"膚"有很大出入;而跟戰國齊陶文裏的等字的中部極其相似。從這一點來看,這種刀幣大概是莒亡以後其地已入於齊時所鑄的。

　　　　　　　　　　　　　　　《北京大學學報》1978-2,頁 80

○**李家浩**（1998）　（編按：貨系 3789 等）所謂"簟邦刀"或"莒邦刀"的第一字,應爲"簡"字。很可能是柜邑,地處今山東膠南縣北。

《中國錢幣論文集》3,頁 94

○**何琳儀**（1998）　（編按：貨系 3789 等）籚,從竹,虘聲。疑籚之省文。《説文》："籚,積竹矛戟矜也。從竹,盧聲。"齊刀籚,讀莒。

《戰國古文字典》頁 452

○**李零**（2002）　（編按：上博二·容成 25）簹州,春秋莒國銅器以"簹"自稱其國名。莒國之域在沂水一帶。《禹貢》無莒州,疑簡文"莒州"即莒國一帶。

《上海博物館藏戰國楚竹書》（二）頁 269

△**按**　古幣文中的該字當從裘錫圭釋作"筥"之異體。上博二《容成氏》中的"簹州",李零讀作"莒"之異體,亦可從。

筍　笥　匜

陶彙 3·731

望山 2·48

○**何琳儀**（1998）　《説文》："笥,飯及衣之器也。從竹,司聲。"齊陶笥,地名。疑讀苴,見《漢書·地理志》泰山郡,在今山東濟南南。匜,從匚,司聲。笥之異文。

《戰國古文字典》頁 112

△**按**　陶文中的"笥"用作地名。望山楚簡中的"匜"讀作"笥"。竹笥,即用以盛放衣物書籍等的竹製盛器。參見本卷詞條"竹匜"。

箄　箄

望山 1·146

○**何琳儀**（1998）　望山簡箄,見《方言》十三："箄,籆也。"注："今江南亦呼籠爲箄。"

《戰國古文字典》頁 772

△**按**　望山簡"箄"字原形右上角稍殘,但整字釋作"箄"當無疑義。

箸 簪

箸 詛楚文　　簪 郭店・六德 24　　簪 包山 139 反　　簪 上博三・彭祖 2

簪 包山 4　　簪 上博五・姑成 10　　簪 上博七・武王 2　　簪 新蔡乙三 33

○劉雨（1986）　（編按：信陽 1・3）簡文“教箸晶歲”可能是指用“晶歲”的時閒教小孩子寫字記事。

《信陽楚墓》頁 132

○劉彬徽、彭浩、胡雅麗、劉祖信（1991）　（編按：包山 1）箸，通作著。《漢書・景帝紀》：“令天下男子年二十始傅。”師古曰：“傅，著也。言著名籍，給公家徭役也。”

（編按：包山 139 反）箸，借作書。

《包山楚簡》頁 39、49

○何琳儀（1998）　（編按：包山 1 等）包山簡箸，讀著，或爲動詞，標著。《管子・立政》：“十二月一著。”或爲名詞，猶著作。包山簡“集著”，疑官名。

《戰國古文字典》頁 520

○楊澤生（2001）　（編按：信陽 1・3）簡文所教之“書”當指“六書”。《周禮》的六書指什麼，目前學術界有不同的意見，不過多數學者還是比較傾向於指淺顯實用的書學，如一般的認字寫字之類。當然，在教學文字的同時兼傳一些自然博物的常識也是完全可能的。劉雨先生認爲“教箸”指“教小孩子寫字記事”，可謂卓識。根據《禮記・內則》，“書”是“出就外傅”之後所學，教者應該是“外傅”。鄭玄説外傅是“教學之師”。

《簡帛研究二○○一》頁 2

○李守奎（2003）　（編按：包山 1 等）皆讀爲書。或即書之異體，與小篆箸僅是同形。

《楚文字編》頁 277

○李零（2003）　（編按：上博三・彭祖 2）“大筮”，疑讀“大匤”。

《上海博物館藏戰國楚竹書》(三) 頁 305

○陳斯鵬（2004）　（編按：上博三・彭祖 2）《李釋》作“筮”，讀爲“匤”。按：《李釋》於形不合。字寫作簪，李鋭先生指出其下所從與《詩論》《子羔》諸篇“者”字同,應釋"箸",甚是。"箸"於此應讀爲"圖"。戰國文字"圖"多从"者"聲,可證。"大圖"猶言"大謀、大猷、大業",郭店、上博簡《緇衣》:"不以小謀亂大圖。"

《華學》7,頁 158

△按　戰國文字材料中尤其是楚文字中,"箸"用於記録"書"這個詞。《上博三·彭祖》簡 2 中的𥰬,釋作"箸",讀作"圖"亦可信。

箁 𥲔

包山 223

○**劉彬徽、彭浩、胡雅麗、劉祖信**（1991）　（編按:包山 223）箁,通作茖,《説文》:"茖,草也。"

《包山楚簡》頁 57

○**何琳儀**（1998）　包山簡箁,讀茖,《説文》:"茖,艸也。从艸,各聲。""彤箁(茖)",菩草。

《戰國古文字典》頁 489

○**劉信芳**（2003）　占筮用具,"箁"讀爲"簵",其字又作"簬"。《尚書·禹貢》:"荆及衡陽惟荆州……惟箘簵楛,三邦底貢厥名。"《傳》云:"箘、簵美竹,楛中矢幹,三物皆出雲夢之澤。"《釋文》:"簵音路。"《説文》:"簵,箘簵也,从竹,路聲。"古文作"簬"。《廣雅·釋草》:"簵,箭也。"是古人既以簵作占筮工具,亦以之作箭幹。

《包山楚簡解詁》頁 237

△按　詳參卷一艸部"茖"字條。

簋 𣪘

新收 1342 秦公簋　　集成 4190 陳肪簋蓋　　集成 4096 陳逆簋

○**陳初生**（1987）　食器名。相當於後世的大碗,用來盛黍、稷、稻、粱等。簋的形態變化很多,一般爲圓腹、侈口、圈足。商代的簋多無蓋,無耳或有兩耳。西周和春秋的簋常帶有蓋,有二耳或四耳,還有圈足下加方座或附有三足的。戰國以後,簋遂少見。《説文》云簋爲方器,從傳世及出土的簋的形制來看,此

記載有誤。而《周禮·地官·舍人》："凡祭祀共簠簋,實之陳之。"鄭注："方曰簠,圓曰簋,盛黍稷稻粱器。"與器形相合。

《金文常用字典》頁 476—477

△按　戰國文字中"簋"一般寫作"𣪘"。

簠 𥷯　箁 笑

璽彙 3109

笑信陽 2·5　　笑信陽 2·6　　笑包山 124　　笑包山 125　　笑集成 4630 陳逆簠

○**李天虹**(1993)　(編按:包山 124)　笑 124　釋文作笑

　　按:此字當讀作簠。陳逆簠器名作笑,信陽簡簠字作𥷯,均从竹夫聲。又《説文》古文簠字作医,亦从夫聲,是其證。古音夫盍同屬幫母魚部,可以互通。

《江漢考古》1993-3,頁 87

○**郭若愚**(1994)　(編按:信陽 2·5)笑,从竹,夫聲。古文作医,从匚,夫聲。今作簠,祭祀燕享以盛黍稷稻粱之器。《周禮·地官·舍人》:"凡祭祀共簠簋,實之陳之。"注:"方曰簠,圓曰簋。"

《戰國楚簡文字編》頁 70

○**何琳儀**(1998)　笑,从竹,夫聲。疑医之異文。《説文》:"簠,黍稷圜器也。从竹从皿,甫聲。医,古文簠从匚从夫。"陳逆笑,讀簠。信陽簡笑讀簠。包山簡笑,地名。

《戰國古文字典》頁 590

△按　戰國文字中"簠"多作"笑"或"箁"。《説文》:"簠,黍稷圜器也。从竹从皿,甫聲。医,古文簠从匚从夫。"此外還有異體作"匫",如匫(包山 265)、匫(集成 4551 楚王酓肯簠)等,參見卷十二"匚"部"匫"字條。

箁 箁

包山 103 反

○**何琳儀**(1998)　《説文》:"箁,斷竹也。从竹,甬聲。"包山簡箁,人名。

《戰國古文字典》頁 424

△按　此字下部所從與楚文字中的一般"甬"旁有異，似非"甬"旁。試比較：
🖼（包山166）、🖼（包山185）。

竿 竿

🖼 天星觀　　🖼 天星觀　　🖼 上博五·三德21

🖼 上博六·用曰11

○張光裕（2007）　（編按：上博六·用曰11）"🖼（舉）竿"猶言"揭竿"。

《上海博物館藏戰國楚竹書》（六）頁298

△按　天星觀簡之"竿"字辭例作"絑羽之中竿""白羽之中竿"，參見滕壬生《楚系簡帛文字編》（259頁，湖北教育出版社1995年）。劉國勝認爲"中竿"與包山簡、望山簡中的"中干"以及尹灣漢簡《武庫永始四年兵車器集簿》中的"終干"爲同類物。李家浩認爲"中干"即古書中所記的"罕旗"。參見劉國勝《楚喪葬簡牘集釋》（58頁，科學出版社2011年）。《上博五·三德》21號簡辭例作"竿之長，枸株復（覆）車"。其中"竿"字亦可能當讀作"罕"，可能與"罕車"有關。《史記·天官書》："畢曰罕車，爲邊兵，主弋獵。"張守節正義："畢八星曰罕車。"《文選·揚雄〈羽獵賦〉》："及至罕車飛揚，武騎聿皇。"呂向注："罕車，獵車也。"頗疑"罕車"即載有"罕旗"之車，故簡文才有"竿（罕）之長"之説。上博六《用曰》11號簡異體作🖼，竹、干中開加一"〇"旁，似爲聲符。其具體用意待考。李鋭認爲可讀作"罕"，訓爲網，並懷疑簡文"舉罕於野"與商湯故事有關。參見李鋭《讀〈用曰〉札記》（簡帛網2007年7月17日）。

箑 箑 箑

🖼 包山260　　🖼 望山2·47　　🖼 信陽2·19

○郭若愚（1994）　（編按：信陽2·19）《説文》："箑，扇也。從竹，疌聲。箑，箑或從妾。"箑同萐。萐，《類篇》："色甲切。同翣，棺羽飾也。"翣，《説文通訓定聲》："按如今之掌扇，疑古本以羽爲之，與羽蓋同。後世以布，或以席。"據此知有從羽、從竹、從草之不同矣。

《戰國楚簡文字編》頁89

○**朱德熙、裘錫圭、李家浩**（1995）　（編按：望山2·47）“篓”爲竹翣之專字。《集韻》：“篓，竹翣。”

《望山楚簡》頁 125

○**何琳儀**（1998）　篓，从竹，妾聲。箑之異文。《説文》：“箑，扇也。从竹，疌聲。篓，箑或从妾。”又《廣韻》：“篓，竹器。”《集韻》：“篓，竹翣。”楚簡篓，讀箑。見《説文》。

《戰國古文字典》頁 1436

△**按**　諸家釋“篓”概無疑義。

籚 籚

璽彙 3112

○**何琳儀**（1998）　《説文》：“籚，積竹矛戟矜也。从竹，盧聲。《春秋國語》曰，朱儒扶籚。”齊璽籚，讀盧，姓氏。

《戰國古文字典》頁 453

簦 簦

簦信陽 2·14

○**中大楚簡整理小組**（1977）　簦即《爾雅·釋器》“瓦豆謂之登”的登。

《戰國楚簡研究》2，頁 27

○**郭若愚**（1994）　《汗簡》引裴光遠集綴“登”字作簦，與此同。故知此字爲簦。《説文》：“笠蓋也。从竹，登聲。”段注：“笠而有柄如蓋也。即今之雨繖。”《急就篇》：“竹器簦笠簞籚篍。”注：“簦笠皆所以禦雨也。大而有把手執以行謂之簦；小而無把手戴以行謂之笠。”

《戰國楚簡文字編》頁 82

○**何琳儀**（1998）　信陽簡簦，讀䇶。《説文》：“䇶，禮器。”

《戰國古文字典》頁 139

△**按**　簡文“簦”字位於簡首，不易明確所指爲何物，但據其與瓶、缶、湯鼎等物記在一起推測，理解爲“瓦豆謂之登”的“登”亦可通。

筐 籄

集成 9735 中山王方壺

○**商承祚**（1982） 筐爲匪之異體，因爲竹製，故言其質。"夙夜匪解"，見《詩·大雅·烝民》箋："夙，早，夜，莫（暮），匪，非也。"解爲懈之初字。

《古文字研究》7，頁 65

○**何琳儀**（1998） 《説文》："筐，車笭也。从竹，匪聲。"（《説文》："匪，器似竹筐，从匚，非聲。"）中山王方壺"筐解"，讀"不懈"。《詩·大雅·假樂》"不解于位"，《詩經考文》："不解，古本作匪懈。"

《戰國古文字典》頁 1293

笒 笭 箊

集成 10820 箊戈

○**何琳儀**（1998） 箊，从竹，命聲。疑笭之繁文。《説文》："笭，車笭也。从竹，令聲。"箊戈"箊戈"，置於車闌之戈。《釋名·釋車》："笭，橫在車前，以竹作之。"

《戰國古文字典》頁 1148

△**按** 戈銘僅一"箊"字，是否可理解爲"置於車闌之戈"，有待進一步研究。

策 𥰭 箭 筞 芹

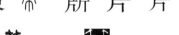璽彙 2409 陶彙 6·160　陶録 5·12·4　包山 260

集成 9735 中山王方壺

仰天湖 8

望山 2·48

○**張政烺**（1979） （編按：集成 9735 中山王方壺）筞，从竹，斤聲，蓋策之異體。《老子·道經》第二十七章"善數者不用籌策"，策字馬王堆帛書《老子》甲本作筞，乙本作筦。筞，从竹，析聲。《説文》："析，破木也，从木从斤。"又："片，判

木也,从半木。"析是破木,故筴壺銘作筹,《老子》乙本又簡化作筦。策賞是書
勳勞賞賜於策。

《古文字研究》1,頁 220

○**朱德熙、裘錫圭**(1979)　　(編按:集成 9735 中山王方壺)馬王堆漢墓所出帛書《老
子》甲本"籌策"之"策"亦作"筹"。"析"與"策"古音相近。"筹"即"策"字異
體,會意兼形聲。

《朱德熙古文字論集》頁 101,1995;原載《文物》1979-1

○**徐中舒、伍士謙**(1979)　　(編按:集成 9735 中山王方壺)筹,从竹从斱,當釋爲獎。

《中國史研究》1979-4,頁 88

○**李學勤、李零**(1979)　　(編按:集成 9735 中山王方壺)第卅一行的筹字,从竹从析。
馬王堆漢墓帛書《老子》等篇,策字多作筹,或省作筕,這是由於束聲、析聲古
音相近。帛書《五十二病方》有藥名莢(策)薪,即《本草》的薪蓂,古代从竹从
艸通用,所以筹這個古文寫法實際在薪蓂這個藥名上保留下來了。

《考古學報》1979-2,頁 153

○**于豪亮**(1979)　　(編按:集成 9735 中山王方壺)筹即策字,《老子·第二十七章》
"善數者無籌策",馬王堆帛書甲本《老子》作"善數者不以檮筹",乙本作"善
數者不用檮筕",筹、筕是策字,則筹也是策字。因爲片爲半木,斱或析都是表
示以斤劈木的會意字,故都是析字,因此筹字就是筹字,筕字則爲筹字之省。
由此知筹、筕、筹都是策字。

《考古學報》1979-2,頁 180

○**趙誠**(1979)　　(編按:集成 9735 中山王方壺)筹,借作策,音近而通。馬王堆三號漢
墓出土的帛書《老子》"善數者不以檮筹"的筹字,通行本作策,可證。

《古文字研究》1,頁 252

○**李家浩**(1983)　　(編按:望山 2·48)(7)的"芹"字从"艸"从"片"。《老子·道
經》二十七章"善數者不用籌策"之"策",馬王堆漢墓帛書《老子》甲本作
"筹",乙本作"筕","析""束"古音相近,故帛書"策"或作"筹"。戰國中山王
壺銘文"筹"字作"筹",从"竹"从"斱"。"斱"見于《玉篇》《集韻》,即"析"字
古文。帛書"筕"所从"片"即"斱"之省。據此,簡文"芹"即"薪"字。裘錫圭
先生認爲簡文"薪"應讀爲"簀"。"簀"从"責"聲,而"責"亦从"束"聲。《方
言》五:"牀,齊魯之閒謂之簀,陳楚之閒或謂之第。""簀""第"一音之轉。
1975 年江陵鳳凰山 167 號漢墓出土的遣册記有隨葬的木俑,其中二簡云:

　　責侍女子二人,繡衣,大婢。《文物》1976 年 10 期圖版叁·7

　　槓大婢四人。《文物》1976 年 10 期圖版肆·12

對照墓內出土的木俑,簡文所指當是兩個繡衣袖手和四個手托被褥的女俑。由此看來,這二簡的"責"和"槓"都應當讀爲"簀"。"簀侍女子"和"簀大婢"蓋指室內收拾牀鋪的女奴。鳳凰山 167 號漢墓位於楚國故都紀南城內,其時代屬西漢前期,距楚國滅亡不久,簡文把牀稱簀,應是沿襲楚人舊習。(7)的"簀莞"蓋謂牀上用的莞席。

《著名中年語言學家自選集·李家浩卷》頁 207—208,2002;
原載《中國語言學報》1

○**吳振武**(1983)　(編按:璽彙 2409)2409□𥬞·□策。

《古文字學論集》(初編) 頁 506

○**劉彬徽、彭浩、胡雅麗、劉祖信**(1991)　(編按:包山 260)策,讀如簀。簀是牀的什麼部位,歷來說法不一。《說文》:"簀,牀棧也。"《廣雅·釋器》:"牀杠也。"《方言》五:"牀,齊魯之閒謂之簀。"注:"牀版也。"《史記·范雎傳》:"即卷以簀。"索隱:"葦荻之薄也。"朱駿聲以爲,簀是牀杠和上面陳鋪之物的統稱。從出土實物來看,收牀除了杠之外,還有卷成束的竹簾,可以鋪在牀杠之上。竹簾或許就是上文所說的"版、薄"。因此,簀應是牀杠和上面鋪設的"版"的總稱。

《包山楚簡》頁 62

○**葛英會**(1992)　戰國韓陶文製陶工官曰"尹某"(某爲尹之名),圖十·1、2(編按:《陶彙》6·74、6·160)所錄即尹名之一。此陶文从竹,其聲符即束字。束字,齊陶文作圖十·4(編按:《瘦雲樓古陶文拓本》41·1)所揭之形,嘖字(圖十·5)(編按:《陶彙》3·1209)、《魏三體石經》蹟字(圖十·10)所從皆與齊陶文同。《說文》束篆文作圖十·3 所錄之形,《汗簡》《古文四聲韻》與《說文》同。今按《說文》《汗簡》《古文四聲韻》之束字上部一筆作向上舉之形,誤。其字應如陶文及《三體石經》那樣,作向上的尖狀。韓陶文亦作此狀,也證明也這一點。韓陶文策字所從束字,中部爲通貫的橫筆,右上角又加一小橫筆,與齊陶文(兩通橫筆)及《說文》篆文(一通貫橫筆)者均小有差異。這種寫法同古璽文甫字(圖十·7)(編按:《璽彙》0158)、帝字(圖十·8)(編按:《璽彙》4087)相似,此二者亦在通貫橫筆之右上加一小橫。而圖十·6(編按:《香彙》3·4)所錄陶文甫字、圖十·9 所錄《說文》帝字,通貫橫筆的右上皆不加橫筆。這些相互雷同的情況,可以說明圖十·1、2 所揭陶文策字,應是一種具有地方特徵的寫法。

圖十

○**朱德熙、裘錫圭、李家浩**（1995）　　（編按：望山 2·48）"芙"上一字从"艸""Ｋ"聲。馬王堆帛書《老子》乙本"籌策"之"策"作"𥱥"，甲本作"𥮘"，故知"Ｋ"即"木"字之半，爲"析"字異體。《説文》"片"字亦从半"木"，古代一字兩用的情況頗多，不足爲異。漢隸"析"字或作"枂"，尚存以"Ｋ"爲"析"之意。"析、束"音近，故"策"或作"𥱥"。此簡"𥱥"字疑當讀爲"簀"。"責"亦从"束"得聲。簀莞蓋謂牀簀所用之莞席。仰天湖八號簡有"𥱥柜"，疑亦當讀爲"簀虡"，指牀簀所用之几。

○**何琳儀**（1998）　　（編按：包山 260）《説文》："策，馬箠也。从竹，束聲。"包山簡策，讀簀。《説文》："簀，牀棧也。从竹，責聲。"《小爾雅·廣服》："簀，牀笫也。"今之牀席。

○**王恩田**（2007）　　（編按：陶錄 5·12·4）《説文》："策，馬箠也。从竹，束聲。"與馬鞭不同，策既可以擊馬，又可用其尖端刺馬。與秦始皇墓二號銅車馬同時出土的有銅馬策實物。

△**按**　戰國文字中的"𥮘、𥱥、𦬆"諸字均當釋作"策"之異體，但具體語境中表詞和訓釋則往往不同，或訓作"簡策"，或讀作"簀"，訓作"牀"或"席"。

【𥱥柜】仰天湖 8

○**饒宗頤**（1957）　　柜，从木从巨，巨形與《説文》古文同，即柜字。（**中略**）柜當指木桁也。鄭注："桁所以庋'苞、甕、甒'也，每器異桁。"

○**郭若愚**（1986）　　柜，《正韻》："篋也，亦作匱。"今蘇人謂櫃曰柜。

○**朱德熙、裘錫圭、李家浩**（1995）　　仰天湖八號簡有"𥱥柜"，疑亦當讀爲"簀虡"，指牀簀所用之几。

○**何琳儀**（1998）　　仰天湖簡"𥮘柜"讀"册櫃"，參《書·金縢》："乃納册於金縢之匱中。"

《戰國古文字典》頁 770

○何琳儀（2001）　（編按：仰天湖 8）"柜"即"櫃"，《正韻》："柜，篋也。亦作匱。"
《集韻》："匱，《説文》匣也，或作櫃。"《廣韻》："櫃，篋。"

　　簡文"筞柜"讀"策櫃"或"册櫃"，"册匱"見《書・金縢》"乃納册於金縢
之匱中"，指盛放竹簡的匣子。仰天湖墓中所出的這件玉首匣子一定十分精
緻，估計竹簡出土以前早已被盜。

《簡帛研究》3，頁 108

○李家浩（2007）　（編按：仰天湖 8）"策柜"之"策"也有可能是一種竹名。（中略）
頗疑簡文"策"應該讀爲"箣"，"箣柜"即用箣竹作的"柜"。

《簡帛》2，頁 32—33

△按　仰天湖簡中的"筞柜"中"柜"的具體所指，雖經多家考釋，但依然無法
確定哪種説法最爲準確。李家浩（2007）之文最爲後出，代表最新的研究結
論，同時文中亦對諸家説法有所補充和辯駁，可以參看。

箠　箠

睡虎地・日甲 50 背叁

△按　原辭例爲"人毋（無）故一室人皆箠（垂）延（涎）"。"箠"用作"垂"。

箙　箙　箙

曾侯乙 5　　曾侯乙 26　　曾侯乙 33

○李守奎（2003）　葡即箙之初文，外加囊形，會箙意。

《楚文字編》頁 278

△按　曾侯乙簡屬戰國早期地域性較强的一批材料，用字多存古，"箙"字如
此作，正是此一特徵之體現，卷六橐部重見。

箴　箴　箴　箴

睡虎地・答問 86

上博五・君子 10

△按 《睡虎地‧答問》簡 86 原辭例爲"以箴(針)、鈇、錐,若箴(針)、鈇、錐傷人,各可(何)論?"可知"箴"即"針"。此外,楚文字中多見用(新蔡零271)、（清華叁‧芮良夫毖 18）爲"箴"。詳參宋華强《楚文字資料中所謂"箴尹"之"箴"的文字學考察》(《古文字研究》第 29 輯頁 603—615,中華書局2012 年)。上博五《君子爲禮》10 號簡"簸徒三人"具體所指尚不明晰,何有祖疑讀作"箴",參見氏著《上博五零札二則》(簡帛網 2006 年 3 月 3 日)。卷十三"糸"部"綎"字條重見。

竽 竽

 璽彙 0283　　璽彙 0346　　竽 信陽 2‧3

竽 包山 157　　竽 新蔡甲三 179

○**李立芳**(1994) "竽"是楚國職官名。《古璽彙編》收有"蒿陵竽璽"(璽彙‧0283)和"竽璽"(璽彙 0346)。

竽在楚國當爲何官職? 其官職又因何名"竽"? 這些都尚未論定。

鄭超先生説:"'竽璽'的'竽'當即'竽尹'的'芋',漢代竹頭與草頭往往混用。"(**編按**:原文如此)"芋是一種樂器,竽尹大概是管理樂隊的。"

又謂"蒿陵芋璽",曰"此印也許是蒿陵的封君所屬芋尹所用"。黄錫全先生認爲:"'竽'爲曉母,魚韻,'虞'爲穎母(**編按**:"虞"乃疑母,"竽"乃匣母),魚韻。'竽、虞'二字古可通用是没有多大問題的,當依《新序》定'芋尹'爲殿獸之官。上舉之'芋'當即'芋尹'之省。蒿陵,可讀高陵,泛指高丘。蒿也可假爲郊、茭、郜等。璽文蒿陵可能是地名。"上兩説以黄説爲是。惜未能進一步考證殿獸之官名"竽"之故。我認爲"竽"當是"虞"字之借字。竽爲曉母,魚韻,虞爲疑母,魚韻。虞、竽二字爲旁紐疊韻,可以通轉。

"虞官"是古代掌山澤、苑囿、田獵之官。

《楚文化研究论集》4,頁 526

○**何琳儀**(1998) 楚璽、包山簡、望山木烙印竽,疑與楚官"芋尹"有關。

《戰國古文字典》頁 460

△按 古璽中的"竽"是楚官名,但是否指掌山澤、苑囿、田獵的"虞官",尚待進一步研究。《信陽》2‧3 指竹製簧管乐器。

笙 竿

信陽 2·3

○何琳儀（1998）　《説文》：“笙，十三簧，象鳳之身也。笙，正月之音，物生，故謂之笙。”《爾雅》：“大笙謂之巢，小者謂之和。从竹，生聲。”信陽簡笙，樂器。

《戰國古文字典》頁 826

簧 簧

秦文字集證 226·1 秦景公大墓漆筒墨書文字　　　集成 2361 公廚右官鼎

○王輝、程學華（1999）　（編按：秦文字集證 226·1 秦景公大墓漆筒墨書文字）簧本指笙一類樂器裏用以振動發聲的薄片。《説文》：“簧，笙中簧也。从竹，黄聲。”段玉裁注：“《小雅》：‘吹笙鼓簧。’傳曰：‘簧，笙簧也。吹笙則簧鼓矣。’按經有單言簧者，謂笙也。《王風》：‘左執簧。’傳曰：‘簧，笙也。’是也。”可見簧亦可引申指笙類樂器。《説文》：“竽，管三十六簧也。”（段玉裁以爲“管”下當有“樂”字。）又云：“笙，十三簧，象鳳之身也。笙，正月之音。物生，故謂之笙。大者謂之巢，小者謂之和。从竹，生聲。古者隨作笙。”依舊傳統，笙用 13 至 19 根裝有簧的竹管和一個吹氣管，裝在一個鍋形的座子上製成。所謂“漆筒”，有可能爲笙、竿之吹氣管或鍋形底座之殘。（中略）

　　墨書稱“寺（持）簧”，猶《詩·王風·君子陽陽》之“執簧”。

《秦文字集證》頁 338—339

△按　秦公一號墓出土竹筒墨書文字中的“簧”，方建軍認爲應是指一種撥奏體鳴樂器“簧”，而不是吹奏氣鳴樂器笙、竿或其簧片。竹筒應是存放樂器簧的物件，而不是笙、竿的管或其他零部件（《秦墨書竹筒與樂器“簧”》，《交響》2008 年第 1 期頁 5—6）。集成 2361 公廚右官鼎中的“簧”字用爲人名。

管 管 箮

十鐘　　箮上博五·季庚子 4

○**黃德寬等**（2007）　秦印管，姓氏，《通志·氏族略》二：“管氏，周文王第三子管叔鮮之國，其地在今鄭州管城是也。子孫以國爲氏焉。又，齊有管夷吾，出自周穆王，至夷吾始顯於齊。”

《古文字譜系疏證》頁 2829

△**按**　上博簡《季庚子问於孔子》中亦用“筊”爲“管仲”之“管”，參見本卷“筊”字條。

筑 𥰁　箃 箈

筑 睡虎地·日乙 125　　楚帛書　上博二·容成 38

○**何琳儀**（1998）　筑，从巩（《説文》：“巩，抱也。”）从竹，會持竹尺擊筑之意。竹亦聲。《説文》：“筑，以竹曲五弦之樂也。从竹从巩。巩，持之也。竹亦聲。”子禾子釜筑，讀築。《説文》：“築，所以擣也。”“筑桿”疑平斗斛之器。

《戰國古文字典》頁 193

△**按**　楚系文字中“筑”寫作“箃”或“箈”。

筭 䇼

睡虎地·日乙 191 貳

○**睡簡整理小組**（1990）　筭，當爲筮字之誤。

《睡虎地秦墓竹簡》頁 248

○**何琳儀**（1998）　《説文》：“筭，長六寸，計歷數者。从竹从弄。言常弄乃不誤也。”睡虎地簡筭，或作算、祘。

《戰國古文字典》頁 1050

算 算

新蔡甲三 352　　印典

○**何琳儀**（1998）　算，从竹从具，會備籌計算之意。《説文》：“算，數也。从竹从具。讀若筭。”或説，从竹，鼑（籑）聲。鼑，从収从鼎，會具食之意。籑之初文。望山簡算,讀纂。《説文》:"纂,似組而赤,从糸,算聲。"

《戰國古文字典》頁 1050

○**賈連敏**(2004)　　"算"字僅 1 見,簡文曰:"……二畀,未智(知)其攸里之算"(甲三:352)。望山二號墓一號簡有"筭"字,簡文曰:"……車與器之筭",李家浩先生考釋曰:"古代稱賬目一類文書曰算,居延漢簡中有'薄算、四時薄算、功算'等文書名稱可證。望山二號墓所出竹簡都是記隨葬器物的名稱和數量的,是遣册的性質。此簡當是遣册首簡。車與器之算意即隨葬的車和器物的賬目。"新蔡簡文中的"算"字,也應與文書有關。也可訓爲"數",《説文》:"算,數也。从竹、具,讀若筭。"

《華夏考古》2004-3,頁 100

△按　　所謂《望山楚簡》中的"算"字,原簡字形作🔲,是楚文字中較爲常見的"典"字,與新蔡簡中的"算"字字形相差巨大,當與"算"字無關。然而,新蔡簡中的"算"作🔲,中閒並不从"目",與"算"尚有别。簡文辭例作"未智其攸里之算",宋華强亦有詳論(《新蔡葛陵楚簡初探》頁 458,武漢大學出版社 2010 年)。

笑𥬇　芺獡

🔲郭店·老乙 9　　🔲郭店·性自 22　　🔲楚帛書　　🔲上博四·柬大 19

🔲上博五·競建 8

△按　　楚文字中"笑"一般从艸从犬作"芺",個别作"獡",从犬,兆聲,詳參卷一艸部"芺"字條。

笀

曾侯乙 155

○**何琳儀**(1998)　　笀,从竹,亡聲。芒之異文。《篇海》:"笀,正作芒,草芒也。"《説文》:"芒,草耑也,从艸,亡聲。"隨縣簡笀,讀芒。姓氏。

《戰國古文字典》頁 729

○**李守奎**(2003)　　笀　疑爲筀之訛字。

《楚文字編》頁 279

△按　　楚文字中"芒"字一般作🔲(信 2·23)、🔲(新蔡·甲三 364),與此字

从竹不同。因此,曾侯乙簡中的"竺"未必是"芒"之異文。李守奎疑爲"竿"之訛寫,可參。

筊

集成 1473 筊伏鼎

○**何琳儀**(1998)　筊,从竹,女聲。疑筎之省文。《集韻》:"筎,刮取竹皮爲筎。"筊伏鼎筊,疑讀茹,姓氏。蠕蠕入中國爲茹氏,望出河南。見《通志·氏族略·外國大姓》。

《戰國古文字典》頁 561

△**按**　鼎銘僅有"筊伏"二字,其中的"筊"是否可以讀作"茹",無法確知。

笄

包山 85 反　包山 90　包山 125 反　包山 148

○**劉彬徽、彭浩、胡雅麗、劉祖信**(1991)　笄,讀如引。《漢書·律曆志》:"引者,信也,信天下也。"

《包山楚簡》頁 45

○**湯餘惠**(1993)　笄从孖聲,疑即簡札之本字。孖、札古音同屬月部,孖與截古音近,古書截、札互通。《釋名·釋天》:"札,截也,氣傷人有如斷截也。"是笄可釋札之旁證。笄(札)是寫在竹簡上的官方文書,《詩·小雅·出車》:"豈不懷歸?畏此簡書。"《毛傳》:"簡書,戒命也。"《正義》:"古者無紙,有事書之於簡,謂之簡書。"

《考古與文物》1993-2,頁 70

○**劉信芳**(1996)　"笄"字雖不見於後世字書,然其形、音、義均是明確的,字从孖聲,義爲信物,其實物與漢代的"節"相類,亦不會有太大的問題。

《于省吾教授百年誕辰紀念文集》頁 188

○**陳偉**(1996)　"笄"的具體含義還可考究,大致應是針對被告發出的文書。

《包山楚簡初探》頁 39

○**葛英會**(1996)　(編按:包山 85 反等)這個簡文乃是以竹爲義符,以孖爲聲符的

字。我們以爲這個字應讀爲節。在古代𠂤與節同聲紐同韻部,這個簡文乃是節的異體。

《南方文物》1996-3,頁 95

○**何琳儀**(1998)　笋,从竹,引聲。《集韻》:"笋,竹名。"包山簡笋,讀引,信物(竹製),《漢書·律曆志》:"引者,信也,信天下也。"

《戰國古文字典》頁 1130

○**史傑鵬**(2001)　包山竹簡所説的"𥬱"也是記獄訟之辭的,與上引《周禮》《左傳》所説的"契"的性質相似。因此,我們認爲"𥬱"應該讀爲"契"。

《簡帛研究二○○一》頁 21

○**趙平安**(2005)　我們認爲,這個字應隸作笸。（中略）

包山簡中的"笸"應當讀爲記。

記指官方文書。

《簡帛研究二○○二—二○○三》頁 2—3

△**按**　此字諸家意見不一,各家論據各有長短,仍待進一步研究。但該字下部所從實爲"子"形,即"𠫓"字,故整字當隸定作"𥬱"。另外可以參見朱曉雪(《包山楚簡研究綜述》,福建人民出版社 2014 年)對此字考釋成果的述評。

笀

曾侯乙 10

○**裘錫圭、李家浩**(1989)　48 號簡有"革弦",53 號簡有"反綠之弦"。"笀"與"弦"當指同一種東西,疑並當讀爲"鞃"。簡文還有"紫弓(45 號)、革弓"(54 號)。"革弓"即 48 號簡"革弦"的異文,此二"弓"字亦當讀爲"鞃"。"鞃"的異體作"鞙、靬(《玉篇·革部》)、弦"(《詩·大雅·韓奕》陸德明《釋文》)等形,"弦、厷、弓"等皆可用爲聲符,故簡文"弦、笀、弓"等字可以讀爲"鞃"。《詩·大雅·韓奕》"鞹鞃淺幭",毛傳:"鞹,革也。鞃,軾中也。"簡文"革鞹"和"革弓",猶此"鞹鞃"。

《曾侯乙墓》頁 511—512

筓

筓 信陽 1·4　　筓 上博四·柬大 2

○**史樹青**（1963）　（編按：信陽1‧4）從如盇（螕即蝟，與彙通），相保如民母，俹（佗通施）輔。

○**中大楚簡整理小組**（1977）　（編按：信陽1‧4）☒［相］迤，如盇相保，如笒毋俹。楠□☒

　　迤如之閒有組痕。迤同附。盇，字書未見，當即虺。春秋戰國時的青銅器，常飾以蟠虺紋，其狀或若虺之蟠繞，或若干虺形相連接，或虺形蟠曲如圓球（參考容庚《商周彝器通考》上册148頁）。簡文言"如盇相保"，乃以蟠虺爲喻。笒，字書未見，疑讀爲骱，即骨節。俹，讀爲脱，如笒毋脱，謂如關節之不相脱。按此簡亦皆比喻之辭。

○**湯餘惠**（1993）　（編按：信陽1‧4）笒，通介，鎧甲。大意是説，彼此之閒要像鎧甲護身一樣，互相保護。

○**何琳儀**（1998）　（編按：信陽1‧4）笒，從竹，介聲。疑个之異文。个，見紐歌部；介，見紐月部。歌、元陰陽對轉（編按：疑當爲：歌、月陰入對轉）。《書‧泰誓》"若有一介臣"，《禮記‧大學》介作"个"。是其佐證。个，或作箇（見个字），從竹，與笒從竹吻合。唐本《説文》："个，半竹也。"

　　信陽簡笒，讀个。"□迤如盇，相保如笒"讀"相化如蛤，相保如个"。意謂："如蜃屬之變化，如半竹之獨守。"

○**李零**（2002）　（編按：信陽1‧4）過，如虺相保，如介毋他，輔□……（X.1-04；S.45）按：學者斷句多作"〔相〕過如虺，相保如介，毋他輔□……"釋字也不同。這裏試提出另一種理解。"過"，原從辵從化，楚簡多用爲"過"字。"如虺相保"，"虺"原從雙虫從會，這里疑指虺蛇首尾相救。"如介毋他"，"介"原從竹從介，"他"原從日從他（或佗），"毋他"即"無他"，乃古代習語，是無害之義，這裏疑指介蟲有甲殼保護不受傷害。"輔"原從木從甫，楚簡多用爲"輔"字。

○**濮茅左**（2004）　（編按：上博四‧柬大2）"笒"，讀爲"疥"，疥瘡。

△**按**　從信陽簡前後辭例來看，何琳儀所論較爲近是，若"盇"可讀爲"蛤"，那麽"笒"很有可能當讀作"蚧"，與"蛤"同義。上博四《柬大王泊旱》中的"笒"，

用作“疥”,指疥瘡。辭例作“龜尹智(知)王之庶(庶)于日而病斧(疥)”。

笴

秦陶 330

○**高明、葛英会**(1991)　　笴　《説文》所無。《玉篇》:“笴,或作簳。箭簳也。”

《古陶文字徵》頁 178

○**何琳儀**(1998)　　笴,从竹,可聲。《廣韻》:“笴,箭莖。”秦陶笴,人名。

《戰國古文字典》頁 854

○**王恩田**(2007)　　笴。

《陶文字典》頁 107

△**按**　“笴”字在秦陶文中用爲人名。

筌

璽彙 3111

○**何琳儀**(1998)　　筌,从竹,左聲。疑篓之省文。《廣韻》:“篓,籠屬。”晉璽筌,讀差,姓氏。夏后有差氏。見《路史》。

《戰國古文字典》頁 879

笘　箬

仰天湖 11　　郭店·成之 34　　包山 263　　望山 2·49　　信陽 2·8

曾侯乙 6　　曾侯乙 18　　曾侯乙 54

○**饒宗頤**(1957)　　(編按:仰天湖 11)“笘”字,字書所無,下从石,即石字。《説文》:“席,籍也,古文作囼,从石省。”此从竹从石,而石形不省,知是篇字。《周禮·司几筵》:“諸侯祭祀席:蒲筵,繢純;加莞席,紛純。”鄭注:“純,緣也。”簡言“純綏笘(席)”,知有純飾。羅福頤記棺中遺物,在笒籵上有殘席破片,可證。

《金匱論古綜合刊》1,頁 62

○**林澐**（1986）　（編按：信陽 2·08）信陽長臺關楚墓竹簡編號 208 號（編按：當爲 2·08 號）簡文：“囗人之器：一鈔𥬔，羊綿之純……”商承祚先生在《信陽出土戰國竹簡摹本》中將𥬔釋爲箸，高明《古文字類編》從之，並引《集韻》箸同箇，認爲即《説文》所收之箇。按同墓竹簡君字屢見，均作𠺖（如 1·111 號簡）、𠺖（如 1·152 號簡）。以𥬔爲從君，顯然有誤。

　　《説文》：“磬，樂石也。從石，殸象縣虡之形，殳擊之也……𥐓，古文從巠。”則𤣥之爲古文石字，不言自明。又，《説文·水部》：“砅，履石渡水也。從水從石。《詩》曰：深則砅。濿，砅或從厲。”按今本《詩經·匏有苦葉》作“深則厲”。東周子仲匜（三代 17·39·2）“厲孟姬”之厲字作𤣥。字中之𤣥，石也。從石從止，正與《説文》“履石”之説合。《汗簡》以𥐓爲礪之古文，云“見《説文》”（按今本《説文》無礪字。礪當即砅或體濿之誤），當有所本，非向壁虛造。又，庶字本從石從火，于省吾、陳世輝兩位先生合著《釋庶》一文（見《考古》1959 年 10 期），論之甚詳。東周時，者沪鐘庶字作𥐓，蔡侯鐘庶字作𥐓（參見《金文編》9·15），東周文字中𤮆每作廿，則𤣥之作𤣥，猶𤣥之作𤣥。因此信陽簡所見𥬔字之爲從竹從石，可以無疑。

《中國語文研究》8，頁 123

○**裘錫圭、李家浩**（1989）　（編按：曾侯乙 6 等）“箵”字原文多作𥬔，從“竹”從“𤣥”，“𤣥”即《説文》“席”字的古文“𥨐”。“𥨐”從“丙”從“石”省。《古文四聲韻》昔韻“席”字下引《古孝經》作𥨐，所從“石”旁不省。“席”本從“石”聲，故長沙仰天湖二十五號墓竹簡、長臺關一號墓竹簡和望山二號墓竹簡“席”字多作“𥬔”（參看饒宗頤《戰國楚簡箋證》，《金匱論古綜合刊》第 1 期）。簡文此字加“竹”頭，當是“𥨐”的繁體。

《曾侯乙墓》頁 510

△按　楚系文字中“席”字從石得聲，饒宗頤、林澐釋“席”至確。卷七“巾”部“席”字條下重見。

筥

𥬜璽彙 1081　　𥬜集粹

○**何琳儀**（1998）　筥，從竹，目聲。晉璽，人名。

《戰國古文字典》頁 265

笚

仰天湖 12

○**史樹青**（1955）　笚即鈿字,但文義仍不得確解。清鄭珍《説文新附考》謂
"漢以前字書無鈿",則此笚字或是古文鈿字,即簪笄一類的頭飾。

《長沙仰天湖出土楚簡研究》頁 28

○**饒宗頤**（1957）　疑即从竹从甲,《集韻》:"箇,竹名,或省作笚。"當是匣或
柙字,《莊子・刻意》:"干越之劍者,柙而藏之。"《列子・湯問》作柙,即匣字。

《金匱論古綜合刊》1,頁 65

○**朱德熙、裘錫圭**（1972）　此字上端从竹,下端實从甲。（中略）簡文笚字釋作
柙或匣均可。

《朱德熙古文字論集》頁 35—36,1995;原載《考古學報》1972−1

○**何琳儀**（1998）　笚,从竹,甲聲。《廣韻》:"笚,竹相擊也。"仰天湖簡笚,讀
匣。《説文》:"匣,匱也。从匸,甲聲。"

《戰國古文字典》頁 1428

○**李守奎**（2003）　笚　匣字異體,與《玉篇・艸部》之笚非一字。

《楚文字編》頁 280

△**按**　此字从竹,甲聲,簡文"笚"字釋作"柙"或"匣"均可,朱德熙、裘錫圭所
釋可信。

笪

郭店・窮達 2

○**荊門市博物館**（1998）　笪(拍)。

《郭店楚墓竹簡》頁 145

○**李零**（1999）　此字可能是"笪"字之訛,從文義看,似應讀爲"埏"("埏"是
喻母元部字,古代很可能是定母元部字,如同"誕"字的讀音;"笪"是端母月部
字,讀音相近)。

《道家文化研究》17,頁 494

△**按**　原簡文作"舜耕於鬲(歷)山,匋(陶)笪(拍)於河浦",簡文中當讀作

"拍",指製陶工具陶拍。

笟

仰天湖 14

○**何琳儀**（1998）　从竹,矛聲。仰天湖簡笟,不詳。

《戰國古文字典》頁 258

△**按**　字从竹,矛聲,在簡文中尚不明何指。劉國勝（《楚喪葬簡牘集釋》頁 120,科學出版社 2011 年）認爲"笥笟"似應讀爲"枸簍",指車蓋的蓋弓。《方言》卷九"車枸簍",郭璞注:"即車弓也。"錢繹《箋疏》:"《輪人》云'三分弓長而揉其一',揉則曲,曲則其體句僂,謂之車枸簍,以形得名也。"

筦

信陽 2·13　 望山 2·35　 包山 258

○**李家浩**（1979）　（編按:信陽 2·13）上録从"竹"从""之字疑是筦字。《儀禮·士昏禮》:"婦執笲棗栗自門入。"鄭玄注:"笲,竹器而衣者,其形蓋如今之筥、筤盧矣。"

《古文字研究》1,頁 394

○**馮時**（1986）　（編按:信陽 2·9）"筦"字从竹,是竹器。（中略）

　　根據"筦"中所盛的上述三類衣物判斷,應當讀"筦"爲"笥"。"笥"在之部,與"抵"同音,可以通假。《尚書·説命中》有"惟衣裳在笥"。《漢書·貢禹傳》:"故時齊三服官輸物不過十笥。"《注》:"師古曰:笥,盛衣竹器。"長沙馬王堆一號漢墓出土的 329 號盛衣竹笥自命爲"衣笥",内裝袍、禪衣、裙、襪子等衣物,不僅與此簡所記笥内所盛衣物的種類基本一致,而且竹器的名稱也得以相互印證。這爲我們上面的考釋提供了非常有力的證據。

　　上録 1 字也見於信陽楚簡 213 號。簡文云:

　　　一隓筦縥紓,一少（小）隓筦。簡 213

"筦"字在此當讀如"簥"。"抵"可以假爲"祁","祁"在群紐,與"簥"字雙聲可通。《集韻》:"筦,《博雅》:簥簹,符籅也。"今本《廣雅》作"倚陽"。所以,簡文"隓簥"正是文獻中的"倚陽"。《方言》:"符籅,自關而東,周洛楚魏之閒,謂之倚佯。”郭璞《注》：“似籧篨，直文而粗。”王念孫《廣雅疏證》：“‘倚佯’與‘倚陽’同。”信陽簡出自楚地，正與“倚陽”爲楚地方言吻合。

《考古》1986-7，頁 635—636

○劉彬徽、彭浩、胡雅麗、劉祖信（1991）　（編按：包山 256）窆，讀如笴（參閱注[472]），《儀禮·士昏禮》：“婦執笴棗栗自門入。”鄭玄注：“笴，竹器而衣者，其形蓋如今之筥、筤廬矣。”

《包山楚簡》頁 60

○張桂光（1994）　（編按：包山 256 等）至於从𠷎的𥱤字，似應隸定作“笶”，考諸聲韻，則以讀“笥”爲宜。司、史古音同在之部，司屬心母，史屬山母，聲韻上自可相通（疑笶即笥字異體）。《尚書·説命》有“惟衣裳在笥”之語；《禮記·曲禮》注有“盛飯食者，圓曰簞，方曰笥”的講法，釋𥱤爲“盛衣物或飯食的方形盛器”（《辭源》釋義）的“笥”字，於上引𥱤字諸用例是再合適不過的了。

《江漢考古》1994-3，頁 76—77

○朱德熙、裘錫圭、李家浩（1995）　（編按：望山 2·35）簡文此字下半从𢌳，其上部與古文“弁”字上部極爲相似（看一號墓考釋[三一]。一號墓一七號簡之“𢿙”字，三八號、三九號簡作“𢿙”，所从之“𠂤”與此字上部全同）。漢印“弁”字作𢌳（《漢印文字徵》八·二〇），與𢌳相近。《説文》“弁”字正篆作𢍏，顯然是由𢌳一類形體訛變而成的。所以我們釋此字爲“笲”。（中略）“笲”又見於後四八號簡，用爲盛物器名（看考釋[一一一]）。此簡當爲記車馬器竹簡的殘片（此簡之“𨍩”也見於一〇四號簡），此處“笲”字之義待考。或疑當讀爲“鞭”。

《望山楚簡》頁 122—123

（編按：望山 2·48）關於此字字形，看考釋[七九]。《儀禮·士昏禮》“婦執笲棗栗自門入”，鄭注：“竹器而衣者，其形蓋如今之筥、𥰠廬矣。”笲和上文的葦圆都是以葦竹之類編成的盛物之器，所以簡文二者相次。

《望山楚簡》頁 126

○何琳儀（1998）　笲，从竹，弁聲。《廣韻》：“笲，竹器，所以盛棗脩。”信陽簡二·〇一三笲，讀弁。

《戰國古文字典》頁 1067

○劉信芳（2003）　（編按：包山 256 等）窆：字即“笲”，《儀禮·士昏禮》：“執笲棗栗。”鄭玄《注》：“笲，竹器而衣者，其形蓋如今之筥筤廬矣。”《廣雅·釋器》：

“匠，笥也。”《玉篇》“匠”又作“筭”。信陽簡 2-13：“一陽筭。”望山簡 2-48：“二麌筭。”包山簡 259：“四椰，一筭。”包山二號墓出土木梳二件、木篦二件，置於一長方形人字紋笥内（標本 2:423），該笥底部平編人字紋，口部用雙層竹片相夾，長 19 釐米、寬 15.5 釐米、高 5 釐米。據此可知“筭”謂此類竹笥。

《包山楚簡解詁》頁 262

△按　李家浩釋作“筭”至確，劉信芳據後出竹簡及墓葬實物訓之爲“竹笥”更爲準確。此處隸定作“筙”。

笶

　包山 257　　包山 257　　信陽 2·6　　仰天湖 3

○饒宗頤（1957）　（編按：仰天湖 13）應是从竹从共，《字彙補》：“笶同筡，笰，簨也。”音筒，蓋與簨一字，簨除簨一義外，《喪大記》“食于簨”，則爲竹器名。惟以十二之數度之，疑仍指懸鐘磬之簨簴，是隨葬樂器也。《既夕禮》陳器有燕樂器。《正義》引李氏云：“《周禮》笙師、鎛師等。大喪廞樂器，及葬，奉而藏之。”可證。

《金匱論古綜合刊》1，頁 63

○朱德熙、裘錫圭（1973）　（編按：信陽 2·6）我們認爲笶就是古籍的筡。（中略）《説文·竹部》筡下云：“栖筡也。”《廣雅·釋器》：“筡、豆籢，栖箈也。”箈即《説文》之筡。《方言》五：“栖落，陳楚宋衛之閒謂之栖落，又謂之豆筡。自關東西謂之栖落。”郭璞注：“盛栖器籠也。”按筡可以盛栖，也可以盛豆，所以既名栖落，又名豆筡（籢）。簡文籩、豆、笶（匳）三者均以筡爲盛器，與文獻記載若合符節。笶、筡和籠大概也是屬於同一語源的。

《朱德熙古文字論集》頁 70—71，1995；原載《考古學報》1973-1

○劉彬徽、彭浩、胡雅麗、劉祖信（1991）　（編按：包山 257）笶，經與出土實物對照應是盛放食物的竹笥。

《包山楚簡》頁 60

○郭若愚（1994）　（編按：信陽 2·6）笶爲供器，此處有大小之分。

《戰國楚簡文字編》頁 71

○何琳儀（1998）　笶，从竹，共聲。《字彙補》：“笶，與筡同。”“筡，簨也。”筡音筒，與笶同形而非一字。楚簡笶，疑讀筡。筡、工、共聲系相通，可資旁證。

《説文》:"筭,栖筶也。从竹,牵聲。"

《戰國古文字典》頁 418

○**劉信芳**(2003) (編按:包山 257) 笎:竹笎。字從共得聲,讀與"簳"近,參簡 255 注。"簳"字從"贛"得聲,古讀如"貢",簡 244 注已引有例證,"貢"古音在東部見紐,"共"(平聲)古音亦在東部見紐,疑"笎"是"簳"字異體,或因所指之竹笎形制有別而二字讀音有異,以致書寫亦不同。

《包山楚簡解詁》頁 263

△**按** "笎"釋作"筭"有一定合理性,但認爲即"簳"之異體當非,因爲"簳",《篇海》訓作"箱屬","笎、簳"同現包山楚簡,二者當有別。胡雅麗對"笎、笒、簳"三物有新的辨析(《笎、笒、簳名物辨》,《簡帛》第 4 輯頁 247—264,上海古籍出版社 2009 年)。

笪

璽彙 156　　璽彙 0314

○**何琳儀**(1998) 笪,從竹,自聲。齊璽笪,讀詯。《集韻》:"詯,一曰胡市也。"

《戰國古文字典》頁 1274

○**王輝**(2002) 笪不見於字書,字從竹,與竹或草有關。《説文》:"郋,讀若奚。"由是而言,笪疑讀爲鞵。《説文》:"鞵,革生鞮也。从革,奚聲。"又云:"鞮,革履也。"段玉裁注引《周禮釋文》:"許慎曰:'鞮,履也。'"鞵,今通作鞋(徐鍇《繫傳》)。"戠笪"猶織履,"戠笪師"是主管編織鞋、履之工師。戁也可能是革鞋之類。《周禮·天官·履人》:"履人掌王及后之服履,爲赤舄……素履、葛履……""織笪"與履人職掌相近,笪可能是葛履、革鞋之類。戰國時地方及私人也織履。《孟子·滕文公下》説許行"身織履"。(中略)

還有一種可能,(中略)笪爲笘之訛,笘又讀爲箔。《玉篇》:"箔,簾也。"《南齊書·高逸傳·沈驎士》:"驎士少好學,家貧織簾誦書,手口不息。"

《陝西歷史博物館館刊》9,頁 35

○**徐在國**(2006) 我懷疑此字當隸定爲"笘",釋爲"籃"。齊系文字"甘"(或從甘之字)作"🖤",又作"😀",(中略)

因此,我們可以將齊璽及封泥中的"😀"字釋爲"藍"。"戁籃"讀爲"職藍",官名,掌管藍草,與《周禮·地官·司徒》掌染草的官職相當。

《古文字研究》第 26,頁 497—498

△按　馬王堆帛書《阴陽五行甲篇》中有𦯧字,上部从艸,與"筶"似爲一字之異,原辭例作"𦯧因皆舟而食(陰甲 136)",具體所指亦待詳考。此外,上博五《三德》7 號簡有"飲食無量詶(計)是謂滔皇"一語,其中的"詶"整理者讀作"計",若依此來看,璽文中的"筶"也可以讀作"計",屬於計官所用之璽。

筶　莒

筶 包山 201

莒 包山 40

○劉彬徽、彭浩、胡雅麗、劉祖信(1991)　(編按:包山 201)筶。

《包山楚簡》頁 32

○林澐(1992)　(編按:包山 201)應隸定爲筶,讀爲蓍。耆从旨聲,則蓍可省作𣂏,異體作𣂏。此條簡文在貞辭後記有卦爻,可見不是龜卜而是用筮法。先秦筮法用蓍,由本簡證實。

《江漢考古》1992-4,頁 84

○何琳儀(1998)　筶,从竹,旨聲。包山簡筶,讀蓍。

《戰國古文字典》頁 1290

△按　"筶"字異體作"莒",均當爲"蓍"字之異,《玉篇》:"莒,古文蓍字。"卷一艸部"蓍"字條重見。

笁

笁 信陽 2·18

○中大楚簡整理小組(1977)　笁。

《戰國楚簡研究》2,頁 22

【笁竺】信陽 2·18

○李家浩(1998)　"竺"字見於《説文》竹部,訓爲"厚也",古籍中多作"篤"。不過從形、音、義三個方面來説,"竺"與"竹"本是同一個字的異體。從字形來説,古文字下面加二橫跟不加二橫,往往無別,例如"齊"字作𪘚或𪗽。從字音

來說,《玉篇》説“竺”“又音竹”。從字義來説,《廣雅 · 釋草》訓“竺”爲“竹
也”。（中略）

古代有樂器叫“筑”,《説文》説“筑”所從“竹亦聲”,所以“竹”與“筑”可
以通用。（中略）簡文“竺”應當讀爲“筑”。

“荳”字見於《玉篇》竹部和《集韻》侯韻等,是“豆”字的異體。簡文“荳”與
此字當非一字。“荳筑”是一種筑名,跟簡文“籈竽”是一種竽名同類。（中略）

筑這種樂器原本以竹爲之,頭部彎曲,五弦。大概因爲五弦音域不廣,後
來增加到十三弦或二十一弦,筑身或以木爲之。

在信陽一號楚墓出土的隨葬物中,未見到像筑這樣的樂器。該墓在發掘
之前,農民打井時曾穿透過墓葬,墓内的器物受到破壞,有可能筑在被破壞
之列。

《簡帛研究》3,頁 7—9

△按　所謂“荳”字原簡文已無法看清,故無法列出字形。李家浩可能據早期
簡影隸定,故從之。

箖

集成 11322 七年俞氏戈

○**何琳儀**（1998）　箖,從竹,宋聲。七年俞氏戈箖,讀宋,姓氏。

《戰國古文字典》頁 280

箐

包山 277

○**劉彬徽、彭浩、胡雅麗、劉祖信**（1991）　箐,疑讀作籍。

《包山楚簡》頁 66

○**何琳儀**（1998）　箐,從竹,昔聲。包山簡箐,讀筰。《老子》二“萬物作焉而
不辭”,漢帛書作作昔。《説文》齰重文作齚,諎讀若笮,舴讀若筰。是其佐證。
《儀禮 · 既夕禮》:“役器,甲、胄、干、笮。”注:“笮,矢箙。”

《戰國古文字典》頁 587

○**李家浩**（2003）　我認爲簡文“箐”是“筰”字的異體。古代“昔、乍”都是鐸

部字,可以通用。《説文》齒部“齰”字的重文作“齚”,《集韻》鐸韻“綪”字的重文作“絑”。此是見於異體字的例子。《老子》第二章“萬物作焉而不辭”,馬王堆漢墓帛書《老子》乙本“作”作“昔”;《儀禮·有司徹》“尸以醋主婦”,鄭玄注“今文‘醋’曰‘酢’”。此是見於異文的例子。《説文》言部“諎”“讀若笮”;《漢書·王莽傳下》“迫措青、徐盜賊”,顏師古注“措,讀與笮同”。此是見於注音的例子。因此,從“乍”聲的“笮”可以寫作從“昔”聲的“箐”,它們的關係猶“齰”與“齚”的關係。《儀禮·既夕禮》“役器:甲、冑、干、笮”,鄭玄注:“笮,矢箙。”《釋名·釋兵》:“其受矢之器,以皮曰服(箙),柔服之義也;織竹曰笮,相迫笮之名也。”

《古籍整理研究學刊》2003-5,頁 6

△按　何琳儀讀作“笮”可從。不過何説當源自李家浩。李家浩在 1993 年第二屆國際中國古文字學討論會上發表《包山楚簡研究(五篇)》(此文後經修改刊於《古籍整理研究學刊》2003 年第 5 期),文中指出:箐是“笮”字異體。古代“昔、乍”都是鐸部字,可以通用。《儀禮·有司徹》“尸以醋主婦”,鄭玄注:“今文‘醋’曰‘酢’。”《儀禮·既夕禮》:“役器:甲、冑、干、笮。”鄭玄注:“笮,矢箙。”此墓南室出土 1 件“竹箙”,内裝有二十支箭,與簡文所記“一笮、二十矢”相合。

筐

包山 70

○劉彬徽、彭浩、胡雅麗、劉祖信(1991)　筐。

《包山楚簡》頁 21

○白於藍(1999)　[六九]69 頁“筐”字條,“筐”(70),即匡(匚)字。《説文》匚之或體作“匩”,亦从竹,圭聲。(從林澐師説)

《中國文字》新 25,頁 182

○湯餘惠等(2001)　筐。

《戰國文字編》頁 293

○劉信芳(2003)　字从竹,圭聲,應即“筐”字。《説文》“匡”或作“筐”。匡本鄭地,在今河南扶溝西。《左傳》文公元年:“使孔達侵鄭,伐縣訾,及匡。”杜預《注》:“匡在潁川新汲縣東北。”《水經注·洧水》:“洧水又東逕新汲縣故城北……洧水又逕匡城南,扶溝之匡亭也。"楊守敬《疏》:"匡城在今扶溝縣西南。"

《包山楚簡解詁》頁 69

○李守奎(2003)　筐　匡字異體。

《楚文字編》頁 281

△按　包山簡此字當爲"筐"之楚寫,諸家所論可從。

笘

曾侯乙 54

○裘錫圭、李家浩(1989)　笘。

《曾侯乙墓》頁 493

○何琳儀(1998)　笘,从竹,甘聲。《集韻》:"笘,大竹。"
　　隨縣簡笘,見《集韻》。

《戰國古文字典》頁 1447

○蕭聖中(2006)　原釋作"笘",於下半闕釋。《文字編》釋作"席"。何琳儀《戰國古文字典》釋作上从𥫗頭,下从甘。今據紅外照(圖 9)(編按:即),下所从爲"昌",似當釋作"笪",但郭店《老子甲》19 號簡"甘"字亦與此字下半相同,故此字从"甘"的可能性也不能完全排除。

《簡帛》1,頁 16—17

○劉信芳(2006)　曾侯乙簡 54 所記魚軒,無弼、鞂而有筦、𦾖。筦,整理者闕釋該字下半,蕭聖中先生據紅外照片隸定,云:"未詳何物。"疑讀爲"帳"。魚軒多爲婦人所乘,車輿設有"紫錦之裏",罩以"繺筦"(粉色帷帳),車輿前後出入之處有"革𦾖",類似門簾。

《簡帛》1,頁 9—10

△按　蕭聖中據紅外線照片隸定作"笪"至確,劉信芳據此讀作"帳"可參。

簡

望山 1·3

○朱德熙(1989)　李家浩同志懷疑"敝"和"簡"應當讀爲《離騷》"索藑茅以

筵篿兮,命靈氛爲余占之”的“篿”。

《朱德熙古文字論集》頁 187,1995;原載《古文字研究》17

○**朱德熙、裘錫圭、李家浩**(1995)　　“筒”疑是“篿”字異體。九號簡有“少敝”,似亦應讀爲“小篿”。關於“周”字字形,參看二號墓竹簡考釋[二六]。《楚辭·離騷》“索藑茅以筵篿兮,命靈氛爲余占之”,王逸注:“筵,小折竹也。楚人名結草折竹以卜曰篿。”《文選》五臣注:“筵,竹箄也。”疑所謂小篿即筵之類。

《望山楚簡》頁 88

○**何琳儀**(1998)　　筒,從竹,周聲。《山海經·中山經》有“袟筒之山”。望山簡“少筒”亦作“少敝”,筮具。

《戰國古文字典》頁 182—183

○**李守奎**(2003)　　《集韻·蕭韻》有筒字。簡文中讀篿。

《楚文字編》頁 281

△按　望山簡中的“筒”字是一種筮具,但究竟讀作何字,尚待研究。

簀　薔

　九店 56·53　　　　　　　包山 150

○**李家浩**(2000)　　(編按:九店 56·53)“簀”字所從“回”旁,與包山楚墓竹簡一五〇號“薔(藁)”字所從“回”旁寫法相近。“簀”从“回”得聲,當讀爲倉廩之“廩”。

秦簡《日書》甲種相宅之書有“困居宇西北囷(陋),不利”之語(一四背肆),本簡“廩居西北,不吉”與之義近。《説文》口部:“困,廩之圜(圓)者。”

《九店楚簡》頁 118

○**李守奎**(2004)　　(編按:九店 56·53)籫,箝也,從竹,爾聲(《説文》卷五竹部)。段玉裁注云:“夾取之器曰籫。今人以銅鐵作之,謂之鑷子。”

《新出土文獻與古代文明研究》頁 349

○**何琳儀**(2004)　　(編按:新蔡乙四9)渚沮、漳,及江,上逾取△(乙四:9)

　　　(中略)

“△”,原篆上從“艸”,下從“廩”之初文,應是“菻”的通假字(《説文》:“菻,蒿屬。”)。鄂君啓舟節銘文中地名“郴”的通假字,原篆左從“邑”,右從

“廩”之初文。二者應是一地，即《漢書·地理志》桂陽郡“郴縣”，在今湖南郴州。

《安徽大學學報》2004-3，頁 9

○晏昌貴（2007）　（編按：新蔡乙四 9）簡文“取稟”也許皆當讀爲本字，“取”義爲獲取、收取。《戰國策·楚策二》“齊秦約攻楚”章：“公出地以取齊”，鮑彪注：“取，猶收也。”葛陵簡乙四 144“攻差以君命取德靈☒”即用此本義。“稟”，《説文·㐭部》：“稟，賜穀也。”段玉裁注：“凡賜穀曰稟，受賜亦曰稟。引申之，凡上所賦下所受皆曰稟。”（中略）

　　凡此，似可證明，葛陵簡與“鄭里稟籍”和“奴婢稟（廩）食粟出入薄”是性質近似的簡册，爲了稱引的方便，我們不妨稱之爲“平夜（輿）君稟籍”。簡文“取稟”之“稟”，可能正是指這一類簡册。《史記·孟嘗君列傳》：“孟嘗君時相齊，封萬户於薛。其食客三千人，邑入不足以奉客，使人出錢於薛。歲餘不入，貸錢者多不能與其息，客奉將不給。孟嘗君憂之……孟嘗君乃進馮驩而請之曰：‘賓客不知文不肖，幸臨文者三千餘人，邑入不足以奉賓客，故出息錢於薛。薛歲不入，民頗不與其息。今客食恐不給，願先生責之。’馮驩曰：‘諾。’辭行，至薛，召取孟嘗君錢者皆會，得息錢十萬。乃多釀酒，買肥牛，召諸取錢者，能與息者皆來，不能與息者亦來，皆持取錢之券書合之。齊爲會，日殺牛置酒。酒酣，乃持券如前合之，能與息者，與爲期；貧不能與息者，取其券而燒之。”觀此，可知戰國時封君可在其封地内放貸取息，其憑證則爲券書。葛陵簡所見，或即此類券書乎。

《楚地簡帛思想研究》3，頁 569、576

△按　　包山楚簡和九店楚簡中的“𥰆”字用作“廩”。異體或作“䕫”，卷一艸部重見。新蔡簡中的“取䕫”，何琳儀認爲其中的“䕫”是地名，晏昌貴認爲是“稟籍”之“稟”，似皆有可商之處。後來宋華强對此字續有討論（《新蔡葛陵楚簡初探》頁 73，武漢大學出版社 2010 年）。

簽

陶彙 3·929

○何琳儀（1998）　簽，从竹，㑏聲。《集韻》：“簽，竹名。”齊陶簽，人名。

《戰國古文字典》頁 154

篏

包山 256

○**劉彬徽、彭浩、胡雅麗、劉祖信**（1991）　篏魚，篏讀如截。《説文》：“酢漿也。”《儀禮·公食禮》“漿飲”注：“截漿也。”疏：“截之言載，以其汁滓相載，故云截。”截魚即用漿腌過的魚。

《包山楚簡》頁 60

○**何琳儀**（1998）　篏，从竹，戎聲。戎，从禾，戈聲。《汗簡》中一·三七穫作𥟇。戎，匣紐；戈，見紐；匣、見喉、牙通轉。包山簡篏，讀鰊。《説文》：“鰊，鰊魚也。从魚，蔓聲。”

《戰國古文字典》頁 846

○**董珊、陳劍**（2002）　我們認爲，從遣册上下文看，簡文此字表示的是某種烹調或炮製方法，可能讀爲“濩”。《詩經·周南·葛覃》：“是刈是濩，爲絺爲綌，服之無斁。”毛傳：“煮也。”《爾雅·釋訓》：“是刈是濩，濩，煮之也。”“濩魚”應即煮魚。包山遣册簡文或言“㷷（熬）魚”（簡 257），熬古訓爲“干煎”（《説文》），與“濩魚”可以比較。

《北京大學中國古文獻研究中心集刊》3，頁 45

○**劉信芳**（2003）　篏：讀爲“截”，《説文》：“酢漿也。”篏魚即醃製魚。

《包山楚簡解詁》頁 262

△**按**　簡文“篏魚”當是一種加工過的魚，但究係何字，仍不能確知。

筏

𥴧信陽 2·21

○**中大楚簡整理小組**（1977）　筏字雖不識，但从竹，又與箕字連文，知爲竹箕之名。陪葬品中有銅箕與陶箕（見《信圖》六三、一六四）。

《戰國楚簡研究》2，頁 28

○**郭若愚**（1994）　按筏从竹从伐，同簁。

《戰國楚簡文字編》頁 91

○**何琳儀**（1998）　筏，从竹，佛聲。疑第之繁文。《廣雅·釋詁》三：“第，次也。"

信陽簡簛,讀稊。《説文》:"稊,稊芙也。从艸,稊聲。"《爾雅・釋草》:"稊,芙。"注:"稊,似稗布地生,穢草。"

《戰國古文字典》頁 1241

○**湯餘惠等**(2001)　筳。

《戰國文字編》頁 294

○**李守奎**(2003)　《玉篇》竹部有筳字。

《楚文字編》頁 281

△**按**　後來劉國勝(《楚喪葬簡牘集釋》頁 27—28,科學出版社 2011 年)對此字續有討論,他懷疑"簛"即"第"字的異體。簡文"第箕"與下文"帚"記在一起,當屬潔具之類。《禮記・曲禮上》"必加帚於箕上"。孔穎達疏:"箕是棄物之器。"包山 2 號墓出土有竹箕。"簛"字下部所从"佛"字多見於楚簡,如:𢓊(上博二・民 1)、𢓊(包山 227)等,與此字下部𢓊差別較爲明顯,但與同批簡文以及相類楚簡中的"侳、坐"相類,如:𤳊(信陽 2・21)、𤳊(包山 237)、𤳊(信陽 2・18)、𤳊(九店 M56・20)等。據此看來李守奎釋作"筳"有其合理性,不過字當隸定作"筳",可讀作"筳"。《康熙字典》未集上竹部:"《玉篇》七和切,《集韻》村戈切,並音蓙。《字彙補》七和切,音婎。竹也。"簡文辭例爲"一筳𥰭(箕),一幕(帚)"。《集韻》:"箕古作𥰭。"《玉篇》:"幕同帚。"因此"筳(筳)𥰭(箕)"即一種竹編的簸箕。

筍

集粹

○**黃德寬等**(2007)　筍,从竹,徇聲,筍之繁文。參見"筍"。秦印筍,讀爲荀,姓氏。《廣韻・諄韻》:"荀,姓,本姓郇,後去邑爲荀。"

《古文字譜系疏證》頁 3439

篁

新蔡甲一 7　　新蔡甲一 21　　新蔡乙四 055

△**按**　簡文中"篁"用作卜具。

篱

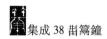集成 38 岊篱鐘

○**郭沫若**(1958)　篱,《方言》:"所以注斛,陳魏宋楚之閒謂之篱。"(竹簡中凡从竹之字均與鐘銘同。)"智篱"當是人名。

《文物參考資料》1958-1,頁 5

○**朱德熙**(1979)　鐘銘"岊篱"二字自當讀爲"荊曆"。荊歷猶言楚曆。《廣韻》"鬲、曆"同音,錫韻郎擊切,古音同在支部,可以通用。《史記・滑稽列傳》"銅曆爲棺",假曆爲鬲,鐘銘則假篱爲曆。

《方言》1979-4,頁 303

○**何琳儀**(1998)　篱,从竹,鬲聲。《廣韻》:"篱。籮屬。形下而高。"荊曆鐘篱,讀曆,曆法。《説文新附》:"曆,曆象也。从日,厤聲。"

《戰國古文字典》頁 764

△按　鐘銘"岊篱"二字可從朱德熙讀爲"荊曆",猶言楚曆。

簝

上博二・民之 2

○**濮茅左**(2002)　"𦬖",疑"苣"字,从臣,从艸,"苣"可讀爲"洭"。《説文・水部》:"洭,水也。从水,臣聲。"

《上海博物館藏戰國楚竹書》(二)頁 157

○**何琳儀**(2004)　必達於禮樂之𦬖(簡二)

"之"下一字整理者釋"苣",或釋"簝"。按,當以後説爲是,其字从竹从厂从泉。厂與泉借用一筆,所以容易誤釋爲"苣"。"泉"旁參見《金文編》1621"鱟"字所从,包山竹簡八六"泉"等。《禮記・孔子閒居》作"必達於禮樂之原",《孔子家法・論禮》"原"作"源"。與簡文相較,可知此字與"原、源"均爲一字之變。

《上博館藏戰國楚竹書研究續編》頁 444

○**李守奎、曲冰、孫偉龍**(2007)　簝　按:讀爲"源"。《禮記・孔子閒居》

作“原”。

《上海博物館藏戰國楚竹書(一—五)文字編》頁 234

△按　上博簡《用曰》6 號簡有“原”字作**羽**,與此字下部所從基本相同,故釋作“簾”可信。“簾”似即“蒝”字之異體,《説文・艸部》:“艸木形。从艸,原聲。”在簡文中讀作“源”。

簾

璽彙 3106　　璽彙 3107

○**何琳儀**(1998)　簾,从竹,庲聲。疑篦之異文。《集韻》:“篦,竹名。高百丈。”齊璽簾。姓氏。

《戰國古文字典》頁 448

△按　上博六《用曰》14 號簡有“桅”字作**羽**,清華簡《皇門》1 號簡作**羽**,似即璽文“簾”字下部所從。清華簡《皇門》中的“桅”字,今本作“據”,因此璽文“簾”似亦可讀作姓氏之“蘧”,《通志・氏族略》:“蘧氏,衛大夫蘧瑗字伯玉之後,漢有大行令蘧正,望出黎陽。”

箽　簅　劃　笘

曾侯乙鐘架　曾侯乙鐘架　曾侯乙鐘架　　望山 2・12

曾侯乙鐘架　曾侯乙石磬　信陽 2・4

曾侯乙鐘掛件　曾侯乙石磬

○**裘錫圭、李家浩**(1981)　“劃”是從“竹”“割”聲之字,“笘”和“箽”都應該是它的異體。“割”從“害”聲。《説文》認爲“害”和“憲”都從“丯”聲。大概“割”就是“割”的異體,“簅、劃”就是“劃”的異體。“割”和“姑”的聲母相同。“割”屬祭部,“姑”屬魚部,韻似相隔。但是從古文字資料看,“害”的古音似與魚部有密切關係。(中略)所以曾侯乙墓鐘磬銘文把姑洗的“姑”寫作“割、割”等字並不奇怪。

《音樂研究》1981-1,頁 18

○**彭浩**(1984)　(編按:信陽 2・4)此字從竹從衣從剺,亦聲。所從之剺即剺字,

所从之"衣"當與物件質地有關。"襊"字在此處似借作僵字,兩字同音可通假。"紡",《説文》釋作"網絲也",段玉裁釋作"紡絲也"。"紡僵"即絲質的繮繩。

《江漢考古》1984-2,頁 64

○**何琳儀**(1993)　(編按:信陽2·4)"箭",原篆可與曾侯乙墓所出編鐘銘文、編磬漆書相互印證:

《信陽》2-04　《集成》313·5　《古研》17.182.5

均从竹割聲。"箸"之繁文。《廣韻》:"箸,拾箸。"簡文"箭"讀"蓋"。《書·君奭》:"割申勸寧王之德。"《禮記·緇衣》注:"割言蓋也。"《爾雅·釋言》:"蓋,割,裂也。"釋文:"蓋,舍人本作害。"均其佐證。

"載紡箭",讀"載紡蓋",指車廂上有紡絲車蓋。參見《信陽》圖版五○實物。

《文物研究》8,頁 173

○**郭若愚**(1994)　(編按:信陽2·4)閜,从網古聲。《説文》:"網也。"疑箍之別體。箍,《集韻》:"空胡切,音枯,篾也。"

《戰國楚簡文字編》頁 69

○**李家浩**(1999)　(編按:信陽2·4)(8)的"紡害"之"害",望山二號楚墓竹簡和天星觀竹簡作从"竹"从"害"聲的"箸":(中略)

"害、箸"在此都是車馬器,當讀爲車蓋之"蓋"。"害、蓋"音近古通。例如《爾雅·釋言》"蓋、割,裂也",陸德明《釋文》:"蓋,舍人本作'害'。"

《中國文字》新25,頁 145

○**程燕**(2003)　(編按:望山2·12)簡文"箸"可讀爲"幰"。"箸"(从"竹","害"聲),匣紐月部;"幰",曉紐元部。兩者聲紐同屬喉音,韻部爲月、元對轉,故音近可通。(中略)

《説文新附》:"幰,車幔也,从巾,憲聲,虛偃切。"《蒼頡篇》:"布帛張車上爲幰也。"《廣雅·釋器》:"幨謂之幰。"《釋名·釋車》:"幰,憲也,所以御熱也。""幰"即文獻中車廂的"帷幔"。

《江漢考古》2003-3,頁 87

△**按**　曾侯乙墓出土樂器銘辭上的"箭"或"箸"均當從朱德熙、裘錫圭讀作律名"姑洗"之"姑"。信陽簡和望山簡中的"箭"與"箸",研究者或讀作"蓋",或讀作"幰",均有一定道理。

【劙𮑮】隨縣鐘架

○**李純一**(1981)　劙(劙、劙、篗)𮑮(𮑮)這一律,無論從律名對應關係或測音結果來看,都相當於姑洗。劙、姑是同屬於見紐的雙聲字(兩字韻隔較遠,蓋由"言語異聲"所致),𮑮、洗並从先得聲,所以它確爲姑洗無疑。

《音樂研究》1981－1,頁 58

篡

上博四·柬大 15

○**濮茅左**(2004)　"篡",讀爲"操"。《説文·手部》:"操,把持也。"《群經音辨》:"操,持也。"

《上海博物館藏戰國楚竹書》(四)頁 208

△**按**　上博四《柬大王泊旱》中,此字所在前後辭例作"相徙、中余與五連小子及寵臣皆逗,毋敢執篡籔"。其義尚不明。

箊

箊郭店·魯穆 7　　箊望山 1·22　　箊上博二·容成 32　　箊上博四·曹沫 37

○**中大楚簡整理小組**(1977)　(編按:望山 1·22)箊讀雀,假爲爵。

《戰國楚簡研究》3,頁 33

○**朱德熙、裘錫圭、李家浩**(1995)　(編按:望山 1·22)"雀、爵"古通。疑"箊立"當讀爲"爵位"。

《望山楚簡》頁 92

△**按**　此字楚簡中絕大部分都讀作"爵"。

篧

曾侯乙 9

○**裘錫圭、李家浩**(1989)　"篧",原文作篧,从"竹"从"羽"。按"雪"字小篆作"䨮",从"雨""彗"聲。甲骨文作"䨮",从"雨"从"羽"。唐蘭先生以"羽"爲"彗"之本字(《殷虛文字記·釋羽䨮習羀》)。"羽"與甲骨文"羽"形近,故釋此字爲"簹"。

《曾侯乙墓》頁 511

○**何琳儀**（1998）　簹,从竹,彗聲。彗之繁文。（中略）隨縣簡"鼻簹",讀"翠轊"。《廣韻》:"轊,囊組名。或作轊。"

《戰國古文字典》頁 1182

△**按**　此字在簡文中的確切所指仍待進一步研究。

簴

十鐘

箴

新蔡甲三 350

△**按**　關於此字,宋華强（《新蔡葛陵楚簡初探》頁 451,武漢大學出版社 2010年）認爲有兩種可能:1.楚文字"臧"旁多作"臧","艸"頭有時可以寫作"竹",據此,"箴"可能是"藏"字異體。2.郭店簡《緇衣》1 號"臧"字是"咸"字的訛寫,"箴"所从的"臧"也有可能是"咸"之訛寫,如此則是"箴"字。

篽

信陽 2·3

○**劉雨**（1986）　篽（壎）。

《信陽楚墓》頁 128

○**郭若愚**（1994）　篽同簎。《列子·黃帝篇》:"姬魚語女。"注:"姬讀居,魚讀吾。"簎,《集韻》:"訛胡切,音吾。竹名。同簎。"簎,《集韻》:"訛胡切,音梧,竹名。或省作簎。"

《戰國楚簡文字編》頁 67

○**商承祚**（1995）　篽竽,爲另一種竽名。

《戰國楚竹簡匯編》頁 25

○**劉信芳**（1997）　按字讀爲"籲"。《周禮·春官·笙師》:"笙師掌教龡竽。"

"籥"與"歟"同。

《中國文字》新23,頁80

○**何琳儀**(1998)　篃,從竹,魚聲。信陽簡篃,讀箸。《集韻》:"箸,竹名。"

《戰國古文字典》頁504

△**按**　篃,從竹,魚聲,究竟讀作何字尚不能確知,在簡文中是樂器"竽"的修飾語,可能是一種竹名。

籖　篍

新蔡甲三109

包山204　　包山213

○**劉彬徽、彭浩、胡雅麗、劉祖信**(1991)　(編按:包山204)篍,從釆聲,讀如遍。

《包山楚簡》頁54

○**曾憲通**(1993)　(編按:包山213)可隸寫作篍。(中略)字既從竹,宜讀爲篇。(中略)當指載於簡牘之禮書之類。

《第二屆國際中國古文字學研討會論文集》頁411

○**白於藍**(1996)　(編按:包山204)可隸作"篍",字應即"籓"字。(中略)"籓"字見於《集韻》,即"藩"字異體,其在簡文中的用法待考。

《簡帛研究》2,頁45—46

○**李家浩**(1997)　(編按:包山204)《禮記・學記》"今之教者,呻其占畢",鄭玄注:"簡謂之畢。"按鄭注用的是《爾雅・釋器》之語。郭璞於《爾雅》此語下注說:"今簡札也。"陸德明《釋文》引李巡本"畢"從"竹"作"篳"。"敝、畢"二字古音相近,可以通用。"敝"屬並母月部,"畢"屬幫母質部,幫並二母都是脣音,月質二部的字音關係密切。《釋名・釋衣服》:"韠,蔽也,所以蔽膝前也。"《禮記・玉藻》鄭玄注:"韠之言蔽也。"此是聲訓的例子。《楚辭・天問》"羿焉彃日",洪興祖《楚辭補注》所附《考異》云:"彃""一作斃"。此是異文的例子。疑簡文二"籖"字皆應讀爲《禮記》的"占畢"之"畢"。其字從"竹",很可能就是當時的人爲"占畢"之"畢"而造的專字。《楚辭・招魂》"菎蔽象棋,有六簙些",王逸注:"蔽,簙箸。"洪興祖補注:"蔽,《集韻》作'籖',其字從'竹'。"簙箸與竹簡的形狀相同。楚人把簙箸叫作"蔽(籖)",很可能是因其形狀與竹簡"籖"相同而得名。

《第三屆國際中國古文字學研討會論文集》頁562—563

○**李零**(1997)　《周禮・春官・眡祲》:"眡祲掌十煇之法,以觀妖祥,辨吉凶……正歲則行事,終歲則弊其事。"鄭玄注:"弊,斷也,謂計其吉凶然否多少。"簡文(編按:包山 213)"笧"相當"籖"字,這里的用法似與《眡祲》"弊"字同,也是指吉凶之斷。所不同者,唯易動詞爲名詞耳。

《第三届國際中國古文字學研討會論文集》頁 761

○**何琳儀**(1998)　籴,从竹,㸯(幡之異文)聲。疑籓之異文。《集韻》:"籓,蔽也。"包山簡籴,疑讀遍。

《戰國古文字典》頁 1060

○**湯餘惠等**(2001)　(編按:包山 213)笧。

《戰國文字編》頁 294

○**李守奎**(2003)　(編按:包山 213)笧。

《楚文字編》頁 281

○**劉信芳**(2003)　(編按:包山 204)《左傳》昭公十四年:"叔魚蔽罪邢侯。"杜預《注》:"蔽,斷也。"司法之斷辭是一種法權判決,而占卜之説辭是一種神權判決,知簡文"笧"與《左傳》"蔽"其義相通。"凡此笧也",謂凡此次占卜之説辭、之結果也,亦即石被裳、應會所"説、宜禱、賽禱、客"諸事也。簡 213"施故蔽"者,謂施行以往占卜所得的有關祭祀諸事也。

《包山楚簡解詁》頁 220

○**沈培**(2007)　在考慮"籖"字的讀法時,不少人都像前引李家浩先生那樣,因爲看到此字从"竹"旁,就把它跟竹簡、簡書相聯繫起來。我們反復考慮,覺得實在難以用這樣的意思去理解簡文。因此,我們想從此字所从"敝"聲入手提出一種意見供大家參考。

大家知道,从"敝"聲的字往往有敗、壞、惡一類的意思。李家浩先生曾經討論過包山簡的"疧"字。我們就來看看它的用法。此字出現在下面的簡文中:

(42)"大司馬悼滑將楚邦之師徒以救郙之歲,荊夷之月己卯之日,五生以承憝爲左尹悊㿏貞:出入侍王,自荊夷之月以就集歲之荊夷之月,盡集歲,躬身尚毋有咎。⚌⚌。(簡 232)占之:恆貞吉,少有憂於宫室,疧。以其故説之。舉禱宫后土一羖;舉禱行一白犬、酒食;閔於大門一白犬。五生占之曰:吉。(簡 233)"

李先生認爲"疧"字所在占辭中的位置,跟包山卜筮簡占辭的"且外有不順""且有憂於躬身"和"有祟"等相同,並認爲這裏的"疧"當是"且有疧"或

“有病”的省略的説法。這種看法是有道理的。但是,他據《集韻》解“痀”爲“腫懣”,把上引占辭的大意解釋爲:“此卦從長遠看是吉利的,但目前宫室小有憂患之事,且身體有腫脹的毛病。”這種解釋不免令人生疑。戰國卜筮祭禱簡裏的占辭,一般所説的情況都是比較寬泛的,似乎還没見到過直接説身體腫懣這種具體病情的例子。況且,從簡文所記將要祭祀的神鬼來看,都跟“宫室”有關,跟疾病似乎無關。因此,我們認爲“痀”實當讀爲“敝”,乃破敗、壞的意思,用於“宫室”是非常合理的。

　　通過此例,我們頗疑“痀”也當讀爲訓“敗、惡、壞”的“敝、弊”或“憋”。

《古文字與古代史》1,頁 430

△按　李家浩、李零釋此字爲“痀”至確,但在某些簡文中的具體所指,諸家尚未取得共識,仍待進一步研究。

簡

信陽 2・23

○**何琳儀**(1998)　簡,从竹,開聲。疑簈之異文。《廣韻》:“簈,弋鳥具也。”信陽簡簡,讀簈。《篇海》:“簈,竹簈也。”

《戰國古文字典》頁 776

○**李家浩**(1982)　(編按:信陽 2・23)“簡”字從“竹”從“開”,“開”即《説文》“開”字的或體。馬王堆一號漢墓遺策有“辟席”,(中略)“辟席”當讀爲“箯席”,“辟、箯”古音相近可通。(中略)“籓筵”之“籓”亦當讀爲“箯”,字從“竹”,有可能就是“箯”字的異體。(中略)長臺關一號墓椁後左室出土竹席六张,當是簡文所記“六箯筵”。

《中國語言學報》1,頁 196

○**曹錦炎**(2007)　上海博物館藏楚竹書《天子建州》篇中,有一章節專記鋪設延席的用禮規定:

　　天子四辟延(筵)笘(席),邦君三辟,夫＝(大夫)二辟,士一辟。

“辟”字的用法正同於馬王堆一號漢墓遺册的“辟”、信陽楚簡的“簡”。

　　下面結合簡文略作注釋,對“辟”字的用法加以討論。

　　辟,義爲疊,《文選》張協《七命》:“乃鍊乃鑠,萬辟千灌。”李善注:“辟謂疊之,灌謂鑄之。”《莊子・田子方》:“心困焉而不能知,口辟焉而不能言。”陸德明《釋文》引司馬彪云：“辟卷不開也。”由疊義引申，訓爲閉合。字亦同“襞”，訓爲摺疊，《漢書·揚雄傳·反離騷》：“芳酷烈而莫聞兮，固不如襞而幽之離房。”顏師古注：“襞，疊衣也。”後世稱摺紙作書爲“襞牋”，即用此義，如劉禹錫《樂天寄憶舊送因作報白君以答》詩：“酒酣襞牋飛逸韻，至今傳在人人口。”陸游《劍南詩稿·次韻范參政書懷》：“築圃漫爲娛老計，襞牋又賦送春詩。”（中略）

　　古人席地而坐，鋪設坐席不止一層，以多寡分尊卑。“天子四辟筵席”，指天子用四層的筵席，即四重竹席。可見，“辟”字在簡文中訓爲“疊”，引申爲“重”，文通義順。（中略）

　　根據上海博物館藏楚竹書《天子建州》篇，“辟”字義爲“疊”。在信陽楚簡和馬王堆一號漢墓遺册中，“辟席、辟筵”是作爲名詞出現的，“辟”修飾“席”或“筵”。所以，“辟席、辟筵”猶言“疊席”，是指鋪陳用席，這和信陽楚簡的“寢席、寢筵”指寢臥用席，是同樣的道理。

《簡帛》2，頁 347—348

△按　　曹錦炎據新出上博簡《天子建州》中的“辟”來立論，值得信從。

籓

信陽 2·11

○劉雨（1986）　　籓（樆）。

《信陽楚墓》頁 129

○郭若愚（1994）　　焚，古文作燔。籓爲藩之重文。《説文》：“大箕也。從竹，潘聲。甫煩切。”

《戰國楚簡文字編》頁 78

△按　　此字釋作“籓”可信，在簡文中與“旀、梱（梱）”等木器相鄰，當爲一種竹木器，然而具體所指爲何物，尚待考證。

笡

信陽 2·11

○**劉雨**（1986）　篗。

《信陽楚墓》頁 129

○**何琳儀**（1998）　篗，从竹，楳聲。疑策之繁文。《集韻》：“策，竹名。”信陽簡篗，竹名。

《戰國古文字典》頁 81

○**劉信芳**（1998）　信陽簡 2-011：“二𥬗”，劉雨先生將後一字隸定爲“篗”，恐不妥。按字从竹从𡈼，應是“箠”字。《説文》：“箠，所以擊馬也。”凡用以擊馬之策、杖，並箠之類。

《容庚先生百年誕辰紀念文集》頁 608

○**劉信芳**（2003）　“鍎”：字从金，“來”聲，來之字形可參簡 132 反“來”。信陽簡 2-11：“一𮰔棞，漆〔彫〕，二策。”出土實物有案一件（標本 1:246），報告描述其形制：“案面上浮雕凹下的兩個方框，框内有兩個稍突出的圓圈。在案的附近發現有高足彩繪方盒，其假圈足與此圓圈可以重合，因而辨認此案係置方盒用的。”據此知包簡“鍎”、信陽簡“策”指方盒或銅壺。

《包山楚簡解詁》頁 256

△**按**　根據信陽簡“策”字所在前後辭例均爲木質食具來看，“策”不可能是竹名或杖名，也不可能是銅壺。馬王堆一號墓出土遣册 208 號簡、三號墓 275 號簡等有一表示漆案的名物“其來”，可能與楚簡此處的“策、鍎”有關。參見裘錫圭主編《馬王堆漢墓簡帛集成》第 6 册 203 頁，中華書局 2014 年。

箈

九店 56·3　　九店 56·6

○**李零**（1999）　“箈”，楚文字中的“參”或“叁”往往作“晶”，疑此字實等於“篸”（見《説文解字》卷五上）。

《考古學報》1999-2，頁 143

○**李家浩**（2000）　“箈”从“竹”从“晶”。戰國文字多以“晶”爲“參”，例如信陽楚墓竹簡“參歲”（一-〇三號）、包山楚墓竹簡“參鈌”（一三號），“參”字原文皆寫作“晶”。簡文“箈”所从的“晶”也可能是作爲“參”字來用的。若此，“箈”可以釋爲“篸”。《説文》竹部：“篸，篸差也。”“篸差”是一個聯綿詞，古書多作“參差”，不齊貌。《集韻》卷四侵韻又以“篸”爲“兂（簪）”字的重文。此皆非簡文"篃"字之義。所以"篃"到底是不是"筹",目前還不能確定。

《九店楚簡》頁 60

○晁福林(2002)　簡文"篃"字蓋因古音相近而疑讀若粳,粳字本作秔,前人多謂指不黏之稻,實爲今所謂之晚稻。

《中原文物》2002-5,頁 53

○邴尚白(2002)　頗疑"篃"與"笺"是同一種單位的不同寫法。從"參"聲及"小"聲的字,都常與從"臬"聲的字通用。如《詩・小雅・北山》"或慘慘劬勞",《釋文》:"慘,七感反,字又作懆。"《戰國策・魏四》的"周肖",《韓非子・説林下》作"周趮"。又《禮記・檀弓上》:"綃幕,魯也。"鄭《注》:"綃讀如綃。"則是"參"字聲系與"小"字聲系直接通用的例證。

《中國文學研究》16,頁 20—21

○李天虹(2005)　李家浩指出,"篃"從"竹"從"晶"。戰國文字多以"晶"爲"參",所以"篃"可以釋爲"筹",但傳世文獻中"筹"字之意與簡文不符。今按"筹"從參聲,古音參屬心母侵部;"筲"以"肖"爲基本聲符,肖古音屬心母宵部,參、肖聲母相同,韻部相隔較遠。但是古書有例,從參聲的"綃",與從肖聲的"綃"音近;又"繅、繰"古音與"肖"相同,"綃"或與"繅、繰"相通。如《禮記・檀弓上》"綃幕",鄭注:"綃讀如綃。"《祭義》"夫人繅",《釋文》"繅"作"綃"。《雜記上》"緫冠繰纓",《釋文》"繰"亦作"綃"。綜上,我懷疑"篃"也是"笺(筲)"字的一個異體,用義與"筲"相同。

《出土文獻研究》7,頁 36

△按　"笺"字是楚量制單位名稱,或隸作"篃"。後來董珊續有討論(《楚簡簿記與楚國量制研究》,《考古學報》2010 年 2 期 182—183 頁),他認爲"笺"應是"三分赤之一"先省爲"參分赤、參分",再進一步省稱爲"參"。

簌

璽彙 542

○羅福頤等(1981)　簌。

《古璽文編》頁 100

○湯餘惠等(2001)　簌。

《戰國文字編》頁 296

△按　字當隸定作簸，字書所無。

篿

望山 2·13　　上博五·鮑叔 3

○**劉信芳**(1997)　（編按:望山 2·13）從句例結構分析，該“篿”是“中干”的附屬物。包簡之“中干”有“七罸（游）”（參“中干”條）。望簡之“中干”無游而有“篿”，説明望山二號墓墓主的地位不高，遠遠不及包山二號墓墓主左尹𨒫，此所以没有標識身份地位的“罸”（游）。據此知“篿”僅是“中干”上的束纓而已。

《中國文字》新 22，頁 186

○**陳佩芬**(2005)　（編按:上博五·鮑叔 3）篿命［之］讀作“重命之”，“之”字屬下簡首字。《史記·夏本紀》:“天其重命用休。”《後漢書·祭祀志》:“恐非重命之義，受命中興。”“重命”，爲重要使命。

《上海博物館藏戰國楚竹書》（五）頁 185

△按　劉國勝在其博士學位論文（《楚喪葬簡牘集釋》115 頁）中懷疑望山簡中的“篿”當讀爲“幢”，《漢書·韓延壽傳》“建幢棨”，顔師古注:“幢，麾也。”上博簡中的“篿”尚不能確定究係何義。

篧

曾侯乙 67　　　曾侯乙 70

○**裘錫圭、李家浩**(1989)　（編按:曾侯乙 67）篧。

《曾侯乙墓》頁 493

○**張鐵慧**(1996)　簡 67、70 有字作“篧”“篧”，《釋文》隸作“篧”。按此字下部隸作“羊”似不妥。字上部從竹，下部所從似爲“睪”。只是下部的筆畫有所簡省而已，下列《古璽彙編》從“睪”之字可作比較:

澤　　0858　　1064

斁　　1001　　1159

（中略）

篧，從竹，睪聲，應隸作“篧”，疑“篧”讀爲“籜”。關於“籜”字的説解有兩種,一謂竹皮,《玉篇·竹部》:"籜,竹籜。"《集韻》入聲鐸韻下:"籜,竹皮。"一謂草名,《山海經·中山經》:"其上多杻木,其下有草焉。葵本而杏葉,黄華而荚實,名曰籜,可以已瞢。"簡文云:"筽,紫裏,紫棆之純。"(67 簡)"筽,紫裹,貂毡。"(70 簡)"籜"疑指一種竹皮製的用品。

《江漢考古》1996-3,頁 69

△按　張鐵慧對字形分析可從,讀作"籜",訓作"竹皮"置之原簡文,似亦可通。

篠

璽彙 3790

○何琳儀(1998)　篠,从竹,絲聲。晉璽篠,人名。

《戰國古文字典》頁 537

△按　《古璽彙編》隸定如此,字書所無,璽文用作人名。

篗

上博四·柬大 15

○濮茅左(2004)　"篗",疑同"籔",讀爲"執"。"操執",猶任事。

《上海博物館藏戰國楚竹書》(四)頁 208

△按　上博四《柬大王泊旱》中,此字所在前後辭例作"相徙、中余與五連小子及寵臣皆逗,毋敢執築篗"。其義尚不明。

覞

郭店·六德 45

○李零(1999)　"衍",原从竹从雙見,疑讀"衍"。

《道家文化研究》17,頁 521

○陳偉(1999)　覞(从竹),疑即《説文》訓作"並視"的"覞"字。並視,蓋指合併觀之。(中略)"其覞十又二",大概是説君義、臣忠等六個方面均是兩兩相輔相存,從相互角度看構成十二個因素。

○**何琳儀**(1999)　"覞"應讀"覞"。《説文》"覞,並視也。從二見。"簡文意謂"六德,其相對有十二德"。

○**劉釗**(2003)　"覞"疑即"筧"字繁體,讀爲"貫"。古音"貫"和"見"皆在見紐元部。"貫"意爲"貫通"。

○**李守奎**(2003)　覞　《玉篇・竹部》有筧字。

△**按**　此字待考。

籚

上博五・競建 3

○**陳佩芬**(2005)　"籚",讀爲"虘"。《説文・虍部》:"虘,虎不柔不信也。從虍,且聲。"段玉裁注:"剛暴矯詐。"

○**李守奎、曲冰、孫偉龍**(2007)　籚。

△**按**　此字待考。

籔　簌　籤

包山 256

包山 255

籤包山 264

○**劉彬徽、彭浩、胡雅麗、劉祖信**(1991)　(編按:包山 255)簌,籤字,借作筴。《説文》:"筴,柉落也……盛柉器籠。"此指盛肉乾的竹器。

(編按:包山 255)籔,對照上文可知應是籤字異體。

（編按：包山 264）籉，讀如筌。冠筌，盛冠之竹器皿。

《包山楚簡》頁 59、59、63

○**何琳儀**（1998）　歖，从竹，敢聲。疑籊之省文。《集韻》：“籊，竹名。或作簧。”包山簡歖，讀籊。《篇海》：“籊，箱屬。”

（編按：包山 264）壄，从土，歖聲。疑歖之繁文。包山簡壄，讀籊。《集韻》：“籊，竹名。”

《戰國古文字典》頁 1454

○**劉信芳**（2003）　歖：同簡（編按：包山 255）又作“籈”，264 作“籉”，字並从竹，从贛省聲，即“籊”字，《玉篇》：“籊，古禫切，竹也，又箱類。”知歖本義指竹箱，簡文以之謂竹笥，字或作“匴”。

（編按：包山 264）籉：字即“籊”，此讀爲“匴”，《儀禮·士冠禮》：“爵弁、皮弁，緇布冠，各一匴。”鄭玄《注》：“匴，竹器名，今之冠箱也。”

《包山楚簡解詁》頁 258、283

○**李守奎**（2003）　《玉篇·竹部》有籊字。

《楚文字編》頁 283

△**按**　《篇海》：“籊，箱屬。”《集韻》：“籊，都感切，音黕。亦竹名。或作簧。”《唐韻》：“簧，都感切，音黕。與懲同。”懲，《集韻》訓作“籠竹器”，《廣韻》訓作“篋類”。據此可知，包山楚簡中的“歖、籈、籉”均當釋作“籊”，不必輾轉讀作“筌”或“匴”。又，胡雅麗對“箕、箵、籊”三物有新的辨析（《箕、箵、籊名物辨》，《簡帛》第 4 輯 247—264 頁，上海古籍出版社 2009 年）。

籡

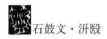
石鼓文·汧殹

○**強運開**（1935）　薛尚功釋益，郭氏作盜，鄭云亦作葅，讀與俎同。吾邱氏云鄭音是矣，吳東發以爲薀字，均誤。錢竹汀云當是筵字，《説文》次即涎字，則筊與筵通，籀文加皿又一水耳。張德容云次字籀文作㳄，已見《説文》。運開按，錢作筵甚是。

《石鼓釋文》乙鼓，頁 8

○**郭沫若**（1939）　籡字舊或釋葅，或釋筵，又或釋涎，均側重食魚一面著想，不知此石通體所敘者乃游魚之樂，非食魚之樂也。郭昌宗釋盜，至確。《汗

簡》有盗字作盈,云出《碧落碑》。此復从竹,乃繇文,以盗多聚於萑苻也。意
謂小魚在水中盗食,狀甚鮮明。

《郭沫若全集·考古編》9,頁 72,1982

△按 《集成》267 秦公鎛銘文中"盗"字作,亦可證石鼓此字釋作"籃"
可信。

籃

侯馬 1:57

○何琳儀(1998) 籃,从竹,盧聲。侯馬盟書籃,人名。

《戰國古文字典》頁 1457

○湯餘惠等(2001) 籃。

《戰國文字編》頁 297

籔 藪

郭店·成之 34

○荊門市博物館(1998) (編按:郭店·成之 34)籔。

《郭店楚墓竹簡》頁 168

○何琳儀(1999) (編按:郭店·成之 34)"籔"應讀"蕩"。《書·禹貢》:"筱蕩既
敷。"傳:"蕩,大竹也。"

《文物研究》12,頁 201

○李零(1999) (編按:郭店·成之 34)從照片看似从竹从尋从攴(參看秦公簋銘
文的"尋"字),疑讀"簟"或"衽"。

《道家文化研究》17,頁 515

○劉樂賢(1999) (編按:郭店·成之 34)整理者釋作籔。從照片看,字左下部所
從並非"易",知此釋不妥。從《禮記》看,它很可能是"衽"的通假字,至於爲
什麼能讀爲"衽",現在還說不清楚。

　另外,這個字也有可能不讀"衽"。我們猜測,它所從的"🦅"也許就是
"㲃"的變體,(中略)如此,則此字可釋爲"簸",在簡中讀爲"寢"。"寢席",即

寢臥之席。

《中國哲學》20，頁 361—362

○**李零**（2002）　（編按：郭店·成之 34）“簟”，原從竹從尋從支。《集韻·侵韻》有“簿”字，曰“竹名，長千丈，可爲大舟”，即此字。舊作指出簡文應讀“簟席”或“衽席”，釋文是取後者，以與《坊記》對讀，但從字形考慮，簡文從竹，還是以作“簟席”更好（“簟”是本字，“衽”是通假字），今作“簟”。

《郭店楚簡校讀記》（增訂本）頁 164

△按　郭店簡《成之聞之》34 號簡中的字形以李零所釋最爲準確。此字下部所從屢見於楚簡，如：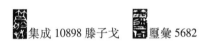（新蔡乙一 012 號簡）、（新蔡甲三 204 號簡）、（上博五鬼神之明融師有成氏 7 號簡）等。釋作“尋”已確定無疑。

籐

集成 10898 滕子戈　　圖彙 5682

○**何琳儀**（1998）　籐，從竹，魕聲。（魕，疑黱之省文，檢《説文》：“黱，黑虎也。從虎，朕聲。”）滕器籐，讀滕，國名。

《戰國古文字典》頁 151

○**湯餘惠等**（2001）　簾　同滕。

《戰國文字編》頁 297

箕 箕　筭 笄 其 丌

其珍秦 108

其貨系 1604　　箕集成 1799 莒筭鼎　　信陽 2·21　　圖彙 3108

其石鼓文·吳人　　集成 10008 欒書缶　　集成 9735 中山王方壺

集成 12110 鄂君啟車節　　郭店·緇衣 35　　上博一·詩論 9

郭店·緇衣 40　　上博六·慎子 5　　侯馬 156:16　　侯馬 16:35

○**何琳儀**（1998）　筭，從竹，丌聲。箕之省文。《集韻》：“箕，古作筭。”

趙方足布筭（編按：貨系 1604），讀箕，地名。信陽簡筭，讀箕。廿八星宿漆書筭，

讀箕,廿八星宿之一,見《呂覽 · 有始》。筥笄鼎“筥笄”,讀“薊其”,梁名。古璽
笄(編按:璽彙 3108),讀箕,姓氏。殷箕子之後,又晉大夫有箕鄭父。見《姓韻》。

　　戰國文字其,多爲代詞,或連詞。

《戰國古文字典》頁 25、27

○**何琳儀**(1998)　　丌,亓在戰國文字中均讀其(參其字),多爲代詞。

《戰國古文字典》頁 21

○**李家浩**(2000)　(編按:九店 94“丁巳終亓(其)身”)。古代“其”有“於”義(見《虛
詞詁林》317 頁引《經詞衍釋》,320 頁引《古書虛字集釋》),本簡“亓(其)”字
當據秦簡訓爲“於”。

《九店楚簡》頁 135

【丌北古】集成 11703 越王丌北古劍

○**馬承源**(1962)　　越王丌北古就是越王盲姑,盲姑即不壽,他是句踐的孫子,
鼫與或與夷的兒子。按丌、北同屬之部韻,韻尾相同,速讀時易於省去一個
音,即只剩北字音,文獻及金文中這種省稱的例子是很多的,如近日出土之王
子于戈,就是吳王子州于。越音傳到中原,更加容易起變化,北、盲旁紐雙聲
字,借盲聲爲北聲,乃是聲轉的關係,古、姑是雙聲疊韻字,所以,越王丌北古
即越王盲姑。

《文物》1962-12,頁 53—54

○**曹錦炎**(2000)　　應該講,從聲訓的角度上說“丌北古”即“盲姑”,是沒有多
大的問題的。但是,從銘文字體風格來看,越王丌北古劍非常接近越王不光
劍,而且圓形劍首上鑄有銘文也始於不光劍。因此,要將丌北古劍提早到州
句劍之前是有困難的。然而丌北古的劍作厚格式,與常見不光劍作薄格式又
有矛盾。1994 年於香港新出現的越王者醫劍,劍格作厚格式,說明不光時仍
有厚格式劍的孑遺。那麼,丌北古劍作厚格式就沒有什麼問題了。前已經指
出,越王不光即越王醫,其爲州句之子,見於史籍。所以,在州句與不光之間
不可能再插入一位越王,丌北古只能是越王醫(不光)之後的某一位越王。

越王丌北古之名，劍首作“丌北”，頗疑越王丌北即越王亡彊。“丌”即“其”。“北”，敗也。《荀子·議兵》：“遇敵處戰必北。”楊注：“北者，乖背之名，故以敗走爲北也。”《左傳》桓公九年“以戰而北”。今人仍稱不敵敗走爲“敗北”。“彊”，即古“强”字，剛强之義。“亡彊”即“不强”，戰而不强其必敗，與“丌北”之義似可相合。“丌北”與“亡彊”乃一名一字。古人取名字時不一定用吉語。提出這種設想供各位參考。

《文物》2000–1，頁 72—73

【丌母】陶彙 6·20

○李學勤（1956）　銘文共七字，隸定爲“此丌母維瀘瓶”。丌母合文，旁有合文符號兩點。丌母是複姓，見於古璽，如“丌母宮”“丌母榮”“丌母丕敬”，後兩璽丌母也是合文的。丌母即綦母氏，《左傳》有綦母張，晉國人。

《文物參考資料》1956–1，頁 49

○牛濟普（1989）　10.洛陽所出東周陶文，時爲東周陶簋上的刻畫陶文，出自洛陽，詳見郭寶鈞《洛陽古城勘察簡報》（載《考古通訊》1955 年創刊號 9 頁—21 頁）。

《中原文物》1989–4，頁 91

○陳偉武（1995）　丌母　《文字徵》第 365 頁附錄：“𣄣 6.20”今按，此當從李學勤先生釋爲“丌母”合文：“1954 年中國科學院考古研究所在洛陽勘察，所得古物中有殘陶器一件，刻有戰國文字，拓本見《考古通訊》創刊號《洛陽古城勘察簡報》圖三。銘文共七字，隸定爲‘此丌母維瀍瓶’。丌母合文，旁有合文符號兩點……丌母即綦母氏，《左傳》有綦母張，晉國人。”

《中山大學學報》1995–1，頁 125

△按　李學勤釋爲“丌母”合文可從。

【丌陽】貨系 1608

○丁福保（1938）　右一品面文兩字背同前。尚齡按：此布傳形曰丌陽，《集韻》丌即其字。《左傳·定公十年》：“公會齊侯於祝其，實夾谷。”春秋時齊地。（所見録）右小布面文二字曰丌陽左讀。按：此曰丌陽，前種當作丌北，此二種地名均未敢定。（文字考）。

《古錢大辭典》頁 1174，1982

○曾庸（1980）　錢文作北其或其陽，其字是簡化的寫法，這在戰國銅器銘文或璽印文上是很常見的。《說文》說丌字讀若箕，故錢文上的其陽、北其應讀作箕陽、北箕。

《左傳》中晉國地名稱箕者,出現過兩次,如僖公三十三年,“晉敗白狄于箕”。成公十三年,晉遣呂相絕秦,晉責秦“焚我箕、郜”,杜預認爲箕在陽邑,西晉時陽邑在今山西太谷境内。《水經注》洞過水下蔣谷水,説“蔣谷水自蔣溪西北流,西逕箕城北”。酈道元指出這箕城即《左傳》上所説之箕。但清代的高士奇、江永都認爲箕應在靠近黄河不遠之處,理由是狄人和秦渡河而東,似不能一下深入到今太谷一帶。江永説:“今山西隰州蒲縣,本漢河東郡蒲子縣地,東北有箕城,隋初移治此,後改蒲縣,唐移今治,而箕城在縣東北,晉人敗狄于箕當在此,若太谷之箕,去白狄遠,別是一地。”根據以上兩種説法,知道春秋時晉國的箕地有兩處。布錢中既有北箕,又有箕陽,表明戰國時也並非一地,或許北箕是太谷之箕,而箕陽是晉南之箕了。

《考古》1980-1,頁 86

典 典

集成 4649 陳侯因𦉟敦　　望山 2·1　　包山 3　　璽彙 3232　　秦驃玉版

○**劉彬徽、彭浩、胡雅麗、劉祖信**（1991）　（编按:包山 3）典,簡文寫作 ,《陳侯因𦉟敦》典字作 ,與簡文形近。典,典册。

《包山楚簡》頁 40

○**朱德熙、裘錫圭、李家浩**（1995）　漢簡“筭”字或作 、 等形(《居延漢簡甲編》一一三二、一三八七),張遷碑“筭”字作 ,除去“廾”頭後,與簡文此字相近。漢隸所從的“**廾**”當即簡文所從的“**𡘙**”的簡化。《説文》:“祘,明視以算之也……讀若筭。”玄應《一切經音義》卷三:“筭,古文祘。”疑簡文所從的“**𡘙**”與“祘”本爲一字。古代稱賬目一類文書爲算,居延漢簡中有“薄算、四時簿算、功算”等文書名稱可證。望山二號墓所出竹簡都是記隨葬器物的名稱和數量的,是遣册的性質。此簡當是遣册首簡。車與器之筭意即隨葬的車和器物的賬目。一説“與”當讀爲“興”,則此簡只與遣册中記車馬器的部分有關。仰天湖二五號楚墓遣册四〇號簡有殘文曰“□□般之年……”,大概也是遣册的首簡。(中略)

一號簡的“筭”字原文作 。此字亦見於包山楚簡,字或寫作 (《包山楚簡》圖版一三三),《包山楚簡》釋爲“典”。録此供參考。

《望山楚簡》頁 114、130

○**何琳儀**(1998)　典,甲骨文作。从収从册,會雙手奉册而讀之意。或作下加![]表示承典之物。西周金文作,省収。或作,承物演化爲丌形,參奠字。春秋金文作,二豎筆上之飾點演變成竹形,與三體石經《皋陶謨》![]、《多方》![]吻合。許慎遂誤以爲从竹。戰國文字承襲兩周金文。(中略)楚簡典,簡册。見《説文》。秦璽典,官名。《廣雅·釋詁》三典訓主。

　　　　　　　　　　　　　　　　　　《戰國古文字典》頁 1324—1325

○**陳煒湛**(1998)　3,5,7,11,12,13,16 此字簡文屢見,釋文釋典正確;考釋隸定爲禁,似上半从林,則非。或謂此乃箕字,讀爲籍,尤非。按簡文實从册从丌,非从林,中山王響壺嗣字所从之册作![],可證;望山二號墓楚簡"車與(輿)器之典"作![],與此近是,所从亦爲册而非林。

　　　　　　　　　　　　　　　《容庚先生百年誕辰紀念文集》頁 588

△**按**　字當釋"典",釋"箕"非是。望山楚簡"車與器之典"即謂送葬車馬和器物的記録,屬遺册題記之類。

【典尚】集成 4649 陳侯因脅敦

○**湯餘惠**(1993)　典尚,即典常,意謂法式、榜樣。銘文末尾告語田氏子孫,要永遠以先人爲榜樣。

　　　　　　　　　　　　　　　　　　　　　　《戰國銘文選》頁 14

○**何琳儀**(1998)　因脅錞"典尚"讀"典常",常法。《書·微子之命》:"率由典常,以蕃王室。"《爾雅·釋詁》:"典,常也。"

　　　　　　　　　　　　　　　　　　　　　《戰國古文字典》頁 1325

畀 畁

新蔡甲三 319　　新蔡甲三 352　　璽彙 2529

珍秦 68　　睡虎地·答問 5　　陶録 3·41·2

○**睡簡整理小組**(1990)　(編按:睡虎地·答問 5)畀(音必),交予。

　　　　　　　　　　　　　　　　　　《睡虎地秦墓竹簡》頁 95

○**何琳儀**(1998)　畀,甲骨文作。从矢,上象扁平長闊箭頭之形。借體象形。痹之初文。《周禮·夏官·司弓矢》"恆矢、痹矢用諸散射",注:"謂禮射及習射也。"金文作、。戰國文字承襲金文。

或加二飾筆作, 或訛作![]、![]。(中略)睡虎地簡畀, 给予。《詩・鄘風・干旄》: "彼姝者子, 何以畀之。" 傳: "畀, 予也。"

《戰國古文字典》頁 1297

○施謝捷(1998)　(編按: 璽彙 2529)2529□![]・□畀發。

《容庚先生百年誕辰紀念文集》頁 648

○王恩田(2007)　(編按: 陶錄 3・41・2)《説文・丌部》: "畀, 相付與之, 約在閣上也。从丌, 甶聲。" 陶文从田, 不从甶。

《陶文字典》頁 108

△按　諸家釋作"畀"均正確可信。

【畀發】璽彙 2529

○何琳儀(1998)　![], 从畀, 戈爲疊加音符。楚璽![], 人名。

《戰國古文字典》頁 1298

△按　《古璽文編》第 523 頁附録七九, 誤合"畀發"二字爲一字並缺釋。

巽 ![]

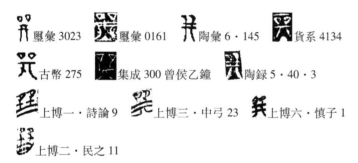

![]璽彙 3023　　![]璽彙 0161　　![]陶彙 6・145　　![]貨系 4134

![]古幣 275　　![]集成 300 曾侯乙鐘　　![]陶錄 5・40・3

![]上博一・詩論 9　　![]上博三・中弓 23　　![]上博六・慎子 1

![]上博二・民之 11

○鄭家相(1958)　(編按: 貨系 4134 等)吳大澂釋貝, 甚是。

《中國古代貨幣發展史》頁 174

○李家浩(1973)　(編按: 貨系 4134 等)銅貝上的![]字, 舊釋爲"哭"或"絼", 吳大澂、鄭家相釋爲"貝"。按以釋"貝"爲是。"殊布"背文"十貨"的貨字, 所从貝作![]形, 與此相似。"貝"與"殊布、四布"之"布"字一樣, 是標明此種貨幣形狀的名稱的。

《考古》1973-3, 頁 193

○李家浩(1980)　(編按: 貨系 4134 等)"蟻鼻"錢面文常見如下一字:![], 駢宇騫同志釋爲"巽", 甚是。隨縣曾侯乙墓編磬銘文"巽"字或作![], "蟻鼻"錢"巽"字即由此省變而成。古代"巽、錢"二字同屬元部精系字, 音近可通。《書・堯典》：“帝曰：咨！四岳，朕在位七十載，汝能庸命，巽朕位。”《史記・五帝本紀》在采用這段文字時，把“巽朕位”寫成“踐朕位”，即其證。疑“蟻鼻”錢“巽”字應當讀爲“錢”。楚國有“三錢之府”，見《史記・越王句踐世家》。可見楚國確實把貨幣稱爲“錢”。

《中國語文》1980-5，頁 376

○**尤仁德**（1981）　（編按：貨系 4134 等）據戰國幣文通例，其内容大抵是紀地、紀重、紀值三類，而較早期者，又以紀地爲主。此種銅貝幣，係海貝貨幣之孳續模仿，正屬原始幣形之一。所以，𡨛字應釋作地名爲妥。

（中略）那麼我們即可釋𡨛、𡨛二字均爲“襄”字，蓋地名“穰”之文。

穰，戰國楚邑，地望在今河南省鄧縣。《史記・秦本紀》載昭襄王二十四年“與楚王會鄢，又會穰”。《漢書・地理志》南陽郡有“穰”，注：“師古曰：‘今鄧州穰縣是也。’”可證，是知𡨛字幣爲穰邑所鑄。

𡨛、𡨛二字下部之圓孔穴，或穿透，或半透，都與銘文無涉。後者可隨時鑿通，以繩繫之，便於攜帶。

穰字幣曾大量出土於楚國各地，遍及今河南、湖北、湖南、安徽一帶，説明它的鑄數甚衆。又因它的銅質小貝形，具有造價低廉、使用方便的優點，無疑要比貴重的郢爰金幣流通廣泛得多。

《考古與文物》1981-1，頁 94

○**朱活**（1982）　（編按：貨系 4134 等）𡨛字可能是一個字組，即“貝化”二字的合體。幣文即是俗體，我們無法以殷周鐘鼎重器的篆法來要求幣文，何況鑄幣開始出現時，往往是由富有商人或封君打上他們特定的記號而已。（中略）𡨛字是楚貝的專用字組，所以𡨛字在楚器銘文或楚簡中都找不到，字書更無法尋覓了。

《中國考古學會第二次年會論文集 1980》頁 103

○**李紹曾**（1983）　（編按：貨系 4134 等）不論從字的象形上，還是從會意上講，“∪△△”釋爲“半兩”都可以，而且它也完全符合蟻鼻錢“十二銖”的重量標準。

《楚文化研究論文集》頁 152

○**朱活**（1984）　（編按：貨系 4134 等）𡨛字舊譜釋作“晉、貝、當半兩、哭、兓”等等，而以釋貝近似。吳大澂《權衡度量實驗考》云：“古貝字作𧵝，爲象形文，此作𡨛，爲𧵝之變體。”銅貝中還有一種體形極小呈圓形的，其文爲𡨛，原爲方若藏品，他釋其文爲峀，即峀省去一畫，爲古邦字。也有人釋爲圉字的，謂古國名，均不妥。以鄭家相氏釋貝，並舉斾錢背文十貨之貝旁作𡨛爲證。較爲近情。

《古錢新探》頁 198

○**曹錦炎**(1984)　（編按：貨系 4134 等）《文編》入於附錄。此字見於楚國銅貝,舊稱"鬼臉錢"。兜字應釋爲"巽"。馬王堆漢墓出土帛書《老子》乙本卷前古佚書《經法》中有巽字,作兜;銀雀山漢墓竹簡第 0694 號"選"字作兜,所從之兜和銅貝上的兜字極爲相似,只是"丌"上多一横畫;《説文》巽字的篆文作兜、正篆兜;隨縣曾侯乙墓出土的編磬銘文巽字作兜,正與銅貝文字構形相同。由此可證,銅貝兜字必爲"巽"字無疑。

《中國錢幣》1984-2,頁 70

○**郭若愚**(1991)　（編按：貨系 4134 等）蟻鼻錢上的兜字,説法也很多,我同意吳大澂釋"貝"。但這是"貨"字的省文,戰國"貨"字或省"貝"作"化",再省作"彳";或省"化"作"貝",音貨。楚鑄"貨"有專管機構,《古璽彙編》官璽 161 有"鑄貨客璽"(見圖),上海博物館藏印 41427 有"右鑄貨璽"(見圖),於此知楚鑄貨設有"鑄貨客"及"右鑄貨"等職官,大概"鑄貨客"是主要負責者。楚尚有"群粟客璽"
(《古璽彙編》官璽 160)及"郢粟客璽"(《古璽彙編》補遺二・5549)。知楚對糧食管理亦有專職機構,各地區設"粟客"。這裏對於安徽壽縣李三孤堆出土的楚王"鑄客"各器,"鑄客"的含義是爲鑄造銅器的主持職官,有了明確的瞭解。

《中國錢幣》1991-2,頁 60—61

○**何琳儀**(1998)　（編按：貨系 4134 等）楚貝巽,讀選。《史記・平準書》:"故白金三品。其一曰重八兩,圜之,其文龍,名曰白選。"索隱:"《尚書大傳》云,夏后氏不殺不刑,死罪罰二千饌。馬融云:饌,六兩。《漢書》作撰,音通。"亦作鐉,錢貨之名。曾器巽（編按：集成 300 曾侯乙鐘）,宮之商音,疑讀簨。《釋名・釋樂器》:"簨,峻也,在上高峻也。"

《戰國古文字典》頁 1355

○**黄錫全**(2001)　（編按：貨系 4134 等）巽字貝出土數量最多,如以近幾十年出土的 15 萬枚計算,就占整個銅貝的 99% 以上。前列諸種不同寫法,應是巽字的異體,或減省,或增加飾筆。過去對這個字釋法較多,如蔡雲《僻談》釋晉,吳大澂《權衡度量實驗考》釋貝,馬昂《貨幣文字考》以爲"當半兩",初尚齡《吉金所見錄》釋爲"哭",方若《藥雨古化雜詠》釋爲"毲",近年,又有釋"襄、一貝、巽"等者,還有學者主張是彝文,或圖騰"儺面具"。比較諸説,當以釋"巽"與字形近似。巽原本爲重量名,楚貝借用爲貨幣名。如《書・堯典》:"巽朕位。"《史記・五帝本紀》作"踐朕位"。是巽似可讀如"錢"之佐證。

《先秦貨幣研究》頁 228

○**馬承源**（2001）　（編按：上博一·詩論 9）巽募，悳古也　讀爲“饌寡，德故也”。
（中略）饌，《説文》：“具食也。”《玉篇》云：“飲食也。”“饌寡”是説孝享的酒食不多，但守德如舊。

《上海博物館藏戰國楚竹書》（一）頁 138

○**唐友波**（2003）　（編按：貨系 4134 等）楚貝形銅鑄幣上的“䍀”文讀法很多，不下十數種。在這種種釋讀中，影響最大的是吳大澂所釋的“貝”，和駢宇騫所釋的“巽”。釋“巽”的主要根據是，曾侯乙墓編磬銘文、馬王堆帛書《經法》、銀雀山竹簡等古文字材料中的“巽”，或從巽之字的寫法，與《説文》“巽”字古文、小篆，及幣文䍀、䍀等形近或相合。並以爲與古籍中“鍰、率”等表重量單位的字相通，字或作“選、饌”，後逐漸與原來的重量名稱分離，“而變成了一種純粹的表示貨幣的名稱”。本文同意釋䍀爲巽，但想提出一些新的解釋和分析。（中略）

一種可能是，如有學者所指出的，“巽”與“錢”通，楚可能曾以“巽（錢）”爲貨幣的通名。另一種可能是，“巽”爲“賹”之音假。下面就來著重分析這一點。

“賹”在西周金文中常見，《揚簋》和《趞鼎》等銘：“取賹五寽（鋝）。”《番生簋》蓋銘：“取賹廿寽。”《毛公鼎》銘：“取賹卅寽。”《曶鼎》則銘：“用賹延贖茲五夫，用百寽。”“賹”有䍀、䍀、䍀等數種寫法，郭沫若以爲：“‘䍀’是準貨幣的金屬名稱，以寽（鋝）爲單位，屢見，字不識。”1978 年發現的《楚簋》銘作“取䍀五寽”，該字省“貝”，但從“耑”卻十分清楚了，故知諸形“賹”字的不同寫法。馬承源有專文《説賹》以論之，並指出“賹”應爲圓餅形銅錠，從“賹（專）”得音義，作爲可稱量的貨幣，同時表一定的重量，後音轉爲鍰、銖等。

我們以爲，賹、巽亦音近可通。耑、巽同在元部；賹從耑得聲，從耑得聲如顓、遄、喘等字皆在舌面前音，而巽及選、撰、譔等皆讀舌尖前音，同部鄰紐，音近可通。事實上，從巽的字就有讀端紐的，如“蹲”，《類篇》：“又都玩切。”古文字材料也有通例可循。這裏想要特別提出的，是古璽印中的“鍴”和“饌”。燕印中的長條形印多見“鍴”字，而齊器印戳文字中有一個常見的舊釋作“䍀”的字（如《三代》18·24；《古璽彙編》355。圖四 1、2）。朱德熙、李家浩二位先生均以爲此字當釋“饌”，這類文字與“鍴”類印相當，是一種“記識”性的印文。（中略）

圖四 1、2

鏉、鍴通，則賹、巽亦自可通，“賹”作爲早期稱量貨幣的稱名,也即是以"巽"名幣的來源。"鑄巽客"之稱表明"巽"已是(銅)貨幣之通名了。

《江漢考古》2003-3,頁 80—82

○李朝遠(2003)　(編按:上博三·中弓 23)"巽",具備,《説文·丌部》:"具也。"徐鍇《繫傳》:"具,謂僎具而進之也。"

《上海博物館藏戰國楚竹書》(三)頁 280

○李守奎、曲冰、孫偉龍(2007)　巽🔳(編按:上博三·中弓 23)三·中 23·18　按:與《説文》古文🔳形近。

《上海博物館藏戰國楚竹書(一——五)文字編》頁 243

○李朝遠(2007)　(編按:上博六·慎子 1)"巽",《説文·丌部》:"巽,具也……🔳,古文巽。"簡文作🔳,與古文同。"巽",持拿。《集韻·獮韻》:"巽,持也。"

《上海博物館藏戰國楚竹書》(六)頁 277

○王恩田(2007)　(編按:陶録 5·40·3)《説文·丌部》:"巽,具也。从丌,𢾳聲。🔳,古文巽。🔳,篆文巽。"陶文與古文、篆文同。

《陶文字典》頁 108

△按　楚幣上的🔳,釋爲"巽",讀作"錢"是目前爲止相對合理的解釋。唐友波認爲"巽"與金文中的"賹"相通,似未必是,因爲二字古音雖同韻,但聲紐並不近,而且二字在文獻中相通之例相當罕見,不足以説明二字相通。楚簡中的"巽"字所表示的詞並不統一,或讀作"選",或讀作"泑"。

奠 🔳

🔳集成 9703 陳璋方壺　🔳璽彙 1617　🔳璽彙 3033　🔳陶彙 3·19　🔳陶録 2·58·1

🔳陶彙 3·148　🔳集成 11338 三年□令戈　🔳集成 11589 富奠劍　🔳包山 2　🔳楚帛書

🔳郭店·性自 1　🔳新蔡甲三 391　🔳上博六·鄭壽 1

○羅福頤等(1981)　(編按:璽彙 1617)奠孳乳爲鄭,鄭字重見。

《古璽文編》頁 102

○吳振武(1983)　(編按:璽彙 3033)🔳□·奠(鄭)□。

《古文字學論集》(初編)頁 511

○何琳儀(1986)　(編按:楚帛書)"奠",《太玄·玄攡》"天地奠位",注:"奠,定也。”

○嚴一萍(1990)　(編按:楚帛書)奠　《廣雅·釋詁》曰:“奠,置也。”按《詩·雲漢》疏、《禮記·檀弓》疏,皆以置之於地爲奠。

○劉彬徽、彭浩、胡雅麗、劉祖信(1991)　(編按:包山 2)奠,讀如鄭。《説文》:“鄭,京兆縣,周厲王子友所封……宗周之滅,鄭徙澮洧之上,今新鄭是也。”今河南省新鄭縣有鄭韓故城遺址,即爲鄭。

○饒宗頤 1993)　(編按:楚帛書)《禹貢》:“奠高山大川。”奠,定也。“奠三天”與下文“奠四極”爲對文。

○湯餘惠(1993)　(編按:楚帛書)奠,定。

○劉信芳(1996)　(編按:楚帛書)奠　《尚書·禹貢》:“奠高山大川。”傳云:“奠,定也。”

○何琳儀(1998)　奠,甲骨文作🏺(乙六五八三),象酒罈置於承器之形。或作🏺(後下三六·三),罈壁加紋飾。西周金文作🏺(令簋),下加二飾筆;或作🏺(叔向簋),二飾筆豎立,遂似從丌旁。春秋金文作🏺(秦公鐘),與三體石經《僖公》🏺吻合。戰國文字承襲春秋金文。(中略)陳璋壺奠,讀鄭,姓氏。見鄭字。韓器奠,讀鄭,國名。韓國自遷都新鄭之後亦襲其名稱鄭。見《史記·韓世家》。楚器奠,讀鄭,姓氏,見鄭字。包山簡二、四、二六〇奠,讀鄭,地名(新鄭)或國名(韓國)。帛書奠,讀定。《周禮·春官·小史》:“奠繫世。”注:“杜子春云,奠,讀爲定。”《周禮·考工記·弓人》:“寒奠體。”注:“奠,讀爲定。”是其佐證。

○裘錫圭(1998)　(編按:郭店·性自 1)奠,定也。

○劉信芳(2003)　(編按:包山 2)奠:讀爲“鄭”,此謂新鄭。《史記·鄭世家》索隱:“鄭,縣名,屬京兆。秦武公十二年‘初縣杜、鄭’是也……至秦之縣鄭蓋是鄭武公東徙新鄭之後。”《水經注·洧水》:“洧水又東徑新鄭縣故縣中……皇甫士安《帝王世紀》云:"或言縣故有熊氏之墟,黄帝之所都也,鄭氏徙居之,故曰新鄭矣。"今河南新鄭縣有鄭韓故城遺址。

《包山楚簡解詁》頁 6—7

○**陳佩芬**(2007)　(編按:上博六·鄭壽1)"奠",讀爲"鄭"。"奠壽",即"鄭壽",此名經籍未見。

《上海博物館藏戰國楚竹書》(六)頁 256

○**王恩田**(2007)　(編按:陶録 2·58·1)《説文·丌部》:"奠,置祭也。从酋,酋,酒也。下其丌也。禮有奠祭者。"古文字中奠、鄭無別。用作國、地、人名時讀鄭。

《陶文字典》頁 108

△**按**　戰國文字中的"奠"或表示"定"之義,亦用作地名或姓氏"鄭"。

【**奠易**】陶彙 3·20　集成 9703 陳璋壺

○**周曉陸**(1988)　奠陽陳旲再立事歲:因(編按:集成 9703 陳璋壺)《賓》"奠"字之下缺失一字,所以"奠易"一詞各家無確説。"易"即"陽","奠陽"一詞還見於(編按:陶彙 3·20)陶文"旲齊塋易"(編按:陶彙 3·19)、陶璽"奠易陳易三",此爲齊國地名。陶文中與"陳旲"有關的地名還有"平陵、城闉(陽)"等(見《夢盦藏陶》《季木藏陶》),齊國刀幣上有"安易、易"等地名。《史記·齊太公世家》記:"平公即位,田常相之,專齊之政,割齊安平以東爲田氏封邑。"《括地志》記:"安平城在青州臨淄縣東十九里,古紀國之鄎邑。"平陵之地據《説苑》等記載,在戰國時爲"田氏世守",丁佛言釋"旲齊塋(鄭)易"時説:"《釋名》:鄭,町也,地多平,町町然也,故从土。"所以,奠易、平陵當指一地,平、安可互訓,也就是説與安易、安平爲同一處地名,地在戰國齊都臨淄東北不遠。

《考古》1988-3,頁 259—260

○**李學勤、祝敏申**(1989)　(編按:集成 9703 陳璋壺)"奠易""易(陽)"字,在陳璋方壺上爲銹所掩去,張政烺先生據陶文補,現得證實。齊陶文、陶璽所見陳旲立事,所冠地名有三種,即"平陵陳旲、疤者(都)陳旲"和"奠陽陳旲"。爲什麽冠以這種地名,過去有種種猜測,現在看不一定對。這種地名應當是陳旲的籍貫,和古書所説"於陵仲子"的"於陵"是籍貫相同。名陳旲者不止一人,所以加上籍貫,以示區別。圓壺上的陳旲和陶文《鐵云藏陶》69.4、陶璽《季木藏陶》111.4 的奠陽陳旲是同一人。子禾子釜的陳旲是哪個,目前難於證明。

《文物春秋》1989 創刊號,頁 14

㚇

㠱（包山 69）　**㠱**（包山 111）　**㠱**（上博二·從乙 1）

○劉彬徽、彭浩、胡雅麗、劉祖信（1991）　（編按：包山 69）㠱，疑爲㠱字。

《包山楚簡》頁 44

○李運富（1997）　今按，字當釋爲“㠱”，《說文·己部》：“㚇，長踞也。从己，其聲。讀若杞。”段玉裁注：“居，各本作踞，俗字也。《尸部》曰：‘居者，蹲也。’長居，謂箕其股而坐。許云㚇居者，即他書之箕踞也。”（中略）甲骨文“㚇”字作㠱（前 3-18-4），金文作㠱（無㚇簋）、㠱（師簋）、㠱（㚇伯子妊須），下均从“其”。包山簡“其”字都借“丌”爲之，故“㚇”字之形亦當寫作“异”，从己丌聲。但書寫求簡，構件“己”之下橫畫與構件“丌”之上橫畫合筆，於是寫成了“只”。此猶璽印文字“忌”寫作㠱形（參《古璽文編》263 頁“忌”字條），故知“只”就是“㚇”。簡文“㚇”字用作人名。

《楚國簡帛文字構形系統研究》頁 132

○何琳儀（1998）　异，从丌，己爲疊加音符（借用一橫）。包山簡异，人名。

《戰國古文字典》頁 26

○張光裕（2002）　（編按：上博二·從乙 1“异”）應讀爲“忌”。（中略）“雍戒先匿，則自忌始”蓋言戒備之心若失，則已先啟微亡之徵，此皆因有猜忌之心故也。

《上海博物館藏戰國楚竹書》（二）頁 234

○劉信芳（2003）　只：《說文》：“㚇，長踞也。从己，其聲。讀若杞。”長踞謂坐時其姿勢如箕，即所謂箕踞。疑“只”是“㚇”之省形。郭店《緇衣》簡 11“民至行只以兑上”，字讀爲“己”。

《包山楚簡解詁》頁 69

△按　《上博二·從政乙》簡 1 中的“异”當讀作“己”。王中江（《〈從政〉重編校注》，簡帛研究網 2003 年 1 月 16 日）認爲：郭店簡《語叢一》載“知己而後知人”其“己”寫法與此近，應隸爲“忌”，讀爲“己”。《五行》載：“忌（己）有弗爲而美者也。”上博二《從政甲》第 18 號簡：“聞之曰：行在异（己），名難靜（爭）也。”亦可證王先生觀點之合理。包山簡中的“异”則用作人名。

㠱

㠱（陶彙 3·1031）　㠱（陶錄 3·523·1）　㠱（陶錄 3·65·2）　㠱（陶錄 3·64·2）

○王恩田（2007）　罞。

《陶文字典》頁 108

畨

包山 163

○劉彬徽、彭浩、胡雅麗、劉祖信（1991）　鱰。

《包山楚簡》頁 29

○何琳儀（1998）　畨，从畀，番爲疊加音符。包山簡畨，人名。

《戰國古文字典》頁 1298

罼

包山 92

○何琳儀（1998）　罼，从畀，電聲（下加曰爲飾）爲疊加音符。包山簡罼，人名。

《戰國古文字典》頁 1298

罼

包山 125　　包山 130　　包山 132　　包山 199

○何琳儀（1998）　罼，从畀，臭爲疊加音符。包山簡罼，人名。

《戰國古文字典》頁 1299

左　　右

集成 10371 陳純釜　　集成 10368 左關之鉨　　陶彙 5・239　　陶彙 4・44

璽彙 0162　　璽彙 1651　　璽彙 0038　　璽彙 0195　　璽彙 0227

封成 2　　山東 009　　貨系 2308　　集成 12013 左宮車書

曾侯乙 127　　曾侯乙 150　　包山 12　　郭店・老丙 6　　上博六・競公 11

○**張德光**（1988）　（編按：近出 1115 武陽左戈）"武陽"係古邑名，"左"係庫名，"武陽左"即"武陽左庫"之略。

《考古》1988-7，頁 618

○**孫敬明**（1989）　齊國兵器鑄造，分中央與地方兩級，而以地方鑄造爲多。從銘文分析，中央鑄造兵器，以"陳氏"爲主管，他們主持兵器鑄造，稱爲"立事"，意即專用於軍事。地方則由有關都邑大夫主持，銘文多記地名而後綴"左"或"右"。此左、右當即"左庫、右庫"之省。三晉兵器時見左、右庫及上、下庫。燕國則稱左、右禦府，名稱不同，性質相似，都是兵器鑄造、存放和管理場所。

《中國文物報》1989-6-23

○**李學勤**（1993）　（編按：新收 1093 卻氏左戈等）按鑄銘"某某左、某某右"以及類似形式的戈，早見於金文著録，（中略）

　　戈銘所謂"左、右、内右、徒"等，均指軍隊編制；其前面的"平陸、平阿、無鹽、武城、柴、武陽"等，則是地名。所有這些戈，從形制和出土情形看，都屬於戰國中晚期。由此推想，郯城大尚莊的"卻氏左"戈也不會早於戰國中期。

《綴古集》頁 130—131，1998；原載《孫臏兵法暨馬陵之戰研究》

○**于中航**（1993）　（編按：集成 11001 平阿左戈等）傳世有銘齊國兵器比較少見，而平阿銘兵器即有六件之多，器銘的共同特點是各有一個"右"字或"左"字，有的且有"右造"或"左造"字樣，可知銘文中的"左、右"當指各該器的製作之所。三晉戰國兵器刻辭，多見左庫、右庫、上庫、下庫及武庫之類稱謂，表明當時三晉的庫，不僅是儲物之處，同時也是武器冶鑄之所。齊國兵器銘中未見某庫一類字樣，而在齊國的璽印中，常見有左廩、右廩璽。黄盛璋認爲，戰國時的廩，和庫一樣，兼爲製器之處，設有冶鑄作坊。"傳世有一戈銘爲'左𧰼'，後一字見於陳純釜，即'廩'字"（《新鄭出土戰國兵器中的一些問題》，《考古》1973年第 6 期）。如此則上舉六件齊兵銘中的"左、右"，皆當指平阿的左廩和右廩。

《故宫文物月刊》11 卷 7 期，頁 130—131

○**何琳儀**（1998）　左，西周金文作𠂠（虢季子白盤），春秋金文作𠂢（秦公鎛）。从𠂇，工爲分化符號。戰國文字工旁或豎筆向上穿透作土形，工或繁化作𡈼形，土或繁化作𡈼。

《戰國古文字典》頁 877

○**陳偉武**(1999) 左、右 戰國陶文、璽文中有“左宫、右宫、左廩、右廩”,金文有“左庫、右庫”等。如《三代》20.46.2 劍銘稱“邦左庫”,《三代》20.47.2 劍銘稱“邦右庫”。何琳儀先生指出:“春平侯劍銘‘邦左、右伐器’,對照其他春平侯劍銘‘邦左(右)庫’,可知是‘邦左(右)庫伐器’之省。”武陽戈稱“武陽左”,亦爲“武陽左庫”之省。陳侯因咨戟銘:“陳侯因咨造。右。”《商周青銅器銘文選》注:“芻,地名;右,右庫,冶鑄庫名。”何琳儀先生在討論青銅器銘文體例時説:“地名之後又往往綴以‘左、右’。”舉例有:“城陽左、昌城右、亡(無)鹽右、平阿左、平陸(阿)左戟(戈)、平陸(阿)右戟(戈)”,然後指出:“顯而易見,‘左、右’應是‘左戈、右戈’的省簡形式。”其實,何氏所引六器,前四件“左、右”之後省“庫戈”兩字,後兩件“左、右”之後省“庫”字。换言之,“左、右”分别是“左庫、右庫”之省。

《中國語言學報》9,頁 313

○**董珊**(1999) 左、右爲軍隊編制,齊兵器銘文多見,可參看李學勤先生《郤氏戈小考》(《孫臏兵法暨馬陵之戰研究》,國防大學出版社 1993 年。)

《中國古文字研究》1,頁 199

○**孫敬明**(2000) (**編按**:新收 1167 齊城左戈)齊戈銘第三字从“虎”頭,顯非“左”或“右”,似爲人名。齊城右戟和齊城左戈之“左、右”意義相當,是“右庫”或“右冶”之省。(**中略**)

由“齊城左”與“齊城右”互證,再輔以“陰平左庫之造”,知齊城左右,是齊城左右庫之省稱。當然,也有可能“齊城左冶”連讀,“左冶”類似“左庫”。“冶所洧”與“冶期”之“冶”,應是冶官或冶工。“所洧”與“期”應爲人名。

《文物》2000-10,頁 75

○**趙平安**(2003) (**編按**:集成 10983-10984 皇宫左戈;10985 辛宫左戈;11836 皇宫右鶴嘴斧形器)(25)至(27)爲齊國兵器,按照齊兵器銘文的慣例,“左”“右”應是指縣的左右工而言,是製造兵器的專門機構。

《第四屆國際中國古文字學研討會論文集》頁 537

【左工】近出 1189 丞相斯戈 集成 10411 左工蔡鋪首

○**袁仲一**(1984) (**編按**:近出 1189 丞相斯戈)帶有銘文的二世時代的兵器只發現一件,銘文是:“元年,丞相斯造,櫟陽左工去疾,工上”(戈内正面),“武庫”(戈内背面),“石邑”(闌下)。李斯是督造者,主造者爲“櫟陽左工去疾”。“左工”是“左工師”的省稱。昭王二十九年的漆卮銘文上有“右工師象”,説明秦代的工師確有左右之分。

○**張占民**(1986)　(編按:近出 1189 丞相斯戈)關於“左工”,原簡報認爲應與工師相同。其實“左工”即“左工師”的簡稱,昭王時期有“右工師”。從秦官設置的特點考察,丞相分左右,還有“右府、左府、右采鐵、左采鐵”,所以工師分左右也是符合秦官制特點的。

○**傅天佑**(1986)　(編按:近出 1189 丞相斯戈)《考古與文物》1983 年 3 期登載的《遼寧寬甸縣發現秦石邑戈》一文,報導了寬甸縣出土的石邑戈,這是迄今首次發現的秦丞相李斯造戈,今僅就作者對銘文解釋,提出兩點商榷:

一:文章說,銘文中“左工”應與工師相同。此說不甚確切。兵器銘文所見之職稱,除有工師外,還有“左工師”及“右工師”之職。左工師職名見於江陵拍馬山出土銅戈,銘云:“三十四年村丘命爕,左工師誓,冶夢。”(《考古》1973 年 3 期)右工師職名見於中國歷史博物館藏戈,銘云:“廿三年部命垠,右工師□,冶良。”(承史樹青先生見告)石邑戈銘文中之“左工”,當是左工師省稱。左工師省去“師”字作“左工”,其與近年臨潼秦始皇墓出土陶瓦文,將左司空省作“左司”之文例同,乃屬秦國在銘刻中對職官名省書的一種習慣。《禮記·月令》鄭注說,工師爲“工官之長”,工師之職較尊,而左、右工師均爲其佐副屬官。故“左工”與工師相同之說不確。

○**張占民**(1986)　(編按:近出 1189 丞相斯戈)李斯戟正面刻:“元年丞相李斯造櫟陽左工去疾工上。”背面刻“武庫”,欄下刻“石邑”

“左工”從“左工”之下又有工上分析,“工”不是工師的省稱,便是“寺工”的省稱。秦早期中央政府督造的兵器往往刻“工師”,始皇三年出現“寺工”。李斯戟雖造於二世元年,但戈銘體例似乎恢復了始皇以前的形式,因此“工”很可能爲工師的省稱。“左”即“左工師”。昭王時期有“右工師”可相互印證。

【左工師】集成 11367 六年漢中守戈

○**王輝**(1997)　長沙出土的昭王二十九年漆奩銘有“右工師”,遼寧出土的元年丞相斯戈銘有“櫟陽左工去疾”,“左工”即“左工師”之省,說明秦中央和地方有時設左、右兩種工師。又秦時蜀郡設東、西工師,情形相似。此戈銘“左工師”,可見漢中郡也有左、右工師。

《陝西歷史博物館館刊》4,頁 23

【左中】文博 1997-4

○**韓建武、師小群**（1997）　1.左中

　　1975 年西安市六村堡鄉出土。銅質,長條形,高 4.7 釐米,重 56.5 克。印面爲長方形,長 2、寬 1 釐米,陽文篆書“左中”二字。此印又稱“戳記”,戳字原指用尖銳器刺物,並無鈐蓋之意,因其可持之“戳字”以爲印信,故有“戳記”之稱。林素清著《華夏之美·璽印》内收藏戰國秦“左中軍司馬”銅印,可知“左中”銅印爲戰國秦低級官吏所用之物。

《文博》1997-4,頁 29

【左中將馬】

○**王輝**（1990）　34.左中將馬（《官印徵存》0028,瓦紐,故宮藏）

“左中”當是“左中廏”之省文,可見皇后之中廏也不止一個。

《文博》1990-5,頁 246

【左尹】曾侯乙 31 包山 12

○**裘錫圭**（1979）　左尹——相同的楚官名見於《左傳》宣十一年、昭二十七年。

《古文字論集》頁 407,1992;原載《文物》1979-7

○**羅運環**（1991）　左尹一職見於《左傳》宣公十一年和昭公十八、二十七年,子重、王子勝、邵宛曾先後任此職。但是文獻中不見戰國時有“左尹”,包山簡文的記載填補了這個空白。

　　（編按:包山 216、217）簡文中的左尹昭 "出入侍王" 這四個字很重要,但含義是什麼,不明白。包山竹簡的“司法文書”有這樣一種情況:凡複雜的案件,縣級政府或部門不能判決的,便呈報左尹,左尹不能裁定則呈報楚王。如舍慶殺人案,案情複雜,陰縣政府作出判決後,舍慶不服,縣以此案上報左尹,左尹不能斷定,呈報楚王裁決,然後,“左尹以王命告”該縣縣公。凡此,表明左尹是楚中央王朝的司法大臣,輔佐楚王處理全國的要案。左尹昭 的“出入侍王”,定當指此。

　　過去,我們僅知左尹是令尹的副職,或率軍出征,可直接“言於楚子（王）”等情況。包山簡文的有關記載,大大地加深了我們對左尹的地位及其職掌的瞭解。

　　曾侯乙墓竹簡記載曾侯乙死後贈馬者有“左尹、右尹”。此二職有可能爲

楚國中央王朝的職官,也有可能屬曾侯乙的屬官,不可定論。

《楚文化研究論集》2,頁 272—273

○劉信芳(2003) (編按:包山 13)左尹:職官名。亦見於曾侯簡 31、176。《左傳》宣公十一年:"楚左尹子重侵宋。"昭公十八年有"楚左尹王子勝",昭公二十七年有"左尹郤宛"。從簡文的實際内容看,左尹除戰時率軍出征外,主要是司法部門的長官,負責户籍管理,處理有關經濟、刑事訴訟方面的重要案件,監督、檢查各地行政、司法長官行使職權。《周禮・地官・大司徒》:"大司徒之職,掌建邦之土地之圖,與其人民之數,以佐王安擾邦國。"又《秋官・大司寇》:"大司寇之職,掌建邦之三典,以佐王刑邦國,詰四方。"楚國左尹似兼此二職而有之。

《包山楚簡解詁》頁 18—19

【左水】秦陶 689 等

○袁仲一(1987) 屬於左、右水類的陶文,目前計發現"右水、左水、左水疢"三種,共九十三件。其中以"左水"陶文印記的數量最多(拓片 689—766、770—779)。都發現於秦始皇陵園範圍内,其他遺址目前尚未見到有左、右水類的陶文出土。稱爲某水的陶文還有"宫水、寺水、大水"等。這些都是燒造磚瓦的官署機構名。爲什麼秦代燒造磚瓦的機構多稱爲"某水"?從字義推測,因燒造磚瓦離不開水土,屬於泥水工程,故多稱"某水",猶如秦代製造兵器、車馬器的官署機構稱爲"寺工、少府工室"等一樣,一稱"某工",一稱"某水"。

《秦代陶文》頁 41

【左田】封泥考略 4・52

○裘錫圭(1981) 比較"左田、左鹽、左鹽丞"等官名,可知"左"當讀爲"佐",佐田、佐鹽佐助郡守治田政、鹽政,是郡丞一級的長吏。上引"左田"印是半通,似應爲少吏所用,所以我們認爲不是郡國左田印,而是縣吏印。不過半通的"左田'也有可能應該讀爲"佐田",可以看作都田嗇夫或田佐的異名。秦封泥又有"左田之印'方印文,究竟是郡國左田還是縣邑左田待考。

《雲夢秦簡研究》頁 250

【左司】考古與文物 1980-3 左司嬰瓦

○陳直(1981) 秦始皇陵磚 余於 1940 年來西安時,見各藏家存有秦始皇陵墓上的磚瓦甚多,磚爲長方形,以細土和鐵沙燒成,每塊重量至十二公斤。余意既然有如許之多的磚瓦,必然有少數印的文字,遂留心搜訪。1946 年解質文持一有文字秦磚相告,文爲"左司郢瓦"四字,解放後存於解放路中國銀行後樓,旋即佚失。劉漢基亦藏一秦磚,文爲"左司顯瓦"四字,即本書所著錄之兩品也。1956 年在臨潼文化館,見羅列之秦磚甚多,中有"左司高瓦"一種,文字比上兩種更清晰。左司爲官名,疑爲左司空之簡稱(漢代則簡稱爲左空),高爲人名。三品皆是磚而自稱爲瓦,因磚瓦同屬於陶類,故借用瓦印。此疑爲趙高監修陵工時所造之磚瓦,倘余之推斷正確,則磚聲價更應增十倍。趙高初官車府令,二世時官中丞相,其官左司,當在始皇時期(王冶秋後在始皇陵上,亦檢得左司高瓦一枚)。又有燥字磚,文一字作熮,蓋即燥字異文,意謂高燥之質量。至於始皇陵所出閔字瓦片及左司空瓦,已詳上文,不再敘述。陝省文管會在秦陵探勘所獲之磚瓦,亦有參考之價值。秦陵磚瓦之發現文字,則自余開始也。

《摹廬叢著七種》頁 434—435

○劉慶柱、李毓芳(1983) 秦始皇陵附近出土的秦陶文"左司嬰瓦"爲"左司空嬰"省文。左司空省文爲左司(秦都咸陽遺址左司空則省文爲左空);陶文"左帽"爲"左司冐"(帽、冐通假)省文,左司省文爲左,即左司空省文爲左,這是秦代陶文的一種通制。

《古文字論集》1,頁 75

【左司空】秦陶 493 等

○陳直(1981) 左司空 臨潼秦始皇陵 續陶錄 一見

　　按:此爲秦代板瓦,《漢書·百官表》,少府屬官有左右司空令,内有大量刑徒。1958 年霍去病墓上亦發現有"左司空"三大字石刻,蓋秦漢時代,左司空主要在造磚瓦,兼管石刻之工藝。

《摹廬叢著七種》頁 369

○袁仲一(1987) 左司空類的陶文,本書共收錄一百二十二件,計三十六種。大部分出土於秦都咸陽遺址和秦始皇陵園範圍内,少數見於秦的林光宮遺址。陶文的内容有左司空、左司空係、左司、左司高瓦、左司陘瓦、左司猷瓦、左胡、左貝、左帽、左如、左戎、左豦、左隊、左禹、左嘉、左武、左登、左午、左雚、左頯、胡、貝、嘉等等(拓片 493—613)。這些陶文都是印文,多數爲陰文,少數爲陽文,大都見於板瓦或筒瓦上。根據字文的内容約可分爲如下六式:

　　一式是僅有官署名,如"左司空"印文。左司空是少府的屬官。《漢書·百官公卿表》:"少府,秦官,掌山海池澤之稅,以給共養,有六丞。屬官有尚書、符節……左右司空……""左右司空",即左司空和右司空。過去一般認爲此是漢代的官名，秦代的少府下是否也有左右司空，文獻記載不詳。陶文證實秦王朝時確有此職。

　　二式爲人名前冠以“左司空”三字，如左司空係。係爲陶工名。

　　三式是“左司”二字，是左司空的省文。

　　四式是在人名之前冠有“左司”二字，如左司高瓦、左司陘瓦、左司猷瓦等。高、陘、猷爲陶工名。“陘”字，印文寫作“陘”，从阜从坙爲陘字，“猷”字寫作“猷”或“猷”，前一字右部从欠，左旁下部从臼，上部象以手持杵形，當爲猷。後一字似爲猷字的變形。

　　五式是在人名前冠一“左”字，如左胡、左貝、左如、左戎、左嘉……等。左是左司空的省稱，胡、貝、如、戎、嘉等爲陶工名。

　　六式是僅有人名，如胡、貝、嘉、如等。這些陶工名均見於第五式，只是省去了官署的名稱。

　　上述六式中以第二式最爲完整、明確，其餘五式均爲簡化式。

《秦代陶文》頁 39—40

【左司馬】曾侯乙 169、150

○裘錫圭（1979）　左司馬、右司馬——見於《左傳》文十年、襄十五年。

《文物》1979-7，頁 27

【左酉】集成 11827 燕鐵農具範

○馮勝君（1999）　1953 年出土於河北興隆縣大副將溝的戰國燕鐵農具範上刻有“左酉”字樣，其性質當與右酉相同。酉，疑讀爲曹。《禮記·内則》：“稻醴清糟，黍醴清糟，粱醴清糟。”《周禮·天官·酒正》鄭注載鄭司農説此糟作酒，可證曹、酉聲系相通。曹，官曹，古代分科辦事的官署或部門。徐灝《説文解字注箋》：“職官分曹治事謂之曹。”左酉（曹）、右酉（曹）當爲燕國青銅器監造部門。

《中國古文字研究》1，頁 190—191

【左邑】璽彙 0046

○吳振武（1983）　0046 陽州郘右□司馬·陽州左邑右□司馬

　　0109 郘余子嗇夫·左邑余（餘）子嗇夫　　0110 同此改

《古文字學論集》（初編）頁 488、489

○曹錦炎（1985）　左邑，原篆作：邑、邑，後一例下有合文符號，顯係合文無疑。古璽又有“左邑發弩”，左邑兩字也作合文（《彙》0113）。《古璽彙編》釋文均釋爲“郘”，誤。左邑，戰國時地名，故城在今山西省絳州聞喜縣，西漢時曾置縣,屬河東郡。

《考古與文物》1985-4,頁 83

○**林素清**(1990)　六・一六邟字列門 0046,其實門非邟字,而是"左邑"兩字合文,當移至合文類。又所列 0109 邟字本亦有"＝"符,亦表"左邑"合文,而爲《文編》漏録。璽文應讀爲"左邑余子嗇夫",故亦當移於合文類項。

《金祥恆教授逝世周年紀念論文集》頁 103

【左私官】考古 1982-5,頁 519 圖 7

○**朱德熙、裘錫圭**(1973)　"左私官"性質難以肯定,但總不外乎國君的妻、母、兒女等人的食官。

《文物》1973-12,頁 61

【左坴徒】曾侯乙 150、152

○**裘錫圭**(1979)　左坴(?)徒、右坴(徒)——左坴徒疑即見於《史記》的《楚世家》《屈原列傳》等篇的左徒。

《文物》1979-7,頁 27

【左使】集成 10413 左使車鋪首等

○**黃盛璋**(1992)　中山王墓銅器造器之處多爲左使庫,亦即左史。左史當屬少府主管造器之官吏。(中略)長子盉之"受左史銅……",《漢官》縣有"佐史",在鄉有秩下,而與鄉佐同列,官職很低。佐史乃史之佐,可見亦爲小吏,與冶吏同。

《古文字研究》17,頁 21、47

○**唐友波**(2000)　最後還想要提出的是,長子盉銘開頭的"左使"之稱,和中山王墓銅器銘中的"左使庫、右使庫",以及"右使庫"又省稱"右使"的情況十分相似。所以"左使"有可能是"左使庫"之省稱。但是既然作器是在"長子",則其多半爲地方之庫府。

《上海博物館集刊》8,頁 160

【左府】睡虎地・秦律 23

○**王輝**(1987)　《秦律雜抄》又提到"大(太)官、右府、左府、右采鐵、左采鐵課殿、貲嗇夫一盾"。所謂"左府、右府""疑也是少府的屬官"。

《中國考古學研究論集》頁 351

【左宛】璽彙 0255　璽彙 0256

○**趙平安**(2003)　過去把左宛隸作左邑,以爲即三晉魏之左邑。魏璽中左邑往往合文(參見《璽彙》0109、0110、0113 等處),寫法與此迥異,兩者不能等

同。（中略）

（編按：璽彙 0255、0256、0254、2718）（28）至（30）中的“左宛”是縣名，具體所指待考。

《第四屆國際中國古文字學研討會論文集》頁 536—537

【左官】集成 2701 公朱左官鼎

○黃盛璋（1981）　（三）關於左官、右官：“𤥭公”爲宫名，公朱即宫廚。所以𤥭公左、右官與公朱左、右官皆爲宫中之官。

　　𤥭公左、右官即𤥭宫左、右私官之簡稱，這可從金村出土𤥭公銅器銘文中參互考證而獲得明確，《洛陽故城古墓考》所收録之《□公左官鼎》，第一字所缺必爲“𤥭”字，而“左”與“官”字閒似有一“○”，後經識出，乃是“私”字。至於北大所藏《□公右官鼎》，第一字亦必爲“𤥭”，而“右”與“官”閒似有一字，亦當爲“私”字。由此可以證明，𤥭公左私官、右私官可以簡稱爲𤥭公左官、右官。

　　《漢書·張湯傳》附《張放傳》：“大官、私官並供其第。”注引服虔曰：“私官，皇后之官也。”如此“𤥭公”當爲東周皇后之宫，亦即東周王居住之宫，故設有左、右私官，而“公”字爲“宫”字之假，也獲得徹底解決。

　　朱、裘兩同志考證私官爲食官，後經我們考察，其説不確。漢銅器銘有太初二年造《中私官銅鍾》（陝西博館藏器），也有《中私府銅鍾》（《漢金》2.5），皇后居中宫，故皇后之官亦稱中官，《漢舊儀》有“中宫私官”，簡稱就是中私官，亦稱中私府，《後漢書·百官志》有“中宫私府令”，而漢銅器中有食官，亦很多見，如《食宫鍾》（《西清》34,6—8,9—10），《信都食官行鐙》（《漢金》3,20）《梁三食官鍾》（同上 2,18），《膠東食官刀》等。私官主管皇后中宫一切生活私事，不限於飲食起居，應較食官爲高，𤥭公左、右私官即分管𤥭宫一切衆事。

《中原文物》1981-4，頁 45

○湯餘惠（1993）　𠂤，官字省形；左官，即左私官的省稱。私官，主管王後宫之事，周王室私官分左右，即左私官、右私官，均見於銅器銘文。

《戰國銘文選》頁 12

【左佰】集成 9649 四斗旬客鈁等

○李學勤（1957）　“右内飲、左内飲”是鈁置用之處，《洛陽金村古墓聚英》圖 38 銀杯記有“左飲”，圖 45,2 銀俑記有“右飲”。“七、十五”等是鈁的編號。

《文物》1959-8，頁 63

○**黄盛璋**(1983) "佰"不但分左佰、右佰,還有左内佰、右内佰,内指宫内。内外之分,就是爲區别宫庭與一般政府官府,所以外佰不見,僅見内佰,稱内因宫内特殊或特設,一般政府的曹都在外。但佰皆分左右,它和官府的關係及其功能、性質,就更加明白了。

"佰"从人旁而"酉"爲聲旁,"酉"古音屬幽部以母字,幽部字中與之音近並且可與"佰"字各條吻合,銘文全皆豁然貫通的,就是"曹"字,形、音、義都能落實。(中略)金村器銘的"佰"全部皆與"曹"字吻合。

《古文字研究》10,頁 227—229

○**李學勤**(1983) "左右酒"則是掌管使用這些銀器的職官。(編按:《增訂洛陽金村古墓英》圖十四等)上述各器"酒"字原均作"佰"。左右内酒和左右酒是不同的,大約和《周禮》的内饔、外饔一樣,分掌内外之事,其職務則與《周禮》的酒人相當。

《新出青銅器研究》頁 242,1990;原載《歐華學報》1983-1

○**王輝**(1987) 東西周中府之下有左、右佰,左、右佰當是中府的下設機構,與左佰相應者有左得工,與右佰相應者爲右得工,左右得工的職能是什麽,因爲材料有限,目前還不清楚。(黄盛璋説左、右得工爲具體製器工場。)

《中國考古學研究論集》頁 354

△**按** "佰"字與"飲、酒"等字無涉,當從黄盛璋讀作"曹"。

【左徙車嗇夫】集成 9734 舒盗壺

○**裘錫圭**(1981) 左徙車嗇夫孫固就是主管鑄造這件圓壺的官吏。其他各器所記的主管鑄造的官吏也都是嗇夫,除左徙車嗇夫外,尚有右徙車嗇夫、冶勻嗇夫、□器嗇夫、牀麀嗇夫等名稱。這些嗇夫大概都是官嗇夫。其中,"冶勻嗇夫"和"□器嗇夫"似是以冶鑄爲專職的官吏。

《雲夢秦簡研究》頁 244—245

【左飛】曾侯乙 171

○**何琳儀**(1998) 隨縣簡"左飛",讀"左騑"。《後漢書·輿服志》上"在左騑馬軛上",注:"馬在中曰服,在外曰騑,騑亦名驂。"

《戰國古文字典》頁 877

【左桁正木】璽彙 0298　璽彙 0299
【左桁稟木】璽彙 0300

○**石志廉**(1980) "左廩桁(横)木"璽 　古璽形制奇詭多變,種類繁多,但作筒狀者前所未見。此璽曾經郭申堂《續齊魯古印捃》、黄濬《尊古齋古鉥集林》等書著録。形如圓筒,中空,下有一穿孔,後部縮進一圈,猶如子母口。黑灰色銹,印面徑 3.3 釐米,長 6.4 釐米,孔徑 2.8 釐米,外徑 3.4 釐米,孔距印底端 3.7 釐米,傳爲山東臨淄出土,爲周叔弢先生舊藏,現歸天津藝術博物館。戰國璽中有“右廩、左廩之鉥、平阿左廩、懷裏廩鉥、君之廩”等。戰國陶量中有“廩量”。此璽之廩字書作𪊪,與子禾子釜、陳純釜的廩字書作𪊪、河北静海古城址發現的陳和志左廩陶量殘片的廩字書作𪊪,相同。另外從其黑灰色堅銹的質地特徵看,它也應是山東出土的戰國齊器。

左廩桁木璽文的桁即横,音同,可互通假。玉璜也稱玉珩,可爲其證。此璽既非秤杆所用者,也不是用來鈐打在裝糧口袋上封泥所用的。杆秤最早見於南北朝時期。戰國時尚無杆秤,故無法嵌銀秤杆上。戰國的横(衡)杆,已發現者如長沙左家公山出土的横(衡)杆爲木製,扁平長方形。中國歷史博物館藏的戰國楚“王”字銅衡,傳安徽壽縣出土,也是作扁平長方形。湖北雲夢睡虎地出土的西漢嬰家木衡,也是扁平長方形。迄今尚未發現有戰國時的圓形秤杆,故此璽不應是銀嵌圓形秤杆所用者。戰國時只有衡杆,大都作扁平長方形,有用竹木或銅製作者,但大小不一耳。

這件銅璽作圓筒形,一端下面有一穿孔,應是安裝木柄使用的烙印。安木柄後,可以釘貫其穿,以防脱落。璽文左廩桁木陽文四字,應是打烙在左廩公用的木横(衡)上面的烙印。這種木横(衡)體形寬大,衡值甚重,如戰國三晉時的五年司馬成公大銅權,重六十餘斤的所謂禾石權,估計即爲這種木衡所用者。烙印應打烙在衡的中閒部位,表示此衡是已經取得公家承認的標準器,可以正式通行於市。

戰國璽中尚有“右正(征)桁木”方形陽文四字銅璽一紐。正即征,“勿正(征)關鉥”的正字和“正(征)官之鉥”的正字可爲其證。右正(征)桁(横)木,即右廩征收糧食所用的木衡之義。過去人們有的將其釋爲右正木行木,這種釋文是不對的。左廩桁(横)木和右正(征)桁(横)木都是同一類形的銅璽,它們對研究戰國時的度量衡制度具有十分重要的價值。

《中國歷史博物館館刊》1980-2,頁 108—109

○**吳振武**(1984)　《古璽彙編》0300 重新著録並釋爲“左桁稟木”。石志廉同志在《戰國古璽考釋十種》(《中國歷史博物館館刊》1980 年 2 期)一文中根據它的形制定爲烙印並釋爲“左廩桁(横)木”,他認爲此璽“應是打烙在左廩公用的木横(衡)上面的烙印”。按古璽中又有“左桁正木、右桁正木”兩璽(《古璽彙編》0298、0299）可知"左桁"當爲一詞。"左桁、右桁"似是一種機構。"左桁廩木、左桁正木、右桁正木"的確切含義均待考。

《考古與文物》1984-4,頁82

○**朱德熙**（1985） 桁當讀爲衡。《禮記·雜記》"甕、甒、筲、衡,實見閒",鄭注:"衡當爲桁。"《漢書·百官公卿表》"水衡都尉",應劭注:"古山林之官曰衡。"上引各辭或單言"衡",或言"左衡""右衡",並當是掌管山林的職司。《周禮·地官·林衡》:"掌巡林麓之禁令而平其守,以時計林麓而賞罰之。若斬木材,則受灋于山虞,而掌其政令。"又《地官·山虞》:"掌山林之政令,物爲之厲（鄭司農云,遮列守之）,而爲之守禁。仲冬斬陽木,仲夏斬陰木。凡服耜,斬季材,以時入之,令萬民時斬材,有期日,凡邦工入山林而掄材,不禁,春秋之斬木不入禁,凡竊木者有刑罰……"

（中略）各辭"桁"字下或言"正木",或言"敷木"。據《金薤留珍》（府二三·四）著錄的"正木之璽"一印（圖六）,可知"正木"是官職名,那麼"敷木"也應是官職名,二者都是林衡的屬官。

（圖六）

此外,故宮博物院藏印有"𥑆木之璽"（《古璽彙編》二〇八,圖七）,"𥑆木"亦當是林衡的屬官。

（圖七）

《朱德熙古文字論集》頁166—167,1995;原載《古文字研究》12

○**尤仁德**（1990）  ，左廩桁木。此璽造形獨特,絕罕見,應該如何使用呢？推想,當時建造倉廩備料時,大概要在檁木上加蓋廩人的官璽,以示簽收。此璽作圓筒形,筒心可插入木柄,並於筒壁穿孔處釘釘加固,形成一木柄式鈕。使用時將璽放入火內燒灼,然後在檁木上烙印。

（中略）《彙編》讀該璽（0300號）文字順序爲"左桁稟木",不確。

《考古與文物》1990-3,頁61-63

○**王人聰**（1996） 左桁奠木 銅質,2.9×3,通高8.2釐米。香港中文大學文物館藏,未經著錄。

此璽之形制、文字與山東五蓮縣遲家莊戰國遺址所出銅璽中之一號、二號、四號璽相同。璽文第二字,朱德熙釋"桁",並云:桁當讀爲衡,即《周禮·地官》之林衡,爲掌管山林之官。又《鐵雲藏陶》七二下著錄一片陶文亦與此璽內容相同,其第三字與此璽之第三字構形一致（見圖一）: 。該片陶文第三字朱德熙釋"正";高明《古陶文字徵》釋"立"。今按,上引兩家所釋均不確。陶文此字下部不從止,與立字構形亦不同,不得釋爲正或立字。《古璽彙

編》零二零八號著録一璽，文爲“■木之鉥”，第一字朱德熙釋“奠”；甚確。又《金薤留珍・府二三》著録一璽，璽文作“■木之鉥”，璽文第一字當係上舉璽文“■”之簡化，亦應釋“奠”。今將文物館所藏此璽之第三字與《金薤留珍》著録之璽文第一字比較，二者構形相同，是知亦應釋“奠”，璽文“奠木”當係林衡之屬官。

　　　　　　　　《古璽印與古文字論集》頁 36,2000；原載《于省吾教授百年誕辰紀念文集》

○**王人聰**（1996）　左桁正木　銅，2.9×2.9，通高 6.4 釐米。館藏號 90.99

　　此璽下端近方形，稍上變爲圓筒狀，筒口捲沿，璽面四周邊欄凸起。此璽之形制、文字内容、字體風格與 1964 年 11 月山東五蓮縣遲家莊戰國遺址所出之銅璽相同（《文物》1986 年 3 期頁 33）。又，《古璽彙編》0298、0299、0300 號三璽及《簠齋手拓古印集》十九著録之“平易桁璽”，其形制、璽文風格亦與上述五蓮縣所出之銅璽相同，可知均屬同一時期之物。

　　璽文第二字，朱德熙釋“桁”，並考云：“按桁當讀爲衡。《禮記・雜記》‘甕、甒、筲、衡，實見閒’，鄭注：‘衡當爲桁。’《漢書・百官公卿表》‘水衡都尉’，應劭注：‘古山林之官曰衡。’上引各辭或單言‘衡’，或言‘左衡’‘右衡’，並當是掌管山林的職司。《周禮・地官・林衡》：‘掌巡林麓之禁令而平其守，以時計林麓而賞罰之。’”又云：“‘桁’字下或言‘正木’，或言‘敦木’。據《金薤留珍》（府二三・四）著録的‘正木之璽’一印，可知‘正木’是官職名，那麼‘敦木’也應是官職名，二者都是林衡的屬官。”（《古文字研究》12 輯頁 328）

　　此璽字體具有齊國文字風格，再由與此璽同類之璽印出土於臨淄或山東五蓮縣，可以推知應係齊國之官璽。據上引《文物》報道説：五蓮縣所出之銅璽“外表尚附著泥土，筒孔内壁尚有朽木灰，可知它們從出土至今未經打磨清洗。璽體作筒狀便於納柄”（《文物》1986 年 3 期頁 34）。今此璽形制與五蓮縣出土銅璽相同，可知其筒口亦係作納木柄之用。

　　　　　　　　　　　　　《香港中文大學文物館藏印續集一》頁 162—163

○**劉釗**（1997）　（編按：《香港中文大學文物館藏印續集》3、4）編號 3、4 兩璽釋文分別作：“左桁正木”和“左桁奠木”，並引朱德熙先生説讀“桁”爲“衡”，指出“衡”爲掌管山林的職官，“正木”和“奠木”當爲“林衡”之屬官。按釋 4 號璽璽文第三字爲“奠”字可商。此字似應按朱德熙先生釋爲“正”，視爲“正”字的變體更爲妥當。文中所舉朱德熙先生所釋爲“奠木之鉥”的“奠”字亦可疑。字似爲“虍”字變體，形體與《古璽彙編》3447 號“慮”字和 3521 號“虐”字所从之“虍”旁非常接近。“虍”可讀爲“虞”，“虞”即“虞人”，爲掌管山澤禽獸之官，

“虞木”或爲“左虞正木”一類官名之省稱。關於“正木”之“正”，朱德熙先生和王人聰先生都没有解釋，裴錫圭先生在《戰國文字釋讀二則》(載《于省吾教授百年誕辰紀念文集》)一文中指出“正木”之“正”應讀作“征”，正木應該是主管收木材税的官。這一解釋十分正確。包山楚簡 140、140 號反有記載謂：“小人各征於小人之地，無嘉，登人所斬木四百先於仆君之地襄溪之中，其百又八十先於畢地卷中。”説的就是徵收木材税的事。古代“門、關、市”都要徵收商業税，而檢驗徵税與否的憑據就是璽節。《古璽彙編》0295 號楚璽“勿正(征)關璽”和楚鄂君啓節，都是楚國商業活動中徵税用璽節爲憑據的證明。上舉編號 3、4 兩方“左桁正木”璽的形制與 1964 年出土於山東五蓮縣遲家莊戰國遺址的銅璽相同，璽的整體立起來呈筒狀，下端璽面爲方形，上端漸變爲圓筒狀，筒口捲沿。這種筒是留着裝納木柄用的。推測這種璽印具體使用時是用火炙燒璽面加熱，所以必須加有一定長度的柄以便把持，然後把加熱後璽烙在已經徵收過税的木材上，這樣這些烙有璽印的木材在通過“門、關”和“市”的時候就可免交商業税了。巧合的是 60 年代發掘的湖北江陵望山楚墓中的部分槨板上就烙有“既正(征)于王”的印文。“既正(征)于王”是已經在王那裏徵收過税的意思。這種烙印從形制到用途都很有特色，是古璽印中一種特殊的品類，與《古璽彙編》0293 號“日庚都萃車馬”印的形制和用途很接近。“日庚都萃(焠)車馬”印也有用於納柄的方孔，只不過“左桁正木”印是烙在木材上，而“日庚都萃(焠)車馬”印是烙在馬身上而已。

《中國篆刻》1997-4，頁 45—46

○**孫新生**(1999)　根據《周禮・地官》“廩人掌九穀之數”，一般地説，廩即官府貯藏糧食的倉庫。那麼，“左桁廩木”印無論如何識讀，都是官府倉庫中所用的一枚古璽。

《考古與文物》1999-5，頁 55

△按　璽文“左桁正木、左桁廩木”均當是掌管林衡之官所用之印。

【左倉】古文字研究 7，頁 210—211

○**李先登**(1982)　一件，1977 年 11 月告東華溝北采集。陰文正方印，鈐印於戰國泥質灰陶豆柄上。陰文外框高寬皆爲 1.5 釐米。陰文“左倉”二字，橫排，自右向左讀。(圖六)

　　“左”字不從工，而從土：在傳世戰國陶文中亦有發現，《季木藏匋》卷一・二三“左監”之工即從土，同書卷二・三三“左里敀”之左亦從土，可爲佐證。

圖六

此“倉”字爲反書,不从广,與“陽城倉器”之“倉”字不同。這説明戰國時期韓國文字本身也有異體字。

《古文字研究》7,頁 210—211

【左般】秦文化論叢 9,頁 266

○**周曉陸、陳曉捷**（1993）　私官左般,私官右般,《風》頁 130。“私官”參見《集》一·二·89“私官丞印”。李學勤先生在討論西漢齊王墓出土銅器銘文時指出:“右般或右般者,較費解。按‘右’與‘侑’通,訓爲助,‘般’可訓爲樂,‘右般’可能是侑王宴樂的官職。”按“左”亦訓佐、助。左、右般除字面分列左、右外,可能亦含如李先生所述之意。又《墨子·尚賢中》記:“般爵以貴之,裂地以封之。”爲頒、賜之義,按私官之職,或有頒賞之事。西漢齊國銅器銘有鼎:“齊食官,朱,南宮鼎。齊食大官,右般者。”勺:“齊大官,右般。北粲人。”缶:“齊大官,下米。齊大官,右般”等數件。鈁:“重二斤十五兩。齊食官,上米,齊大官,又（右）般”等二件。銀盤銘:“左工,一斤二兩。容五升。朱。南般。”秦之私官左、右般,自然是西漢齊王大官般、南官般之源。

《秦文化論叢》9,頁 266

【左試】古文字論集 1,頁 76

○**劉慶柱、李毓芳**（1983）　“左試”（“左弋”）掌管的製陶業産品的陶文戳記

有“左試”（或“左弋”）和“弋”二種（圖 69—70）。“弋”爲“左弋”省文,“試”與“弋”通假。

69　70

漢代有“佐弋”文字瓦當、“宜秋佐弋”封泥、“左弋弩力六百廿”漢簡等文物;《史記·秦始皇本紀》也有“佐弋竭”的記載。上述瓦當、封泥和文獻中的“佐弋”與秦陶文“左試”（或“左弋”）的左字不同。《説文》左部,段注:“左者,今之佐字。”《説文辨字正俗》又載:“古左右作ナ又,而相助字作左右,《易》《詩》《爾雅》猶不加人傍,後人別制佐佑字。”由此可見,“左”字加“人”傍,別制“佐”字當起於漢代。但是,漢代佐、左通用,前引居延漢簡即是一例。

關於左弋的職能,《漢書·百官公卿表》載:“秦時少府有佐弋,漢武帝改爲伙飛,掌射弋者。”《居延漢簡》（甲乙編）亦有“左弋弩”記載。秦陶文戳記中“左試、左弋”和“弋”的出現,説明左弋在秦代還掌管製陶業。

《古文字論集》1,頁 76

【左庫】集成 11458 左庫矛

○**孫敬明、蘇兆慶**（1990）　左庫,爲兵器的鑄造、存放和管理場所,三晉兵器

銘刻中時見左、右、上、下等庫名,是其特點之一。齊國僅見左、右(庫),燕國則時見左、右軍。

《文物》1990-7,頁 40

○**董珊**(1999)　邦左庫是製造這件兵器的機構。在其他趙國兵器銘文上,也見有"邦右庫",且有時還在"邦左(右)庫"下繫有主管者之名,如《集成》一一六九五"邦右庫巷段,工師吳痕,冶息敦劑"。工師、冶都是屬於邦右庫的工匠,是這件兵器的具體製造者。

《中國古文字研究》1,頁 198

【左庫尚歲】中國文字新 24,頁 86

○**李家浩**(2001)　戰國三晉官印中,也有這種用法的"尚":

　　左庫尚歲。　　《中國文字》新 24 期 86 頁

其文例與三晉官印"右庫視事"相同,"尚歲"顯然是職官名,當讀爲"掌歲",大概是"職歲"的異名。"職歲"見於戰國官印和《周禮·天官》。據《周禮·天官》,"職歲"職掌財物支出。"左庫掌歲"當是掌管左庫財物支出的官吏所用的印。

《捃芬集》頁 330

【左馭】包山 151　包山 152

○**羅運環**(1994)　包山 2 號墓竹簡:"左馭番成……"

"左馭"是楚官名。《周禮·夏官》論太僕的職掌時云:"王出入,則自左馭而前驅。"其中"左馭"是指太僕親自坐在車左側駕車。故秦漢以後或稱太僕爲左馭。《左傳》昭公十二年:(楚靈王)"執鞭以出,僕(《國語·楚語上》作"僕夫")析父從。"馬宗璉《補注》:"析父爲太僕,故時在王左右。"是楚國的太僕稱"僕"或"僕夫",不稱左馭。《左傳》宣公十二年:"楚子(莊王)爲乘廣三十乘,分爲左右……許偃御右廣,養由基爲右;彭名御左廣,屈蕩爲右。"杜注:"楚王更迭載之,故各有御、右。"《左傳》成公十六年:"彭名御楚共王,潘黨爲右。"顯然左廣、右廣都有"御",均坐在車子左邊,故均可稱"左御"。其一爲右廣左馭,一爲左廣左馭,二者當可省稱爲右馭、左馭,或單稱爲馭。簡文中的左馭,殆即左廣之馭,掌王親兵戎車,是軍官。

《楚文化研究論集》2,頁 283—284

【左雲夢丞】西北大學學報 1997-1,頁 31

○**周偉洲**(1997)　左雲夢丞　《漢書·地理志》南郡編縣本注"有雲夢官",華容縣本注"雲夢澤在南,荊州藪"。又江夏郡西陵縣本注:"有雲夢官。"周壽

昌《漢書注校補》云:"此(指雲夢官)疑如南海郡洭浦官、九江郡陂湖官之類,不可輕改作宫也。又按,晉志南郡編縣'有雲夢官',則晉時尚存此官。"封泥"左雲夢丞",證明秦時已有管理陂湖水利之"雲夢官"(可能沿襲楚國官制),且設有左右二員。此爲左雲夢官之佐吏——丞之印也。

　　至於秦時雲夢官設於何處,係中央還是郡縣?不明。如此上引《漢書・地理志》南郡爲秦置,編縣下注之"雲夢官",很可能沿襲於秦。如此,則秦之左右雲夢官當也置於南郡之編縣(今湖北荆門縣西)。

《西北大學學報》1997-1,頁 31—32

○**黄留珠**(1997)　　像"左雲夢",很可能即仿建的一處楚式苑囿或池沼。

《西北大學學報》1997-1,頁 27

【左廏將馬】秦漢南北朝官印徵存 0024

○**羅福頤**(1987)　　左馬廏將　瓦紐　故　　左馬廏當是大駕左驂馬之廏,印文廏將當是主大駕左驂馬之官。又《漢書・高惠高后文功臣表》:"留侯張良以廏將從起下邳。"

《秦漢南北朝官印徵存》頁 5

○**王輝**(1990)　　左廏將馬(《官印徵存》0024、0025,均故宫藏)

32

　　　　　　　左廏見上焦村 76D・G・30 號坑出土陶盆腹部刻文,《官印徵存》讀"左馬廏"爲廏名,並云爲大駕左驂馬之廏,誤,文獻無左驂、右騑分廏飼養的記載。

《文博》1990-5,頁 246

【左廩】集成 10930 左廩戈

○**黄茂琳**(1973)　　傳世有一戈銘爲右**稟**,後一字見於陳純釜,即廩字,"左廩"顯然是標示造器作坊。

《考古》1973-6,頁 376

○**尤仁德**(1990)　　(編按:璽彙 0313)璽文第四字屬廩字古文。《祀記・月令》注:"穀藏曰倉,米藏曰廩。"是璽文稟字从米之證。《周禮・地官・廩人》:"掌九穀之數,以待國之匪頒,賙賜稍食。"注:"廩人、舍人、倉人,司禄官之長。"廩人之職,分爲右廩、左廩二部。我國古時有尊右之習俗,於職官中,右者爲正,左者爲副。羅福頤《待時軒印存初集》有戰國璽"右廩",與此璽之"左廩"爲對稱。平阿左廩璽,即係齊國平阿地方左廩廩人所用的官璽。

《考古與文物》1990-3,頁 61—62

【左關】集成 10368 左關之鉩

○**湯餘惠**（1993） 左關,安陵城東門,古時以東爲左。

《戰國銘文選》頁 16

【左驂】曾侯乙 141

○**何琳儀**（1998） 隨縣簡"左驂",四馬之車的左側之馬。《左・僖卅三》:
"釋左驂,以公命贈孟明。"

《戰國古文字典》頁 877

差

集成 2794 楚王酓忎鼎　　集成 10373 郾客問量　　集成 11915　悍距末

包山 49　　郭店・窮達 4　　上博一・詩論 21　　上博二・容成 37

曾侯乙 120　　新蔡甲三 211

○**劉釗**（1995） 金文差字作:

國差䑺　　不易戈　　攻敔王夫差劍　　酓忎鼎

从𠂔从左,𠂔左皆聲,很可能是個雙聲字。

《人文雜志》1995-2,頁 104

○**何琳儀**（1998） 差,西周金文作（同簋）。从𠂇,𠂔爲疊音符。（中略）𠂇、
左、差一字分化。《説文》:"差,貳也。差不相值也。从左,从𠂔。差,籀文差
从二。"差从二爲飾筆。參𠂇字。楚器差,讀佐,副官。《左・襄卅》:"有瑕伯
以爲佐。"吳金"夫差",吳王夫差。見《史記・吳太伯世家》。悍距末差,讀
佐。《集韻》:"佐,輔也。"悍矢形器差,讀佐。

《戰國古文字典》頁 880

○**陳松長**（2002） "差"字的構形,楚簡文字中習見。曹錦炎先生認爲:"差,
讀爲佐,輔佐之意。差、佐均从左得聲,故可相通。傳世青銅器有國差䑺,國
差即《春秋》經傳所載之'國佐',爲齊之上卿。又,《左傳》昭公十六年'子齹
賦《野有蔓草》',《説文》齒部引作'子籬',均其證。"現在看來,讀"差"爲
"佐",應無異議。

《文物》2002-10,頁 78

△**按** 上博二《容成氏》16 號簡:"昔者天地之差舜。"其中的"差"用爲"佐"。
此外,上博三《中弓》19 號簡:"日月星辰猷差,民亡不有過。"楊懷源(《讀上博

簡〈中弓〉札記四則》,簡帛研究網 2004 年 8 月 7 日）認爲其中的“差”是失當,
差錯之意。簡文是説日月星辰的運行出了差錯,違背了常道。

工　工

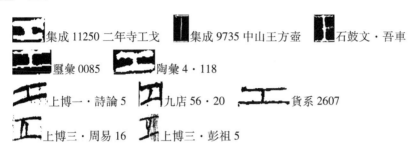

集成 11250 二年寺工戈　　集成 9735 中山王方壺　　石鼓文·吾車

璽彙 0085　　陶彙 4·118

上博一·詩論 5　　九店 56·20　　貨系 2607

上博三·周易 16　　上博三·彭祖 5

○**強運開**（1935）　　趙古則云:“與‘攻’通。”張德容云:“《説文》:‘工,古文
ェ。’此當是籀文‘工’叚借爲‘攻’耳。”運開按:《小雅》:“我車既攻。”毛傳訓
“攻”爲堅。《正義》引申爲堅緻。《説文》訓“攻”爲擊,是擊爲本義,堅則引申
之義也。“工”下云“巧飾也”象人有規榘,與巫同意。古文工从彡。工巧飾與
堅緻義合,是“工”爲正字。《詩》作“既攻”轉爲“工”之叚字,金石文字可以證
經正此類也。

　　　　　　　　　　　　　　　　　　　　　　　　　　　《石鼓釋文》甲鼓,頁 2—3

○**鄭家相**（1941）　　右布文曰工,在左在右。工字取物勒工名之義。

　　　　　　　　　　　　　　　　　　　　　　　　　　　　　《泉幣》8,頁 28

○**李仲操**（1979）　　（編按:集成 11395 人年相邦吕不韋戈）“工”即造戈工。《善齋吉金
録》和《金文叢考》等書中都收有“五年吕不韋戈”,其形狀、銘文内容、刻寫格式
均與八年吕不韋戈相同,只是其中“八年”與“五年”、“工奭”與“工寅”不同罷
了。秦政五年至八年的四年中,吕不韋戈的形制和銘文内容、格式均變化不大。

　　　　　　　　　　　　　　　　　　　　　　　　　　　《文物》1979-12,頁 17

○**李學勤**（1982）　　上郡鑄器多記有上郡守名,西安高窰村出土銅權,銘云:
“三年,漆工熙,丞詘造,工隸臣牟。”不記郡守,漆垣省去一字,與本戈（編按:集
成 11378 上郡武庫戈）最爲相似。

　　銅權“漆工熙”,是工官名,當即工師省稱。

　　　　　　　　　　　　　　　　　　　　　　　　　　　《古文字研究》7,頁 134

○**袁仲一**（1984）　　“工”是實際的生産者。關於官營手工業中工人的身份,從
秦簡及上郡等地的戈銘看似包含兩部分人:1.奴隸和刑徒。秦簡《均工》:“隸
臣有巧可以爲功者,勿以爲人僕、養。”昭王四十年的上郡守戈銘有“［工］隸臣

庚”,始皇三年、二十五年、二十七年的上郡守戈銘有“工城旦□、工鬼薪戴、工
鬼薪積”。2.自由民。秦簡《軍爵律》:“工隸臣斬首及人爲斬首以免者,皆令
爲工。其不完者,以爲隱官工。”這是工隸臣因軍功贖免爲身份自由的工匠。
始皇十二年上郡守戈銘有“工更長猗”,這是自由民服更役爲工。上述兩種
身份的工匠在官營手工業中所占的比例已不可確知。但根據有關資料判
斷,其所擁有刑徒和奴隸的數量是很大的,是奴隸制殘餘在官府手工業中的
反映。

《考古與文物》1984-5,頁 108

○**王輝**(1987)   至於工,則是具體造器之人。

《中國考古學研究論集》頁 354

○**黃錫全**(1997)   先秦地名中不見有屬於晉的“工”地,經過比較可以與工字
通假的諸字,其地在晉國境内者有下列二地(圖4)。

一是讀工爲共。工、共典籍可通。如攻與共、鴻與洪、玒讀若洪
等。春秋晉地有共池,其地在山西平陸縣西 40 里,見《左傳·桓公
十年》“虞公出奔共池”。《左傳·僖公五年》晉侯復假道於虞以伐
虢,滅虢,“師還,館于虞,遂襲虞,滅之”。共池與虞相距不遠。

二是工可借爲絳。如《説文》栙讀若鴻。《左傳·文公十八年》“龍降”,
《路史·后紀八》作“龍江”。《爾雅·釋言》:“虹,潰也。”《釋文》:“虹,李本
作降。”“晉自叔虞封唐,至孝侯徙翼十二侯,又武公代晉至景公遷新田九公,
歷時共 370 餘年,皆立都於絳,即史學家所稱之故絳,亦即今翼城縣與曲沃縣
交界處之天馬—曲村遺址”。晉景公十五年(前 585 年)遷新田,新田稱新絳。
此布文之“工(絳)”則指新田,即今侯馬新田遺址。

兩相比較,我們暫且傾向後者。因布幣就出在附近的稷山,工又可借
爲絳。

《先秦貨幣研究》頁 19—20,2001;
原載《第三屆國際中國古文字學研討會論文集》

○**何琳儀**(1998)   工,甲骨文作 (甲一一六一),構形不明。或省簡作 (前
二·四〇·七)。金文作 (司工丁爵)、 (虢季子白盤)。戰國文字承襲商
周文字。(**中略**)齊陶工,工匠。燕璽“司工”,官名。燕陶工,工匠。中山王器
工,讀功。中山王圓壺“工剌”,讀“功烈”。《禮記·祭法》“此皆有功烈於民
者也”,注:“烈,業。”中山雜器工,工匠。工吳王夫差劍“工吾”,讀“句吳”。
《左·宣八年》“盟吳越而還”,疏:“太伯、仲雍讓其弟季歷而去之荊蠻,自號

爲句吳。句或爲工，夷語發聲也。”秦器“工帀”，或作“工師”，職官名。《禮記·月令》：“令工師（編按：通行本作“命工師”），令百工。”注：“工師，司空是屬官也。”《孟子·梁惠王》下“工師得大木”，注：“工師，主工匠之吏。”（六國“工帀”，多爲合文，見合文“工帀”。）秦器工，工匠。石鼓“避車既工”，參見《詩·小雅·車攻》“我車既攻”，注：“攻，堅。”古璽工，姓氏。春秋時魯、宋、齊、楚皆有工正官，掌作車版，其子孫以官爲氏。見《姓氏考略》。

《戰國古文字典》頁 412

○**李家浩**（2000）　“工”，秦簡《日書》甲、乙種楚除皆作“空”。“空”从“工”聲，故“工、空”二字可以通用。

《九店楚簡》頁 65

○**黄錫全**（2001）

工	工	中國錢幣 97·2	疑借工爲絳，指侯馬新田遺址

《先秦貨幣研究》頁 60

【工大人】集成 11394 相邦義戈　太后漆厄

○**袁仲一**（1984）　“工大人”在秦國中央督造的兵器刻辭中僅見一例。但在昭王二十九年（公元前 278 年）的漆厄上亦有此職：“廿九年，大（太）后□告（造），吏丞向，右工帀（師）象，工大人台，長。”從其銘文中所占的地位可知它低於工師高於工，約相當於丞或曹長的地位。

《考古與文物》1984-5，頁 108

○**李學勤**（1986）　“工大人”語見於張儀戈。按秦兵器銘文常見“工上造某、工更某、工城旦某、工鬼薪某、工隸臣某”之類，“工”字下或爲秦爵，或者更卒，或爲刑徒，都是一種身份。張儀戈和漆樽的“大人”，猜想也是秦國的一種身份名稱。

《文博》1986-5，頁 21

○**王輝**（1990）　工大人亦見於昭王二十九年漆厄，工大人處於工師與工之間，其地位約與丞相當，乃工師之助手。大人之稱屢見於古籍，可能是一種敬稱。

《秦銅器銘文編年集釋》頁 46

○**李學勤**（1992）　此銘格式已具備此後秦器銘的各種因素，其中“工大人”又見於秦昭王二十九年（前 278 年）漆樽，當爲工匠之長，身份低於工師。

《綴古集》頁 139，1998；原載《中國社會科學院研究生院學報》1992-5

【工尹】集成 12113 鄂君啟舟節

○**郝本性**（1987）　尹便是正，是該官署中最高的長官。楚國統轄百工的最高工官稱工尹，或稱大工尹。楚國任命官吏的準則是“内姓選於親，外姓選於舊”（《左傳》宣公十二年隨武子語）。工尹這種顯要的職位當然全由貴族們或國王親信們所壟斷。譬如鬬宜申，字子西，是楚王親族，原來官爲司馬，其地位僅次於令尹子玉。城濮一戰，楚敗於晉，子西被任命爲商公，後又任命爲工尹（《左傳》文公十年，杜預注：掌百工之官）。

工尹要承受王命，監督百工製作器服，工尹路曾經對楚王説：“君王命剥圭以爲戚柲，敢請命。王入視之。”（《左傳》昭公十二年），證明工尹常在王的左右。

此外，《左傳》所載的工尹，如工尹齊、工尹襄、工尹赤和工尹壽，或是率軍作戰，或是出使於他國，都同楚國的軍事政治息息相關，可見工尹並不單純管理百工。

從鄂君節銘文“大攻（工）尹脽台（以）王命命集尹悊糅、裁尹逆，裁𣪠（令）阢，爲鄂君啟之廥（府）賸鑄金節”來看，裁即織，織尹是負責織造的。尹下尚有副官稱令。工必則較裁尹、集尹地位高，或許他們之間有統屬關係。

《楚文化研究論集》1，頁 321—322

○**羅運環**（1991）　春秋時，楚有工尹，或稱工正，主要見於《左傳》。戰國時有無工尹，不見記載。節銘、簡文、銅量銘有關工尹類職官的記載，填補了古文獻的這一空白。

節銘中的“大工尹”即《左傳》裏的“工尹”，均爲楚中央的朝官。《左傳》文公十年“王使爲工尹”，杜注：工尹，“掌百工之官”。《左傳》昭公十二年，工尹路爲剥圭裝飾鐵柲（斧柄）事，向楚靈王“請命”。節銘載大工尹脽尹等官吏傳達“王命”，爲鄂君啟的府商鑄銅節。節銘與《左傳》互相印證，證明大工尹直接受令於楚王，是百工之長。

戰國時期，曾侯屬於楚國的諸侯。曾侯乙墓竹簡有“大工尹”，春秋中期曾國金文《季怡戈》也有“大工尹”。

其銘：“穆王之子西宫之孫曾大攻（工）尹季怡之用戈。”簡文裏的大工尹一職，是曾侯繼承曾國傳統制度所置，還是楚國中央的朝官，實難斷定。

銅量銘及包山竹簡里的“工尹”，屬於地方官吏。量銘載工尹與其他官吏一起，受命領製銅量，是地方工尹的地位雖低，但與大工尹的職掌仍有相通之外,即爲地方手工業的長官。工佐、少工佐當是工尹的副職官員。

《楚文化研究論集》2,頁 279—280

【工右舍】

○**黃茂琳**(1973)　《洛陽金村古墓聚英》所録出土銀器銘文記有"工右舍、中舍",更表造器作坊無疑。

《考古》1973-6,頁 376

【工室】睡虎地·秦律 100

○**張占民**(1986)　"工室令丞由",張頷先生認爲:"《秦會要》職官部分有'尚書令承'……而無'工室令承'。這件銅器銘文的發現,對秦國的官制增加了一項新的内容。'由'是'工室令承'的名字。"這裏斷句似乎與秦兵器題銘格式不合。按秦兵器題銘格式斷爲"工室阾,承由"比較妥當。"阾"人名,"少府工室"的負責人。"承"屬於"少府工室"之下的工官,相同於"寺工"之下的"承"。"由"人名,承的負責人。

《古文字研究》14,頁 64

○**王輝**(1987)　工室即考工室之省,考工室"主作器械"。

《中國考古學研究論集》頁 354

○**睡簡整理小組**(1990)　工室,管理官營手工業的機構。《封泥匯編》有漢封泥"右工室丞、左工室印"。《漢書·百官表》有考工室,屬於少府。

《睡虎地秦墓竹簡》頁 44

【工師】睡虎地·秦律 112

○**朱德熙**(1954)　工師之名也見於典籍,《禮記·月令》季春之月"命工師令百工審五庫之量"。又孟冬之月"命工師效功,陳祭器,案度程,毋或作爲淫巧,以蕩上心。必功致爲上。物勒工名,以考其誠,功有不當,必行其罪,以窮其情"。《孟子·梁惠王下》:"孟子謂齊宣王曰:'爲巨室則必使工師求大木,工師得大木則王喜,以爲能勝其任也。匠人斲而小之則王怒,以爲不勝其任矣。'"《國策·東周策》:"周相吕倉見客於周君,前相工師籍恐客之傷己也……"《月令》孟冬之月鄭注:"工師,工官之長也。"季春之月鄭注:"工師,司空之屬官也。"《孟子》趙注:"工師,主工匠之吏。匠人,工匠之人也。"

《朱德熙古文字論集》頁 12,1995;原載《歷史研究》1954-1

○**張政烺**(1958)　"工帀"(編按:集成 11374 二十七年上守趞,11370,四十年上郡守起戈)就是前幾件戈(編按:集成 11406、11297、11369)上的"工師"。秦王有二十七年的有秦昭王和秦始皇,有四十年的只有秦昭王一人。四十年上郡戈當作於公元前

267 年,二十七年上郡戈據字體推斷也是秦昭王時的,當作於公元前 280 年。

《北京大學學報》1958-3,頁 180

○郝本性(1972)　兵器銘文中的"工師"應是兵器的監工者。《荀子・王制篇》:"論百工,審時事,辨功苦,尚完利,便備用,使雕琢文采不敢專造於家,工師之事也。"庫工師略同於此。

《文物》1972-10,頁 36

○袁仲一(1984)　"工師"是主管製造器物的"工官之長"。關於工師的職責,《呂氏春秋・季春紀》以及《睡虎地秦墓竹簡》的《均工》《秦律雜抄》等篇中都有記載。上述兵器刻辭(編按:《三代吉金文存》20・26・2,《商周金文録遺》584《雙劍誃古器物圖録》上 48,《雙劍誃吉金圖録》下 32,《貞松堂集古遺文》續下 22・2)的"雍工師某""櫟(陽)工師某""咸陽工師某",標明該兵器爲雍或櫟陽、咸陽的工官主管鑄造。(中略)

　　工師是工官之長。其具體職責,根據有關資料約有這樣一些内容:1.教育學徒工,傳授技藝。秦簡中説"新工初事工","工師善教之"。2.登録工人的產量,考察其完成生產定額的情況,檢查產品的規格、質量。即《呂氏春秋》所謂"百工成理,監工日號,毋悖於時"(《季春紀》)等。3.負責按上級交給的本年度的任務及產品的品種規格進行生產。秦律曾規定"非歲紅(功)及毋(無)命書,敢爲他器,工師及丞貲各二甲"。4.負責原材料的管理,所謂"令百工審五庫之量,金鐵、皮革、筋角齒羽、箭幹、脂膠、丹漆,無或不良"。從上面的四項職責看,工師是一個官營手工業工場的主管人。其所負責的產品評比時落在後面,工師首先要受懲罰。

《考古與文物》1984-5,頁 105、108

○王輝(1987)　工師合書多見三晉銘刻,秦有工師是受三晉影響,《奇觚室吉金文述》10・27・2 收有邘令戈,銘:"四年,邘令輅,庶長工師郘,□□□奠。"李學勤先生説庶長爲秦爵,但以令鑄造只見於三晉,此戈當爲秦人尚襲韓國制度而鑄,所以兼有兩重性質。工師在工之前,當爲衆工之長。左庶長爲秦爵第十級,足見此工師地位較高,至於工,則是具體造器之人。

《中國考古學研究論集——紀念夏鼐先生考古五十周年》頁 354

○孫敬明、蘇兆慶(1990)　工師爲合文,亦是三晉文字的特點。關於工師的職責,如《禮記・月令》云:"命工師令百工,審五庫之量……百工咸理,毋悖于時,毋或作爲淫巧以蕩上心。"又謂:"命工師效功……必工致爲上,物勒工名,以考其誠,功有不當,必行其罪,以窮其情。"文獻中所載工師乃百工之長,其初當是各行手工業之工師的總名。由兵器銘刻知,各行工師均在本行主管的統領下,主持技術生産勞動。

《文物》1990-7,頁 40

○**睡簡整理小組**(1990)　工師,手工業工匠中的師傅,當時有一定職位。《吕氏春秋·季春紀》:"命工師令百工審五庫之量,金鐵、皮革、筋角齒羽、箭幹、脂膠、丹漆,無或不良。"

《睡虎地秦墓竹簡》頁 46

○**蔡運章、楊海鋭**(1991)　工帀=郤喜:主持鑄作此戈(編按:近出 1179 十一年郤䒳戈)者的官職和姓名。工帀,合文,上海博物館藏十七年相邦春平侯劍銘"工師"合文的構形與此相同,是其例證。工師是古代主管各種工匠的官名。《吕氏春秋·季春》:"命工師,令百工,審五庫之量………監工日號,無悖于時。"《禮記·月令》鄭玄注:"于百工皆理治其事之時,工師則監之,日號令之。"可見工師有着較高的地位。

《考古》1991-5,頁 415

○**吴鎮烽**(1995)　工師亦是封君的屬官,主管封君家器物製造作坊的生産事宜,管理百工,這使我們知道秦國除中央所屬的少府工室、寺工室和屬邦工室之外,封君和列侯也有自家的器物生産作坊,亦設有工師管理。

《第二屆國際中國古文字學研討會論文集》頁 240

○**李朝遠**(1999)　"工師"爲左右庫中兵器鑄造的主持者,《禮記·月令》:孟冬之月"命工師效功,陳祭器,按度程,毋或作爲淫巧,以蕩上心,必功致爲上"。鄭玄注:"工師,工官之長也。"《荀子·王制》:"論百工,審時事,辨功苦,尚完利,便備用,使雕琢不敢專造於家,工師之事也。"

《中國文字研究》1,頁 167—168

【**工宰**】文物 1980-9,頁 94 圖 2 丞相守□戈

○**陳平**(1987)　它們(編按:集成 11368 二十六年蜀守武戈等)在相當於工師的位置出現了一個新的職稱"工宰",可能這是在秦的蜀、隴西一帶流行的對工師的另一種叫法。

《中國考古學研究論集》頁 330

○**李仲操**(1989)　"工宰",職名。爲西縣管理造戈工的官職名稱。

《文博》1989-1,頁 51

○**王輝**(1990)　室字作▨,爲室字誤摹,或隸作宰,但宰字从辛作▨(頌鼎)、

（戰國印），與戈銘不同，且秦職官亦無宰。工室見太原揀選的五年相邦呂不韋戈,該戈銘有“少府工室舲”,是少府設有工室。秦始皇十三年的少府工檐戈,有“少府工檐”,工亦工室之省。工室亦中央職官。西爲秦之舊都,設立工官,仍統屬於中央。

《秦銅器銘文編年集釋》頁 64

【工𢓜】集成 11665 攻吳王劍

○**商承祚**（1963）　吳自稱其國名除“吳”與“邘”以外還有三種不同的名稱和寫法;攻吳:見於《攻吳王夫差鑑》一;攻敔:見於《攻敔王光戈》二,《攻敔王夫差劍》一;工𢓜:見於《攻𢓜王皮然之子者減鐘》十三（內十一器見《西清續鑑》甲編卷十七,末一鐘無字）以及此劍。可知用“攻吳”或“攻敔”其第一字必作“攻”;用“工𢓜”則作“工”,不從“攴”作攻,判然明白,不相混淆。因此,這三種同音不同字的名稱,顯然在書寫國名的配合上不是任意拈合而有其規律的。

《中山大學學報》1963-3,頁 67—68

○**李學勤**（1983）　“工𢓜王乍（作）元己用,□又江之台,北南西行”。與這柄劍銘最相似的,是淮南蔡家崗趙家孤堆出土的劍,其文爲:“工𢓜太子姑發𪿠反自作元用,在行之先,以用以獲,莫敢御余,余處江之陽,至於南行西行。”

　　“工𢓜”或“工虖”即《淮南子・繆稱》所言“句吳”,《左傳》宣公八年《正義》引杜譜云,“吳自號句吳,‘句’或爲‘工’,夷言發聲也。”此詞的寫法,在東周金文中早晚有變化,較早的作“工𢓜”,如《西清續鑑甲編》所錄者減鐘;較晚的作“攻敔”,如幾柄夫差劍,還有作“攻吳”的,如夫差鑑（《三代》18・24・5）。江蘇六合程橋 1964 年出土的吳國編鐘銘文也作“攻敔”,其時代也在夫差的時期,沂水北坪子劍銘有“工虖”,屬於年代較早的一類。

《新出青銅器研究》頁 252—253,1990;原載《文物》1983-12

○**曹錦炎**（1989）　工𢓜　吳國國名,見於吳國青銅器者,作“工𢓜、攻敔、攻㪷、攻吳、吳”;見於史籍,則稱“吳”或“句吳”。《史記・吳太伯世家》:“太伯之奔荊蠻,自號‘句吳’。”宋衷曰:“句吳,太伯所居地名。”《左傳》宣公八年:“盟吳越而還。”孔穎達疏:“太伯仲雍讓其地季歷而去之荊蠻,自號句吳,‘句’或爲‘工’,夷言發聲也。”王國維曾指出:“工𢓜亦即攻吳,皆句吳之異文。”（《觀堂集林・攻吳王夫差鑑跋》）攻從工得聲,古音工、攻在東部,句在侯部,二部之字陰陽對轉;𢓜、敔、吳同屬魚部,故可互作。不過,根據吳國有銘青銅器的先後時代關係來看,各種寫法還是有一定的特定階段。大體上説來,吳國國名在諸樊即位以前作“工𢓜”,諸樊時開始作“攻敔”（敔字或寫作敔、敽），闔閭時始出現作“攻吳、吳”，最後省稱爲“吳”。

《古文字研究》17，頁 68—69

○馮時（2000）　保利藝術博物館新近入藏的吳國兵器工盧大叔鍦極富特點。器形似鈹，全長 32.4 釐米，寬 3.3 釐米，扁圓莖長 5.4 釐米，莖上殘留木痕。鍦身遍飾菱形花紋，中起脊。近莖兩側銘 2 行 10 字，内容十分重要。

　　　　工盧大叔矢
　　　　工盧自元用

　　（中略）銘文次行“工盧自元用”，啟首“工盧”二字似非吳國名，否則與金文習見“某人自作用某器”的通常格式不合。且銘文既稱“自元用”，顯係指某人之物，若視省去人名，也於文辭不通。故此“工盧”疑當解爲余祭名號。《左傳·襄公二十八年》：“吳句餘予之朱方。”杜預《集解》：“句餘，吳子夷末也。”孔穎達《正義》：“此時吳君是餘祭也……服虔以句餘爲餘祭。”司馬貞《史記索隱》：“計餘祭以襄二十九年卒，則二十八年賜慶封邑，不得是夷末。且句餘、餘祭或謂是一人，夷末惟《史記》《公羊》作餘昧，《左傳》及《穀梁》並爲餘祭。夷末、句餘音字各異，不得爲一，或杜氏誤耳。”楊伯峻《春秋左傳注》也主爲餘祭。我們以爲，兩説之中以服説爲勝。文獻“句餘”疑即鐘銘之“工盧”，餘祭本既名余祭，故文獻之“句餘”本當作“句餘（編按：當爲余）”。“工、句”均爲發語詞，同音可通。而“盧”或作“吾”，吳器恆見。鎛鐏：“保盧兄弟。”中山王䜌壺：“將與盧君並立于世。”沇兒鐘：“敭以匽以喜。”《侯馬盟書·宗盟類》：“盧君其明亟視之。”“盧”也皆讀爲“吾”。故“盧、吾”與“余”音義俱同。《楚辭·九神（編按：當爲章）》：“衆不知余之異采。”《考異》：“《史記》余作吾。”《楚辭·遠游》：“來者吾不聞。”《考異》：“一云余弗聞。”是盧、余相通之證。“盧”雖與“余”通，然並非“余”字，因此於吳器不用於第一人稱代詞。吳王光劍銘云：“攻敔王光自乍用劍，趄余允至，克戕多攻。”以“余”爲代詞。今證以金文及文獻，是“句餘”應即“句余”，本作“工盧”，“余”乃余祭之名，本作“盧”，故“工盧”（句余）實即余祭，爲余祭名號。

1984 年江蘇丹徒北山頂春秋墓出土青銅矛銘文與此相類，骹銘 2 行 8 字：

　　　　盧自作□
　　　　工其元用

　　“盧”字舊釋“舍王”合文，或釋“余昧”合文，均可商，當以釋盧爲是。故此銘可讀“工盧自乍□，其元用”，或讀“工盧自乍其元用□”，磨泐之字爲器名。銘稱“自乍□”或“自乍其元用□”，知“工盧”實非吳國名，而也宜讀爲

“句余”，爲余祭之名。

《古文字研究》22，頁 112—113

△按　“工盧”即吳國國名，見於吳國青銅器者，作“工盧、攻敔、攻攷、吳”；見於史籍，則稱“吳”或“句吳”。《史記・吳太伯世家》：“太伯之奔荊蠻，自號爲‘句吳’。”宋衷曰：“句吳，太伯所居地名。”《左傳・宣公八年》：“明吳越而還。”孔穎達疏：“太伯仲雍讓其地季歷而去之荊蠻，自號句吳，‘句’或爲‘工’，夷言發聲也。”

式

 睡虎地・秦律 66

○**黃德寬等**（2007）　秦簡式，用其本義。

《古文字譜系疏證》頁 164

巧 巧

巧 睡虎地・秦律 113

○**睡簡整理小組**（1990）　巧，技藝。

《睡虎地秦墓竹簡》頁 47

巨 巨

集成 2301 巨苤鼎　　璽彙 3286　　陶彙 5・107　　陶彙 3・833

陶録 4・30・1　　曾侯乙 172　　郭店・語四 14　　上博六・天甲 6

○**李零**（1986）　（編按：集成 2301 巨苤鼎）按：“巨莁”，地名，不詳，孫百明先生釋巨蒼。

《古文字研究》13，頁 385

○**睡簡整理小組**（1990）　（編按：睡虎地・語書 5）巨（距）（中略）距，至。

《睡虎地秦墓竹簡》頁 13、14

○**李立芳**（1994）　“西□巨四”（璽彙 0316）。“鄙辱洰傳璽”（璽彙 0288）。

此兩條璽文中的“巨”和“洰”多認爲當讀作“渠帥”的“渠”字。李家浩先生認爲0316璽文中的“西□”當是地名。“疑印文‘巨’讀爲‘渠帥’之‘渠’。‘西□巨’即‘西□’這個地方的將帥”,他把“西□巨四”之“四”當作數字。

鄭超先生認爲“鄌辱當是地名,‘洰’也讀爲‘渠帥’之‘渠’,‘傳’即‘傳車’之‘傳’,此印大概是鄌辱這個地方的將帥專用傳車之璽”。

按:“渠”本無“將帥”之義。《史記》《漢書》中的“渠率”一詞來源於《書·胤征》:“殲厥渠魁,脅從罔治。”僞孔傳:“渠,大;魁,帥也。”後世史傳因謂賊之首領爲渠帥。如《史記·王濞傳》:“膠西王、膠東王爲渠率。”率與帥同;渠訓大,乃借爲巨。在“渠魁”或“渠率(帥)”兩詞中是作爲形容詞使用的。一個專用於賊首領的詞彙不可能被封建統治者列入官制。事實上“渠帥”也並非古官制。所以我認爲“洰”即古“渠”字。“巨”和“洰(渠)”當讀爲“遽”。“巨、洰”均爲群母魚韻,“遽”亦爲群母魚韻。“巨、洰(渠)、遽”三個字雙聲疊韻可通。《荀子·修身》:“有法而無志其義,則渠渠然。”楊倞注:“渠讀爲遽,古字渠遽通。渠渠然,不寬泰之貌。”《説文》:“遽,傳也。”《左傳·昭公二年》:“懼弗及,乘遽而至。”杜預注:“遽,傳驛。”又《左傳·僖公三十三年》:“且使遽告于鄭。”杜預注:“遽,傳車。”《國語·吳語》:“吳、晉爭長未成,邊遽乃至,以越亂告。”韋昭注:“遽,傳也。”《列子·説符》:“使遽人謁之。”張湛注:“遽,傳也。”這些史料説明:“遽”義爲驛車馬,或管理驛車馬的官吏。

《説文》又訓“傳,遽也”。以傳、遽互訓。段玉裁注曰:“傳者如今之驛馬。”《廣雅·釋宮》:“傳,舍也。”王念孫疏證:“人所止息而去,後人復來。”《爾雅·釋言》謂:“馹、遽,傳也。”《義疏》曰:“皆傳車馬之名也。”《左傳·成公五年》:“晉侯以傳召伯宗。”杜預注:“傳,驛。”《國語·晉語》謂:“梁山崩,以傳召伯宗,遇大車當道而覆,立而避之,曰:‘避傳。’對曰:‘傳爲速也,若俟吾避,則加遲矣,不如捷而行。’”韋昭注:“傳,驛也。”

因“遽、傳”互訓,所以古人又將“傳、遽”連言,以表示驛館、驛官、驛人。如《周禮·秋官·行夫》:“掌邦國傳遽之小事。”鄭玄注:“傳遽,若今時乘傳騎驛而使者也。”《禮記·玉藻》:“士曰傳遽之臣。”鄭玄注:“傳遽,以車馬給使者也。”《詩經·大雅·江漢》:“經營四方,告成于王。”鄭玄箋云:“則使傳遽告功于王。”《釋文》曰:“以車曰傳,以馬曰遽。”

遽、傳互訓,連言時可以説“傳遽”,亦可説“遽傳”,後者史籍雖無例,但《湖南省博物館藏古璽》中有一戰國璽,印文爲“文安都虡星”,虡當讀爲遽馹,亦即遽傳。

　　上述諸例説明:遽、傳同義,皆指驛舍驛車馬中管理驛站的人。"傳遽"和"遽傳"都可以連用,故璽彙0316中"西囗巨四"之"巨"當讀爲"遽"。該璽可能"西囗"這個地方的驛館長官所用之璽。璽彙0288"鄙辱迎傳"可能是"辱"這個地方的驛館長官所用之璽。

《楚文化研究論集》4,頁528—529

○沈融(1994)　(編按:集成11232燕王職戈等)𠂤:五,作"伍"解,伍,軍隊的基層編制單位,由五名士兵組成,《周禮·夏官》"五人爲伍,伍皆有長",《司馬法·兵教》"伍長教其四人",可以爲證。本文所列"𠂤𢦡鋸"和"𢦡鋸"的數量比例爲18∶63,接近於軍中伍長和普通士兵的人數比例1∶4。據此,"𠂤𢦡(五秪)"可斷爲秪兵伍長。"𠂤𢦡鋸"長27釐米,"𢦡鋸"長25釐米,"𠂤𢦡鈒(鋬)"屬中號規格,"𢦡鈒"屬小號規格:從"五秪"使用較大的戈矛的現象來看,伍長是由一些體魄强壯、膂力過人的戰士擔任的。

《考古與文物》1994-3,頁95

○何琳儀(1998)　巨,金文作𢦏(伯矩簋),象人以手持工(木匠取直角之工具)之形。或作𢦏(伯矩鼎),其大形演變爲夫形,又訛變爲矢形,遂隸定爲矩,或加木作榘。工亦聲。巨,溪紐;工,見紐;均屬牙音。秦系文字作巨,乃截取𢦏的部分形體。六國文字作王、𠄔,則巨形之訛變,與《説文》古文王吻合。或作𠂭、𠂇,與《玉篇》古文𠄔、正吻合。(中略)燕王職戈巨,見《小爾雅·廣詁》:"巨,大也。"燕陶巨,姓氏。黄帝師封巨之後有巨氏。見《元和姓纂》。巨苣器"巨苣",疑地名。秦陶巨,姓氏。睡虎地簡巨,讀距。《説文》:"距,止也。从止,巨聲。"

《戰國古文字典》頁495

○王恩田(2007)　《説文·工部》:"巨,規巨也。从工,象手孰(編按:"孰"當爲"持"字之誤)之……王古文巨。"陶文與古文同。

《陶文字典》頁111

△按　集成11232燕王職戈等中的𠂤當釋作"巨",沈融釋"五"不確,但在銘文中的具體含義仍待詳考。

【巨子】

○黄錫全(1998)　戰國平首方足布中,有一種面文作如下之形:此乃馬定祥先生提供。《大系》釋文爲"囗子"。

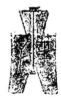

　　按,第一字作王,即《説文》巨字古文。此形《包山楚簡》中多

見,如下舉之例:

　267　　　80、153、192　　　190　　　182

　　"巨子"之"子"爲地名後綴,如長子、宋子、房子等。先秦地名中不見"巨子"或"巨",根據方足布鑄行區域及同音通假關係,"巨"當讀如"渠"。渠从巨聲,於古可通。如《列子·周穆王》"至于巨蒐氏之國"之"巨蒐",《禹貢》作"渠搜"。《史記·范雎蔡澤列傳》:"先王曷鼻巨肩。"《集解》:"巨一作渠。"《左傳·昭公二十六年》:"七月己巳,劉子以王出。庚午,次于渠。"杜注:"渠,周地。"楊伯峻《春秋左傳注》引《彙纂》云:"渠即周陽渠也,在今洛陽縣。劉澄之《永初記》言'城西有陽渠,周公制之',是也。亦謂之九曲瀆。""陽渠"在今洛陽市北,戰國屬周。

　　　　　　　　　　　　　　　　　《容庚先生百年誕辰紀念文集》頁 656

【巨䳒】郭店·語四 14

○李零(1999)　　"巨雄",見《管子·輕重丁》,是大鳥(大雄鳥)之稱。按"巨雄"於此似指賢才,古書中的類似説法是"英雄"。

　　　　　　　　　　　　　　　　　　　　《道家文化研究》17,頁 480

○林素清(2000)　　邦有巨雄:雄,本義爲雄性的禽鳥,也泛指一切雄性,這裏借指有權勢的人或家族。《孟子·離婁上》:"爲政不難,不得罪于巨室。巨室之所慕,一國慕之;一國之所慕,天下慕之,故沛然德教溢乎四海。"趙注:"巨室,大家也;謂賢卿大夫之家,人所則效者。言不難者,但不使巨室罪之則善也。"可以參看。

　　　　　　　　　　　　　　《郭店楚簡國際學術研討會論文集》頁 392

○陳偉(2003)　　雄,本指雄性禽鳥,轉指勇敢、傑出之人,引申有首領之意。《逸周書·周祝》"維彼大心是生雄",孔晁注:"雄謂雄桀於人也。"《漢書·東方朔傳》"其滑稽之雄乎",顏注:"雄謂爲之長帥也。""巨雄"似指地方上的豪傑,略同於漢人所説的"渠帥"或"渠率"。

　　　　　　　　　　　　　　　　　　　　《郭店竹書別釋》頁 238

○劉釗(2003)　　"䳒"字本義爲公鳥,引申爲指一切雄性生物。"巨雄"本指大鳥,《管子·輕重丁》:"決渰洛之水通之杭莊之間,則屠酤之汁肥流水,則蠱虻巨雄,翡燕小鳥皆歸之,宜昏飲。"簡文中的"巨雄"指國中之"姦雄",即有謀略、有報負、欲幹大事業的人。

　　　　　　　　　　　　　　　　　　　　《郭店楚簡校釋》頁 230

巻

陶彙 5·108

○**岳起**(1998)　咸陽巨巻出自 9 墓、14 器、17 處。其中一件鼎上(M·2638:5)上連續戳印"巨巻"二字(圖一:1、2、3)。秦咸陽遺址曾出土相同陶文一件,孫德潤先生釋"咸陽巨巻"至確。此前釋"咸陽巨巻"是因巻字上部的筆畫表現不清楚。

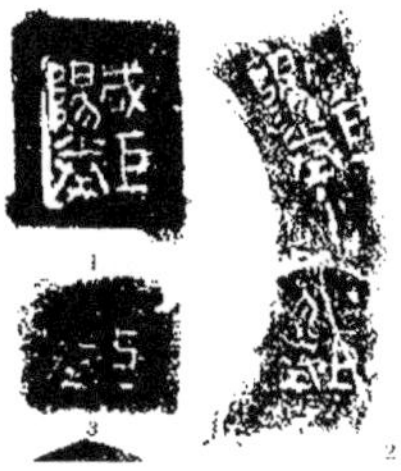

《文博》1998-1,頁 41

△**按**　陶文"咸阳巨巻"中的"巨巻"當爲陶工之名,"巻"似即"埢"之異體。揚雄《甘泉賦》:"登降峛崺,單埢垣兮。"顏師古注:"埢,垣圜曲貌。"

巫 𢀓 晉

侯馬 91:5 詛楚文 睡虎地·日甲 120 正貳 陶彙 3·423

包山 244 新蔡甲三 15 望山 1·113

○**朱德熙、裘錫圭、李家浩**(1995)　(**編按**:望山 1·113)三體石經"巫"字古文作,與簡文相近。祭巫之事見於古書。《左傳·隱公十一年》:"公之爲公子也,與鄭人戰于狐壤,止焉。鄭人囚諸尹氏(杜注:尹氏,鄭大夫)。賂尹氏而禱於其主鍾巫,遂與尹氏歸而立其主。十一月,公祭鍾巫……"

《望山楚簡》頁 101

○**何琳儀**(1998)　巫,甲骨文作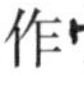(甲二三五六),構形不明。金文作(齊巫姜簋)。戰國文字承襲商周文字。或訛作,或上加短横爲飾,或下加口爲飾。(中略)侯馬盟書"巫覡",見《國語·楚語》下:"在男曰覡,在女曰巫。"《荀子·正論》:"出户而巫覡有事。"詛楚文"巫咸",神巫之名。《楚辭·離騷》"巫咸將夕降兮",注:"巫咸,古神巫。"

陶彙三·四二三,孟常匋里人巫。

《戰國古文字典》頁 605、1535

○**劉信芳**(2003)　(**編按**:包山 219)巫:字又見簡 244,原未隸定,按字从口,从

“巫”聲,可以直接隸定爲“巫”。從“巫”之“醀”簡文屢見,137 反“醀慶”,135
反作“舒慶”。天星觀簡:“歸佩玉於巫。”又:“舉禱巫豬。霝酒,鍸(編)鐘樂
之。”望山簡 1—113“嘗巫甲戌”。1—119“舉禱大夫之私巫”。望山簡 2—48“七
巫劍”,巫劍應是巫者持以降神之法器。(中略)

　　速巫之,“巫”作動詞,依巫禮降神,猶天星觀簡“舉禱巫豬”之類。“之”,
代指所祭之“巫”。楚人所祀巫應指巫咸,《離騷》:“巫咸將夕降兮,懷椒糈而
要之。”王逸《注》:“巫咸,古神巫也。當殷中宗之世。”《詛楚文》:“祇告於丕
顯大神巫咸。”又云穆公與楚成王兩君親質於巫咸。

《包山楚簡解詁》頁 234

○**李家浩**(2005)　(編按:包山 219、244)二“巫”字原文寫法與“害”相似,所以有
一些人把這兩個字釋爲“害”。1997 年 10 月,劉樂賢在香港中文大學舉辦的
“第三屆國際中國古文字學術研討會”上發言指出,這兩個被釋爲“害”的字,
實爲“巫”。在此之前,史傑鵬也認爲這兩個字是“巫”,與劉氏的説法不謀而
合。1998 年 5 月,北京文物出版社出版的《郭店楚墓竹簡》的《緇衣》46 號,
“箜”字所從“巫”旁寫法與之相似,可證劉、史二氏所説甚是。

《長沙三國吳簡暨百年來簡帛發現與研究國際學術研討會論文集》頁 184

【巫減】睡虎地·日甲 27 正貳
○**睡簡整理小組**(1990)　巫減(咸)(中略)巫咸,商太戊時臣,見《書·君奭》,
《莊子》《楚辭》《山海經》《吕氏春秋》等書均以爲巫祝之神。

《睡虎地秦墓竹簡》頁 186

覡 覡

　　巫覡 侯馬 18:5　　覡 侯馬 156:19

○**何琳儀**(1998)　覡,從巫從見,會巫能見神明之意。或於巫下加口爲飾。(中略)
侯馬盟書“覡”,見《國語·楚語》下:“在男曰覡,在女曰巫。”注:“巫覡,見鬼者。”

《戰國古文字典》頁 737

醀

醀 包山 132　　醀 包山 137 反

○**徐在國**(1996)　我們認爲此字應分析爲从害余聲,讀作舒姓之"舒"。與簡文中的"(舒)"字是一字異體。古音余、舒都是魚部字,聲紐均屬舌音,可以讀作舒。

《于省吾教授百年誕辰紀念文集》頁178

○**劉信芳**(1996)　按""余,即"舍余"字舒字異體,簡一三二、一三七反"慶",簡一三一、一三六、一三七作"舍慶",舍从舍省,从予,字即"舒"。由"、舒"爲互文,知""从舍从余,余、予古音近義通,此所以互作。

《考古與文物》1996-2,頁83

○**李家浩**(2000)　、所从左旁與郭店楚墓竹簡"筮"所从古文"巫"相近,此字當改釋作""。

《九店楚簡》頁139

○**劉信芳**(2003)　"舒"之異構,簡132"慶",簡135反作"舒慶"。或隸定爲"",李零謂該字應隸定爲""。

《包山楚簡解詁》頁79—80

△**按**　字異文作"舒",似可讀作"舒"。

甘　日

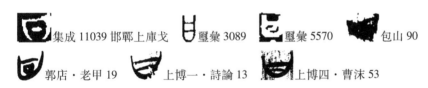

集成11039 邯鄲上庫戈　　璽彙3089　　璽彙5570　　包山90

郭店·老甲19　　上博一·詩論13　　上博四·曹沫53

○**鄭家相**(1942)　右布文,曰甘,在右,形制同前。按甘見僖二十四年,杜注:王子帶食邑於甘,在今河南洛陽縣西南二十里,春秋爲周地。

《泉幣》12,頁15

○**何琳儀**(1998)　甘,甲骨文作(後上一二·四)。从口,中加短橫表示口中之物甘美。指事,口亦聲。甘,見紐;口,溪紐。見、溪均屬牙音,甘爲口之準聲首。西周金文作(甚鼎甚作),春秋金文作(簧平鐘作)。戰國文字承襲商周文字。或省作、、,或加飾筆作。(中略)燕璽"甘士",複姓。甘士氏,周甘平公爲王卿士,因氏焉。見《通志·氏族略·以邑系爲氏》。晉器"甘丹",讀"邯鄲",地名。《左·定十三》:"以邯鄲叛。"在今河北邯鄲西南。晉璽甘,姓氏。甘氏,夏時侯國。見《通志·氏族略·以邑爲氏》。武丁臣甘盤之後。見《姓譜》。包山簡"甘臣",疑以事記年。包山簡"甘飤",讀

"甘食"。《孟子・盡心》上:"饑者甘食,渴者甘飲。"《書・五子之歌》"甘酒嗜音",傳:"甘、嗜,無厭足。"《玉篇》:"甘,樂也。"古璽甘,姓氏。

《戰國古文字典》頁 1446

【甘士】璽彙 5570

○羅福頤等(1981)　白土吉鉨。　🔲

《古璽彙編》頁 303

○吳振武(1983)　5570　🔲・甘士市。

《古文字學論集》(初編)頁 526

○施謝捷(1983)　3235 🔲(白)土(士)吉鉨・甘士吉鉨。

《容庚先生百年誕辰紀念文集》頁 649

△按　燕璽"甘士",複姓。甘士氏,周甘平公主王卿士,因氏焉。見《通志・氏族略・以邑系爲氏》。

【甘丹】貨系 416、417

○丁福保(1938)　《竹書紀年集證》,衡按:《春秋地名考略》云:邯鄲故衛邑,后屬晉。定十三年,趙鞅殺邯鄲午,午子趙稷以邯鄲叛。哀四年,趙鞅圍邯鄲,邯鄲降。《竹書》周安王十六年,趙敬侯始都邯鄲。《史記》趙成侯二十一年,魏圍我邯鄲,二十二年魏拔我邯鄲。二十四年魏歸我邯鄲,與盟漳水上。

尖足布有大小二種,又有空首者尤大,製作稍別,長五寸。譜家珍之,燕庭得一枚,右肩上二小字,舊釋甘井,《泉彙》釋作甘丹,云甘乃邯省,丹則鄲之諧聲也,今在余處。燕庭藏泉,余僅購得此品,對之如見我故人矣。【泉說】

《古錢大辭典》頁 2171,1982

○鄭家相(1942)《文字考》曰,按甘丹,地名,無可考,以意求之,是即邯鄲也,甘、邯義通,丹、鄲聲通,或古本作甘丹,因地從邑而孳作邯鄲,亦未可定,《史記》趙王遷降,八年十月,邯鄲爲秦,此制範形,與茲氏貨同。

《善齋吉金錄》曰,邯鄲,晉地,見《左氏傳・定公十年》,後爲趙地,見趙策。

《泉幣》12,頁 19

○鄭家相(1958)　文曰甘丹。按甘丹即邯鄲,甘、邯義通,丹、鄲音通,減筆亦諧聲也。見《左傳・定十年》,在今河北邯鄲縣西南二十里,有故城,初爲衛地,後入於晉。此布初鑄屬衞,後鑄屬晉。

《中國古代貨幣發展史》頁 50

○**汪慶正**(1984)　"甘丹"即"邯鄲",爲趙國都城。在貨幣體系中,"甘丹"有聳肩尖足空首布,平首尖足大布,卻不見平首尖足小布。鄭家相認爲由"甘丹"刀替代了尖足小布的作用。但這是不可能的,因爲尖足小布平均重 5—6 克左右,尖足大布爲 11—12 克左右,而"甘丹"圓首刀,除"甘丹化"也有輕到 7 克左右者外,以 9—10 克左右爲多見。

《中國歷代貨幣大系・先秦貨幣》頁 32

○**何琳儀**(1991)　"甘丹"(894),讀"邯鄲",見《左傳・定公十三年》:"以邯鄲叛。"顧棟高云:"杜注:邯鄲,廣平縣。故衞邑,後屬晉。戰國時趙蕭侯都此。"地在今河北邯鄲西南。

《古幣叢考》(增訂本)頁 112,2002;原載《陝西金融・錢幣專輯》16

○**黃錫全**(1995)　甘丹,即邯鄲,見《大系》707、708 號。707 號於 1981 年 5 月出自山西稷山吳城村。708 號采自《沐園泉拓》。邯鄲本衞邑,後屬晉,戰國時趙敬侯都此,在今河北邯鄲市。

《先秦貨幣研究》頁 8—9,2002;原載《陝西金融・錢幣專輯》23

△**按**　幣文"甘丹"即趙國都城"邯鄲",諸家皆無異議。

其　昷

甚 詛楚文　　甚 睡虎地・爲吏 2 貳

昷 包山 158　　昷 上博一・詩論 24　　昷 上博二・子羔 2

昷 上博六・用曰 19

匹 郭店・唐虞 24

昷 陶彙 3・288

○**何琳儀**(1998)　甚,金文作 昷(甚鼎)。從 匕 從甘,會安樂之意。戰國文字承襲金文。匕 繁化作匹。(中略)詛楚文甚,讀湛。《國語・周語》下:"虞于湛樂。"注:"湛,淫也。"

《戰國古文字典》1406

○**黃德寬、徐在國**(1998)　(編按:郭店・老甲 5 等)老甲 5 有字作 昷,又見於老甲

36、緇 15、忠 7、尊 37、性 42 等簡中,原書釋爲"甚",可從。《説文・甘部》"甚"字古文作㠯。㐭字構形奇特,所从"廿"與"八"的位置互換,若不是辭例的比勘,此字將很難釋出。《包山楚簡》198"占之當吉","當"作㐭。應釋"甚"。齊國陶文中有如下一字:㐭(《陶彙》3・263)、㐭(同上 3・78—79),舊皆誤釋。現在看來也應釋爲"甚",在陶文中用作人名。

《吉林大學古籍整理研究所建所十五周年紀念文集》頁 99

○李零(1999)　(編按:郭店・老甲 5)"貪",原作"甚",整理者讀"淫"。按从甚之字古多从今,如"戴"字的異體是从戈从今,"堪"字在西周金文中的寫法是从龍从今(即後世龕字),這里似應讀爲"貪"。

《道家文化研究》17,頁 468

○陳偉(1999)　(編按:郭店・老甲 5)"甚",整理者認爲:"在此或應讀爲'淫'。"李零先生則説:"甚欲,疑讀'貪欲'。"我們懷疑"甚"當讀爲"堪"。"堪"有可能的意思。《韓非子・難三》:"除君之惡,惟恐不堪。"不堪即不可、不能之意。與簡本對應的帛書《老子》甲本及多數傳世本《老子》四十六章此句作"罪莫大於可欲",讀"甚"爲"堪",意義正好相符。

《江漢論壇》1999-10,頁 12

○張桂光(1999)　(編按:郭店・老甲 5)苟字簡文作茍,又作茍(見第三十六簡,簡文爲"苟愛必大費"),編者釋"甚",竊以爲於字形不合。聯繫到《老子》甲組第二十一簡"獨立不改,可以爲天下母"之"可"字反書作㦳,馬王堆帛書《老子》乙前"□苟事,節賦斂,毋奪民時,治之安"之"苟"字作分等情形,我以爲字當釋"苟"。

《江漢考古》1999-2,頁 74

○陳斯鵬(1999)　(編按:郭店・老甲 5)釋"甚"者是,疑讀爲"淫"則未當。《説文》段注:"甚,尤甘也,引申凡殊尤皆曰甚。"劉淇《助字辨略》卷三:"甚,猶極也。""甚"訓殊尤,訓極,也即有過分之義。"甚欲"意謂"過分地欲求",無須改讀。《韓詩外傳》卷八:"景公曰:'先生之譽,得無太甚乎?'子貢曰:'臣賜何敢甚言,尚慮不足耳……'"二"甚"字都應作過分解。後者與"不足"對言,更是明確。"甚言"與本簡"甚欲"及同篇簡 36"甚愛",詞例並同。《韓詩外傳》卷九引《老子》此句作:"罪莫大於多欲。""多欲"義正與"甚欲"近同。馬王堆的帛書本及今本皆作"可欲",不若"甚欲"於義爲長。

《中山大學學報論叢》1999-6,頁 144

○顏世鉉(2000)　(編按:郭店・老甲 5)簡文"罪莫重乎甚欲","重",可釋爲

“大”,《吕氏春秋・貴生》:“天下,重物也。”高注:“重,大。”簡文“甚欲”。別本作“可欲、多欲”,趙建偉先生云:“‘甚’是過分、過多的意思(《素問・標本病傳論》注“甚謂多也”),所以‘可’當讀爲‘多夥’之‘夥’。可、夥皆爲哥部字,可聲、果聲之字古每相通,徐仁甫《廣釋詞》説‘可猶多’。”按,此説可從。《史記・陳涉世家》:“夥頤! 涉之爲王沉沉者!”《漢書・陳勝傳》:“夥! 涉之爲王沉沉者!”王先謙《漢書補注》引周壽昌云:“今楚人乍見物之盛多者驚呼曰阿噫,俗轉作呵呀,皆此音也。”此亦“可”與“多”相通之例。另外,從“可”聲之字往往有“大”之意,《方言》卷九:“南楚江湘凡船大者謂之舸。”清錢繹《箋疏》云:“舸者,寬大之名。前卷五云:‘杯[其]大者謂之閜。’《説文》:‘閜,(門)大開也。’‘訶,大言而怒也。’《玉篇》:‘呵,大笑也。’門大開謂之閜、大杯謂之閜、大言而怒謂之訶、大船謂之舸,其義一也。”又《箋疏》卷五云:“柯者,寬大之名,故木大枝謂之柯。下文云:‘閜,杯也。其大者謂之閜。’《説文》:‘閜,大開也。大杯亦爲閜。’‘訶,大言而怒也。’‘阿,大陵也。’《玉篇》:‘嗬,大笑也。’聲並與‘柯’相近,義亦同也。”可見從“可”聲之字多有“盛多、盛大”之意。故簡文的“甚欲”和別本作“多欲、可欲”可相通。

故簡文三句可釋爲:罪莫大(重)於多欲,咎莫大(甚)於欲得,禍莫大(甚)於不知足。

《郭店楚簡國際學術研討會論文集》頁 100—101

○陳偉(2003)　(編按:郭店・老甲5)“甚”,整理者認爲:“在此或應讀爲‘淫’。”李零先生則説:“甚欲,疑讀‘貪欲’。”我們懷疑“甚”當讀爲“欿”。《方言》卷一云:“虔、劉、慘、㮯,殺也……晉魏河内之北謂㮯曰殘,楚謂之貪,南楚江湘之閒謂之欿。”郭璞注:“言欿㮯難厭也。”欿欲的含義,大概確如李零先生所云,與貪欲相當。

《郭店竹書別釋》頁 18—19

△按　郭店簡《老子》甲本5號簡中的“甚”字確當釋“甚”,疑讀爲“淫”則不必。“甚”訓殊尤,訓極,也即有過分之義。“甚欲”意謂過分地欲求,無須改讀。陳斯鵬之説可從。

𪒠

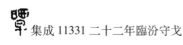
集成 11331 二十二年臨汾守戈

○**何琳儀**（1998）　覃，从甘，覃聲。《廣韻》：“覃,長味。”廿二年臨汾戈覃,人名。

《戰國古文字典》頁 1408

窨　窨

包山 255　　　包山 257　　　上博二·民之 8　　　上博一·詩論 28

○**李天虹**（1993）　按：簡 127、139 有必,作,西周中期趙段密字作,疑此字當隸定作窨,讀作蜜。从甘,取蜜甜之意。簡文“窨一砝”“窨某（梅）一埫”“窨酏（酏）二笑”,讀窨爲蜜,文通義順。

《江漢考古》1993-3,頁 89

△**按**　“窨”應即“蜜”之異體,在楚簡中或用作“蜜”,或用作“密”。如《上博一·孔子詩論》28：“牆又（有）薺（茨）,慎窨（密）而不知言。”詳參卷十三蚰部“蠠”字條。

晵

包山 255

○**何琳儀**（1998）　晵,从甘,齊聲。包山簡晵,讀齋。

《戰國古文字典》頁 1474

△**按**　此字袁國華（《包山楚簡研究》372—373 頁,香港中文大學 1994 年博士論文）釋作“醋”,訓作醬,似更爲可從。

啻

包山 241

○**李守奎**（2003）　啻　鹽字異體。

《楚文字編》頁 294

曰　凵

集成 10371 陳純釜　集成 4190 陳賆簠蓋　集成 2782 哀成叔鼎

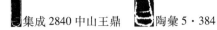 集成 2840 中山王鼎 陶彙 5·384

 包山 125 郭店·老甲 22 新蔡甲三 198

○**商承祚**（1964）　（編按：楚帛書）曰爲發端詞，邊文各神旁的述辭起首一字皆同。經典用粵，金文用雩。《爾雅·釋詁》：“粵，曰也。”

《文物》1964-9，頁 15

○**饒宗頤**（1968）　（編按：楚帛書）“曰”爲發語詞。“曰故”，義如“粵若稽古”。《爾雅·釋詁》：“粵，曰也。”

《史語所集刊》40 本上，頁 2

○**饒宗頤**（1985）　（編按：楚帛書）女曰讀爲如曰。《左·襄三十年傳》：“或叫於宋大廟，曰譆譆出出，鳥鳴於亳社。如曰：譆譆。”“如曰”一詞同此。

《楚帛書》頁 52

○**嚴一萍**（1990）　（編按：楚帛書）曰　形與甲骨金文同。發語之詞。《爾雅·釋詁》：“粵、于、爰，曰也。”經典用粵，《詩》每用爰，金文則用雩。段玉裁曰：“粵、于、爰、曰四字，可互相訓，以雙聲疊韻相假借也。”繒書丙篇句首各曰字義同。

《甲骨古文字研究》3，頁 285

○**何琳儀**（1998）　曰，甲骨文作🔲（鐵二四七·二）。从口，上短横表示言由口出。指事。西周金文作🔲（何尊）。春秋金文作🔲（齊侯鎛）。戰國文字承襲兩周金文。秦系文字或作🔲，與六國文字甘作🔲形體相混。楚系文字曰在偏旁中或訛作日（🔲）形，典籍中也有類似相混的現象。《說文》：“🔲，詞也。从口，乙聲，亦象口气出也。”包山簡二三三曰確似从乙，然僅此一見，實則起筆略作弧狀而已。故許慎“乙聲”說並不可信。燕刀曰，不詳。

《戰國古文字典》頁 890

△**按**　戰國文字中的“曰”與古書中的用法基本相同。

【曰故】楚帛書

○**李學勤**（1984）　帛書這一句可以對比金文和文獻：

　　“曰古文王……”（史牆盤）

　　曰若稽古帝堯……（《書·堯典》）

　　曰若稽古皋陶……（《書·皋陶謨》）

由此知道此句當讀爲：“曰古［黃］熊包戲”，是古人追述往史的常用體裁。

《楚史論叢》初集，頁 146

○**饒宗頤**（1985） “曰故”，彝銘亦作“曰古”。西周微氏《史牆盤銘》云：“曰古文王，初戮龢于政。”又《癲鐘》：“曰古文王。”語例正同。曰故之下人名，應指其始祖。

《楚帛書》頁 4

○**李零**（1985） 曰故，讀爲曰古或粵古。

《長沙子彈庫戰國楚帛書研究》頁 64

○**高明**（1985） 曰，發語詞，故讀作古。如《尚書·堯典》“曰若稽古帝堯”；《牆盤》“曰古文王”等，同屬一種句法。

《古文字研究》12，頁 375

○**何琳儀**（1986） “曰故”，讀“曰古”，見牆盤“曰古文王”，相當《書·堯典》“曰若稽古”。

《江漢考古》1986-2，頁 77

○**劉信芳**（1996） 若校之典籍，則“曰故”之用法如同“烏乎”，曰、烏雙聲，故、乎疊韻。

《中國文字》新 21，頁 68

○**江林昌**（2005） “曰古”一詞置於句首，又見於西周青銅器銘文：

　　　　曰古文王，初戮和於政。（《史牆盤》）

　　　　曰古文王，初戮和於政。（《癲鐘》）

“曰古”一詞，有特殊含義。在《尚書》《逸周書》裏又作“曰若稽古”。“曰若稽古”在《今文尚書》裏有三見，在《古文尚書·大禹謨》裏有一見，在《逸周書》裏又一見，足見此詞非同尋常，當有古義。而解開此一古義的答案即在《逸周書》中，其《周祝解》云：“天爲古，地爲久，察彼萬物名於始。”

　　“曰古”之“古”，指的是“天”。《尚書緯》鄭玄注：“稽，同也；古，天也。”“稽古”一詞，蓋取義於“聖人之道，莫不同天合德”之意。所以“稽古”後面的主辭均爲神人、聖人，如“帝堯、帝舜、皋陶、文王”之類。“曰古、曰若稽古”之“曰”爲發語詞，當其與“古（天）”連在一起時有明顯的追敘之義。“曰”詞又作“越、粵”，同音而借。“曰若”又作“越若、粵若”，如《尚書·召誥》：“越若來三月。”“曰若、越若、粵若”之“若”字不變。“若”者，順也。饒宗頤先生認爲，“曰若稽古”一詞，可賅涵兩意義：“下者稽我古人之德，上者則面稽天若。”“夫天爲至高無上之宇宙大神。‘面稽天若’是謂‘天教’。‘天命不可錯’，三代以來，莫不惶惶汲汲於是。”

　　由此可見，“曰古、曰若稽古”是專用於追述至高無上之宇宙大神的特殊詞。"曰若稽古"已如饒説，"曰古"即"曰天"，猶言"話説往昔天神某某如何如何"。帛書"曰古黄熊包戲"，猶言"話説往昔天神黄熊包戲"，此爲宇宙開篇之辭，給人一種邃古深遠崇高之感。

《學術研究》2005-10，頁 85

曷　

曷 璽彙 1536

○**何琳儀**（1998）　曷，金文作 ⬚（剛伯匜剛作 ⬚）。从囟从呂，會意不明。戰國文字多有變異。齊系文字作 ⬚，呂移囟上，囟中豎筆延伸至底部。晉系文字作 ⬚、⬚、⬚，呂分置囟之上下，下口訛 ⬚形，囟訛 ⬚、⬚形。楚系文字作 曷，呂移囟上。秦系文字作 ⬚，呂移囟上訛 ⬚形，囟訛 ⬚形。漢代文字作 ⬚，囟訛 ⬚形，小篆遂因之訛作 ⬚。（中略）晉璽"女曷"（曷左有合文符號＝），讀"如渴"，人名。

《戰國古文字典》頁 900—901

朁 ⬚

集成 2766 徐朁尹鼎　　　包山 177　　　上博二·容成 38　　　上博六·用曰 11

○**劉彬徽、彭浩、胡雅麗、劉祖信**（1991）　（編按：包山 177）⬚，簡文作 ⬚。《召尊》⬚字作 ⬚，與簡文相似。

《包山楚簡》頁 52

○**湯餘惠**（1993）　（編按：包山 177）⬚·朁　字上从兓，古璽潛作 ⬚ 2584、⬚ 2585，可參看。簡文"朁妾"用爲姓氏之潛。《姓氏考略》："古潛國在楚地，以地爲氏。"

《考古與文物》1993-2，頁 74

○**何琳儀**（1993）　（編按：包山 177）△原篆作 ⬚，應釋"朁"。參"潛"《璽彙》作 ⬚ 2585、⬚ 2584。△讀"潛"，姓氏。《姓氏考略》："古潛地在楚地，以地爲氏。"

《江漢考古》1993-4，頁 59

○**劉釗**（1998）　（編按：包山 177）簡 177 有字作"⬚"，字表釋爲"⬚"。按此字乃"朁"字，應釋爲"朁"。朁字甲骨文作"⬚"，金文作"⬚"，與簡文形體接近。

《出土簡帛文字叢考》頁 24，2004

○**何琳儀**（1998）　　替，金文作（番生簋）。从二欠从口，會意不明。戰國文字承襲金文。二欠或省一欠。小篆二欠訛作旡形。小篆兂、旡、替實爲一字之變。茲以替聲首替换兂聲首。（**中略**）楚系器替，人名。

《戰國古文字典》頁 1415

○**李零**（2002）　　（**編按**：上博二·容成 38）簡文"朁"疑讀"琰"（"琰"是喻母談部字，"朁"是精母［或清母、從母］侵部字，讀音相近）。

《上海博物館藏戰國楚竹書》（二）頁 280

○**李守奎、曲冰、孫偉龍**（2007）　　（**編按**：上博二·容成 38）按：簡文中讀爲"琰"。字形上部所從兩個偏旁與楚文字之"次"同形。

《上海博物館藏戰國楚竹書（一—五）文字編》頁 252

△**按**　　上博簡《容成氏》用作"琰"，整理者李零云："岷山氏之二女曰'琰、琬'，見《竹書紀年》，簡文朁疑讀爲'琰'。"上博六《用曰》中的"朁"辭例爲"亂節朁（僭）行"，用作"僭"，僭越之義。集成 2766 徐贄尹鼎銘，用作人名，但與"朁"字似有別，上部所從似爲二虎。

沓

秦印

○**何琳儀**（1998）　　沓，甲骨文作（綴合編一七六）。从口从水，會口若懸河之意。水亦聲。戰國文字承襲甲骨文。口旁或作形。

《戰國古文字典》頁 1375

曹 　 朁 曹 鄪

陶彙 9·90　　　集成 11120 曹公子沱戈　　　上博五·弟子 4　　　睡虎地·雜抄 17

集成 9735 中山王方壺　　　璽彙 5415

璽彙 0304

○**于豪亮**（1979）　　（**編按**：集成 9735 中山王方壺）曹（曹）讀爲造。《書·呂刑》："兩造具備。"《周禮·大司寇》："以兩造禁獄。"《説文·曰部》："曹，獄之兩曹也。"此曹讀爲造之證。《左傳·成公十三年》"我有大造于西也"，注："造，成

也。”故晢義爲成就。

《考古學報》1979-2,頁179

○張克忠(1979)　(編按:集成9735中山王方壺)晢,瞽字簡體,猶如瞉簡寫作峐,瞽字後代寫作曹。

《故宮博物院院刊》1979-1,頁45

○張政烺(1979)　(編按:集成9735中山王方壺)晢,瞽之簡化,在此讀爲遭。

《古文字研究》1,頁215

○趙誠(1979)　(編按:集成9735中山王方壺)曹,金文、小篆作瞽,古鉢有省一東作晢者,與此同,這裏用爲遭。

《古文字研究》1,頁250

○商承祚(1982)　(編按:集成9735中山王方壺)曹字趞曹鼎及曹公子戈皆从棘,此省去一東,爲隸書所自。曹,在此假爲遭。

《古文字研究》7,頁66

○睡簡整理小組(1990)　(編按:睡虎地·語書9)曹,古時郡、縣下屬分科辦事的吏,稱爲曹,如賊曹、議曹等。其衙署也稱爲曹,如《漢書·薛宣傳》:“坐曹治事。”

《睡虎地秦墓竹簡》頁15

○何琳儀(1998)　曹,甲骨文作🝔(前二·五·五)。从棘,口爲分化部件。棘、曹一字分化。棘,从二東,會對偶之意。《楚辭·招魂》“分曹並進”,注:“曹,偶也。”金文作🝔,从曰(口、曰一字分化)。戰國文字承襲商周文字。或曰訛作⬨形,與三體石經《僖公》🝔吻合,均爲齊系文字。或省一東作晢,均爲晉系文字。(中略)齊兵曹,古國名。在今山東定陶附近。齊陶曹,姓氏。顓頊玄孫陸終之子安,是爲曹姓。見《廣韻》。晉璽曹,姓氏。中山王方壺曹,讀遭。《説文》:“遭,遇也。”秦陶曹,古國名。《春秋·襄公八年》:“宋公入曹,以曹伯歸。”

《戰國古文字典》頁231

△按　戰國文字中的“曹”與傳世文獻中的用法基本相同,或讀作“遭”,或用作姓氏,或是表示分曹治事之“曹”。姓氏之“曹”亦或作“鄡”,參見卷六邑部“鄡”字條。

【曹人】睡虎地·答問13

○睡簡整理小組(1990)　曹人,同班的工匠。

《睡虎地秦墓竹簡》頁97

【曹長】<small>睡虎地・雜抄 17</small>

○**睡簡整理小組**(1990)　　曹長,據簡文應爲工匠中的班長。

《睡虎地秦墓竹簡》頁 84

【曹逸津】<small>璽彙 1616</small>

○**曹錦炎**(2000)　　(5)曹逸津　　據上印(<small>編按:《漢印文字徵》6・5</small>),"曹逸"爲"曹逸縣"之省。津,《説文》謂"水渡也",古代常於國境或重要的關隘、渡口置官設卡監守,如《漢書・王莽傳》:"吏民出入,持布錢以別符傳……不持者,廚、傳勿舍,關津苛留。"此印爲曹國逸縣關津所用的印。

《古文字研究》20,頁 188

【曹逸貸府】<small>璽彙 0304</small>

○**曹錦炎**(2000)　　"曹逸貸府"當指曹國逸縣主管借貸的府庫機構。春秋戰國時期,官府也辦理借貸事業,《周禮》中的"泉府"就是經營政府信用的機構。《周禮・地官・泉府》:"凡民之貸者,與其有司辨而授之,以國服爲息……凡賒者,祭祀無過旬日,喪紀無過三月。"除了貸給平民供祭祀及喪紀之用,也貸給城市小手工業者或商販作爲經營本錢之用。從雲夢睡虎地出土的秦簡《金布律》來看,當時平民向官府告貸的情況還是較爲普遍,律文中對借債、還債都有詳細規定,可以參看。當然,《周禮》所指僅限於貨幣,民之所貸自然也應包括糧食、布帛等一類物資。如田桓子以大的"家量"(十斗爲一釜)貸出,而用小的"公量"(六斗四升爲一釜)收回,所貸的顯然是糧食而不是貨幣。貸之字印文作饋(饋),或可説明其造字本義。若上述理解不誤的話,則"饋(貸)府"乃是我們目前在古文字資料中首次發現的政府借貸機構名。此印爲曹國逸縣借貸機構的府庫所用印。

《古文字研究》20,頁 189

【曹鮯衆飛】<small>近出 1228 攻吳王姑發反之子劍</small>

○**朱俊英、劉信芳**(1998)　　曹鮯衆飛作爲器主名,在現存吳宗室人名中找不到直接對應者。文獻記載有"王子姑曹",見《左傳》哀公八年、十一年,又哀公十七年作"吳公子姑曹"。《釋例》將王子姑曹列於夫差之子太子友之前,則姑曹有可能是吳王夫差之先王之子。若假定姑曹爲器主,則魯哀公十一年(前 484 年)上距吳王諸樊之卒年(前 548 年)已 64 年,而《左傳》哀公十一年云:"王子姑曹將下軍。"如是則以姑曹爲諸樊之子的可能性不大。

　　我們在將現存吳宗室人名與劍銘反復比勘後認爲,器主應是見於文獻記載的"終纍"。《左傳》定公六年:"吳大子終纍敗楚舟師,獲潘子臣、小惟子及大夫七人。"魯定公六年上距吳王諸樊之卒年爲 44 年,則終纍的生活年代與該劍的相對年代相合。

　　劍銘"衆飛"與"終纍"讀音相通。"衆"作"終",如"螽"之作"蠡"。"飛"作"纍",《爾雅·釋詁》:"痱,病也。"郝懿行疏:"痱,瘰者是也。《一切經音義》二十五引《字略》云:'痱,瘰,小腫也。'"《集韻》"痱、瘰"皆訓"小腫"。又《集韻》"瘰"或作"瘰",非、飛古多通用之例,故"飛"之作"纍",是音近假借。銘文"曹鉟"與"終纍"在釋義上有聯繫,《說文》:"僀,終也。"鉟與纍讀音相仿。

《文物》1998-6,頁 91

乃

○**嚴一萍**(1990)　(編按:楚帛書)乃　與甲骨金文同。正始石經古文亦作乃,《說文》之古文作形可疑。

《甲骨古文字研究》3,頁 253

○**饒宗頤**(1993)　(編按:楚帛書)《淮南子·時則訓》:"其政不失,天墜(地)乃明。""乃明"習語,同此。

《楚地出土文獻三種研究》頁 263

○**何琳儀**(1998)　乃,甲骨文作(前八·一二·一),象繩索之形。繩之初文。乃、繩音近。《太玄·馴·次二》:"娠其膏,女子之勞。"司馬光集注:"吳曰,娠,古孕字。"《爾雅·釋魚》:"鱦,小魚。"釋文:"鱦,本或作鮞。"是其佐證。西周金文作(盂鼎),春秋金文作(籥平鐘)。戰國文字承襲商周文字。(中略)戰國文字乃,副詞。

《戰國古文字典》頁 77

△**按**　戰國文字中的"乃"與傳世文獻中的用法差別不大,同樣爲虛詞。

【乃(仍)孫】睡虎地·爲吏 21

○**睡簡整理小組**(1990)　仍孫,即耳孫,《漢書·惠帝紀》注引李斐云:"曾孫也。"應劭、顏師古根據《爾雅》認爲是八世之孫,與簡文和《漢書》都不合。

《睡虎地秦墓竹簡》頁 175

鹵 鹵

石鼓文·作原　　鹵石鼓文·田車

上博三·周易 42　　　　上博三·周易 47

曾侯乙 13　　曾侯乙 16　　曾侯乙 69

○**强運開**（1935）　（編按：石鼓文·作原）運開按：此篆與弟三鼓“君子鹵樂”之“鹵”字相同，細審石刻兩“鹵”字，初無差別，乃張氏德容於彼則讀若“攸”，於此又引《說文》“鹵，驚聲也”。以爲即籀文“迺”字，殊誤。

《石鼓釋文》己鼓，頁 6·7

○**何琳儀**（1998）　石鼓鹵，讀攸。《漢書·敘傳上》：“栗取弔于逌吉兮。”注：“逌，古攸字也。攸，亦所也。”

隨縣簡鹵，讀耳。《漢書·惠帝紀》：“内外公孫耳孫。”注：“仍、耳聲相近。”是其佐證。車耳名軶，與輈相連，如兩耳。隨縣簡一七六鹵，姓氏。見《萬姓統譜》。睡虎地簡鹵，此。見《詞詮》二。

《戰國古文字典》頁 202、78

△**按**　此外清華一《保訓》10 號簡有鹵字，李學勤讀作“由”（《清華簡〈保訓〉釋讀補正》，《中國史研究》2009 年 3 期 8 頁）。

丂 丂

丂 璽彙 3446　　丂 貨系 2709　　丂 集成 122 者沪鐘　　丂 集成 4629 陳逆簠

○**何琳儀**（1998）　丂，甲骨文作丂（後下四三·二）。構形不明。西周金文作丂（散盤）。春秋金文作丂（齊侯鎛），其上與弧筆均加飾筆。戰國文字承襲兩周金文。（中略）陳逆臣丂，讀考。《爾雅·釋親》：“父爲考。”晉璽丂，讀考，姓氏。開封有此姓。見《姓苑》。者沪鐘丂，讀考。《易·復》注：“考，察也。”

《戰國古文字典》頁 175

甹 甹　噂 鼻

甹 集粹　甹 包山 197　甹 包山 199

璽彙 3472　　集成 9516 覍孝子壺　　近出 1195 十年□陽令戟

集成 10385 司馬成公權　　璽彙 2952　　璽彙 2954　　璽彙 2964

璽彙 2962　　璽彙 2907　　集成 11675 三年馬師鈹　　陶彙 9・10

○何琳儀（1986）　　聘　◇《璽》2951、1451　　◇ 455（64）。

《古文字研究》15，頁 117

○林素清（1990）　（編按：璽彙 2952）◇，連劢名以爲字從平，附加 ◇ 爲聲符，◇ 即平字，並引《簠齋古印集》“◇安”（即《彙》2967）印爲吉語印。其説可從。又，何琳儀引三體石經古文聘作 ◇ 釋成聘。

《金祥恆教授逝世周年紀念論文集》頁 112

○孫敬明、蘇兆慶（1990）　（編按：近出 1195 十年□陽令戟）粤，初疑爲“事”字，承何琳儀先生指正，應釋粤，粤從口，見於毛公鼎。粤讀平，古姓。粤相爲司寇姓名。

《文物》1990-7，頁 40

○何琳儀（1998）　　卑，從粤，平爲疊加音符（粤、平借用丂旁），粤之繁文。三體石經《僖公》聘作 ◇。司馬成公權卑，讀平。《詩・小雅・伐木》箋：“平，齊等也。”晉器卑，讀平，姓氏。韓哀侯少子婼，食采平邑。因以爲氏。見《通志・氏族略・以邑爲氏》。古璽卑，姓氏。

粤，甲骨文作 ◇（京津二六五二）。從屮從丂，會意不明。金文作 ◇（班簋），從二屮。或作 ◇（毛公鼎），加口旁爲飾。戰國文字承襲金文。（中略）汝陽戟粤，姓氏，疑讀平。楚簡粤，讀聘。

《戰國古文字典》頁 827、826

○何琳儀（2000）　（編按：近出 1195 汝陽戟）“覍”，“謣”之異文（中略）。《説文》“儔”從“謣”。《集韻》：“謣，言也。”戟銘“覍”爲姓氏，璽印文字作“粤”（《璽彙》2949—2968），均讀“平”。《路史》：“韓哀侯少子婼，食采平邑，因以爲氏。”

《文史》2000-1，頁 33

△按　包山楚簡中的“覍”用作“聘”。古璽和金文中此字多用作姓氏，但是否可讀作“平”尚不能確知。

寧　◇

秦陶 1385　　陶録 6・48・4　　睡虎地・爲吏 39 肆

集成 2840 中山王鼎　 貨系 513　 貨系 514

○**鄭家相**（1942）　（編按：貨系 513 等）右布文曰寧，在左。見文五年，杜注：“晉邑，在今河南獲嘉、修武二縣境。”《韓詩外傳》：“武王伐紂，勤兵於寧，改寧曰修武，茲曰寧者，蓋後復舊稱也。”江慎修曰：衛有寧氏，爲世卿，似食邑於此，獲嘉近衛，則寧當屬衛。

《泉幣》11，頁 34

○**睡簡整理小組**（1990）　（編按：睡虎地·封診 91）寧，語中助詞，無義，見楊樹達《詞詮》卷四。

《睡虎地秦墓竹簡》頁 163

○**何琳儀**（1998）　（編按：貨系 513 等）周空首布寧，地名。中山王鼎“寧汋於肦”，讀“寧溺於淵”。《大戴禮記·武王踐阼》：“與其溺於人也，寧溺於淵。”（中略）秦陶寧，姓氏。

《戰國古文字典》頁 813

○**王恩田**（2007）　《説文》：“寧，願詞也，从丂，寍聲。”《説文》“寧、寍”分列爲二字。金文兩者通用無別。寧母父丁鼎寧字省心。

《陶文字典》頁 115

△**按**　古幣文中的“寧”字當是地名，諸家無疑議。

【寧人】睡虎地·日乙 192·2

○**睡簡整理小組**（1990）　寧人，對人進行慰問。

《睡虎地秦墓竹簡》頁 248

可　可

集成 9715 枚氏壺　 集成 10407 鳥書箴銘帶鈎　 集成 9735 中山王方壺

近出 543 梁伯可忌豆　 詛楚文　 石鼓文·汧殹　 貨系 2643　 貨系 3678

璽彙 4852　 璽彙 2632　 陶彙 3·428　 楚帛書

郭店·老乙 8　 上博一·詩論 4　 上博六·競公 12　 郭店·老甲 21

○**强運開**（1935）　《説文》：“可，肎也，从口、丂，丂亦聲。”人部：“何，儋也，一曰誰也，从人，可聲。”此叚可爲何，亦猶持婄作寺，惟婄作隹之例。

《石鼓釋文》乙鼓，頁 13

○**顧廷龍**（1936）　从止，疑即可之異，按：平安戈䢈字从阜亞聲，當從此。

《古匋文舂録》卷 5，頁 2

○**陳槃**（1953）　（編按：楚帛書）按可，金文亦或作"哥"，如蔡大師鼎。楚王酓志鼎，伹勺苛並作苛，亦其例。

《史語所集刊》24 本，頁 194

○**鄭家相**（1958）　可，文曰可，《説文》："可，肯也。"按此字齊刀背文，亦有之。

《中國古代貨幣發展史》頁 166

○**嚴一萍**（1990）　（編按：楚帛書）可　原迹尚約略可辨，當是可字。

（編按：楚帛書）可　以下繒書裂損，當尚有文字。可字尚清晰可辨。

（編按：楚帛書）匝　可字倒寫。

（編按：楚帛書）丙篇第四行第二段第二節第 10 字，作"匝　可字倒寫"，按此句誤，當删。僅需一"可"字即足。

《甲骨古文字研究》3，頁 332、348、351、377

○**曾憲通**（1993）　（編按：楚帛書）疑是"可"之異寫，吳王光鑑有可字作哥，與此形近。

《長沙楚帛書文字編》頁 19

○**何琳儀**（1998）　可，甲骨文作可（京津二二四七）。从口从丂，會㝎前歌詠之意。歌之初文。《集韻》："歌，古作可。"《説文》："歌，詠也。"西周金文作可（師㝨簋），豎筆向左彎曲。春秋金文作哥（蔡大師鼎），上加短橫爲飾。戰國文字承襲兩周金文。（中略）齊陶可，姓氏。見《奇姓通》。朳氏壺可，讀何。《説文》："何，儋也。从人，可聲。"或作荷。《小爾雅・廣言》："荷，擔也。"中山王鼎"可導"，讀"可得"。《漢書・霍光傳》："臣頭可得，璽不可得也。"中山王方壺可，猶足。楚璽可，姓氏。見《奇姓通》。帛書"可㠯"，讀"可以"。《禮記・學記》："可以有志於學矣。"石鼓可，讀何，疑問代詞，詛楚文可，猶善。古璽"可㠯"，讀"可以"。《孔子家語・曲禮》："知事人者，然後可以使人。"

《戰國古文字典》頁 849—850

○**李守奎**（2003）　（編按：叵郭・老甲 21、璽 3220）可之異體。與《説文新附》之叵非一字。

《楚文字編》頁 298

△**按**　戰國文字中的"可"或訓作可以，或用作姓氏，或讀作何，與古書中的用法基本一致。

奇 奇　戲 哦

奇 璽彙 2795　　奇 璽彙 0716　　奇 璽彙 1682　　奇 三晉 113　　奇 上博五·姑成 10

奇 陶彙 5·93　　奇 陶彙 4·169　　奇 睡虎地·日甲 45 背貳　　奇 包山 75

戲 郭店·老甲 29

哦 郭店·老甲 31

○何琳儀（1998）　晉璽奇，姓氏。出于尹氏，尹吉甫子伯奇之後。見《姓苑》。魏方足布"奇氏"，讀"猗氏"。見《漢書·地理志》河東郡。在今山西臨猗南。

《戰國古文字典》頁 850

○李守奎、曲冰、孫偉龍（2007）　（編按：上博五·姑成 10）奇　句　按：从大省形，可聲。

《上海博物館藏戰國楚竹書（一—五）文字編》頁 258

△按　戰國楚簡中"奇"字異體或从戈，作"戲"或"哦"，卷十二戈部重見。

【奇氏】三晉 113

○丁福保（1938）　奇氏見第一七三圖，奇氏，奇疑猗之省，《漢志》上黨郡有猗氏地名，或漢前已有之。

《古錢大辭典》頁 1200,1982

○鄭家相（1958）　文曰奇氏。按奇爲錡省，即榮錡氏，見昭二十三年，杜注，河南鞏縣西南有錡澗，春秋周地。或釋猗氏，屬河東郡。又釋隋氏，屬上黨郡。但猗氏隋氏之名，始於漢，故以釋錡氏爲近。且榮錡氏，在戰國亦曰榮，則榮與錡氏固可分稱也。

《中國古代貨幣發展史》頁 93

○梁曉景（1995）　【奇氏·平襠方足平首布】戰國晚期青銅鑄幣。鑄行於魏國，流通於三晉、兩周、燕等地。屬小型布。面文"奇氏"，書體多變。背無文。"奇氏"，通作猗氏，古地名，春秋屬晉，戰國歸魏。《漢書·地理志》河東郡有猗氏縣，在今山西臨猗縣南之猗氏鎮。1956 年以來北京，山西芮城、祁縣、陽高，河北易縣、靈壽，河南新鄭、鄭州等地有出土。

《中國錢幣大辭典·先秦編》頁 231

【奇立】睡虎地·封診 54

○**睡簡整理小組**（1990）　踦（音基）,《尚書大傳》注:"步足不能相過也。"

《睡虎地秦墓竹簡》頁 156

○**劉樂賢**（1994）　踦,《説文》:"一足也。"踦立即以一足站立。按:鄭剛云:
"奇立讀倚立。"

《睡虎地秦簡日書研究》頁 233—234

【奇祠】睡虎地・封診 161

○**睡簡整理小組**（1990）　奇祠,不合法的祠廟,後世稱爲"淫祠"。

《睡虎地秦墓竹簡》頁 131

哥 哥

睡虎地・日甲 40 正

○**黄德寬等**（2007）　秦簡"哥樂",讀"歌樂"。《禮記・儒行》:"言談者,仁之
文也。歌樂者,仁之和也。"

《古文字譜系疏證》頁 2268

義 義

詛楚文

○**何琳儀**（1998）　詛楚文"義牲",讀"犧牲"。《書・泰誓》上:"犧牲粢盛。"
《周禮・地官・牧人》:"凡祭祀共其犧牲。"注:"犧牲,毛羽完具。"

《戰國古文字典》頁 857

乎 乎

乎陶彙 4・68

○**高明、葛英會**（1991）　乎。

《古陶文字徵》頁 10

○**何琳儀**（1998）　乎,甲骨文作乎（前七・二一・一）,構形不明。金文作乎
（師遽簋）、乎（頌鼎）,後者上加橫筆爲飾。戰國文字承襲金文。漢代文字作
乎（老子甲一〇八）。（中略）秦陶乎,讀呼,姓氏。漢有漢中卜師呼子先。見

《列仙傳》。

《戰國古文字典》頁 455

△按　戰國楚系文字中的“乎”多寫作(郭店·成之 4)、(上博五·弟子 5)，上从虍。

號 号 虖

陶彙 5·391　　陶彙 5·398　　文物 1972-6，頁 18 始皇詔方升

上博三·周易 38　　郭店·老甲 34

○何琳儀（1998）　始皇詔銅方升號，名號。《史記·趙奢傳》：“號爲馬服君。”

《戰國古文字典》頁 287

○李零（1999）　（編按：郭店·老甲 34）“號”，原从虎从口，簡文多用爲“乎”或“呼”，故整理者讀“呼”，但此字在楚簡中還有“號、虖”等不同用法，原文以此指小孩啼哭，讀“號”似更合適，今據馬甲、馬乙本和王弼本讀“號”。

《道家文化研究》17，頁 467

△按　戰國楚簡中“呼、號”二字多寫作“虖”。

于 亏

集成 2840 中山王鼎　集成 9735 中山王方壺　集成 10371 陳純釜

集成 83 楚王酓璋鐘　集成 74 敬事天王鐘　集成 11124 羣于公戈

石鼓文·霝雨　璽彙 4033　貨系 1067

上博一·緇衣 19　郭店·緇衣 37

○强運開（1935）　《説文》：“於也，象气之舒。”于，張德容云：“此亦古文。”運開按：段注云：“《釋詁》《毛傳》皆曰：‘于，於也。’凡《詩》《書》用‘于’字，《論語》用‘於’字，蓋‘于、於’二字在周時爲古今字，故《釋詁》《毛傳》以今字釋古字也，凡言‘于’皆自此之彼之詞。”

《石鼓釋文》丙鼓，頁 5

○鄭家相（1941）　右布文曰于，在左在右均有之。于即邘省，周地，見隱十一

年,《彙纂》今懷慶府河内縣西北三十里邘臺鎮,古邘城也。按邘桓王取以與鄭,故後屬鄭。

《泉幣》9,頁 23

○**鄭家相**(1944) 右布文曰于,二增半字,按于即盂省,見昭二十八年,在今山西陽曲縣東北七十里,戰國時趙地,《古泉匯》引《路史》周國名紀,于邘也,今懷治河内有邘城,當屬非是,蓋邘爲鑄行橋足布之區,非尖足布範圍也。

《泉幣》22,頁 20

○**鄭家相**(1958) 文曰于。按于,即邘省,周地,見隱十一年。《彙纂》:"今懷慶府河内縣,西北三十里,邘臺鎮,古邘城也。"

文曰于,于半。按于即盂省,見昭二十八年,在今山西陽曲縣東北七十里。戰國趙地。

《中國古代貨幣發展史》頁 43、113

○**何琳儀**(1991) (編按:貨系 1065)二十、"于"(1065),讀"盂",見《左傳·昭公二十八年》:"盂丙爲盂大夫。"《地理志》隸西河郡,在今山西陽曲北。

《古幣叢考》(增訂本)頁 115,2002;原載《陝西金融·錢幣專輯》16

○**梁曉景**(1995) (編按:貨系 1065)【于半·尖足平首布】戰國中晚期青銅鑄幣。鑄行於趙國,流通於三晉、燕、中山等地。屬小型布。面文"于半"。背部鑄有數字。"于",通作"盂",古地名,戰國屬趙。《漢書·地理志》太原郡有盂縣,在今山西陽曲東北。"半"爲貨幣單位,即半鋝的省稱。1965 年河北易縣有出土。

《中國錢幣大辭典·先秦編》頁 311

○**何琳儀**(1998) 于,甲骨文作亐(前八·一一·三),或省作�(乙七七九五),構形不明。金文作亏(令簋)。戰國文字承襲商周文字。或作亐,延伸弧筆;或作�,收縮弧筆。(中略)淳于公戈"辜于",讀"淳于",地名。齊璽"敦于",讀"淳于",複姓。晉璽"鮮于",複姓。韓陶于,姓氏。周武王第二子邘叔子孫以國爲氏,其後去邑單爲于氏。見《元和姓纂》。趙尖足布于,讀盂,地名。《左·昭二十八年》:"趙丙爲盂大夫。"在今山西陽曲北。周空首布于,讀邘,地名。《左·僖二十四年》:"應、晉、邘、韓,武之穆也。"在今河南沁陽西北。

《戰國古文字典》頁 457

△**按** 戰國貨幣文字中"于"通作"盂",古地名,戰國屬趙。《漢書·地理志》太原郡有盂縣,在今山西陽曲東北。楚簡中的"于"爲虛詞,與古書中用法近同。

平

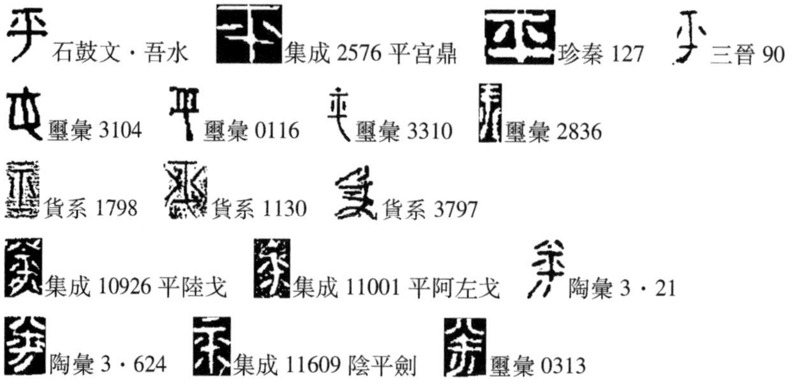
石鼓文・吾水
集成 2576 平宮鼎
珍秦 127
三晉 90
璽彙 3104
璽彙 0116
璽彙 3310
璽彙 2836
貨系 1798
貨系 1130
貨系 3797
集成 10926 平陸戈
集成 11001 平阿左戈
陶彙 3・21
陶彙 3・624
集成 11609 陰平劍
璽彙 0313

○**强運開**(1935) 《説文》:"語平舒也,从亏、八,八,分也,爰禮説,古文平。"段注云:"引申爲凡安舒之偁。"運開按:拍舟作,平陽幣作,鄀公盂作,乃平之反文,均與鼓文近似,可以爲證。

《石鼓釋文》壬鼓,頁 2

○**鄭家相**(1941) 右布文曰平,在右。按平即平陰,見《昭二十二年》,在今河南孟津縣西北四十里。

《泉幣》9,頁 25

○**鄭家相**(1958) 文曰平。按平即平陰,見昭二十二年,在今河南孟津縣西北四十里。

《中國古代貨幣發展史》頁 43

○**陳直**(1981) 咸里平彙陶鼎,文四字,白祚舊藏,平氏當與平當有關。

《摹廬叢著七種》頁 397

○**黄盛璋**(1990) (編按:集成 1236 平鼎)平鼎鼎耳所刻之"平",亦爲秦校量時所刻。"平"即商鞅所用"平斗桶、權衡、丈尺"之平,傳世有"大司農平合",義爲經大司農校量的合,漢斗封檢有"官律所平",皆謂經官府按官府制度平校,合乎標準。中敃鼎已經秦校量爲六斗,故僅於其對鼎耳刻一"平"字,不再校刻重量。中敃鼎及其對鼎平鼎,其國籍亦當屬三晉之魏。

《人文雜志》1990-1,頁 101

○**何琳儀**(1998) 平,春秋金文作(鄀公鼎),構形不明。或作(篙平鐘)、(黝鎛),加横爲飾。戰國文字承襲春秋金文。齊系文字作、、、,加四斜筆者與三體石經《君奭》作吻合無間。或作、、、、,上从八爲疊加音符(平、八均屬脣音)。燕系文字或作☐、☐,兩斜筆相連成爲一横筆。晉系文字變異尤巨,如☐、☐、☐、☐、☐;至于穿透筆畫者,諸如☐、☐、☐,亦頗爲習見。楚系文字上承春秋金文☐,演變爲☐、☐、☐、☐、☐、☐、☐,後者若省上部飾筆,遂與小篆☐同形。(中略)

　　十年陳侯午錞“平壽”,地名,見《漢書・地理志》北海郡。在今山東平度西南。平陸戈“平陸”,地名。《孟子・公孫丑》下:“孟子之平陸。”在今山東汶上北。齊器“平陽(或作昜)”,地名。《春秋・宣八》:“城平陽。”在今山東新泰西北。齊器“平阿”,地名。《史記・魏世家》惠王“三十五年,與齊宣王會平阿南”。在今安徽西南。齊陶“平陵”,地名。《説苑・貴德》:“齊桓公之平陵。”在今山東歷城東。齊陶“平里”,地名。齊陶平,姓氏。姬姓,韓哀侯少子婼食采平邑,因以爲氏。見《通志・氏族略・以邑爲氏》)。

　　燕方足布“宜平”,地名。

　　鳳羌鐘“平陰”,讀“平陰”,地名。見《左・襄十八》:“晉侯伐齊,齊侯御諸平陰。”在今山東肥城西。侯馬盟書平,疑“平邑”,地名。《史記・趙世家》獻侯十三年:“城平邑。”在今河北南樂東北。“平峙”,讀“平時”,平邑之時。(中略)晉方足布“平陽”,地名。韓、趙、魏均有“平陽”,未知孰是。趙兵“平國、春平”,封號。趙器“平”,地名後綴。趙器“平匋”,讀“平陶”,地名,見《漢書・地理志》太原郡。在今山西文水西南。趙尖足布“平州”,地名。《路史・國名紀》:“平州在汾州介休縣西。”亦作“平周”,見《史記・魏世家》襄王十三年:“秦取我曲沃、平周。”在今山西孝義西南。趙方足布“平陰”,讀“平陰”,地名。見《史記・趙世家》幽繆王五年:“北至平陰。”在今山西陽高東南。趙幣“平备”,讀“平原”,趙平原君之封地。《史記・項羽本紀》:“田榮不勝,走至平原。”在今山東平原南。趙方足布“平邑”,地名。見上。趙三孔布“平臺”,地名,見《漢書・地理志》常山郡。在今河北平鄉東北。趙璽“平夲”,讀“平陸”,地名,見《漢書・地理志》西河郡,具體地望不詳,應在今山西西北。魏方足布“平氏”,地名,見《漢書・地理志》南陽郡。在今河南桐柏西北。兆域圖平,平坦。

　　平宮鼎“平宮”,見《左・昭廿二》:“盟百工于平宮。”注:“平宮,平王廟。”平周戈“平周”,地名。《史記・魏世家》襄王十三年:“秦取我曲沃、平周。”在今山西孝義西南。平都戈“平都”,地名,見《漢書・地理志》上郡。在今陝西安定。石鼓平,平坦。

《戰國古文字典》頁 829—830

△按　戰國文字材料中的“平”字可參見上引何琳儀的綜合分析。

【平于】三晉 129

○**黄錫全**（1995）　《中國山西歷代貨幣》42 頁著録如下兩枚方足布：

（1）爲 1988 年山西長治出土。（2）爲 1961 年山西祁縣出土。這兩枚布文，該書釋爲“平于”，不誤。於國別及地點則待考。

　　　　第一枚雖傳形讀之，但“平”字反書，可以看出應從第二枚順序釋讀。這是方足布中的新品種、新發現。

　　古地名中不見有“平于”，根據布幣特點，結合三晉古代地名及文字的音讀，我們認爲，布文“平于”就是“平舒”。

　　《説文》：“舒，伸也。从舍从予，予亦聲。一曰舒緩也。”段玉裁改爲“从予，舍聲”。舍、舒同音，古屬書母魚部。予，古屬喻母魚部。《説文》：“紓，緩也，从糸，予聲。”紓，古屬書母魚部。因此，段氏不必更改。舒从予聲，猶如輸从俞聲。俞爲喻母侯部，而輸爲書母侯部。當然，舍、予於古音義也相近。如三體石經予字古文作舍。而舍本當从余聲。中山王鼎的“余”字均作“舍”是其例證。予用爲我意，與余音同字通，典籍習見。王引之《經義述聞》云：“古聲舍予相近，施舍之言賜予也。”

　　《説文》于作亏，“于也。象气之舒亏。从丂从一。一者，其气平也。”又于丂下云：“气欲舒出勺上礙于一也，古文以爲亏字。”段玉裁于亏字下注云：“氣出而平，則舒于矣。”《説文》：“平，語平舒也。”甲骨、金文中的“于”字作

　　　　于　于　于　于　　　　于　于　于　于　于　于

　　有學者主張其義與《説文》之解釋同。如楊樹達云：“此字从ʃ，亦象气之舒亏。”劉心源云：“舒亏即紓餘，謂舒展也。亏以勺象气舒，古刻于旁加ʃ以象气舒，仍是于字。”

　　“于”古屬匣母魚部，與“舒”意義均相近似。典籍于、予、余均可通“與”。故布文“平于”應釋讀爲“平舒”。

　　《史記·趙世家》：趙孝成王“十九年，趙與燕易土，以龍兑、汾門、臨樂與燕。燕以葛、武陽、平舒與趙”。《集解》引徐廣曰：“平舒在代郡。”《正義》引《括地志》云：“平舒故城在蔚州靈丘縣北九十三里也。”《漢書·地理志》代郡“平舒”縣下云：“莽曰平葆。”王先謙《補注》云：“故城在今廣寧縣西，《縣志》十里平水村南俗呼平水城，即舒之轉音字變。”可知“平舒”本爲燕地，后入趙。

此布不具燕布束腰、高襠、肩尖等特點,故知其爲入趙後所鑄,時在公元前247年(趙孝成王十九年)以後,爲戰國晚期鑄幣。依此布,平舒本作平于,平葆、平水皆字之改、音之轉耳。其地在今山西廣寧縣西。

另外,平舒還有二地:一爲秦地,在陝西華陰縣西北,見《史記・秦始皇紀》。二是漢置東平舒縣,在今河北大成縣,是戰國時燕東南與齊西北交界處,屬齊境。二地與我們討論的具有三晉特點之"平于(舒)"布無關。

《先秦貨幣研究》頁 97—98,2001;原載《華夏考古》1995-2

【平亐】錢典 84

○鄭家相(1958)　卆卢文曰平丘。此布載《古泉匯》,李氏於第二字未釋。予曰,上字下加二豎,如在土之上,表示其爲高地也。丘爲高地,此爲丘字之變體無疑。按平丘,見《春秋・昭十三年》:"會於平丘。"杜注:"平邱,在陳留長垣縣西南。"戰國屬魏。

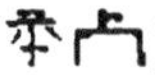

《中國古代貨幣發展史》頁 96

○何琳儀(1992)　《辭典》84 著錄一枚方足小布,銘文二字(圖3)。倪模釋"平邱",並以其屬衛國貨幣。檢《文編》68"丘"作:𠦒、𠤏。

圖 3

與上揭方足布左字形體迥異,故舊釋"平邱"實乃臆測。

按,左字卢應隸定"歹",與小篆比較,中閒缺一短橫。《說文》:"歹,列骨之殘也。從半冎。"徐鉉曰:"義不應中一,秦刻石文有之。""叔"字所從"歹"也頗能說明問題:𦙶說文4下3 𦙶汗簡上2・19

另外,甲骨文"歹"作:𦙶京津419。大概也屬於這類省簡。

"列"從"歹"得聲,與"利"雙聲可通。《禮記・祭法》:"是故厲山氏之有天下也。"釋文:"厲山,《左傳》作列山。"《通典・禮》五引"厲山氏"作"列山氏"。《論語・衛靈公》"必先利其器",《漢書・梅福傳》引"利"作"厲"。此"列、厲、利"相通之旁證。又《詩・豳風・七月》"二之日栗列",釋文:"栗列,《說文》作颲颲。"《詩・豳風・東山》"烝在栗薪",箋:"古者聲栗、裂同也。"這不但說明"列、栗、利"音近可通,而且也說明"颲颲"可組成雙聲聯綿詞。

"平亐"即"平列",讀"平利",《漢書・地理志》隸屬廣平國。吳卓信云:"按,《王子侯年表》平利節侯世,宣帝神爵三年以平千項王子封。注曰:"魏郡。而《志》屬廣平,當從之。"其確切地望已不可考,當在今河北邢臺以東,戰國屬趙。

《古幣叢考》(增訂本)頁 132—134,2002;原載《文物春秋》1992-2

〇崔恆昇（2002）　23、平歺

　　古錢84趙方足布：“平歺。”歺，何琳儀讀爲利。平歺即平利，戰國趙地，在今陝西平利縣西北老縣街東南。《漢書・地理志》：“廣平國……平利。”唐武德八年移治今老縣街。

《古文字研究》23，頁221

【平市】

〇袁仲一（1987）　“平市”：見於咸陽黃家溝M48號戰國晚期墓出土的一陶罐上。平市的地望不明。

《秦代陶文》頁58

【平州】貨系1157等

〇丁福保（1938）　平州見弟三七九—三八六圖。錢大昕《養新録》：“《漢書・王莽傳》：‘民亡爲盜賊，并州平州尤甚。’胡三省注：‘《通鑑》謂此時未有平州。’予考《路博德傳》云：西河平州人。平州，縣名，屬西河郡，正在并州部内，故有并州平州之稱。《地理志》無平州，而有平周。周、州古字通用。胡氏疑爲遼東之平州，故云此時未有平州，不知并州本有平州縣也。”

　　培按：此布長五分，兩足稍鋭，首有二短豎，平字上多一小横畫，二字篆法不一，左一字作，又作，當是州字，其右一直，即中豎也，《左傳》宣元年：“會齊侯于平州。”杜注：“齊地，在泰山牟縣西。”高氏考曰：今平州城在萊蕪縣西。〇平州背有中作者，又背作者。〇《説文》古文州（以上《古泉匯考》）

　　齊平州布，此布方肩尖足，文係平州二字，左讀。又有自右讀者，《古泉匯》引《春秋》定公元年（編按：當爲宣公元年）：“公會齊侯於平州。”注：“齊地。”按尖足布十九皆爲三晉所鑄，何齊地亦有此制耶，姑仍之以俟考。背文十係記數，《泉匯》所載十餘品，此數獨缺。【彙志】

《古錢大辭典》頁2170—2171，1982

平州，《春秋》宣元年：“公會齊侯於平州。”注：“齊地。”【錢匯】

　　右小布面文二字曰平州。按平作从一畫在上，天也。天一生水，皆爲平義。古文或作，故从水，蓋、爲字重文也。見《説文》州字古文。《春秋》宣元年：“公會齊侯於平州。”杜注：“齊地。”未詳何年入秦。【文字考】

　　右布面文皆平州二字。《春秋》宣元年傳：“會平州。”杜注：“平州，齊地。在泰山牟縣西。”按牟縣漢置，屬泰山郡，《地理志》曰：“故國也。”後漢至晉皆因之。《魏收志》：“牟縣有平州城，魯邑也。”《水經注》：“濟水過利縣西，又東北迤爲淵渚,謂之平州。"引應劭云"博昌西南三十里安平亭"爲證,則以平州屬今青州博興縣境矣,與杜注不合,高士奇以爲誤,是也。【錢略】

尚齡按:此布右曰平,左曰州,篆法稍異。《春秋》宣公元年:"公會齊侯於平州。"杜注:"齊地。"【所見録】

幣文右作𡊮,左作𡊮者,亦有左𡊮右𡊮者,皆讀曰平州。幕文有作乂者。按幕文之數,非紀直也,范之次第也,不然大小輕重同,何直一直十如是相縣乎。【癖談】

《古錢大辭典》頁 1237,1982

○鄭家相(1944)　右布文曰平州,《春秋》宣元年:"公會齊侯於平州。"杜注:"齊地,在泰山牟縣西。"此齊平州,非鑄行尖足布之區,當屬非是,又羅泌《路史·國名紀》盟會圖疏:"平州在汾州介休縣西。"是平州即平周,州與周通,蓋二布同鑄於一地者也。

《泉幣》22,頁 19

○何琳儀(1991)　二九、"平州"(1149),見《路史·國名紀》:"平州在汾州介休縣西。"按,"州"與"周"音近可通,典籍習見,例不備舉。"平州"即"平周",見《魏世家》:襄王十三年"秦取我曲沃、平周"。《地理志》隸西河郡,在今山西孝義西南。平周地處魏、趙交壤,應一度屬趙。

《古幣叢考》(增訂本)頁 117,2002;原載《陝西金融·錢幣專輯》16

○石永士(1995)　【平州·尖足平首布】戰國中晚期青銅鑄幣。鑄行於趙國,流通於中山、燕等地。屬小型布。面文"平州",形體多變。背平素,或鑄以數字,有橫書、反書和倒書。平州,古地名,戰國屬趙。《史記·魏世家》:魏襄王十二年(公元前 307 年),"秦取我曲沃、平周"。《漢書·路博德傳》、《王莽傳》平周均作平州,説明周、州通用。在今山西介休縣西。1957 年以來北京,山西陽高、屯留,河北易縣燕下都、靈壽,内蒙古土默特左旗、赤峰等地屢有出土。

《中國錢幣大辭典·先秦編》頁 320

○白光(1995)　平川:9 枚,完好 3 枚,殘 6 枚,完好每枚重 5—6 克。平首聳肩尖足布,平襠、直腰。面文從右向左讀,或從左向右讀。平字爲"𡊮",川字有兩種寫法"𣲷、𣲷"。幕爲"Ⅹ、一、八十(靠布右肩下)、𝍷(靠布左肩下)、二"。

《文物春秋》1995-2,頁 85、87

平川

○**吳良寶**（2002）　《先秦編》第 292 頁有一枚所謂"王城"方足小布,也見於《聚珍》第 275 頁圖 226-1。二書均以之爲東周都城,在今河南洛陽西。

　　從《聚珍》所提供的兩張拓本來看,將幣文釋爲"王城"是不可信的。右邊一字明顯是"平"字,貨幣文字習見。該字中間的横筆畫並不連接,豎筆穿出,釋作"王"不可信;左邊一字似可釋爲"州"字。尖足小布中有"平州",其"州"字有多種異體,且有借用幣面中線爲筆畫的現象。《聚珍》292 頁的第一枚"平州"方足小布"州"字除了中間兩筆畫相連之外,右邊一豎筆也借用了貨幣邊框;第二枚布幣"州"字的兩豎筆均借用了邊框。

　　平州即平周,在今山西孝義西南。該地以往只見於尖足布面文中,燕下都出土的"平州"方足小布,是第一次公布的新品種。在已知的 30 餘種尖足小布與 110 餘種方足小布面文中,只有"藺""平州"兩種互見,因此這枚"平州"方足布很有研究價值。

《金景芳教授百年誕辰紀念文集》頁 126

△**按**　幣文平州即平周,在今山西孝義西南。白光釋作"平川"並不可從。

【**平安侯**】

○**黃盛璋**（1982）　平安侯鼎曾見拓片,器蓋皆刻"平安侯",與平安侯漆圓盒刻銘完全一樣,而皆稱侯不稱君,過去不能明確平安君與平安侯關係,今據泌陽墓兩者同出,而"平安"兩字寫法又完全相同,問題明確,據上引《史記·衛世家》,衛初貶號爲侯,後又貶號爲君,是侯高於君,君、侯皆在王下,一般而論,君可相當於侯,不必有很大區別。平安君、侯封號不同,而器銘又不同國別,只能用魏秦兩國不同封號爲解,但尚有待於更多出土實物加以驗證。

　　不論廿八年與三十二年平安君鼎,三十三年皆轉授於單父上官,接受者又皆爲同一人冢子意,特別有卅二年鼎僅用一年,此中或有政治原因,今無可考,留待後究。

《考古與文物》1982-2,頁 58

【**平貝**】貨系 2253

○**鄭家相**（1958）　𡊨貝,文曰平貝。貝者,貝化也,當時海貝尚在行使,布文著此,以示其與海貝並行也。平貝者,乃平地所鑄行,然平字地名甚多,以平丘丘貝證之,此曰平貝,當屬一地所鑄。

《中國古代貨幣發展史》頁 96

○**梁曉景**（1995）　【平貝·平襠方足平首布】戰國晚期青銅鑄幣。鑄行於趙國,流通於三晉、兩周等地。屬小型布。面文"平貝"。背無文。"平貝",古地名,地望待考。

《中國錢幣大辭典·先秦編》頁 241

【平邑】货系 1810

○**鄭家相**(1958)　平吕文曰平邑。《史記·趙世家》:"惠文王二十八年,藺相如伐齊,至平邑。"此平邑魏地,在今河南南樂縣東北。

《中國古代貨幣發展史》頁 96

○**何琳儀**(1996)　十五、"平邑"(1810)。《趙世家》:獻侯"十三年,城平邑"。隸《地理志》代郡。在今山西陽高南。又《水經注·河水》引《竹書紀年》:"十年,齊田肸及邯鄲韓舉戰於平邑。"在今河南南樂東北。二"平邑"均屬趙。

《古幣叢考》(增訂本)頁 208,2002

○**黄錫全**(1998)　2.平邑

此布有屬魏屬趙二説。如鄭家相引《史記·趙世家》"惠文王二十八年,藺相如伐齊,至平邑"云:"此平邑魏地,在今河南南樂縣東北。"《大系》"平邑"條云:"戰國魏地,今河南省南樂縣平邑村,另疑平陽後改平邑,爲戰國趙地,今山西省大同市東南。"或主張代郡之平邑與南樂之平邑均屬趙,故平邑布爲趙。

今按,平邑之地,依典籍所記及地理學家所考有二:一在山西代郡,爲趙平邑,見《史記·趙世家》獻侯"十三年(前 411 年),城平邑"。《集解》引《地理志》曰代郡有平邑縣,在山西大同東南或者陽高縣西南。二在河南南樂縣之平邑,此地曾先後屬趙、齊、魏。《水經注·河水》引《竹書紀年》:"(晉烈公)五年,田公子居思伐趙鄙,圍平邑。"九年,取平邑。是平邑本屬趙,後爲齊取。《戰國策·中山策三》記中山與燕、趙爲王,齊"欲割平邑以賂燕、趙,出兵以攻中山"。顧觀光《國策編年》隸此爲周顯王四十六年(前 323 年),是此時平邑屬齊,欲割予趙,只是議議,未能實現。《趙世家》趙惠文王"二十八年(前271 年),藺相如伐齊,至平邑"。《藺相如傳》:"藺相如將而攻齊,至平邑而罷。"是此時平邑可能又一度屬趙。《史記·趙世家》:"悼襄王元年(前 244年),大備魏。欲通平邑、中牟之道,不成。"《正義》:"平邑在魏州昌樂縣東北三十里。相州、湯陰縣西五十八里有牟山。按:(中)牟山之側,時二邑皆屬魏,欲渡黄河作道相通,遂不成也。"從此平邑又屬趙。

綜觀南樂之平邑,原本爲趙地,前 411 年爲齊所攻取,約前 270 年後一度爲魏,至前 244 年,之後數年可能一度又屬齊,前 240 年又屬趙,估計在秦攻取邯鄲後入秦(前 228 年)。是南樂之平邑,屬齊的時閒較長,屬魏的時閒估計並不太長,大約有 20 多年,屬趙斷斷續續。如平邑布爲南樂所鑄,屬魏屬趙均有可能。考慮到南樂平邑爲諸國爭奪之要地,常不太平,而代郡平邑相對穩平、繁榮。所以,我們傾向於平邑方足布爲代郡平邑所鑄,將其定爲趙幣,比較穩妥。

《先秦貨幣研究》頁 130;原載《中國錢幣論文集》3

○**湖南省文物考古研究所、湘西土家族苗族自治州文物處**(2003)　　平邑,鄉名。

《中國歷史文物》2003-1,頁 20

【平門】

○**李學勤**(1987)　《權墨齋拓本》2,21,1 有陶文,我們過去曾讀作"平門守陳商……"云云,也有學者釋爲"平門内……"。從博物館藏品看,"門守"實當爲一"閉"字。"閉"也讀爲"門","平門"應該是臨淄的城門之一。

《文博》1987-3,頁 28

【平周】集成 11465 平周矛　　近出 1192 上郡守起戈

○**丁福保**(1938)　平周見第七七—八〇圖。《竹書紀年集證》:"慎靚王元年辛丑,秦取我曲沃、平周。"孫之騄曰:"《後漢志》:西河郡有平周。《十三州志》云:古平周邑,在汾州介休縣西四十里。"

《古錢大辭典》頁 2154,1982

平周見第三七三—三七八圖。右小布面文二字曰平周。按平《説文》作$\overline{\overline{亏}}$,金錯刀作**平**,莽從古文也。**𢀖**爲周字古文。《史記》本表魏襄王十三年:"秦取我曲沃、平周。"考事在秦惠之後元三年,乃併魏地而行此布也。【文字考】

右布面文平周二字不同,《漢志》屬西河郡,江秋史曰:即平州。周與州通。【錢略】

尚齡按:此布右曰平,左曰周。《地理志》春秋時爲白翟地,戰國時屬秦。【所見録】

《史記》魏襄王十三年,"秦取我曲沃、平周"。正義云:古平周縣在汾州界休縣西五十里。【遺篋録】

《古錢大辭典》頁 1236—1237,1982

平周見第七七—八〇圖。平周,《史記》本表魏襄王十三年:"秦取我曲沃、平周。"蓋魏地爲秦所併也。

道光年都市古小布甚多,皆新出土者,就中此品,字畫細如毫芒,數千年竟未漫滅,亦僅見之物也。【錢匯】

《古錢大辭典》頁 1181,1982

○**鄭家相**(1944)　　右布文曰平周,《竹書紀年》周愼靚王元年辛丑,秦取我曲沃、平周。正義曰,古平周在山西汾州介休縣西五十里。

《泉幣》22,頁 19

○**黄盛璋**(1988)　　平周原屬魏,《史記·魏世家》:“襄王十三年秦取我平周。”自此入秦。《漢書·地理志》西河郡屬縣有平周。按平周在魏,原作平州,布幣皆作平州,另有“平陶”即“平遥”,“陶”字苟簡有時作匋,很像“周”字,舊譜皆誤作平周。其實兩字外从相同,“周”字从用,上皆不封閉,而“陶”字則明顯从“缶”,並見於“平陶宗正”,“汪陶右司工”三晉印,並非平周入秦以後,改寫爲平周,但西漢有時仍寫爲平州,如《漢書·衛霍傳》:“路博德西河平州人。”又《王莽傳》:“民棄城郭,流亡爲寇賊,并州平州尤甚。”胡三省《通鑑注》以爲時無平州,疑字誤,錢大昕已據上引《漢書》指出:“州、周古字通用也。”但尚未引“平州”布幣以證屬魏國時原作平州,猶高奴在魏,布幣與兵器銘皆作㝬奴。《十三州志》:“平周縣在汾州介休縣南五十里。”清《一統志》則以在爲今介休縣西。

《文博》1988-6,頁 41

○**王輝**(1990)　　此戈(編按:近出 1193 七年上郡守閒戈)最先置用於高奴,後又置用於平周。平周本魏邑,《史記·魏世家》:“(襄王)十三年,秦取我平周。”《正義》:“十三州志云:古平周縣,在汾州介休縣西五十里也。”戰國古幣有“平州”布,黄盛璋説平州即平周,漢時仍有此稱。《漢書·衛青霍去病傳》:“路博德西河平州人。”《王莽傳》:“民棄城郭,流之爲寇賊,并州、平州尤甚。”錢大昕云:“州、周古字通用也。”

《秦銅器銘文編年集釋》頁 50

○**鄒寶庫**(1992)　　平周古縣名,在今山西省介休縣。聯繫戰國時期錢幣尖足“平周布”,在遼陽也有出土,可證戈上“平周”二字和當時錢幣“平周”同屬一個鑄地。

戈上“卅年”(四十年)是鑄戈年代,“郡守、漆工、丞”都是督造之官。“平周”是武庫鑄地,也是造器之所。戈銘所列工官,乃當時套話。

《考古》1992-8,頁 757

○**陳平**(1994)　　鄒文認爲:“遼陽新出四十年上郡戈銘中的‘郡守、漆工、丞’都是督造之官。‘平周’是武庫鑄地,也是造器之所。”筆者以爲:内背“平周”不是武庫鑄地,也不是造器之所;而是該戈的置用地名。秦戈銘通例,在内背往往加刻字形較大的地名作置用地名,如十二年上郡守壽戈内背的兩個“洛都”,

十五年上郡守壽戈内背的“中陽”與“西都”,就都是置用地名。（中略）

　　鄒文還指出:“平周古縣名,在今山西介休縣。”其説甚是。這個平周與十五年上郡守壽戈内背所刻置用地名中陽、西都一樣,還涉及到秦上郡的四至範圍與秦漢上郡的沿革損益問題。清人王先謙《漢書補注·地理志·西河郡》條下引全祖望語曰:“戰國魏郡,文侯以來即有之。然魏之西河自焦、虢、桃林之塞西抵關洛,其界最廣。秦以其東界併入内史,而西界併入上郡。漢分置者,特秦上郡所屬地耳。”據全氏此説,則漢之西河郡並非魏之西河,它實質是從秦之上郡中分裂出來的。如此説來,秦之上郡的屬縣、版圖雖俱史失其載,然只須將漢之西河、上郡二郡一合,即當可得其梗概了。筆者在與楊震同志考釋内蒙伊盟新出十五年上郡守壽戈時,已證實該戈内背置用地名中陽、西都秦時屬上郡而漢代屬西河,以證成全氏之説。今得遼陽新出四十年上郡守起戈銘,其内背之置用地名平周秦時自當屬之於上郡;而查《漢書·地理志》,其地漢代也恰屬西河郡。此乃全氏之説不誣的又一有力實證。

《考古》1994-9,頁 847—848

○崔恆昇（2002）　平周戈:“平周。”戰國魏地,後屬秦,在今山西介休市汾河西,或在孝義市西南。《史記·魏世家》:“秦取我曲沃、平周。”又《張儀列傳》引文同。一説在今山西靈石縣境。

《古文字研究》23,頁 221

【平匋】貨系 1137

○黄盛璋（1974）　這次新鄭出土兵器銘刻,除肖（趙）外尚有平匋,即平陶,漢亦屬太原郡。《史記·秦本紀》:“秦莊襄王三年攻趙榆次、新城、狼孟,取三十七城,四年初置太原郡。”《正義》:“上黨以北,即太原地,即上三十七城也。”平匋故城在文水縣西南,應是趙地。“平匋”亦見於方、尖足布,匋字作⬚、⬚等形,舊釋“平周”,非也。

《考古學報》1974-1,頁 28

○曾庸（1980）　前人把平陶誤釋爲平周二字。其實這陶字是很清楚的,它和空首布、璽印文上的陶一樣。

　　平陶這地名見於新鄭出土的銅兵器之上,也見於璽印上面,如《十鐘山房印舉》著録有“平陶宗正”的官印一方。

　　平陶在西漢時屬太原郡。到北魏太武帝拓跋燾時,因陶、燾同音而改平陶爲平遥。《水經注》文水條,説“文水又南逕平陶縣之故城東,西逕其城内南流出郭”,這是從漢至晉的平陶城所在地,戰國時平陶城舊址亦當在此,在今山西文水西南二十五里,戰國時爲趙邑。

從文獻記載來看,戰國時確有平周其地。《史記・魏世家》載惠王後元十三年,“秦取我曲沃、平周”。此平周即漢西河郡之平周。但《漢書》的《路博德傳》《王莽傳》,平周都作平州。戰國的尖足布中有平州布。這表明魏邑本作平州,後來漸被同音的平周所替代。

《考古》1980-1,頁 86—87

○曹錦炎(1984)　7、🀰🀰(p.23)

《文編》將此字釋爲“周”,與周字混收在一起。按幣文周字作🀰、🀰,兩者形體截然不同,不能混爲一談。此字从宀从缶,隸定作宲,也就是“匋”字。幣文“平匋”,讀爲“平陶”,故城在今山西文水縣西南。

《中國錢幣》1984-2,頁 68

○梁曉景(1995)　【平匋・尖足平首布】戰國中晚期青銅鑄幣。鑄行於趙國,流通於三晉、燕、中山等地。屬小型布。面文“平匋”,書體多變,有反書。背部多鑄數字。“平匋”即平陶,古地名,亦見於三晉兵器銘文。戰國屬趙。《漢書・地理志》太原郡有平陶縣,在今山西文水西南。1957 年以來北京,河北永定、靈壽、邯鄲、易縣,山西陽高、原平、定襄、交城,内蒙古涼城等地有出土。

《中國錢幣大辭典・先秦編》頁 323

【平夜】集成 2305 坪夜君成鼎　新蔡甲二 21
○裘錫圭(1979)　(編按:曾侯乙 67)平夜即平輿,“夜、輿”二字古音同聲同部。

《文物》1979-7,頁 26

○河南省文物考古研究所、河南省駐馬店市文化局、新蔡縣文物保護管理所(2002)　“平夜”即“平輿”,裘錫圭先生曾就“夜、輿”二字古音同聲同部,讀“平夜”爲“平輿”。《漢書・地理志》載汝南郡有平輿縣,位於“陳以南”,屬楚地,西漢時仍以舊名置縣。《元和郡縣圖》卷九汝南縣“平輿故城”條下:“漢縣也,故沈子國,在縣東北六十里。”地在今河南省平輿縣北偏西。由此可以確定“平夜君”即“平輿君”。其封地應在今平輿一帶,位於今新蔡縣與平輿縣交界附近的葛陵故城和平夜君成墓就是歷史上平夜君的封邑和封君的陵墓。

《文物》2002-8,頁 18

【平阿】璽彙 0062　璽彙 0313　集成 11001 平阿左戈
○葉其峰(1981)　平阿(圖十九)。《史記・田敬仲完世家》:宣王“七年與魏王會平阿南”。《吕覽・離俗》:“平阿之餘子。”高誘注:“平阿,齊邑也。”從地

名知此是齊璽。署平阿地名的還有平阿左稟（圖二十），此璽第一字書法特殊，但與古陶文平字余、尖等體近，故知是平字。

圖十九　　　圖二十

《故宮博物院院刊》1981-3，頁 88、92

○吳振武（1983）　　0062 尖易⿰馬鉨·平易（陽）信司馬鉨。

　　0313 余塱（阿）左稟·平塱（阿）左稟（廩）。

《古文字學論集》（初編）頁 488、491

○吳振武（1984）　　《古璽彙編》0313 重新著錄。該書釋爲"□塱（阿）左稟"，第一字闕釋。葉其峰同志在《戰國官璽的國別及有關問題》（《故宮博物院院刊》1981 年 3 期）一文中釋爲"平阿左稟"，他説："此璽第一字書法特殊，但與古陶文平字余、尖等體近，故知是平字。"按平字作尖是齊地文字的特有寫法，齊明刀背文"平陽"（《我國古代貨幣的起源和發展》圖版 36·4）和齊璽"平陽"（《古璽彙編》0062）、"平陵"（見下）之平均如此作。《史記·田敬仲完世家》：宣王"七年與魏王會平阿南"。《呂覽·離俗》"平阿之餘子"，高誘注："平阿，齊邑也。"

《考古與文物》1984-4，頁 81

○林素清（1990）　　（146）附錄六十下尖、余應釋作平。三體石經古文平作⿰，《説文》古文作⿰，平阿戈作⿰。上引璽文爲"平易□司馬鉨"及"平阿左廩"。

《金祥恆教授逝世周年紀念論文集》頁 113

○尤仁德（1990）　　平阿左廩（圖一，1）。

　　銅質，鼻鈕，璽面長、寬各 2.9 釐米。王懿榮《福山王氏劫餘印存》、黃浚《尊古齋古璽集林》、徐世章《濠園古印存》著錄。

　　璽文第一字是"平"字異體寫法。天津市藝術博物館藏戰國璽"平疲"，平字作⿰；戰國陶文"平陵得丕⿰主釜"，平字作尖（《季木藏陶 80》）；戰國平陽戈銘，平字作⿰（《三代吉金文存》19·44）；戰國璽"平陵□左廩鉨"，平字作余（《陳簠齋手拓古印集》15），幾個平字造型，與璽文極相似。

　　平阿，古地名。故璽文阿字增"土"旁，屬于異形別構，與天津市藝術博物館藏戰國玉璽"長于君倪室鉨"的長于（地名）于字作⿰；戰國平陽戈（《三代吉金文存》19·44）陽字作塱相同。據知，由二字組成的戰國時期地名，常常在第二字上加"土"爲義符，是這時期文字的一個特徵。《讀史方輿紀要·江南·鳳陽府·懷遠縣》："平阿城，縣北三十里，戰國時齊邑。魏惠王三十五年與齊宣王會於平阿南。後屬楚。漢置平阿縣,屬沛郡。”地望在今安徽省懷遠縣西南平阿集故城。據平阿地戰國時之所在國屬,此璽當屬齊國器。

《考古與文物》1990-3,頁 61

○**杜宇、孫敬明**(1992)　平阿,齊邑,或在齊西南境。《史記·田敬仲完世家》載宣王“七年,與魏王會平阿南”。正義:“沛郡,平阿縣也。”《讀史方輿紀要》:“平阿城在鳳陽府懷遠縣北三十里,戰國時齊邑。”清《一統志》引縣志:“懷遠縣西南六十里有平阿集,在平阿山下。”黃盛璋先生謂此“已深入楚地,齊地何以能至此處,頗未易解,然傳統皆以爲在此處”(《試論三晉兵器的國別和年代及其相關問題》,《考古學報》1974 年第 1 期)。我們根據兵器銘刻所見到鑄造兵器之都邑的分布特點,並結合文獻分析,東南境內爲齊楚戰爭頻發的地區,不會設立鑄造點。何況依舊志所載之平阿已深入楚境,故其與兵器銘刻當非一地。並且齊國陶文亦常見“平阿”邑名,由此知其必爲齊國重要都邑。其地亦必在齊國勢力穩固之區。戰國時期,齊王考察都邑大夫之政績,東境有即墨,西境爲阿邑,此兩邑地位相當重要。或此平阿,即文獻之阿邑也。

《管子學刊》1992-2,頁 91

【平城】

○**黃錫全**(2002)　此枚亦爲錢幣愛好者收藏,出自山西北部,與上列諸布同出。文字不太清晰,見到此品時未留下摹本。根據當時所見,似爲“平城”。秦置平城縣,隸《地理志》雁門郡,治所在今山西大同市東北古城。爲不使材料遺漏,故記於此。

《先秦貨幣研究》頁 70

【平原】貨系 1807

○**丁福保**(1938)　平原見第八二、第八三圖。平原,二品面文小異,方小東云:“备,即古原字,石鼓文邃之省。”愚按:賈誼《過秦論》:“趙有平原。”係戰國平原君所封之地。【錢匯】

《古錢大辭典》頁 1181、1182,1982

○**鄭家相**(1943)　右布文曰平备,备即古原字,賈誼《過秦論》,趙有平原。係戰國平原君所封地,趙策東武城,爲平原君封邑,在今山東武城縣西北十里,有東武城。

　　以上各布,應列於趙。

《泉幣》20,頁 30

○何琳儀（1994）　十四、"平备"（1807），讀"平原"（西周金文"邍"，後世假
"原"爲之，上从"备"），趙平原君封地。《項羽本紀》："田榮不勝，走至平原。"
隸《地理志》平原郡。在今山東平原南。

《古幣叢考》（增訂本）頁 208, 2002

○石永士（1995）　【平备・平襠方足平首布】戰國晚期青銅鑄幣。鑄行於趙
國，流通於燕。屬小型布。面文"平备"，形體多變。背無文。"备"，爲原字省
體，"平备"，即平原。一説爲平原君趙勝的封地，在今山東平原西南；一説以
平原君趙勝的封號爲錢文；一説在今河南濟源西北，爲魏國鑄行的貨幣。1966
年河北易縣燕下都遺址出土 2 枚。

《中國錢幣大辭典・先秦編》頁 242

○吳良寶（2002）　我們懷疑方足布"平原"不僅與平原君沒有任何關聯，而且
其地望也不在今山東平原縣，而是趙國境內的另一地方，具體地點待考。

《金景芳教授百年誕辰紀念文集》頁 133

【平國君】近出 1236 相邦平國君鈹

○黃盛璋（1991）　平國君不見記載，銘刻格式屬戰國三晉晚期之趙，有"撻
齊"，國別屬趙是明確無疑的。悼襄王只有九年，王遷只有八年，此爲十八年，
只能屬於惠文王與孝成王，他們都有十八年。惠文王十八年魏冉來相趙(《史
記・樂毅列傳》)，但未記趙國給他以何種封號。孝成王十八年"相國信平君
助魏攻燕"(《史記・趙世家》)，信平君即廉頗，孝成王十五年，趙以尉文封廉
頗爲信平君，爲假相國，傳世與出土皆有守相杜波監造的兵器，杜波即廉頗，
十五年正是他任守相即假相時。十八年相邦信平君爲廉頗，與此十八年相邦
平國君不合。相邦平國君不是廉頗可以肯定，但還不足以否定爲孝成王十八
年，因廉頗爲假相常在外作戰，主要主持軍事，在國內主持政治當有真相國，
也有可能就是平國君，按左、右伐器見於春平侯十五年、十七年監造兵器外，
十八年平國君監造的兩件兵器也有左、右伐器。而背皆刻有大攻尹爲實際監
造與驗收者，如此，相邦僅爲虛名，時間必晚，十八年當爲孝成王紀年。傳世
有一件戈銘爲廿九年，無疑屬惠文王紀年，仍爲邦右庫工師主造，並無左、右
伐器與背刻大攻尹，足證直到惠文王晚年尚無此制。

《考古》1991-1，頁 62

○吳振武（2000）　相邦平國君鈹共兩件，紀年皆爲"十八年"。其中一件記
"邦右伐器"，另一件記"邦左伐器"。記"邦右伐器"的一件已見上引；記"邦
左伐器"的那件則只有摹本。兩鈹除庫名、工師名和冶名不同外，餘皆相同。

過去學者判定平國君鈹屬孝成王時器,其理由是因爲鈹銘紀年較高,同時又因銘中"邦右(或左)伐器"一語見於孝成王時的十七年相邦春平侯鈹。現在我們有了鑄造時代相對比較明確的武襄君鈹,情況就不同了。從前述記"邦右伐器"的那件平國君鈹與武襄君鈹庫、工師、冶三名俱同的情況看,十八年平國君鈹只有安排在孝成王時(前 248 年),方爲合理。若安排在惠文王十八年(前 281 年),兩者間隔長達 31—37 年,恐怕是不合適的。

《史記・趙世家》曾記悼襄王二年(前 243 年):"秦召春平君,因而留之。泄鈞爲之謂文信侯曰:'春平君者,趙王甚愛之而郎中妬之,故相與謀曰:春平君入秦,秦必留之。故相與謀而內之秦也。今君留之,是絕趙而郎中之計中也。君不如遣春平君而留平都。春平君者言行信於王,王必厚割趙而贖平都。'文信侯曰:'善。'因遣之。"事亦見《戰國策・趙策四》,但文字略有不同。其中"春平君",《趙策》作"春平侯";"平都",《趙策》作"平都侯"。多年前,許進雄先生在研究十八年相邦平國君鈹時,曾考慮過平國君可能即平都侯,但最終又懷疑可能是信平君廉頗。我們認爲,由於記守相廉頗和記守相信平君的兵器都已發現,平國君即信平君的可能性,實已微乎其微,倒是平都侯的說法,或許還值得重新考慮。

《文物》2000-1,頁 66、67

圖一　趙武襄君銅鈹銘文摹本

【平陸】集成 10925 平陸戈　集成 11056 平陸左戟

○石志廉(1979)　平陸(圖版柒:2,圖五)

印長方形,長方柄紐,上小下大,製作古拙端重,通體碧銹盎然。通高 4.1 釐米,長 2.3 釐米,寬 1.1 釐米,邊厚 0.5 釐米。上鑄陽文"平陸"二字,書爲"平陸"(爲反書),陸字右旁僅存一點,大部已殘缺殆盡,其右旁應書作彳,整個陸字應書作陸。從其形制和文字看,應爲戰國晚期作品。按平陸爲地名,古代平陸,其地有二:一爲戰國齊邑,《孟子》之平陸即此,《史記・齊世家》:"康公十五年,魯敗齊師於平陸。"漢置東平陸縣,南朝宋去東字曰平陸,故城在今山東汶上縣北,元嘉中移樂平縣,寄治於此,隋復改樂平爲平陸,唐改名中都,今汶上縣治。一爲周初虞國,春秋晉大

圖五"平陸"璽

陽邑,漢置大陽縣,北周改縣曰河北,唐改名曰平陸,故城在今山西平陸縣東北十五里,五代時移今治,清屬山西解州。此印的平陸究指何處? 從其形制和文字結構方面觀察,應爲戰國三晉之物,平陸是山西的平陸,不是山東的平陸。據文獻記載,平陸爲周初虞國,春秋爲晉大陽邑,漢置大陽縣,唯獨戰國這一時期對山西的平陸未見記載。此印之出,正可彌補文獻之闕佚,充實了歷史地理學的內容。

《中國歷史博物館館刊》1979-1,頁 88—89

○**杜宇、孫敬明**(1992)　　平陸戈"平陸左戈"(《三代吉金文存》20·9·2)。《史記·田敬仲完世家》康公十五年,"魯敗齊平陸"。集解,徐廣曰:東平平陸。《正義》兗州縣也,漢爲東平陸,屬東平國,見《漢書·地理志》河西有平陸,故此加東。清《一統志》平陸故城在汶上縣北。黃盛璋先生通過對齊兵器進行的研究認爲,此地具有重要戰略地位。

《管子學刊》1992-2,頁 94

【平陰】集成 2577 平陰鼎蓋　集成 157 驫羌鐘　貨系 1799 等

○**劉節**(1931)　　(編按:集成 157 驫羌鐘)平陰之字與古泉幣所書同。王錫榮《泉貨匯考》謂,平陰在今之河南孟津縣城東。此乃據江永《春秋地名考實》之說,實非鐘之平陰也。《左氏傳》有二平陰。昭公二十三年,晉師在平陰,即今河南孟津縣之地。又《傳》襄公十八年:"晉伐齊,齊侯禦諸平陰,塹防門而守之,廣里。"此役適當周靈王之十七年,晉平公之三年,是否即鐘中所記之事,吾人雖不敢定,其所謂平陰,即鐘之平陰,則無疑也。此平陰實今之山東泰安府平陰縣,唐屬河南道鄆州,漢屬河南郡,春秋時齊地。《後漢·郡國志》:"濟北國盧下有平陰城,有防門,有長城,東至海。"《水經·濟水》注曰:"濟水自臨邑縣東,又北逕平陰城西。京相璠曰:平陰齊地,在濟北盧縣故城西南十里,南有長城,東至海,西至濟;河道所由,名防門,去平陰三里。"《括地志》云:"齊長城西起鄆州平陰縣,沿河歷泰山北岡,至密州瑯琊臺入海。"《史記·趙世家》正義云:"齊長城西頭在齊州平陰縣。"然則平陰之在今泰安無疑矣。

《古史考存》頁 90—91,1958;原載《國立北平圖書館館刊》5 卷 6 號

○**高本漢**(1936)　　(編按:集成 157 驫羌鐘)(三)"率領(一軍或諸軍)攻秦,攻齊,入長城,先會(同盟軍)於平陰"這一句也是十分確實不含糊。長城和平陰的讀法是有許多的古記作證據的。這個平陰和《左傳》上所載的那個平陰是一個地方(魯襄公十八年,即紀元前 555 年):"冬十月,會於魯濟,尋溴梁之言,同伐齊。齊侯禦諸平陰,塹防門而守之廣里……丙寅晦,齊師夜遁……十一

月丁卯朔,入平陰遂從齊師。"平陰在這問題裏是山東泰安府有一個平陰縣,那在春秋的時候是屬於齊的。《後漢書·郡國志》泰山郡又連記到平陰(和上面所引《左傳》上的平陰同我們這銘文中的平陰是一個地方)、防門(和上面所引《左傳》上的是一個地方)、長城(和我們的銘文上的長城相同)。《水經注》上說:"濟水自臨邑縣東又北經平陰城西。"《水經注》上又說:"故城西南十里南有長城。"《括地志》上說:"齊長城西起渾州平陰縣。"《竹書紀年》(訂正過的可信本,《水經注》汶水所引)說:"梁惠成王二十年"(即紀元前 351 年)齊築防以爲長城。我把這一段引來是因爲照這樣説好像同我們這篇年代在 351 年以前的銘文有抵觸,可是其實卻並不。我們都很知道,許多的"長城"並不是一下子建築起來的,而是繼續的次第建造而成,在幾個長時間以內慢慢地一段一段連接而成各個較長的單位。所以《竹書紀年》上的記載並不給我們以結論。這一説的確實並且還有另外一段文字做證據,也從《竹書紀年》(《水經注》,汶水所引):"晉烈公十二年(紀元前 408 年)韓景子、趙烈子、翟員伐齊入長城。"所以我們曉得齊之長城並不在 351 年起才開始有的。

《考古學社社刊》4,頁 284—285

○**丁福保**(1938) (編按:貨系 1799 等)平陰見第七四—七六圖,右小布面文二字曰平陰。按:平陰地名有三,《左襄十八年傳》:"齊侯御諸平陰。"杜注:"在濟北。"《左昭二十三年傳》:"晉師在平陰。"此爲東周七邑之一。《水經注》(本地理風俗記):"平陰故晉陰地陰戎之所居。"究此布之所自出,未知三者爲孰是。【文字考】

平陰,背一,二品面異背同,三背文一。《左傳·襄十八年》:"齊侯御諸平陰。"注:"在濟北"。昭二十三年:"齊(引者按:似爲晉字之誤)師在平陰。"《春秋地名考》:"故城在今河南孟津縣。"【錢匯】

右布面右作𡇙,左作𨽡。是平陰二字,平陰齊地,《春秋襄十八年傳》,杜注:"平陰城在濟北盧縣東北。"高士奇曰:隋開皇時,置榆山縣於漢肥城,地屬濟州,大業二年,改曰平陰縣,蓋取古平陰爲名也,今屬東平州。【錢略】

尚齡按:此布右曰平,左曰陰,《左傳·昭公三十三年》:"晉師在平陰。"《春秋地名考》:"故城在今河南孟津縣城東。"【所見錄】

《古錢大辭典》頁 1181,1982

○**鄭家相**(1958) (編按:貨系 1799 等)文曰平陰。見昭二十三年"晉師在平陰"。故城在今河南孟津縣西北四十里。

《中國古代貨幣發展史》頁 93

○**劉翔、劉蜀永**（1982）　（編按：集成 157 䮷羌鐘）《水經注·濟水》：“濟水自臨邑縣東，又北逕平陰城西……平陰，齊地，在濟北盧縣故城西南十里。南有長城，東至海，西至濟。”又《括地志》：“齊長城西起渾州平陰縣，沿河歷泰山北岡至密州琅邪臺入海。”《史記·趙世家》正義亦云：“齊長城西頭在濟州平陰縣。”

《考古與文物》1982-2，頁 50

○**曹錦炎**（1985）　（編按：集成 2577 平陰鼎蓋）平陰，春秋時有兩地：一在齊，地在今山東平陰東北，《左傳·襄公十八年》晉平公會諸侯伐齊，“齊御諸平陰”，即此；洛陽金村戰國墓出土的䮷羌鐘，銘文有“入䣊（長）城，先會于平陸（陰）”，也指此地。一在周，秦漢時仍其名，地在今河南孟津東北，《左傳·昭公二十三年》記王子朝作亂，晉人討之，“晉師在平陰”，即其地。此銘之平陰，當屬後者。這件鼎既為魏國瑕邑所鑄而置於平陰者，則平陰地在戰國後期已入魏，而不再屬周所有。傳世和出土的三晉貨幣中，都有一種小型的方足布，面文為“坪（平）陸（陰）”，當是同地所鑄，亦可佐證。

《考古》1985-7，頁 634

○**黄盛璋**（1989）　（編按：集成 2577 平陰鼎蓋）平陰，曹文以為平陰原為周地，“戰國後期已入魏，而不再屬周所有”，並舉平陰布幣為證，按周比亡時僅有七縣：河南、洛陽、谷城、平陰、偃師、鞏、緱氏，其中正有平陰，此七縣秦滅東西周時，歸秦所有，亦不屬魏。所以平陰直到周亡仍屬周，不屬魏。

《文博》1989-2，頁 27

○**何琳儀**（1992）　（編按：貨系 1799 等）“坪陰”。二字原篆均从“土”，與燕官璽“坪陰都司徒”（《古璽彙編》0013）吻合無間，呈典型燕文字風格。“坪陰”均讀“平陰”。

平陰，見《史記·趙世家》幽繆王“五年，代地大動，自樂徐以西，北至平陰，臺屋墻垣大半壞，地坼東西百三十步”，《正義》：“樂徐在晉州，平陰在汾也。”胡三省云：“余謂上書代地震，則樂徐、平陰皆代地也，烏得在晉、汾二州界？《水經注》徐水出代郡廣昌縣東南大嶺下，東北流逕郎山入北平郡界。意樂徐之地當在徐水左右。又代郡平邑縣，王莽曰平湖。《十三州志》平湖城在高柳南百八十里。《水經注》曰：代郡道入縣城北有潭，淵而不注，俗謂之平湖。平陰之地蓋在此湖之陰也。”其地在今山西陽高東南。趙方足布“平陰”（1799），與《趙世家》“平陰”適可互證。貨幣材料說明胡氏的推斷頗有根據。或以《左·昭二十三年》“晉師在平陰”（今河南孟津）當之，則“平陰”布屬西周國貨幣，恐非是。

　　根據上文分析,文獻中代郡屬趙,又一度屬燕。"安陽"三孔布屬趙,"安陽"方足布屬燕。這與"平陰"方足布屬趙、"坪陰"方足布屬燕,屬同一現象。"平陰"二字是否从"土",正體現了趙、燕兩國不同的文字風格。

　　總之,山西陽高之平陰,可能是趙"平陰"布和燕"坪陰"布的共同鑄造地。

《古幣叢考》(增訂本)頁 37—38,2002;原載《中國錢幣》1992-2

○**湯餘惠**(1993)　　(編按:集成 157 䣄羌鐘)陰,陰字的異體。平陰,地名。古時平陰有二,一在今河南孟津縣東,一在今山東平陰東北,銘文指後者。此平陰是深入齊國腹地必經之地,軍事要衝,《左傳・襄公十八年》:"晉侯伐齊,齊侯御諸平陰。"

《戰國銘文選》頁 11

○**何琳儀**(1994)　　(編按:貨系 1799)十三、"平陰"(1799)。《趙世家》:幽繆王"五年,代地大動,自樂徐以西,北至平陰"。在今山西陽高東南。地亦一度屬燕,燕方足布"平陰"與趙方足布"平陰"實爲一地。周亦有"平陰",見《左傳・昭公二十三年》:"晉師在平陰。"在今河南孟津北。

《古幣叢考》(增訂本)頁 207—208,2002

○**梁曉景**(1996)　　(編按:貨系 1799 等)【平险・平襠方足平首布】戰國晚期青銅鑄幣。鑄行於周王畿,流通於三晉、兩周等地。屬小型布。面文"平险",書體多變。背無文,或鑄數字。"平险",即平陰,古地名,春秋戰國屬周。《左傳・昭公二十三年》:"丁未,晉師在平陰。"在今河南孟津縣東北。1956 年以來山西芮城、陽高、盂縣,河北易縣、靈壽,河南鄭州,遼寧遼陽等地有出土。

《中國錢幣大辭典・先秦編》頁 292

【平陵】陶彙 3・23

○**張政烺**(1935)　　"平陵"爲地名。考古地之名"平陵"者本甚多:一見《左氏》昭公二十八年《傳》:"司馬烏爲平陵大夫",顧棟高謂在今山西文水縣境。一見《漢書・地理志》右扶風下,蓋以昭帝陵墓得名,非先秦舊稱。(又漢蘇建爲平陵侯,見《史》《漢》本傳。《漢書・景武昭宣元成功臣表》謂在武當,則平陵非食地,更非古名也。)一見《說苑》:"齊桓公之平陵"(卷五),則爲齊地,至漢屬濟南郡,以右扶風有平陵,改稱東平陵,見《地理志》。今齊魯出土封泥有"東平陵丞"(羅振玉《陸厝眚古錄》著錄二枚)亦可證,其地在今歷城縣境。此陶既出自臨淄,又明墜氏爲齊田氏之公族,則此平陵自當爲齊地無疑。蓋前爲齊桓之都邑,後爲田氏所承襲。《說苑》卷十三:"田子顏自大術至乎平陵城下,見人子問其父,見人父問其子。田子方曰:'其以平陵反乎?'"足證平陵至戰國之時猶爲田氏所世守也。

《張政烺文史論集》頁 47,2004；原載《史學論叢》2

○**吳振武**(1984) 《説苑》："齊桓公之平陵，見家人有年老而自養者。"漢置平陵縣，地在今山東歷城縣東七十五里。

《考古與文物》1984-4，頁 81

○**杜宇、孫敬明**(1992) （編按：集成 11062 陵右戟）（12）平陵戈"［平］陵右造戈"（《三代吉金文存》20·8·1）。此戈銘首"平"字，位於內近穿處，泐損。依意補之。齊陶文中恆見"平陵"之名。戰國齊邑。《齊乘》："東平陵城，濟南東七十五里，春秋譚國，齊桓滅之，古城在西南與龍山鎮相對。漢爲東平陵縣，右扶風有平陵，故此加東。"地在今章丘境，故址尚存，遺存豐富。

《管子學刊》1992-2，頁 93

【平陽】貨系 1739　集成 11017 平陽左庫戈　集成 11156 平陽高馬里戈　集成 11471 平陽矛

○**丁福保**(1938) 平陽，見第六六—七三圖。《水經·泗水》："又南過平陽縣西。"注："縣即山陽郡之南平陽縣也。"《竹書紀年》曰"梁惠成王二十九年，齊田盼及宋人伐我東鄙，圍平陽"者也。

平陽有六：於春秋時屬魯者三。一宣公八年："城平陽。"注："今泰山有平陽縣。"《漢志》："泰山郡縣東平陽。"一襄公二十一年："邾庶其以漆閭邱來奔。"注："二邑在高平，南平陽縣東北有漆鄉，西北有顯閭亭。"《漢志》山陽郡縣，南平陽。孟康曰："邾庶其以漆來奔，又城漆，今漆鄉是。"一《左氏哀公二十七年傳》："越子使后庸來聘，盟於平陽。"注："西平陽。"疏："高平南有平陽縣。"按杜彼注"高平，南平陽縣"南字屬下讀，與《漢志》合，此疏屬上讀，且以釋西平陽，皆誤。於春秋時屬衛者一。《左氏哀公十六年傳》："衛侯飲孔悝酒於平陽。"注："東郡燕縣東北有平陽亭。"《漢志》東郡縣有陽平，無平陽。於春秋時屬秦者一。《秦本紀》寧公二年"公徙居平陽"。徐廣曰："郿之平陽亭。"《括地志》云："平陽故城在岐州岐山縣西四十六里。"於春秋時屬晉，於戰國時屬韓者一。《左氏昭公二十八年傳》："趙朝爲平陽大夫。"《竹書紀年》晉烈公元年："韓武子都平陽。"《韓世家》："宣子卒，子貞子代立，徙居平陽。"正義曰："平陽晉州城是。"《漢志》河東郡縣平陽，韓武子元孫貞子居此。應劭曰：堯都也，在平河之陽。【癖談】

右布文曰平陽，洪氏不識文字而以異布概之，或名爲顓頊幣，或名爲陶唐幣，皆難取信。元愷按：平陽有六，春秋時屬於魯者三：宣八年"城平陽"，襄二十一年"邾庶其以漆閭邱來奔"。注："二邑在高平南平陽。"哀二十七年傳："越子使后庸來聘,盟於平陽。"屬衞者一。哀十六年傳:"衞侯飲孔悝酒於平陽。"屬秦者一:《秦本紀》寧公二年"公徙居平陽"。屬晉者一,昭二十八年傳:"趙朔爲平陽大夫。"又考《竹書紀年》晉烈公元年:"韓武子都平陽。"《韓世家》:"宣子卒,子貞子代立,徙居平陽。"《史記》秦始紀十三年"桓齮攻趙平陽",十四年"桓齮定平陽"。據此則平陽於戰國時,先屬韓後屬趙,此爲秦併趙地之所鑄。(選青)

《古錢大辭典》頁 2153—2154,1982

平陽,見第六六—七三圖。《春秋》宣八年,"城平陽"。注:"東平陽。"《左傳》哀二十七年,"公及越后庸盟於平陽"。注:"西平陽。"《史記·秦本紀》十三年,"桓齮攻趙平陽"。應劭曰:"在平河之陽,堯所都也。"《吉金録》曰:近時此布多與長子、屯留諸布同出,應是趙鑄,然今所見品類繁多,應非一處之物。【錢匯】

右小布四種,面文二字曰平陽,筆迹互異。按《班志》平陽在河東郡,應劭曰:"堯都也,在平河之陽。"《史記·秦始紀》十三年,"桓齮攻趙平陽",十四年,"桓齮定平陽"。據此則平陽先屬韓,後屬趙,此爲秦併趙地之所鑄。【文字考】

右布面爲平陽二字。按《春秋》平陽有四,宣八年"城平陽"。注:"今泰山有平陽縣,漢初破楚騎於平陽,尋置東平陽縣,屬泰山郡,晉泰始中,改新泰縣,今屬泰安府,此魯之平陽也。"昭二十八年,"趙朔爲平陽大夫"。杜注:"平陽,平陽縣。"應劭《漢書注》:"縣在平河之陽,堯舜並都之,其地今爲平陽府治,此晉之平陽也。"哀十六年,"衞侯飲孔悝酒於平陽"。杜注:"燕縣東北有平陽亭,燕縣今爲胙城,滑縣東南韋城西二十里有平陽城,亦曰平陽亭,與胙城連壤,此衞之平陽也。"《史記》秦寧公二年,"徙居平陽",是爲魯隱公九年也,其地漢爲郿縣地。《水經注》汧水逕平陽故城南是也。今郿縣屬鳳翔府,縣西四十六里有平陽古城,此秦之平陽也。此布至多,未審何國所鑄。因近人獨指平陽爲衞地,爲詳疏之。【錢略】

平陽金,舊譜以爲五金之一。按顓頊帝未嘗都平陽,不應有此號。厥後堯都平陽,則堯時不應有小篆。楊升庵曰:"小篆不始於李斯,自五帝以來有之。"此用修臆説,恐不足據。又程氏所藏二十九種之幣,雖皆銘漢邑,然漢用圜法,不聞鑄此,陸友仁以爲秦分天下爲郡縣時所鑄爲近是。

右平陽幣一品。按《史記·秦本紀》寧公二年,"徙居平陽"。《括地志》:"平陽故城岐州岐山縣西四十里。"此幣疑即秦時平陽地所鑄也。【新編】

尚齡按:此布鄭氏《通志》、羅泌《路史》俱云是高陽金。今考其篆法,右曰平,左曰陽。《春秋》宣公八年"城平陽"。杜注:"西東平陽。"又《左傳·哀公二十七年》:"公及越后庸盟於平陽。"杜注:"西平陽。"《史記·秦本紀》:十三年,"桓齮攻趙平陽"。應劭曰:"在平河之陽,堯所都也。"劉青園曰:"東西平陽俱屬魯。"近日此幣出土甚多,且與長子、屯留諸幣同出,應是趙之平陽所鑄。【所見錄】

　　輝按:平陽有六,於春秋時屬魯者三,(中略)正義曰:"平陽晉州城是。"《漢志》:"河東郡平陽,韓武子元孫居此。"【葉氏古泉雜詠注】

《古錢大辭典》頁 1179—1181,1982

○鄭家相(1958)　文曰平陽。按平陽地名,在春秋不止一處,有魯平陽、衛平陽、晉平陽。但此布與長子、屯留諸布同出土,當屬晉平陽。戰國初,韓都之,在今山西臨汾縣西南三十里。因其在平河之陽,故曰平陽。按此布之開鑄,似在韓都平陽之時,與魏鑄安陽布於安邑爲同期。蓋二地均近汾水下游,爲春秋末期平首銳角方足布區域,二布爲首先遞嬗之布也,其鑄行亦甚久,今日出土之多,與安陽布並稱也。

《中國古代貨幣發展史》頁 97

○袁仲一(1987)　秦簡《編年記》:喜"十五年從平陽軍"。《史記·秦始皇本紀》記載,十三年(公元前234年)"桓齮攻趙平陽,殺趙將扈輒,斬首十萬";十四年又攻平陽,遂"定平陽、武城"。《正義》注:"《括地志》云:'平陽故城在相州臨漳縣二十五里。'又云:'平陽,戰國屬韓,后屬趙。'"故城在今河北臨漳西。

《秦代陶文》頁 32

○裘錫圭、李家浩(1988)　傳世戰國貨幣中,有一批傳爲山東博山出土的刀幣,正面或有"明"字,或無字,背面一般有三個或四個字,字形詭異,不易識讀,舊多稱爲博山刀。1978年,我們發表《戰國貨幣考(十二篇)》,將博山刀

背文第一字釋爲從"邑"從"竹"從"膚"之字,並指出即地名"莒"之專字。此後,汪慶正同志又認出第二字爲"冶",李學勤同志對幣文的釋讀也提出了一些值得重視的意見。此外,1979年在山東莒縣故莒城出有博山刀範,糾正了我們過去懷疑博山刀的"莒"是指齊東境之莒,而不是莒縣之莒的説法。目前可以説,博山刀背文的意義大體上已經弄清楚了。

　　大約在四五十年代之間,山東臨淄曾出一枚跟博山刀很相似的刀幣,但背文地名不是"莒"。此刀現藏山東省博物館,《我國古代貨幣的起源和發展》《古錢新探》等都曾著録(圖一)。

圖一山東淄博
出土平陽刀幣

　　此刀面文是"明"字,背文共四字,稍有殘泐,舊將第一、二字釋爲"安陽",故或稱爲"安陽明刀"。我們在前面提到的那篇文章里,曾根據山東省博物館拓片釋此刀背文爲"平昜(陽)酒宋",現在看來,"酒"字應從汪慶正同志説改釋爲"冶","平陽"之釋則自信不誤。但是,最近發表的有關文章仍釋此刀背文地名爲"安陽",所以草此小文,對我們的舊説作些論證。爲行文方便,以下逕稱此刀爲平陽刀。

　　平陽刀背文第一字可與下列"平"字比較:

亚《説文解字》于部　　　　　平《金文編》326 頁

平《古陶瑣萃》1、1　　　　　平《古匋文香録》5、2

　　上録第一字是《説文》所收古文。《説文》古文主要出自西漢前期故魯都曲阜發現的孔壁古文經。其他三個字見於戰國時代齊國的金文和陶文。其時代、地域都與平陽刀相近。平陽刀背文第一字的字形與上引陶文"平"字十分相似,顯然應該釋爲"平",而不應該釋爲"安"。

　　在戰國文字資料裏,屢見地名"平陽",其中"平"字跟平陽刀之"平"寫法相近的有下録印文和兵器銘文:

平昜(陽)右(?)司馬璽。　　　　印《古璽彙編》11・0062(圖二:1)

平昜(陽)桁。　　　　印《籀齋手拓印譜》1・19・21(圖二:2)

平陽高馬里戈。　　　　戈《三代吉金文存》19・44・1(圖二:3)

　　平陽右(?)馬里印(編按:馬里印,當爲"司馬璽")之"馬"字是齊國特有寫法。平陽桁印之"桁"字還見於《古璽彙編》著録的 0299 號"右桁正木"、0298 號"左桁正木"、0300 號"左桁稟木"等印,朱德熙先生認爲應當讀爲"林衡"之"衡"。1964 年山東五蓮縣盤古城發現"左桁正木"印八枚。戰國五蓮縣在齊國疆域内。平陽戈銘文格式與成陽戈銘文"成陽辛城里戈"相同。《管子・輕重丁》:"管子對曰:召城陽大夫而請之。"《戰國策・齊策六》:"燕人興師而襲齊,王走而之城陽之山中。"成、城古通。成陽戈之"成陽"應即見於《管子》和《戰國策》之"城陽"。由此看來,上揭二平陽印和平陽戈大概都屬於齊國,其地名"平陽"應在山東境内。

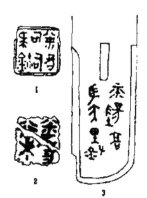

圖二　戰國印文和兵器銘文

　　據文獻記載,先秦時期在山東境内有兩個平陽:

　　一、《左傳》宣公八年曾"城平陽",杜預注:"今泰山有平陽縣。"此平陽即《漢書・地理志》泰山郡的東平陽。《水經注・洙水》:"洙水……又逕泰山東平陽縣……河東有平陽,故此加東矣。晉武帝元康九年改爲新泰縣也。”其地在今山東新泰縣西北。

　　二、《左傳》哀公二十七年“春,越子使舌(引者按:似當爲后之誤)庸來聘,且言邾田,封於駘上。二月,盟於平陽”,杜預注:“西平陽。”孔穎達疏引杜預《土地名》云:“宣八年平陽,東平陽也,泰山有平陽縣。此年平陽,西平陽也,高平南有平陽縣。”《水經注·泗水》:“又南過平陽縣西。”王獻唐說此平陽在今山東鄒縣西三十里,“地爲平陽社”。

　　春秋時期,新泰的平陽屬魯,鄒縣的平陽原屬邾,大概後來也屬魯,前者遠在魯東北境,後者位於魯南。戰國時期,齊占領了魯國東北部大片土地,新泰的平陽應歸齊所有。據前面所說的情況,上揭二平陽印和平陽戈的“平陽”,似應指新泰的平陽。

　　平陽刀的“平陽”與印文的“平陽”寫法相近,很可能也指新泰的平陽。不過從刀文“冶”字的寫法來看,似乎也不能完全排斥是指鄒縣的平陽的可能。

《中國錢幣》1988-2,頁 35—36

○**睡簡整理小組**(1990)　　(編按:睡虎地編年 22-2)平陽,趙地,今河北臨漳西。《史記》載秦攻平陽在十三、十四年。

《睡虎地秦墓竹簡》頁 10

○**杜宇、孫敬明**(1992)　　(編按:集成 11017 平陽左庫戈)平陽戈“平陽高馬里戈”(《三代吉金文存》19·44·1)。黃盛璋先生指出,地名平陽者甚多,齊原無平陽,唯魯有之。王獻唐先生以爲鄒縣西三十里平陽社、平陽寺即其舊名之遺。如此,戰國平陽或在鄒縣境;《左傳》宣公八年,“城平陽”,杜注“今泰山有平陽縣”,知鄒縣以北亦有平陽。

《管子學刊》1992-2,頁 94

○**白光**(1995)　　平陽:1 枚,完好,重 5 克。平首平肩方足布,平襠、束腰。平陽兩字從右向左讀。幣面書平陽爲“平、昜”。

《文物春秋》1995-2,頁 85

平陽

○**何琳儀**(1996)　　(編按:貨系 1730)十二、“平陽”(1730)。《秦始皇本紀》:“十四年,攻趙軍於平陽。”在今河北臨漳西南。又《韓世家》:“貞子徙居平陽。”在今山西臨汾西南,爲戰國早期都城。“平陽”布乃戰國中晚期貨幣,故與韓“平陽”無關。

《古幣叢考》(增訂本)頁 207,2002

○**梁曉景**(1996)　　(編按:貨系 1730)【平陽・平襠方足平首布】戰國晚期青銅鑄幣。鑄行於趙、魏兩國，流通於三晉、燕等地。屬小型布。面文"平陽"，形體繁簡多變。背鑄數字。"平陽"，古地名。布幣鑄行區的平陽有三:(1)戰國韓都，後歸趙。《史記・韓世家》:晉定公十五年(公元前 497 年)，韓"貞子徙居平陽"。在今山西臨汾西南。(2)春秋屬衛，戰國歸魏。《左傳・哀公十六年》"衛侯飲孔悝酒於平陽"。在今河南滑縣南。(3)戰國趙地。《史記・秦始皇本紀》:十三年(公元前 234 年)"桓齮攻趙平陽"。在今河北臨漳西南。1954年以來山西永濟、芮城、陽高、祁縣、盂縣、屯留、襄汾、浮山、洪洞，内蒙古涼城、赤峰，遼寧遼陽，北京，河北靈壽、石家莊、易縣燕下都遺址，河南洛陽、鄭州、新鄭等地有出土，以 1963 年山西陽高出土數量最多，計 1320 枚。

《中國錢幣大辭典・先秦編》頁 243

○**黄錫全**(1998)　　(編按:貨系 1730 等)2、平陽

　　平陽布多出於山西、内蒙、遼寧、河南等省，而尤以山西出土最多。1963年，山西陽高一次就出土 1320 枚。由於韓、趙、魏、衛、齊、秦國均有地名平陽，故學界説法不一。或以爲韓，或以爲趙、魏，或以爲趙，或以爲三四均有，亦或以爲秦。如鄭家相以爲均屬韓鑄，王毓銓以爲韓、趙、魏、衛均有，《先秦編》以爲鑄行於趙、魏二國，朱華以爲全爲趙鑄。究竟應該如何認識，在目前還不能從文字特點上加以區分的情況下，只能根據平陽在所屬國别出現的時間及布幣出土區域來推定。

　　所謂秦、齊平陽，我們暫且不論。韓平陽在今山西臨汾西南，戰國初爲韓都。《史記・韓世家》記韓"貞子徙居平陽"。至韓哀侯二年(前 375 年)"滅鄭，因徙都鄭"。至趙惠文王二十七年(前 272 年)封趙豹爲平陽君(《史記・趙世家》)，知平陽至遲在公元前 272 年後已爲趙有。趙平陽有二:一爲上黨平陽，後爲趙有。二在河北臨漳西南，見《史記・秦始皇本紀》:"十三年，桓齮攻趙平陽，殺趙將扈輒，斬首十萬……十四年，攻趙軍於平陽，取宜安，破之，殺其將軍。桓齮定平陽、武城。"是公元前 233 年此平陽已爲秦有。魏平陽春秋屬衛，見《左傳》哀公十六年:"衛侯飲孔悝酒於平陽。"其地在今河南滑縣東南。公元前 254 年衛爲魏所滅，成爲魏的附庸。

　　根據安陽布，知戰國小方足布在公元前 296 年或 275 年前後已經開始流行。韓平陽何時入趙雖不可確知，但封趙豹爲平陽君則在公元前 272 年。也就是説，韓平陽在入趙之前也可能鑄行過平陽布。所謂魏平陽，屬魏的時間在公元前 254 年至前 225 年(被秦滅)之間，前後約 30 年。戰國晚期正是小方

足布盛行之時,故魏也可能鑄行過平陽布,至於衞國是否鑄行過平陽布,由於目前對衞、鄭、宋等小國的貨幣還缺乏認識,只好存疑。趙地二平陽,戰國中晚期均屬趙,且平陽布多出自趙境,故趙應鑄行過平陽布。

　　根據目前的材料,可以這樣認爲,趙國肯定鑄行過平陽布,魏國也可能鑄行平陽布,只是韓國尚有疑問,且韓平陽所在地也有爭議,或以爲在宜陽附近。爲審慎起見,故暫定韓、趙、魏三國均鑄行過平陽布。

《先秦貨幣研究》頁 125,2001;原載《中國錢幣論文集》3

○**陶正剛、趙滿芳、范宏、郭紅、張玲**(2004)　平陽幣(圖一,4)共 20 枚,右平左陽。平陽,古堯都,春秋羊舌氏邑,《左傳・昭公二十八年》:"晉分羊舌氏之田以爲三縣……趙朝爲平陽大夫。"又《史記・韓世家》:"晉定公十五年……(韓)宣子卒,子貞子代立。貞子徙居平陽。"索隱:"平陽在山西。宋忠曰'今河東平陽縣'。"戰國時屬韓。古城在今山西臨汾縣南。平陽布面文陽字右旁易字頭有△形陽、碗頭形陽或在碗頭形陽中再添加一橫,以這三

4

種情況爲主,與宅陽布的陽字結構相同。所以平陽布爲韓國貨幣。

《文物世界》2004-1,頁 29

【平壽】三代 19・39・1

○**杜宇、孫敬明**(1992)　(4)平壽戈"平壽□右戈"(《三代吉金文存》19・39・1)。平壽古國名,《古本竹書紀年》:"柏杼子,征於東海及王壽,得一狐九尾。"雷學淇《竹書紀年義正》卷九云:"三壽,東海之國名也。郭璞《山海經》注引作王壽,《路史》注云:'即平壽也。'"按:東周"平"字形體,稍泐即易與"三"或"王"相混。各家注釋知之三壽、王壽、平壽爲一地,然未見東周文字也。平壽爲正名,其他皆屬泐奪致訛。《齊乘》:平壽城,濰州西南三十里古城。

《管子學刊》1992-2,頁 92

【平臺】貨系 2479

○**裘錫圭**(1978)　下揭三孔布面文第一字爲"平";第二字前人未釋,據《漢書・地理志》,常山郡有平臺縣,其地在河北省平鄉縣東北,戰國時在趙國疆域內,上引幣文第二字從"宀"從"至",應即"臺"字異體,侯馬盟書"臺"字作(《侯馬盟書》349 頁),幣文"臺"字即由此簡化。

《北京大學學報》1978-2,頁 73

○**郭若愚**（1994）　　10.

　　三孔布一兩幣及十二銖幣,此幣文字自右至左讀,其第二字和《説文》
"握"之古文𢦏相似。《古璽文編》221頁第3143璽有𤔔字,釋"屋"。篆文從
"广"與從"宀"字可相通。故此字可釋爲"屋"。通"陸"。此布幣文即是"平
陸",自右向左讀。《史記・趙世家》:"（成侯）十九年,與齊宋會平陸。"《正
義》:"兖州縣也,平陸城即古厥國也。"按《正義》指的是山東汶上的平陸,晉
的平陸故城在今山西平陸縣東北十五里。

《中國錢幣》1994-2,頁29

○**梁曉景**（1995）　【平臺・三孔平首布】戰國晚期青銅鑄幣。鑄行於趙國,流
通於三晉等地。面文"平臺",古地名,戰國屬趙。《漢書・地理志》常山郡有
平臺縣,在今河北平鄉東北。

《中國錢幣大辭典・先秦編》頁376

【平犢】貨系709

○**何琳儀**（1992）　《貨系》709銘文五字"平犢（?）冥（?）黄（衡）
釿"（圖2）。其中"平犢"疑讀"平陸",隸《漢書・地理志》西河郡。
第二字拓本不清晰,俟親睹原器之後才能論定,志此備參。

　　《古幣叢考》（增訂本）頁105,2002;原載《史學集刊》1992-1

圖2

旨　旨

陶彙3・320　　璽彙3559　　上博二・從甲9

上博三・彭祖8　　郭店・緇衣10　　郭店・尊德26

新收1640之利殘片　　集成11596越王者旨於賜劍

○**何琳儀**（1998）　旨,甲骨文作𠤎(乙一〇五四)。從口從匕,會以匕進食甘
美之意。匕亦聲。或作𠤎(後下一・四),從甘。西周金文作𠤎(匽侯旨鼎)、𠤎
(㝬季良父壺),春秋金文作𠤎(國差𦉜),匕旁加短橫爲飾。戰國文字承襲兩
周金文。(中略)晉璽旨,讀指,姓氏。齊太公之後有指氏。見《姓氏考略》。楚
封泥旨,讀指,姓氏。越王者旨於賜器"者旨",讀"諸稽",越國古姓。睡虎地
簡"旨酉",讀"旨酒"。《詩・小雅・鹿鳴》:"我有旨酒,嘉賓式燕以敖。"

　　古璽旨,讀指,姓氏。

《戰國古文字典》頁1288—1289

○**裘錫圭**（1998）　（編按:郭店·緇衣 10）簡文“旨”讀爲“耆”，“耆、祁”音同可通。“祁寒”猶言極寒、嚴寒。

《郭店楚墓竹簡》頁 133

○**廖名春**（2000）　（編按:郭店·緇衣 10）“旨”，《禮記·緇衣》、“晚書”《君牙》、《經典釋文》作“祁”。明版本也有作“祈”的。嚴可均云:明英宗諱祁鎮,景帝諱祁鈺,故明人彫板因改祁也。裘錫圭曰:“簡文‘旨’讀爲‘耆’。‘耆、祁’音同可通。‘祁寒’猶言極寒、嚴寒。”按裘説“旨”讀爲“耆”是。“耆”當爲本字,“祁”當爲借字。《廣雅·釋詁一》:“耆,强也。”是“耆”作程度副詞之證。《莊子·齊物論》:“鴟鴉耆鼠。”《荀子·非十二子》:“無廉恥而耆飲食。”這種做動詞的用法當從其做程度副詞的用法引申而來。所以,“耆”在先秦有極、特別之義。鄭玄“‘祁’之言‘是也’,齊西偏之語也”説誤,孔傳、正義以“大”釋“祁”,雖未破除假借,但顯然較鄭注爲優。

《郭店楚簡國際學術研討會論文集》頁 112—113

○**曹錦炎**（2000）　（編按:文物 2000-1,頁 71 圖 1.4 越王諸稽不光劍）銘文中“唯尸邦旨（稽）大”,“尸邦”讀爲“夷邦”,指蠻夷之邦。越國一直被視爲蠻夷,如《左傳》哀公二十六年,文子問越臣皋如:“君以蠻夷伐國。”《荀子·儒效篇》説:“居楚而楚,居越而越,居夏而夏。”越國大夫范蠡自己也説:“昔吾先君固周室之不成子也,故濱於東海之陂、黿鼉魚鼈之與處,而蛙黽之與同渚。”所以,越王自稱屬於“夷邦”。“旨”讀爲“稽”,考核之意,如《易·繫辭下》:“於稽其美,其衰世之意邪?”王注:“於稽,猶考也。”《周禮·夏官·大司馬》:“簡稽鄉民,以用邦國。”是其例。銘文意思是説夷邦之中數我爲大。

《文物》2000-1,頁 72

○**白於藍**（2002）　（編按:郭店·緇衣 10）筆者以爲,“耆、祁、旨”並當讀作“淒”。上古音“耆、祁、旨、淒”並爲脂部字,古音很近。典籍中从妻聲之字可與从旨聲之字相通,（中略）可見,“耆、祁、旨”可以讀作“淒”。“淒”或作“凄”,朱駿聲《説文通訓定聲》:“淒,俗字亦作凄。”“淒（或凄）”字古有寒冷之義。《左傳·昭公四年》:“春無淒風。”杜預《注》:“淒,寒也。”《文選·思舊賦》:“寒冰凄然。”李善《注》:“凄,冷也。”《正字通·水部》:“淒,寒涼也,通作凄。”可見,“淒（或凄）寒”乃同義聯綿詞。郭店楚簡《緇衣》之“旨（淒）滄”,《説文》:“滄,寒也。”“淒滄”一詞見於古代典籍。

《華南師範大學學報》2002-5,頁 101

○**張光裕**（2002）　（編按：上博二·從甲9）"旨"或讀作"稽"，用爲"啟"。

《上海博物館藏戰國楚竹書》（二）頁223

○**劉釗**（2003）　（編按：郭店·緇衣10）"旨"讀爲"耆"，古"耆"從"旨"得聲（"耆"字中之"匕"兩用，既用爲"老"字下部，又用爲"旨"字上部）。"耆"又通"祈"。"滄"字訓爲"寒"，"耆寒、祈寒"猶言"極寒"。

《郭店楚簡校釋》頁55

△**按**　郭店簡《緇衣》"晉冬耆寒"，上博八《李頌》1號簡作"旟各之旨寒"，可以參看。"旨"當讀作"耆"，與今本"祈"音近可通，裘錫圭之説可從。

【**旨不光**】集成11641越王嗣旨不光劍

○**曹錦炎**（1995）　"旨不光"，疑爲"者旨不光"之省。"者旨"讀爲"諸稽"，是越王的氏，"不光"是名，所以劍首銘可以省去氏而單稱名。

《文物》1995-8，頁74

○**曹錦炎**（1998）　作器者劍格銘作"越王嗣旨不光"，劍首銘則作"嗣越不光"，可知"越王嗣（嗣越）"是身份，"旨不光（不光）"是人名。所謂"越王嗣"，即越王的法定繼承人，可知其作器時尚未即位。越國有嗣王制度，上海博物館收藏的一件越王大子矛（《銘文選》561），銘稱"于戉（越）台（嗣）王"，可以爲證。"旨不光"，疑爲"者旨不光"之省。"者旨"讀爲"諸稽"，是越王的氏，"不光"是名，所以劍首銘可以省去氏而單稱名。

《容庚先生百年誕辰紀念文集》頁559

【**旨殹**】文物2000-1，頁71圖1.4越王諸稽不光劍

○**曹錦炎**（2000）　越王者旨不光，"者旨"讀爲"諸稽"，是越王的氏，"不光"爲名。筆者曾據湖北江陵張家山戰國墓出土的越王嗣旨不光劍，結合傳世品作過討論，認爲越王不光即越王翳，"翳"與"不光"乃一名一字，"旨不光"當爲"者旨不光"之省寫。香港新出現的這件越王劍，其王名劍格作"者旨不光"，劍首作"旨殹"，證實了這一觀點。越王不光即越王翳由此可成定論。至於名與字同見一器的例子其他兵器也有，如吳王光趄戈、攻敔王光韓劍，"光"與"趄"（韓）即一名一字。1974年於安徽廬江湯池出土的攻敔王光劍，銘文爲"攻敔王光自乍（作）用鐱（劍）。逗余允至，克戕多攻"。名與字也是分列兩處，正與此劍相似。此外，劍首銘"旨殹"即"者旨殹"的省寫，應該是沒有什么問題的。

　　事實上，越王翳的兵器前幾年已有發現。1994年春，張光裕先生於香港市肆見到一件越王劍，劍作厚格式，銘文在劍格兩面，鳥蟲書："戉（越）王戉

（越）王旨醫旨醫。”《東周鳥篆文字編》在付梓時曾予補入（編號 148）。此劍現爲臺灣高雄某氏收藏。“旨醫”即“者旨醫”之省寫。醫、殹與毉，均从医聲，故可異寫。

《文物》2000-1，頁 72

嘗 嘗

集成 4646 十四年陳侯午敦　　集成 4649 陳侯因咨敦　　郭店·魯穆 5　　郭店·唐虞 14

○何琳儀（1998）　《説文》：“嘗，口味之也。从旨，尚聲。”齊金嘗，見《爾雅·釋天》：“秋祭曰嘗。”注：“嘗，嘗新穀。”

《戰國古文字典》頁 682

喜 喜

集成 9700 陳喜壺　　集成 11351 十六年喜令戈　　集成 11523 郾王喜矛

陶彙 5·120　　陶彙 3·877　　陶彙 3·881　　貨系 353　　貨系 352

璽彙 0890　　璽彙 1372　　璽彙 0395　　包山 170　　新蔡零 642　　新蔡甲三 32

○吳振武（1993）　（編按：集成 11351 十六年喜令戈）此戈上的地名“喜”應該讀作“釐”。“喜、釐”二字古音極近，典籍中常見从“喜”得聲的字和“釐”相通假。如：周僖王、魯僖公、齊僖公、晉僖侯等，《史記》皆作“釐”；《漢書·高帝紀》“魏安釐王”下顏注曰：“釐讀曰僖。《漢書》僖謚及福禧字，例多爲釐。”又同書《禮樂志》郊祀歌十九章之七“媪神蕃釐”，顏注曰：“釐讀曰禧。”按“僖、喜”二字《説文》同訓樂，朱駿聲認爲“僖”即“喜”字，“因以爲謚，故从人”。總之，從典籍看，“喜”字可以讀作“釐”是沒有問題的。

　　春秋時釐屬鄭，其地在今河南省鄭州市西北 15 公里處。《春秋·隱公十一年》：“夏，公會鄭伯於時來。”杜注：“時來，郲也。滎陽縣東有釐城，鄭地也。”時來即釐，《左傳》作郲，《公羊傳》作祁黎。戰國時釐先屬魏，後屬韓。《水經注·濟水》引《竹書紀年》：“（梁）惠成王十三年，王及鄭釐侯盟於巫沙，以釋宅陽之圍，歸釐於鄭。”宅陽是魏地，梁惠王十三年（公元前 357 年），魏爲

“釋宅陽之圍”，和韓“盟於巫沙”，遂將釐歸於韓。在目前所見到的三晉兵器中，令爲韓氏者大多是韓國兵器，故黃盛璋先生推測此戈屬韓大概是正確的。

《長春文史資料》1993-1，頁 95

○**蔡運章**(1995)　（編按：貨系 353 等）【喜・平肩空首布】春秋中晚期青銅鑄幣。鑄行於周王畿。屬大型空首布。面文“喜”，形體稍異。背無文。1970 河南伊川出土 5 枚。

《中國錢幣大辭典・先秦編》頁 152

○**劉信芳**(1995)　《包山楚簡》喜氏之人不多，有喜沱(170)、喜君(54、56、165、177)。喜君是封君，其下有屬官“司敗、宮大夫”等(參 47、20 簡)。《左傳》未見喜氏楚人，其得氏之源尚不清楚。《通志・氏族略五》：“釐子氏，出楚釐子，觀起之後，芈姓。”

　　“釐”即“僖”，《左傳》“僖公”，《史記》《漢書・五行志》並作“釐”。

《江漢論壇》1995-1，頁 61

○**何琳儀**(1998)　喜，甲骨文作𢀛(甲一七八)。從壴(鼓之初文)，口爲分化符號。壴(鼓)，見紐；息，曉紐。曉、見爲喉、牙通轉。曾侯乙樂律鐘“某鐘之喜”或作“某鐘之壴”，均讀“某鐘之鼓”，是其確證。喜爲鼓(壴)之準聲首。金文作𢀛(天亡簋)。戰國文字承襲金文。燕系文字由齊系文字演變，即𢀛、𢀛、𢀛、𢀛。中閒豆形，參見壴、豈、鉅、壴等燕系文字。(中略)燕兵喜，燕王喜。見《史記・燕世家》。周空首布、十六年喜令戈喜，讀釐。《左・莊八年》“僖公”，《史記・齊太公世家》僖作釐。《左・僖廿三年》：“僖負羈。”《韓非子・十過》僖作釐。是其佐證。《水經注・濟水》引《竹書紀年》：“歸釐於鄭。”在今河南鄭州西北。包山簡喜、“喜沱”，地名。曾樂律鐘喜，或作壴，讀鼓。羽音之高八度。

《戰國古文字典》頁 3

【喜喜】楚帛書

○**饒宗頤**(1985)　喜字，一般摹本或析爲二字，非是。喜喜有重文號，可讀作譆譆。原絹裂開，喜字析爲兩處。《左・襄三十年傳》：“或叫於宋大廟，曰譆譆，出出；鳥鳴於亳社，如曰譆譆。甲午，宋大災。”“譆譆”爲災異出現驚歎之詞。

《楚帛書》頁 48—49

○**何琳儀**(1989)　饒據殘文“喜﹦”補“喜喜”重文，又引《左傳》襄公三十年“或叫於宋大廟，曰譆譆，出出；鳥鳴於亳社，如曰譆譆”謂重文讀“譆譆”，可信。杜注：“譆譆，熱也。”“喜”與上句“不得其參職”之“職”叶韻，屬之部。

《江漢考古》1989-4，頁 49

○**曾憲通**（1993）　此字適當絹帛斷裂處，一般摹本誤釋爲二字，其實應是一帶重文符號之字。從結體看，疑是喜字，原或作喜₌，曾侯乙編鐘鼓字或作壴、或益口旁作嘼，與此形甚近。選堂先生據《左襄三十年傳》，以爲喜₌讀作譆譆，是人們看到災異出現時所發出的驚歎之詞。

《長沙楚帛書文字編》頁 114

○**劉信芳**（1996）　喜喜猶言“淒淒”，蓋疊韻連語也。《詩·鄭風·風雨》：“風雨淒淒，雞鳴喈喈……既見君子，云胡不喜。”“喜”與“淒”同韻。《廣雅·釋訓》：“湆湆、霝霝、霅霅，雨也。”皆狀雨聲爲辭。

《中國文字》新 21，頁 87

憙　憙　憙

十鐘　近出 1179 十一年皋落戈　璽彙 3223　包山 7
郭店·語一 45　上博一·詩論 18　上博五·三德 7　上博六·天乙 5

○**中大楚簡整理小組**（1977）　（編按：望山 1·27）憙，憙的簡體。《説文》：“憙，説也。”第 111 簡“又（有）憙於志，憙於事”（編按：按見 27 簡）。因所問皆吉，故喜悦。

《戰國楚簡研究》3，頁 33

○**何琳儀**（1998）　憙，從心，喜省聲。憙之省文。喜、憙、憙實爲一字之孳乳。包山簡地名喜或作顛、鄭等，可資參證。憙與《説文》：“憘，小怒也。從心，壴聲。”並非一字。楚簡憙，除人名外均讀喜，喜悦。

《戰國古文字典》頁 3—4

○**曹錦炎**（2007）　（編按：上博六·天甲 6）“憙”，即“喜”字異構，亦見郭店楚簡《性自命出》《語叢（一）》《語叢（二）》等篇。

《上海博物館藏戰國楚竹書》（六）頁 319

壴　壴

集成 10583 郾侯載器　曾侯乙鐘　曾侯乙石磬
璽彙 0368　璽彙 5274　陶彙 6·110
包山 2　郭店·老丙 12　上博三·中弓 11

○**裘錫圭、李家浩**（1981） （編按：集成 300 曾侯乙編鐘）此音階名在鐘磬銘文中有壴（中一 3、4，又屢見於磬銘）、喜（中一 4、9，又見於中層二組多器）、鼓（中一 11，中三 3、4）、鼓（中三 6）等不同寫法。"壴"象鼓形，實即"鼓"之初文。古文字加不加"口"往往無別，"鼓"即"鼓"，"喜"在此亦用作"壴"（鼓）字。

《音樂研究》1981-1，頁 21

○**羅福頤等**（1981） （編按：璽彙 5274）壴　與王孫鐘壴字同。

《古璽文編》頁 106

○**何琳儀**（1998）　壴，甲骨文作🥁（甲二七七〇），象豎立之鼓形，鼓之初文。《說文》壴乃壴（尌）之省文，與鼓之初文並非一字。參尌字。西周金文作🥁（彭女簋彭作🥁），春秋金文作🥁（王孫鐘）。戰國文字承襲兩周金文。燕系文字訛變甚巨，參喜、豐、鈕等字。燕侯載簋壴，讀鼓。燕璽"壴車"，讀"鼓車"。《漢書·韓延壽傳》"鼓車歌車"，注："如今郊駕時車上鼓吹也。"韓陶壴，讀鼓，姓氏。春秋鼓子鳶鞮之後，子孫以爲氏。見《萬姓統譜》。信陽簡、曾器壴，讀鼓。包山簡壴，讀鼓，姓氏。

《戰國古文字典》頁 478—479

○**荊門市博物館**（1998） （編按：郭店·老丙 12）喜，簡文字形與金文"喜"字形近。讀作"矣"。

《郭店楚墓竹簡》頁 122

○**裘錫圭**（1998） （編按：郭店·老丙 12）簡文似以"壴"爲"喜"。

（編按：郭店·性自 36）"壴"應讀爲"矣"。《唐虞之道》篇以"歖"爲"矣"（參看該篇注六），此"壴"字當音"喜"，亦應讀爲"矣"。

《郭店楚墓竹簡》頁 122、183

○**劉信芳**（2003） （編按：包山 2）壴：讀爲"僖"。《通志·氏族略五》以謚爲氏："釐子氏，出楚釐子，觀起之後，芈姓。楚有大夫釐子班。"釐子即僖子，《春秋》三傳之"僖公"，《史記》《漢書》作"釐公"。郭店簡"壴"多讀爲"矣"，乃是以"壴"爲"喜"之省形。

《包山楚簡解詁》頁 8

○**李朝遠**（2003） （編按：上博三·中弓 5）"壴"，從士、從豆省。裘錫圭認爲"應讀爲'矣'。《唐虞之道》篇以'歖'爲'矣'，此'壴'當音'喜'，亦應讀爲'矣'"（《郭店楚墓竹簡》頁 183）。

《上海博物館藏戰國楚竹書》（三）頁 267

△**按**　《說文》壴部："壴，陳樂立而上見也。从中从豆。"戰國文字中多用作

“鼓、矣”,與《説文》所訓並不一致。

尌 尌

陶彙 6·80　石鼓文·吾水　十鐘　郭店·語三 46

○**何琳儀**(1998)　尌,从又从木,會以手立木之意,豆聲。“樹立”之樹的初文。《説文》:“樹,生植之總名。从木,尌聲。𣙗,籀文。”是其確證。尌所从又,或作寸形,或作右形,均屬繁化。《説文》:“𣇜,立也。从壴从寸,持之也。讀若駐。”“壴,陳樂立而上見也。从中、豆。”許慎分析壴之構形有誤。壴應爲尌之省文,可隸定壴。其“陳樂立而上見”乃鼓字之義訓。許慎張冠李戴,殊爲桀錯。參鼓字。石鼓尌,讀樹,樹木。

《戰國古文字典》頁 372

△**按**　戰國文字中“尌”異體或从木,一般用作“樹”。

彭 彭

十鐘　璽彙 3513　陶彙 3·737　集成 12113 鄂君啟舟節

包山 133　上博三·彭祖 3　新蔡甲三 41

○**何琳儀**(1998)　彭,甲骨文作(戩四三·一)。从壴(鼓),三斜畫表示鼓聲聯續不斷。會意。金文作(彭女簋)。戰國文字承襲金文。鼓之飾物或省作形,三斜筆或省作。《説文》:“,鼓聲也。从壴,彡聲。”許慎所謂“彡聲”,不知何據。戰國文字彭,姓氏。大彭爲商諸侯,以國爲姓,蓋陸終第三子彭祖,即大彭也。見《元和姓纂》。鄂君舟節“彭射”,讀“彭澤”,地名。見《漢書·地理志》豫章郡。在今江西湖口之東。

《戰國古文字典》頁 718

△**按**　楚簡“彭”多用爲姓氏,如包山簡、新蔡簡以及上博四《彭祖》中的“彭”均是如此。

【彭射】集成 12113 鄂君啟舟節

○**郭沫若**(1958)　“彭㴰”殆即彭蠡,今之鄱陽湖。

《文物參考資料》1958-4,頁 4

○**于省吾**(1963)　“㴰”字从彳作彳,舊誤以爲从“弓”。郭文謂“彭㴰”“殆即彭蠡”,但“庚”字舟節凡十一見,車節凡九見,均指所經過的都邑言之,如以“彭彿”爲“彭蠡”,則不應稱“庚”甚明。

《考古》1963-8,頁 445

○**黃盛璋**（1964）　彭彿應爲彭澤,李平心先生所説甚是,依上古音韻構擬“彿”爲 ngiǎk,“澤”爲 diǎk,同在魚部,而“蠡”爲 lieg 在佳部,與彿聲、韻皆遠。但彭蠡澤仍應如《漢書・地理志》所説爲彭澤縣西之鄱陽湖,譚文否定彭蠡爲鄱陽湖,以爲係江北諸湖,所舉證據有二:其一是《禹貢》“漢水東匯爲彭蠡”,然此乃古代人地理知識錯誤,將江、漢誤混爲一,如《水經》謂“沔水與江合流,又東過彭蠡澤”,《水經注》也把江漢合流後以下之長江稱爲沔水;江、漢合流匯爲彭蠡,並不能否定非鄱陽,也不能肯定非在江北不可。其二是漢武帝自尋陽出樅陽過彭蠡。按鄱陽湖與江相連,故有湖口之名,漢彭澤縣即在其東,漢武帝沿江東下,仍可過彭蠡湖,不能説非走江北諸湖不可。

《歷史地理論集》頁 274,1982;原載《中華文史論叢》5

○**劉和惠**（1982）　“彭彿”,愚以爲李平心先生所説即彭澤近之。彭澤是一個邑聚,戰國時可能已成爲瀘江一帶物產的集散地。鄂君啟是個大販運商,節文所“庚”之地,一是較大之邑聚,一是必經之交通要道關口。如果彭澤不是邑聚,鄂君的船隊就無必要在此停靠了。

《考古與文物》1982-5,頁 63

○**孫劍鳴**（1982）　彭彿,郭云:“彭彿殆即彭蠡,今之鄱陽湖。”譚以彭彿爲今之望江。根據《節銘》用字之例,凡用“庚”字,其下地名均在陸地。如是通過鄱陽湖,當曰“逾彭彿”,今曰“庚彭彿”,知彭彿是地名而非湖名。按現在地形,望江距彭蠡直線約 70 里,其西的彭澤,距彭蠡不過 30 里,而且密邇江邊,不若望江距江較遠。故我以爲彭彿當爲今之彭澤。

《安徽省考古學會會刊》6,頁 30

○**李零**（1986）　經彭彿（估計應是古彭澤湖,即今鄱陽湖附近的地名）和松陽（今安徽樅陽縣）。

《古文字研究》13,頁 370

○**張中一**（1989）　“庚彭彿”之地當在“邔”地之東,“松昜”之西,大江之畔。《水經注》載:彭“江水東經,忘置山南,江之右岸有城陵山,山有故城”。清同治《臨湘縣志》載:“商之大彭故城在城陵磯。”岳陽市博物館曾在城陵磯一帶進行考古調查,采集了一批印紋硬胎陶片、原始青瓷片和一些夾粗砂紅胎陶片,具有古越族文化因素。推之,“彭”屬古越族的地域。“彿”字從“弓”從

“弜”，即古“強”字，通“疆”。“彭弜”即彭的疆域，是個泛稱地名。

《求索》1989-3，頁 127

○**朱德熙、李家浩**（1989）　節銘“彭射”是地名。從節銘所記府商先後所經城邑的地理位置看，“彭射”應該是夏水（漢水下游的別名）入長江口處到樅陽（今安徽省樅陽縣）之間長江邊上的一個城邑。李平心認爲就是《漢書・地理志》豫章郡屬縣“彭澤”，黃盛璋等從之。按“射”和“澤”都是古魚部字，聲母同屬定母，古音相近；所以古書裏从“睪”得聲的字常常跟“射”字互相假借。例如《詩・周南・葛覃》“服之無斁”，“斁”字《禮記・緇衣》引作“射”。又《魯頌・泮水》“徒御無斁”，陸德明《釋文》：“斁，本又作射，又作斁、作懌，皆音亦。”總之，從字形、字音和地理位置看，把“彭弜”考定爲彭澤是可信的。

《朱德熙古文字論集》頁 196—197，1995；
原載《紀念陳寅恪先生誕辰百年學術論文集》

○**湯餘惠**（1993）　彭射，即彭澤，亦即彭蠡，射聲與睪聲相通。節銘彭澤之前用“庚”字，當是邑聚而非澤名，譚其驤考證其地當在江北，疑即六朝時代的大雷戍，今安徽省望江縣。

《戰國銘文選》頁 47

△**按**　節銘“彭射”即彭澤。

嘉　嘉

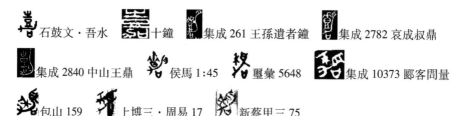

石鼓文・吾水　　十鐘　　集成 261 王孫遺者鐘　　集成 2782 哀成叔鼎　　集成 2840 中山王鼎　　侯馬 1:45　　璽彙 5648　　集成 10373 鄅客問量　　包山 159　　上博三・周易 17　　新蔡甲三 75

○**強運開**（1935）　嘉，薛、趙、施、楊均釋作嘉。《說文》：“嘉，美也，从壴，加聲。”考黿公鐘作𠺝，沇兒鐘作𠺝，均與石鼓文相近，可以爲證。

《石鼓釋文》壬鼓，頁 2

○**張政烺**（1981）　（**編按**：集成 2782 哀成叔鼎）《說文》：“嘉，美也。”字在此是美稱之詞。

　　《方言》一：“自關而西，秦晉之間，凡物之壯大者而愛偉之，謂之夏；周鄭之間謂之嘏。”嘉與夏、嘏音義相近。此銘對所嘉美之人稱嘉，猶《子夜歌》對

所歡愛之人稱歡。觀下文言"嘉是惟哀成叔",知嘉不是人名。嘉字這一用法《侯馬盟書》有之,唐蘭同志嘗輯得三例:

一、十又(有)一月□□乙丑,敢用元□牛(告)丕顯皇君晉公□□。余不敢……□忌定宮……□嘉之□。

二、義敢不半(布)其腹心,以事其宗;而敢不盡從嘉之明,定宮平峙之命……

三、没嘉之身及子孫,或復入之於晉邦之地者……(《文物》1972 第 8 期 31—35 頁)

唐蘭同志説:"把上面的三類載書綜合起來看,可以看到主盟的人是嘉。"是對的,又説"嘉應是趙嘉,趙嘉是趙桓子"則是錯誤的。中國人有個傳統的習慣,忌諱稱人的名字,對長上尤其如此,總要想種種方法避開,決不直稱其名。如果真是趙桓子主盟,在盟書中也不會這樣出現他的名字。嘉字和古音相同,殷末周初銅器銘文中常見庚字,舉例如:

庚錫鳥玉,用乍且癸彝。《貞松堂集古遺文》卷五·13 頁鳥且癸簋

……庚錫孝……用乍且丁……彝。《貞松堂集古遺文》卷八·28 頁庚且丁卣

……甲午,羹婦商貝于庚,用乍辟日乙尊□彝。《殷文存》卷下 26 頁羹婦瓿

丁未,庚商延貝,用乍父辛彝。《續殷文存》卷下 38 頁貞下丁未角

庚商小子夫貝一朋,用乍父己尊彝。《續殷》上 62 頁小子夫尊

癸巳,庚商小子□貝十朋,才□自。惟庚令伐人方緐。蔑曆,用乍文父丁尊彝,才十月彡。《續殷》上 49 頁貞文父丁簋

丁亥,庚商又正要要貝才穆,朋二百。要揚庚商,用乍母己尊鼎。《考古》1974 年第 6 期 366 頁要方鼎

以上七篇銘文非一人所作,一地所出,而皆有庚字。在同一時期銘文中,常見王、子、侯、卿事等賞賜之事,這個庚的地位與之相當,有錢有勢,肯定是大貴族,但未必是同一個人。我疑心庚和嘉是一個詞,用字不同。

《古文字研究》5,頁 28—29

○**李學勤**(1983)　　(編按:集成 2782 哀成叔鼎)鼎銘"嘉"係作器者名;"哀成叔"是謚,可能即本墓墓主,兩者並非一人。"康公"也是謚,如張政烺先生所論,當爲周朝卿大夫。推測嘉是鄭國女子,哀成叔爲其夫,與其君康公同死。

《新出青銅器研究》頁 237,1990;原載《歐華學報》1983–1

○**蔡運章**(1985)　　(編按:集成 2782 哀成叔鼎)"嘉"是作器者的名字,當是鄭公子嘉。(中略)這件鼎銘中涉及的嘉、哀成叔和康公三個人物,都頗爲重要,需要進

一步探討。

　　春秋時名叫"嘉"的人很多,但從銘文的内容來看,作器者"嘉"是鄭國生的人,年少時就死去父母,離開鄭國,來到周王室成爲康公的家臣,且與哀成叔有着密切的關係。因此,我們認爲,他可能是鄭國的大夫公子嘉。

《中原文物》1985-4,頁 56、59

○**何琳儀**(1998)　《説文》:"嘉,美也。从壴,加聲。"戰國文字變異甚巨,簡繁莫定。壴旁多有省變,加旁或附 𠂆、⟍、乀 爲飾,或以又、心替換加所从口旁。中山王鼎嘉,褒獎。

《戰國古文字典》頁 844

○**濮茅左**(2003)　(編按:上博三·周易 17)"嘉",或从"禾",《包山楚簡》作"𥝝(七四)、𥝿"(一五九);《侯馬盟書》作"𡥀、𡥀",形同。《爾雅·釋詁》:"嘉","美也""善也"。《象》曰:"'孚于嘉,吉',位正中也。"

《上海博物館藏戰國楚竹書》(三)頁 160

鼓 𧯶

集成 144 越王者旨於賜鐘　　包山 95　　上博一·詩論 14

上博二·容成 48　　上博四·曹沫 52　　睡虎地·爲吏 22 肆

○**何琳儀**(1998)　鼓,甲骨文作𪔛(京都一八三九)。从攴从壴,會擊鼓之意,本爲動詞。壴亦聲。西周金文作𪔛、𪔔(師㝨簋),从攴爲从攴之變,爲小篆所本。春秋金文作𪔛(蔡侯申鐘)、𪔔(王孫𦤳鐘),从喜爲从壴之繁化(參喜字)。戰國文字承襲春秋金文。

《戰國古文字典》頁 479

鼕 𪔡

詛楚文

○**何琳儀**(1998)　詛楚文鼕,鼕鼓。或讀告。

《戰國古文字典》頁 180

鼕 鼕 鼙

 包山 145　　信陽 2·3

○**白於藍**（1996）　(編按:包山 145)簡（145）有字作"鼕"，字表隸作"鼙"，無釋。按此字右旁从卑没有問題。但左旁應爲"壴"。古文字中許多字都加"口"繁化，這種"口"只是一種羨符，並無實在意義，"壴"字本身就常有這種下部加"口"的繁體。如金文"鼓"字就有如下之形體：

　　鼓 沇兒鐘　　鼓 郘王子鐘　　鼓 王孫𢉷鐘

　　這種加"口"的"壴"字一直保持到漢代，如馬王堆漢墓帛書《老子》甲後二一七有"鼓"字作"鼓"，《老子》乙前一二上作"鼓"，前一形當爲後一形之省寫。

　　簡文之字應隸作"鼕"(編按:當爲"鼙")，"鼙"象鼓形，實即"鼓"之初文，故"鼓、壴"可通用。隨縣曾侯乙墓鐘磬文所記音階名"鼓"有如下幾形：

　　鼓　　鼓　　鼓

故簡文之"鼙"應即"鼙"字，字見於《説文》，在簡文中用作姓氏字，疑當讀爲卑，古有卑姓，見於《通志·氏族略》。

　　　　　　　　　　　　　　　　　　　《簡帛研究》2，頁 43

△**按**　信陽簡中的鼓，整理者釋作"鼓"，田河釋爲"鼕"（《信陽長臺關楚簡遣策集釋》29—30 頁，吉林大學 2004 年碩士學位論文），可從。此墓出土一件小鼓，當是此處所記。

鼗

　　鼗 包山 95

○**何琳儀**（1998）　鼗，从壴（鼓之初文），兆聲。鞀之異文。《説文》："鞀，鞀遼也。从革，召聲。鼗鞀或从兆。鼗，鞀或从鼓从兆。磬，籀文鞀从殸、召。"小鼓而有柄可搖自擊。包山簡鼗，人名。

　　　　　　　　　　　　　　　　　　《戰國古文字典》頁 313

△**按**　《説文》革部："鼗鞀或从兆，鼗鞀或从鼓从兆，磬籀文鞀从殸召。""壴"

即鼓之象形初文,因此包山簡"䚟"即"鼗",亦即"鞀"之異文。卷三革部"鞀"字條重見。

豈 豈

豈睡虎地·爲吏 10 伍

○**何琳儀**(1998)　　睡虎地簡豈,反詰副詞。《玉篇》:"豈,安也。"

《戰國古文字典》頁 1198

豆 豆

陶彙 3·302　　陶彙 3·548　　陶彙 3·519

望山 2·45　　睡虎地·答問 27　　信陽 2·20　　郭店·老甲 2

○**郭若愚**(1994)　　豆,《説文》:"古食肉器也。"《爾雅·釋器》:"木豆謂之豆。"《公羊傳·桓四年》:"諸侯曷爲必田狩,一曰乾豆。"注:"豆,祭器名。狀如鐙。"此謂二組木豆的供器。

《戰國楚簡文字編》頁 71

○**何琳儀**(1998)　　豆,甲骨文作豆(乙七九七八反),象盛食物高足盤之形。或作豆(甲一六一三),上加短橫爲飾。金文作豆(豆閉簋)、豆(周生豆),豆足或加短橫爲飾。戰國文字承襲商周文字,其足或訛作豆、豆、豆、豆、豆等形。燕系文字作豆,尤爲特異。(**中略**)齊陶豆,量名。《左·昭三年》:"四升爲豆。"齊陶"豆里",地名。

《戰國古文字典》頁 369

桓 桓

桓楚帛書　　桓包山 250　　桓包山 266

桓郭店·性自 8　　桓上博三·彭祖 8

○**饒宗頤**(1968)　　(**編按:楚帛書**)天桓,以鄂君啟節桓字證之,乃桾字,即天桾。《爾雅·釋天》:"彗星爲欃槍,或謂之掃星,妖星也。"《天官書》云:"三月生天桮,長四尺。歲星之精出東北四方,其出則天下兵爭也。"蘇林曰:"桮音榔打之桹。"顏師古曰:"桮音白講反。"《逸周書・器服解》桮禁豐一。楚龍節背文:"一桮飲之。"鄂君車節:"如桮徒,屯廿桮以當一車。"其字作榙與桮,此作桮,應是一字。天桮與天欃、天槍,皆爲彗星。《九歌》:"登九天兮撫彗星。"彗星春秋以來屢見記載。《史記・天官書》太史公曰:"春秋二百四十二年之閒,彗星三見。"又《齊世家》齊景公語晏子:"茀星將出,彗星何懼乎?"楚繒書年代屬戰國初期,有彗星紀錄,自無疑問。《漢書・天文志》:"石氏:槍、欃、桮、彗異狀,其殃一也,必有破國亂君。"《晉書・天文志》引《河圖》云:"歲星之精爲天桮,至蒼彗凡七星。"英倫斯坦因敦煌卷,所見星圖(S・3326),最末爲天桮,圖之如下:⌒

《史語所集刊》40 本上,頁 12—13

○**李學勤**(1982)　(編按:楚帛書)"天桮將作傷","天桮",饒宗頤先生《楚繒書疏證》已釋出,係一種彗星,詳見於《開元占經》卷八十五《天桮》。

《湖南考古輯刊》1,頁 68

○**許學仁**(1983)　(編按:楚帛書)繒書甲篇第二行有:"天桮將乍蕩。"桮饒宗頤疏證釋"桮",以"天桮"當天欃、天桮字。謂繒書桮字,與鄂君啟節、楚龍節題銘榙、桮字一也。按:鄂君啟節云:"女(如)桮徒,屯廿桮台(以)堂(當)一車。"楚龍節云:"一桮飲之。"桮、榙、桮皆檜字,岔从八、言,爲詹之初文(參橹字條),與桮所从迥異,饒氏不察,誤合爲一。

嚴一萍新考疑爲《爾雅・釋天》"天根"之"根",云:"《國語・周語》:'天根見而水涸。'此言'天根將作蕩',與下文'有淵厥涅',即水涸之意,文意相承。"嚴氏之說是也。龍宇純引《說文》艱字籀文作艱;《書・益稷》"艱食",馬融本艱作根,以補根字字形之證,釋爲"根"字,誠不可易。

《中國文字》新 7,頁 103

○**李零**(1985)　(編按:楚帛書)今按此字右邊上半乃楚文字中常見的豆字,應隸定爲桮,讀爲鼓。《北堂書鈔》卷一五二、《藝文類聚》卷二引《河圖帝通記》"雷者,天地之鼓",《初學記》卷一引《抱樸子》佚文:"雷,天之鼓也。"天鼓,也就是雷霆。雷霆發而有大雨,湯就是大雨。

《長沙子彈庫戰國楚帛書研究》頁 53

○**何琳儀**(1986)　(編按:楚帛書)"桮",饒宗頤釋"桮"(轉引巴書),嚴釋"根"。按,原篆作"桮",右上方从豆,禽忎鼎"脰"作"脰",是其確證。《玉篇》"豆"作"豈",猶存古意。至於"桮"右下方从"廿",乃戰國文字習見的裝飾符號,無義。下文"紀"作"綹"、"丙"作"否"均其例。《説文》:"木豆謂之梪。"豆、音均屬侯部字,音近可通。《説文》"音"或作"歆",是其確證。然則"天梪"可讀"天棓"。《史記‧天官書》:"紫宫左三星曰天槍,右五星曰天棓……天一、槍、棓、矛、盾動摇,角大,兵起。"天棓"動摇"與帛書"作蕩"意同。

《江漢考古》1986-1,頁 53

○嚴一萍(1990)　(編按:楚帛書) 𥞉　疑即《爾雅‧釋天》"天根"之根。根之篆文作𣏕,與𥞉形相近,傳寫訛作根。《國語‧周語》:"天根見而水涸。"下文言"有淵厥涅",即水涸之意,與此文義相承。

《甲骨古文字研究》3,頁 242

○曾憲通(1990)　(編按:楚帛書)此字嚴一萍氏疑即《爾雅‧釋天》天根之根,因篆文形近,傳寫而訛作根。或以爲檜字。選堂先生謂棓之右旁實从豆,下益以口旁,隸寫作梪,乃梪之繁形。音字《説文》或體作歆,《廣韻》歆之異體作欨,故知天梪即天棓。天棓爲彗星,見《吕氏春秋‧明理篇》及《開元占經》所引《荆州占》。

《長沙楚帛書文字編》頁 93—94

○劉彬徽、彭浩、胡雅麗、劉祖信(1991)　(編按:包山 244)梪,豆。

　　(編按:包山 266)貟梪,合豆,即蓋豆。

《包山楚簡》頁 58、64

○湯餘惠(1993)　(編按:楚帛書)天梪,即天棓,豆、音聲通,《説文》音字或體作歆;天棓,星宿名,又簡稱爲棓,《史記‧天官書》:"天一、槍、棓、矛、盾動摇,角,大,兵起。"瀧川資言《考證》引王先謙曰:"此數星或動摇,或有芒角及大,皆兵起之象。"

《戰國銘文選》頁 167

○馮時(1996)　(編按:楚帛書)帛書此節文義乃言"悖歲"之理。"天棓將作瀳"之"天棓"爲彗星之一名,《吕氏春秋‧明理》:"其星有彗星,有天棓,有天欃,有天竹……"皆彗星,因其形狀不同,各賦異名。《漢書‧天文志》引《甘氏星經》云:"不出三月乃生天棓,本類星,末鋭,長四尺。"又引《石氏星經》云:"槍、欃、棓、彗異狀,其殃一也,必有破國亂君,伏死其辜,餘殃不盡,爲旱、凶、飢、暴疾。"

《于省吾教授百年誕辰紀念文集》頁 193

○劉信芳(1996)　(編按:楚帛書)天梪　讀如"天棓",《説文》"音"之或體作"歆",知梪、棓讀音可通。《史記‧天官書》:"三月生天棓,長四丈,末兑。"

《中國文字》新 21,頁 86

○何琳儀(1998) 包山簡桓,讀逗。包山簡桓,讀豆。帛書桓,讀棓。《説文》歌或作音,是其佐證。"天棓",星名。

《戰國古文字典》頁 372

○劉昕嵐(2000) (編按:郭店・性自8)考《荀子》"强自取柱,柔自取束"之言,實與此處簡文"剛之樹也,剛取之也。柔之約,柔取之也"意近,如此則"强自取柱"之"柱",字義應與"樹"相關。故此句文義指物强則立而爲柱,楊説是而王説非矣。

《郭店楚簡國際學術研討會論文集》頁 333

○馮勝君(2000) (編按:郭店・性自8)簡文"桓、樹"及《勸學篇》之"柱"應依王引之説讀爲"祝":(中略)

典籍中與"强自取柱,柔自取束"相類似的説法還有:

剛者折,柔者卷。 (《鹽鐵論・訟賢》)

太剛則折,太柔則卷。 (《淮南子・氾論》)

夫太剛則折,太柔則卷。(《文子・上仁》)

太剛則折,太柔則卷。 (《劉子・和性》)

其中,"折"即斷折之"折"。這也進一步證實了"柱、桓、樹"三字均爲斷折意。

《古文字研究》22,頁 210

○李學勤(2001) (編按:楚帛書)1942 年長沙子彈庫出土的楚帛書有這樣一段:

天地作殃,天棓將作瀗(傷,害也),降于其方,山陵其發(廢),有淵厥濕(潰)

"棓"字以往多釋作"棓",李零先生説明其誤,做了正確的隸定。按戰國文字常見增加"口"旁的,所以這個字其實是"桓"字的繁寫,我認爲也應該爲"柱"。

"天柱"係星名。查古天文文獻有兩"天柱",帛書所説,不是在紫微宮近東垣的天柱五星(在今仙王座、天龍座之間),而是靠近北斗的三台星的別名。《開元占經》云,三台六星,兩兩而居(在今大熊座),並引《黄帝占》稱:

三能(台)者,三公之位也……一名天柱,太一之舍道也。

又引《尚書中候》:

天(三)能(台)有變,厥爲災,土淪山崩,谷溜滿,川枯。

所説三台即天柱爲災的現象,同楚帛書相似,應該有着星占學的傳承關係。

《中國古代文明研究》頁 188,2005;原載《國學研究》8

○陳劍（2003）　（編按：郭店·性自8）前引楊寶忠先生解釋《荀子·勸學》"强自取柱，柔自取束"句爲"堅硬之物用作支柱、柔軟之物用於約束，皆由自取"。《性自命出》"剛之樹也，剛取之也；柔之約，柔取之也"句理應與之同解。從《性自命出》上下文意看，此句可以解釋爲"堅硬之物自己招致被樹立（作柱子），是因其性剛；柔軟之物自己招致被用以束物，是因其性柔"。

《古墓新知》頁 120

○劉釗（2003）　（編按：郭店·性自8）"桓"讀爲"柱"，"柱"意爲支撐。

《郭店楚簡校釋》頁 94

○陳偉（2003）　（編按：郭店·性自8）桓，讀爲"祝"。楚簡中"豆"或从"豆"之字往往讀爲"屬"。如包山簡中的"詎"、郭店簡本《老子》甲組2號簡中的"豆"。屬、祝音近可通。祝有斷絕的意思，如《列子·湯問》"南國之人祝髮而裸"；《穀梁傳》哀公十三年"吳，夷狄之國也，祝髮文身"。取，當與前文"物取之也""弗取不出"之"取"同義，指引發、導出、起作用。約，與"桓（祝）"相對，應是彎曲之意。

《郭店竹書別釋》頁 182

○陳斯鵬（2007）　（編按：上博三·彭祖8）桓，讀爲"鬭"。"桓"從"豆"聲，"鬭"有異體作"鬬"，亦以"豆"爲基本聲符，故可通。"向鬭"猶言"尚戰"，道家多反對爭戰。《老子》第三十章："以道佐人主者，不以兵强天下。"又三十一章："夫兵者，不祥之器，物或惡之，故有道者不處。"

《簡帛文獻與文學考論》頁 90

△按　李學勤由郭店竹書"剛之桓也"之"桓"可以讀爲"柱"，遂把楚帛書中的"天桓"讀爲"天柱"，正確可從。楚遣册簡中"桓"亦多用作器皿"豆"。

豊　豐

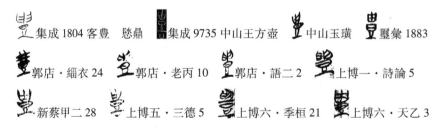

集成 1804 客豊　愗鼎　　集成 9735 中山王方壺　中山玉璜　璽彙 1883

郭店·緇衣 24　郭店·老丙 10　郭店·語二 2　上博一·詩論 5

新蔡甲二 28　上博五·三德 5　上博六·季桓 21　上博六·天乙 3

○湯餘惠（1986）　（編按：集成 1804 客豊愗鼎）《小校》2·24·3 著録的鼎銘豎刻三字：客豊愗（見圖版壹 3）。筆勢回轉流麗，非楚文字莫屬。"客"下一字，舊皆釋"鑄"，但審視其形，字下從豆不從皿，和鑄字古文寫法有異，舊釋恐誤，按其字與 1960 年發現的一枚鄂君啟舟節澧字所從正同（參見商承祚先生摹本），可知應即豊字。

　　商周古文豊字作、等形，晚周趨於簡易，中山方壺作（體字所從），中山王墓玉瑱作（西庫：225），古璽或作（1883），上考鼎銘及舟節銘文此字上部離析，爲僅見於楚文字的一種變體。

《古文字研究》15，頁 21—22

○**李零**（1989）　（編按：集成 1804 客豊鼎）字，據鄂君啟節"澧水"之"澧"所從，可知是"豊"字，即古代的禮氏，新出《金文編》911 頁誤收爲"鑄"字。

《出土文獻研究續集》頁 120

○**何琳儀**（1998）　豊，甲骨文作（甲一九三三）。從珏從壴（鼓之初文），會擊鼓奉玉成禮之意。禮之初文，參禮字。金文作（長由盉）。戰國文字承襲金文。或省作，或演變作、、，或加口爲飾。（中略）豊門鋪豊，讀禮。參《孟子・萬章》下："夫義，路也。禮，門也。惟君子能由是路出入是門也。"（中略）晉璽豊，讀禮，姓氏。衛大夫禮孔，後漢禮震受《尚書》於歐陽歙，望出平原。見《通志・氏族略》。中山王方壺"豊宜"，讀"禮義"。《左・昭四》："禮義不衍，何恤於人言。"中山王方壺"辝豊"，讀"辭禮"，言辭，禮儀。

　　包山簡"司豊"，讀"司禮"，官名。

《戰國古文字典》頁 1261—1262

○**趙誠**（2003）　（編按：集成 1804 客豊鼎）《小校經閣金文拓本》2・24・3 著錄了一件鼎有三個字的銘文，又見於《殷周金文集成》第四冊 1805，其中第二個字寫作，摹本見《金文編》911 頁第 2 行第 1 字。此字"舊皆釋鑄"，以爲和鑄字的古文寫作形者是同一個字。湯餘惠在發表於《古文字研究》第十五輯的《略論戰國文字形體研究中的幾個問題》一文中認爲："審視其形，字下從豆不從皿，和鑄字古文寫法有異，舊釋恐誤。"並指出"其字""和鄂君啟舟節澧（）字所從正同（摹本見《金文編》730 頁 6 行）"，"可知應即豊字"。董蓮池《金文編校補》353 頁又補充了一例："中山王墓所出玉瑱豊作。"進一步證明"湯釋'豊'實爲不刊之論"。

《二十世紀金文研究述要》頁 462

△**按**　戰國文字中的"豊"多用作"禮"。

豊　豐

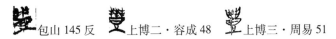

包山 145 反　　上博二・容成 48　　上博三・周易 51

○**白於藍**（1996）　（編按：包山簡）簡文中有如下兩字："豐"（124）、"豐"（145），從形體結構來看，此兩字形體相同，當爲一字無疑，但釋文將第一字釋爲"豊"，將第二字釋爲"豐"，不知何意。按此兩字應俱爲"豐"字，林澐先生曾對"豐、豊"二字作過確切的論證，即上部凡從"玨"者爲"豊"，凡從"丰丰"者爲"豐"。包山簡中從"玉"之字多見，玉字和玉旁均作"王"，與此兩字上部所從不類。金文和秦漢文字中"豐"字很常見，其上部所從均與簡文上引兩字上部形近，至於其上部將所從之"丰丰"寫成"丰丰"乃是由於簡省所致。此兩字又出現在相同的詞句中，簡（145 反）爲"司豐之客"，簡（124）爲"司豐之棗邑人"，故此二字均應釋爲"豐"。

又簡（21）有字作"豐"，字表釋爲"豊"，按此亦應爲"豐"字，武威漢簡《儀禮・泰射》四二有"豐"字作"豐"，《漢印文字徵補遺》有"豓"字作"豓"，曹全碑"豐"字作"豐"，魏王基殘碑作"豐"，史晨碑作"豐"，所有這些"豐"字均與簡文之字形近，而且此字亦出現在與前引兩"豐"字相同的詞句中，爲"司豐司敗鄝頎"。故此字應是前引兩"豐"字的異體，這一差別可能是由於書寫者不同造成的。

根據前後辭例比較，知"司豐"應是地名，其地望待考。

《簡帛研究》2，頁 41

○**王輝**（2003）　相家巷出土秦封泥有"豐璽"（《考古學報》2001 年 4 期 522 頁圖一六，19：圖版捌，4）。劉慶柱、李毓芳《西安相家巷遺址秦封泥考略》説"官印稱璽是秦統一之前的制度"，又謂："'豐'之地望有二説：一爲西周豐京……二爲漢沛郡所轄之豐縣。'豐璽'之'豐'當爲西周豐京故地之'豐'。"此則可商。豐京之豐，西周金文作豐，宅簋："周公在豐。"不過到了戰國晚期，此字已加邑旁作酆。户縣出土秦惠文君四年（前 334 年）封宗邑瓦書："取杜才（在）酆丘到于潏水，以爲右庶長歜宗邑。"酆與杜（今長安縣韋曲鎮西北杜城村附近）、潏水連言。路東之藏秦封泥亦有"酆丞"半通印（《秦封泥集》二・三・18）。漢人承之不改，阜陽漢簡《蒼頡篇》："酆、鎬□□。"《漢書・地理志》右扶風鄠縣下提到"酆水"。《説文》："酆，周文王所都。"此酆是否秦縣無法肯定。記得史念海先生生前在西北大學召開的秦封泥發布會上曾説酆應爲秦縣，但未説明理由。《漢書・地理志》沛郡有豐縣，王先謙《補注》："秦邑，魏王假徙此，見《魏世家》。高祖中陽里人，見《高紀》。縣人盧綰，見《綰傳》。樊噲破泗水監於此，見《噲傳》……《泗水注》：'泡水自山陽平樂來，又逕豐西澤，謂之豐水……'"豐縣之得名與豐水有關。豐在秦時是縣還是沛縣里名,目前也難説清楚。但魏王假(前 227—前 225 年)行將亡國之時,餘衆自大梁徙豐,豐必爲縣或大邑,所以秦漢之際成爲兵家必爭之地,發生過幾次大的戰役。

"豐璽"豐字不从邑,又與"酆丞"之酆用字不同,宜爲沛郡(秦泗水郡)豐縣官署璽,其時代在秦統一前後幾年内。酆、豐作爲地名,雖然可以看作一個字(古地名从邑與不从邑無别,如邔即吕之類),但既然二地同名,又皆與同名之水有關,則加邑與否便有區别作用。劉邦在長安附近作新豐縣,新豐與酆鄰近,更須加以區别。"新豐"用豐,表示其與豐縣有關,而與酆鎬之酆無關。

《秦文化論叢》10,頁 170—171

盧

楚帛書

○**金祥恆**(1968)　(編按:楚帛書)盧即盧。霝盧即《易經·繫辭傳》之包犧。

《中國文字》28,頁 1

○**曾憲通**(1993)　(編按:楚帛書)盧乃古戲字,與羲、犧通。金祥恆氏《雹盧解》廣羅古籍有關包犧記載六十多條,不同寫法十餘種,最早見於《易繫辭傳》。謂盧古字,戲今字。　帛書之作雹盧,爲傳世文獻之外又多了一書法。

《長沙楚帛書文字編》頁 88

○**何琳儀**(1998)　《説文》:"盧,古陶器也。从豆,虍聲。"帛書"霝盧",讀"伏戲",即"伏羲"。

《戰國古文字典》頁 448

虞

十鐘　　珍秦 32　　鐵雲

○**何琳儀**(1998)　秦璽虞,姓氏。係出嬀姓,舜後封虞,以國爲氏。見《廣韻》。

《戰國古文字典》頁 501

虔

陶彙 3・1357　集成 132 者汈鐘

○**何琳儀**（1998）　虔，西周金文作（毛公鼎）。从虍从文，會虎身紋飾之意。春秋金文作（叔夷鎛虖作）。戰國文字承襲兩周金文。《説文》："，虎行皃。从虍，文聲。讀若矜。"許慎云"虎行皃"，疑爲"虎紋皃"之訛，文、行形近。"文聲"疑作"从文"，虔與文聲韻均不合。者汈鐘虔，見《詩・商頌・殷武》"方斲是虔"，傳："虔，敬也。"

《戰國古文字典》頁 1007

虘

璽彙 0260　上博一・緇衣 14

○**何琳儀**（1998）　齊璽"虘其"，讀"盧其"。《山海經・東山經》："又南三百里曰盧其之山。"其字乃徐夷地名後綴，故"盧其"亦地名，在盧其山附近。

《戰國古文字典》頁 571

△**按**　上博一《緇衣》中的"虘"用作"且"。

虖　虖

陶彙 3・816　侯馬 198:12　集成 2840 中山王鼎　珍秦 65　郭店・語一 60

上博二・容成 6　上博四・曹沫 43　上博六・莊王 6

上博一・詩論 12　上博一・緇衣 14

郭店・唐虞 21

上博二・民之 2

○**何琳儀**（1998）　古陶"虖與"，地名。疑與《玉篇》"鄦，魯邑名"有關。侯馬盟書"虖盟"，讀"謯盟"，即"詛盟"。《漢書・王子侯表》上"鄗侯舟坐祝禮上要斬"。注："禮，古詛也。"《漢書・外戚傳》："祝謯後宮有身者王美人及鳳

等。"注:"讁,古詛字。"詛作讁、禤,猶乎作虖,均疊加音符虍。《書・吕刑》:"以覆詛盟。"傳:"反詛盟之約。"《周禮・春官・詛祝》:"掌盟詛。"注:"大事曰盟,小事曰詛。"中山王器虖,讀乎或呼,語氣詞。

《戰國古文字典》頁 456

○**季旭昇等**(2003)　(編按:上博二・容成氏 2)虖:字即楚系文字"虖"的異寫,相當於後世的"乎"。《容成氏》的"乎"字,李零先生均隸作"虖",但從字形上看來,明顯从"介"。此處依形隸作"虖"。比較清楚的對比如簡 14 的"虖"的下部與同簡"介而坐之"同形,李零先生、何琳儀先生《滬二》皆隸"介"从二"介"。

《上海博物館藏戰國楚竹書(二)讀本》頁 109

△**按**　楚簡中的"虖"或寫作"虖、虖"等形,卷一示部"虖"字重見。

虐  虖

詛楚文　　上博五・姑成 1

○**何琳儀**(1998)　詛楚文"虣虐",讀"暴虐",參唬字。

《戰國古文字典》頁 301

△**按**　戰國文字中"虐"字从虎从口,與《説文》古文作𠙚相同。

虞  虞 興

集成 11663 虞公劍　　集成 11696 少虞劍

集成 224 蔡侯墓殘鐘　　集成 12104 燕節

綴遺齋彝器款識考釋 2・32 奇字鐘　　集成 11091 蔡戈　　集成 11138 玄鏐戈

○**黃盛璋**(1986)　(編按:集成 11696 少虞劍)其字从"虍",下从乃"鹵"字簡作,(中略)所以此字即"盧",無可疑,劍名少盧,當和鑄劍之原料調劑有關。

《古文字研究》15,頁 264—265

○**黃德寬**(1986)　這裏附帶討論一下容庚先生所釋"蔡□戈"(編按:集成 11138 玄鏐戈)之"蔡"字。此戈藏上海博物館,未曾著録。容庚先生謂:"銘:'蔡□之用玄鏐(鏐)'六字,四字在援,兩字在胡。"銘文第一字釋"蔡",我們認爲是不

對的。此字形與上舉諸“蔡”字看似相同，其實不是一字。上文所舉圖一“蔡”是緣正體而變，其余兩“蔡”字則是鳥蟲書追求對稱性所作的變動。而此字與圖二、三兩“蔡”字差別很明顯，乃象一人雙手上舉，分足而立之形。只是兩足稍有訛變，這與“乘”作𢍜（鄂君啟節）兩足的訛變相似。這個字應該釋爲“虞”。“虞”邵鐘作𤞤，（中略）吉日壬午劍作𤞤，相形之下，𢍜十分接近吉日壬午劍的“虞”，只是少一“虍”頭，這正與“虞”在古璽中作𤕫（古璽0188）、𤕋（古璽0187）省虍頭相同。省形正是“舉”的本字，（中略）《貞松堂集古遺文》有“𢍜公劍”，容庚先生隸定作“舜公劍”，第一字當爲“虞”的又一寫法，與吉日壬午劍相近，“虍”稍有訛變。古文字“虍”頭的草率寫法有𠂹、𠂤、𠂭、𠀎、𠀐等形，此字上部爲“虍”頭是無疑的。“舜公劍”應釋爲“虞公劍”，這個“虞”字省去“虍”頭就與𢍜很接近了，因而，“蔡□戈”應釋爲“虞□戈”。“虞”後一字，形甚奇特，又見於“攼□戈”。李孝定疑爲“商”，不類。從圖五第二字看，此字疑爲“公”的變形，“虞□戈”，可能是“虞公戈”。“虞公劍、虞公戈”之“虞”應讀爲“莒”，即山東之莒。《大系》收鄦侯簋、籈大史申鼎兩器，皆爲莒國之器，莒作“鄦”或“籈”，此兩器作“虞”，從字形來源看，此三字皆以“虍”注聲，故都可通“莒”，而“虞”的原形“舉”與“莒”，中古同屬見母魚韻三等字，上古同屬見母魚部，是同音字，“虞”讀群母係變化後的語音，但也屬見系。因此，從語音上看，可讀“虞”爲“莒”。由於莒國史料極少，“虞公劍”“虞公戈”到底歸於莒國哪一公，其鑄造的確切年代，我們都還無法確定。

《文物研究》1986-2，頁97—98

○**李家浩**（1989）　（編按：集成11138玄鏐戈）“𢍜”與“攻五”相當，當是吳國國名。

“𢍜”字原文作𢍜

象人兩臂上舉之形，容庚先生疑是“吳”字省去“口”的一種寫法。據現有吳國銅器銘文的“吳”字寫法來看，不但沒有一個省“口”的，而且也沒有一個所從的偏旁作上錄𢍜的形狀的，容氏之說當不可信。

《綴遺齋彝器款識考釋》二·三二著錄的一件鐘銘中有如下一字：

𢍜

此字也是位於“王”字之前，與𢍜當是一字，它們不同之處是𢍜寫出了上舉兩臂象徵手指的部分。此字的下端或加足形作

𢍜戈《鳥書考》圖三一

將這些不同寫法之字與下錄“虞”字所從“𢍜”旁相互比較：

虘公劍《貞松堂集古遺文》一二·一九

少虘劍《金文編》267 頁

邵黛鐘《金文編》267 頁

　　與虘公劍"虘"字所從"㸚"的主要區別是後者下部加足形;與少虘劍"虘"字所從"㸚"的主要區別是上舉兩臂象徵手指部分的方向,後者向上,前者向外,而且前者爲了文字的藝術性有意把兩臂的筆畫彎曲。於此可見,上揭諸字當是"虘"字所從的"㸚"。"㸚"作爲獨體字見於金文和古璽:

瓵《文物》1964 年 4 期 42 頁圖二·六

古璽《古璽文編》五〇六·〇一八

于省吾先生認爲"㸚"是"舉"之古文,"舉"乃後起之代字,"虘"即從"㸚"聲。這一意見是很有道理的。《釋名·釋樂器》:"虞,舉也,在旁舉筍(簴)也。"曾侯乙墓出土的鐘虞作兩手上舉托簴的銅人形,與"㸚"字字形正相符合。因此,"虞"可能是由"㸚"滋生出來的一字。

《古文字研究》17,頁 140—141

○何琳儀(1991)　《商周金文録遺》537 也著録一件虎節銘文,舊釋"王命傳賃"。細審末字並非"賃"字,疑"虘"之殘文,與上揭鷹節銘文"傳虘"可以互證。"傳虘"即"傳遽",見《周禮·秋官·行夫》"掌邦國傳遽之小事",注:"傳遽,若今時乘傳騎驛而使者也。"《録遺》虎節"傳遽"因龍節有"傳賃"而誤釋,實不足據。又《録遺》虎節"傳遽"與廣州所出虎節"車牡"均爲"王命"賓語,辭例吻合,適可互證。

《汕頭大學學報》1991-3,頁 27

○曾憲通(1992)　作爲鐘虞的實物,原本當象人正立兩手向上舉筍之形,義爲擎舉。而鐘虞的虞字,其初很可能就是從此取象的。《釋名·釋樂器》:"所以懸鐘鼓者,橫曰筍,筍,峻也,在上高峻也。"曾侯乙編鐘位於鐘架頂端的上層橫筍分別在離地面 2.65—2.73 米的高處,正合筍"在上高峻"之義。《釋名》又云:"虞,舉也,在旁舉筍也。"證之於鐘架兩旁銅人舉筍的造型,劉氏訓虞爲舉可謂確詁。

《古文字與出土文獻叢考》頁 32—33,2005;原載《曾侯乙編鐘研究》

○何琳儀(1998)　少虘劍"少虘",劍名。虘公劍虘,讀莒,地名。《左·昭十年》:"而請老于莒。"《晏子·內篇·雜下》莒作劇。《禮記·月令》:"具曲植籩筐。”《淮南子·時則》籩作莒。是其佐證。

《戰國古文字典》頁 498

○**李家浩**（1998）　　八字鳥篆鐘銘文見於方濬益《綴遺齋彝器款識考釋》二卷 32 頁，容庚《鳥書考補正》曾予轉載。（**中略**）

　　第七字原文作“虞”所从的聲旁“吳”，與虞王光戈的“虞”寫法相似。“虞、吳”二字古音相近，可以通用。戈銘的“虞王光”即“吳王光”。我們認爲鐘銘的“虞”跟戈銘的“虞”一樣，也應該讀爲“吳”。

《北京大學學報》1998-2，頁 224

△**按**　少虞劍“少虞”用作劍名。虞公劍“虞”係地名，讀莒。吳王光鐘殘銘“虞”用爲鐘鐻之“鐻”。燕節銘中的“虞”用作“傳遽”之“遽”。

虎

石鼓文·鑾車　　珍秦 154　　璽彙 3447　　侯馬 105:2

三晉 48　　三晉 66　　中山玉虎　　錢典 399

望山 2·50　　包山 271　　上博三·周易 25　　上博五·三德 18

○**中大楚簡整理小組**（1977）　　（**編按**：望山 2·50）虎即琥，與璜相對，爲雕成虎形之玉。《左·昭三十二年》：“賜子家子雙琥。”杜注：“琥，玉器。”孔疏：“禮經及記言琥多矣，都不說其形狀，蓋刻玉爲虎形也。”

《戰國楚簡研究》3，頁 44

○**吳振武**（1983）　　2743　　益象·盍鷹。

《古文字學論集》（初編）頁 509

○**何琳儀**（1998）　　虎，甲骨文作（甲一四三三），象虎頭、口、身、足、爪、尾之形。金文作（番生簋），省爪形。戰國文字身、足、尾等省簡爲人形。虎頭虍變異甚巨，齊系作、、、、，燕系作、、，晉系作、、、，楚系作、，秦系作、等，均地域特點明顯。（**中略**）燕璽虎，姓氏。八元伯虎之後，見《萬姓統譜》。趙幣“膚虎”，讀“盧虒”，地名。虎爲虒之省文。《儀禮·士冠禮》注：“蛫蝓醢。”一本蛫作虒，漢印“虎奚”即《後漢書·郡國志》漁陽郡“虒（虒）奚”。是其佐證。中山雜器虎，讀琥。《周禮·春官·大宗伯》：“以玉作六器，以禮天地四方，以白琥禮西方。”疏：“謂以玉爲琥形。”望山簡虎，讀琥。天星觀簡“虎槖”，包山簡、牘“虎長”均讀“虎報”。《詩·秦風·小戎》：“虎韔，鏤膺。”傳：“韔，弓室也。”秦璽虎，姓氏。

《戰國古文字典》頁 445—446

○**朱德熙、裘錫圭、李家浩**（1995）　（編按：望山 2·50）琥爲虎形佩玉。《左傳·昭公三十二年》“賜子家子雙琥”，杜注：“琥，玉器。”孔穎達《正義》：“蓋刻玉爲虎形也。”此墓“内棺一〇號”的一對玉佩似爲虎形，疑即簡文所記之琥。

《望山楚簡》頁 128

虓

集成 11134 無白虓戈

○**湯餘惠等**（2001）　虓。

《戰國文字編》頁 314

虢 虡 虙

虡包山 15　　虙郭店·緇衣 16　　虙郭店·五行 25　　虙上博六·用曰 5

○**劉彬徽、彭浩、胡雅麗、劉祖信**（1991）　（編按：包山 15）登虡，即鄧虢，人名。

《包山楚簡》頁 41

○**何琳儀**（1998）　虡，從虍，亲聲。虢之省文，見亲字所引金文。《説文》：“虢，《易》履尾虢虢恐懼。一曰，蠅虎也。從虎，亲聲。”包山簡虡，人名。

《戰國古文字典》頁 499

○**荆門市博物館**（1998）　（編按：郭店·緇衣 16）虡，簡文從“虍”從“亲”省，與“虢”一字。其所從之“亲”與《汗簡》“隙”之亲形似，僅省去上部之“小”。與簡文相同的字形亦見於包山楚簡第一八〇號。“虢虢”，今本作“赫赫”。

　　（編按：郭店·五行 25）簡文引詩見於《詩·大雅·大明》。虢虢，《詩》作“赫赫”。

《郭店楚墓竹簡》頁 133、153

○**孔仲温**（2000）　《緇衣》簡 16 有虡字，隸定作虡，釋讀作虢，簡文云：

　　《寺（詩）》員（云）：“虡（虢）虡（虢）帀（師）尹，民具爾瞻（瞻）。”

　　有關“虡”字的考釋，《郭店》云：

　　　　虡，簡文從“虍”從“亲”省，與“虢”一字。其所從之“亲”與《汗簡》

“陳”之形似，僅省去上部之“小”。與簡文相同的字形亦見於包山楚簡第一八〇號。“虩虩”，今本作“赫赫”。

其考證頗爲可信，且西周與春秋金文“虩”字作（毛公鼎）、（秦公簋），字形亦可與簡文跟《汗簡》相映合。“虩虩”之意，《説文》云：“虩，《易·履》虎尾虩虩，虩虩，恐懼也。”而今本“虩虩”作“赫赫”，赫赫爲顯盛貌，蓋指師尹之地位顯盛，故知簡文“虩虩”不是“恐懼”的意思。考“虩”與“赫”，二字上古音皆屬曉母 *x-鐸部 *-ak，聲韻全同，是知“虩虩”爲“赫赫”之假借，當亦作“顯盛”的意思。

《古文字研究》22，頁 246—247

○陳偉武（2001）　　郭簡以“虘”爲“赫”（3·16），《字典》録有“虩”字，見於毛公鼎、秦公簋等，楚簡“虘”爲“虩”之省。

《中國文字研究》3，頁 126

○張光裕（2007）　（編按：上博六·用曰5）“虩虩”亦見郭店楚簡《緇衣》簡十六：“詩云：虩虩師尹，民具爾瞻。”又《五行》簡二十五—二十六引《詩·大雅·大明》：“明明在下，虩虩在上。”“虩虩”，馬王堆帛書《五行》則作“壑壑”，今本毛詩則作“赫赫”。傳云：“明明，察也。文王之德明明在下，故赫赫然著見於天。”《詩·大雅·常武》：“赫赫業業，有嚴天子。”傳曰：“赫赫然盛也。”虩、壑、赫，古音屬曉母，鐸部，故得通假。“赫赫”一辭，古書屢見。

《上海博物館藏戰國楚竹書》（六）頁 290—291

虎　原

珍秦 54　　集成 2527 卅年鼎　　集成 2611 卅五年鼎

故宮 432　　睡虎地·日甲 161 正肆

○饒宗頤（1982）　（編按：睡虎地·日甲161）日簡記時，屢有“日虒”之名。日虒當即日施。虒从虎，厂聲，息移切。《爾雅·釋獸》威夷，即《集韻》獸名似虎之委虒。賈誼《鵬賦》“庚子日施”（《漢書》），《説文》有䞨字云：“日行䞨䞨。”䞨讀如酏，弋支切，應劭音移。《文選·賈賦》作日斜。虒之通夷，與䞨之音移正同，故知秦簡之“日虒”即賈賦之“日䞨”。

《穀梁傳·定十五年》：“日下稷乃克葬。”范寧注：“稷，昃也；下昃謂晡時。”字又作昳，《説文》：“昳，日昃也。”日虒、日施、日下稷皆日斜之異名，日虒僅見於秦簡。

　　　　　　　　　　　　　　　　　　　　《雲夢秦簡日書研究》頁 32

○**李學勤**（1982）　（編按：集成 2527 卅年虒令鼎）“安”字，或以爲从“虍”，暫釋爲“安”，地名。魏國圓肩圓跨布“安邑一釿、安邑二釿”，背面常有“安”字，係“安邑”的省略，見《古錢大辭典》103、105、107、108 等號。由此可知，本銘“安”也是“安邑”省文。（**中略**）

　　（編按：集成 2527 卅年虒令鼎）地名“安”字釋讀未能確定，裘錫圭同志曾寫作从“广”从“虘”，也表示猶豫，曹錦炎同志從之。這比釋“安”要好，但這個地名一定相當重要，究係何地，尚未可知。看來此字還有待研究。

　　　　　　　　　　　　　　《新出青銅器研究》頁 303、308，1990；
　　　　　原載《四川大學學報叢刊 10・古文字研究論文集》

○**黃盛璋**（1982）　（編按：集成 2527 卅年虒令鼎等）“虒”舊誤釋爲“安”，其實它明確从“厂”从“虎”，虒爲魏地，《漢書・地理志》上黨郡銅鞮下有上虒亭、下虒聚，《水經注・漳水》尚記“東逕故城北，城在山皐之上……世謂之斷梁城，即故縣之上虒亭”，上、下虒顯皆因虒得名，原來爲縣，後廢爲亭，上虒亭既爲故縣，自爲虒之舊治，戰國屬魏。

　　　　　　　　　　　　　　　《考古與文物》1982-2，頁 55

○**黃盛璋**（1989）　（編按：集成 2527 卅年虒令鼎等）三器爲同地同一王世所作，究爲何國何代所作，關鍵在“虒”字的考定。梅原釋“康”，或釋爲“安”，細審其字从〔厂〕从虍甚爲明確。“虍”下所从“少”乃表虎尾，銅器“虎”字表虎尾多如此表示，如滕虎段“虎”作〔字〕，頌段蓋“虢”字，从〔字〕、虢季子盤从〔字〕，甚至簡作兩筆如〔字〕，見頌段、鄭虢仲鼎、虢叔尊段（皆詳《金文編》五・一八“虢”字下）。此字是“虒”，毫無可疑。虒原爲晉地，《左傳》昭八年：“叔弓如晉，賀虒祈也。”虒祈當以封地爲姓。《漢書・地理志》：上黨郡銅鞮下有上虒亭、下虒聚。《水經注・濁漳水》記銅鞮水“又東逕故城北，城在山皐之上，下臨岫壑，東西北三面阻衺二里，世謂之斷梁城，即故縣之上虒亭也”。戰國爲縣，漢廢爲亭，宋爲虒亭鎮，《元豐九域志》：“潞州襄垣縣有虒亭鎮。”《讀史方輿紀要》：“虒亭在潞安襄垣西北五十里，與沁州接界，宋爲虒亭鎮，今爲虒亭馹。”此地名至今尚在。但虒不見戰國記載，趙魏韓皆有上黨，憑地望無從取決。按銘文有“下官”，三晉銅器中有“上官、下官”，大抵皆爲魏器。“容”字作“〔字〕”，大抵皆爲魏器。此三器國別屬魏。

　　　　　　　　　　　　　　　《古文字研究》17，頁 10

○**劉樂賢**（1994）　（編按：睡虎地·日甲 161）虒，斜。按：饒宗頤先生云：“日虒當即日施。虒。虒从虎，厂聲，息移切。《爾雅·釋獸》威夷，即《集韻》獸名似虎之委虒。賈誼《鵩賦》‘庚子日施’（《漢書》），《說文》有暆字云：‘日行暆暆。’暆讀如酏，弋支切，應劭音移。《文選·賈賦》作日斜。虒之通夷，與暆之音移正同，故知秦簡之‘日虒’即賈賦之‘日暆’。”饒說可從。《左傳·昭公八年》“虒祁之宮”，《論衡·紀妖篇》作“施夷之臺”，也可證虒與施音近相通。

《睡虎地秦簡日書研究》頁 200

○**何琳儀**（1998）　（編按：集成 2527 卅年虒令鼎）魏金虒，地名。《左·昭八》：“晉平公築虒斯之宮。”《漢書·地理志》上黨郡“銅鞮”下“上虒亭、下虒聚”應與魏金之虒有關，在今山西沁縣南。

《戰國古文字典》頁 770

○**王子今**（2003）　（編按：睡虎地·日甲 161）日虒見。整理小組注釋：“虒，斜。”今按：“虒”，通於“施”。《韓非子·十過》“晉平公觴之于施夷之臺”，《太平御覽》卷五七九引《韓子》作“晉平觴之虒祈之臺”。而“施”與“移”通。“日虒”或說日西移時。又“施”或寫作“暆”，指日西斜。《正字通·日部》：“暆，古書呼日斜爲‘暆’。《越絕書》伍胥逃楚，漁父與隱語曰：‘日昭昭，浸已暆，與子期兮蘆之漪。’蓋欲其藏蘆中俟日斜也。”而今本《越絕書·荊平王內傳》作“日昭昭，侵已施，與子期甫蘆之碕”。“暆”正寫作“施”。

《睡虎地秦簡〈日書〉甲種疏證》頁 303

虥 戭

 詛楚文

○**何琳儀**（1998）　虥，甲骨文作 𢨑（乙二六六一）。从戈从虎，會以戈擊虎之意。典籍通作暴。《詩·鄭風·大叔于田》“襢裼暴虎”，傳：“暴虎，空手以搏之。”以戈擊虎，搏義自顯。“空手以搏”疑別有所本。金文作 𢧢（戔方鼎𢧢作 𤣤）。戰國文字或加日旁爲飾。或加止表示行動之意，遂與戈旁合成武，隸定爲虥。《說文新附》：“戭，虐也，急也。从虎从武。見《周禮》。”秦文字於戈下加収繁化遂似戒。《集韻》虥或作戭。詛楚文“虥虐”，讀“暴虐”。《書·泰誓》：“敢行暴虐。”

《戰國古文字典》頁 327

虒

包山 128 包山 141 包山 143 包山 179

△按　包山簡中"虒"字作人名。

𧆨　𧇡

集成 9735 中山王方壺 集成 2840 中山王鼎

郭店・語一 45 郭店・語三 65 楚帛書

上博二・子羔 1 新蔡甲三 138

○**張政烺**(1979)　(**編按**:集成 9735 中山王方壺)𧆨是𧇡字簡化,猶朁省作替。𧇡見秦故道殘詔版,以爲皆字。按《説文》:"贙,分别也,讀若回。"回與皆音近,則𧇡或是贙省聲。

《古文字研究》1,頁 220

○**朱德熙、裘錫圭**(1979)　(**編按**:集成 9735 中山王方壺)甲骨卜辭有"𧇡"字,或省作"𧆨"。壺銘"𧆨"字亦當是"𧇡"字的簡化。《説文》:"𧇡,兩虎爭聲。从虤从曰,會意。讀若憖。"當即此字。秦始皇二十六年統一度量衡詔書"皆明壹之"句的"皆"字,故道殘板作"𧇡"(《金文續編》4.2)。"皆"見母字,上古音在脂部,"憖"疑母字,上古音在文部,脂、文二部陰陽對轉,所以"𧇡"和"皆"可以相通。壺銘"𧆨"字亦當讀爲"皆"。

《文物》1979-1,頁 43

○**張克忠**(1979)　(**編按**:集成 9735 中山王方壺)"者(諸)侯𧆨(咎)賀",咎有大的意思,《後漢書・馬融傳》"伐咎鼓",注:"大鼓也。"《説文》:"鼛,大鼓也。从鼓,咎聲。詩曰:'鼛鼓弗勝。'"明公簋:"魯侯有(咎)工(功)。"咎功、大功,《兩周金文辭大系》釋過,不確。

《故宫博物院院刊》1979-1,頁 46

○**趙誠**(1979)　(**編按**:集成 9735 中山王方壺),借爲列,均从歺聲,故可通。(**中略**)"列賀、皆賀"意近,都來慶賀的意思。

《古文字研究》1,頁 252—253

○**徐中舒、伍仕謙**（1979）　　（編按：集成 9735 中山王方壺）盧，同臚。《晉語》：“聽臚言於市。”注：“臚，傳也。”此句謂諸侯交相傳賀。

《中國史研究》1979-4，頁 88

○**黃盛璋**（1982）　　（編按：集成 9735 中山王方壺）膚（中略）《侯馬盟書》詛咒類有此字，從“虎”下從“甘”，當讀爲“咸”。

《古文字研究》7，頁 78

○**李零**（1985）　　（編按：楚帛書）{字}，這個字過去各家釋法不同，其隸定往往先已錯誤，故所釋亦非。其中隸定準確的只有巴納德，但巴納德沒有能把這個字認出來。今按此字上從虎，有頭與兩足，下從曰，去掉虎頭（虍）剩下兩足（比），與曰合在一起，便與楚簡常見的皆字（{字}）沒有分別，實際上就是皆字。我們在中山王方壺銘中也碰到過上從虎下從曰的皆字，但那個皆字所從的虎沒有像比字的兩足，不像這裏的“虜”字更能説明皆字的演變。

《長沙子彈庫戰國楚帛研究》頁 59

○**何琳儀**（1986）　　（編按：楚帛書）原篆作“{字}”。其下從“{字}”，與江陵簡“皆”作“{字}”形體相合。然則“虜”乃“嘼”之省變，“皆”又“虜”之省簡。“日月皆亂，星晨不同”與《尚書大傳·五行傳》“日月亂行，星辰逆行”語意相仿。

《江漢考古》1986-1，頁 55

△按　　戰國文字中的“㦿”與“虜”用作“皆”，參見卷四白部皆字條。

膚

{字形}璽彙 3123　　{字形}包山 253　　{字形}包山 254　　{字形}仰天湖 35　　{字形}望山 2·58

○**羅福頤**（1954）　　（編按：仰天湖 35）虖　{字} 25　{字} 30。

《文物參考資料》1954-9，頁 89

○**李學勤**（1956）　　（編按：仰天湖 36）（25）龍盧一偶

（30）羽盧一偶　《説文》：“盧，飯器也。”普通是竹製的，但這裏説龍羽，似指器上的花紋，當是漆器。

《文物參考資料》1956-1，頁 48

○**郭若愚**（1986）　　（編按：仰天湖 31）膚，從虍從角，見《古璽文編》。此字爲墰字，其演變之迹象如下：

膚　　　　潭　　　　鄆　　　　鄆　　　　譚　　　　譚
《古璽》3123　《古璽》2878　《古璽》2106　《古璽》2107　漢印文字　　漢印文字

　　壜,《類篇》:"同壜,甌屬。"《集韻》:"壜,甌屬,或作鐔。"今作鐔。《信陽
竹簡》219"一𦥑龍膚,絵縵有蓋。"龍膚即龍鐔,且有蓋。蓋龍膚以龍紋爲飾,
羽膚則以羽屬(擬爲鳳鳥)爲飾也。

《上海博物館集刊》3,頁 30

○劉彬徽、彭浩、胡雅麗、劉祖信(1991)　(編按:包山 253)膚,借作觳,《説文》:
"盛觶卮也。"

《包山楚簡》頁 59

○李天虹(1993)　(編按:包山 253)𤔼 253、254　釋文作膚,云借作觳

　　按:古文字盧之初文作𡆧(佚 383)、𤰈(前 4.28.7)等形,或加聲符虍作𧇜
(存 1949)、𧇜(趞曹鼎),从背从卣、从西、从角等多種變體,如𧇜(取膚盤)、𧇜
(彙 3123)、𧇜(信陽簡)等。此字从角,虍聲,乃盧字變體,疑讀作爐。

《江漢考古》1993-3,頁 89

○朱德熙、裘錫圭、李家浩(1995)　(編按:望山 2・58)"膚"疑即金文"膚(虘)"
字訛體,其義待考。

《望山楚簡》頁 125

○劉信芳(1997)　(編按:包山 253)"膚"讀如"觳",《説文》:"盛觶卮也。一曰射
具。"(中略)核之出土實物,則"膚"一作爲酒器,有蓋,包簡"二翠膚"即出土之
二件銅樽(標本二:一六七;一七一)。該銅樽蓋邊緣飾四個鳳鳥環鈕,此所以
稱"翠膚"。所謂"二膚盍"應是此器之蓋。其二是作爲射器(古投壺之器),
即出土之鏤孔杯(標本二:一七二;一九五),此種器物目前僅出於望山一號
墓、信陽一號墓、曾侯乙墓和包山二號墓。出土鏤孔杯往往裏有方形絲織品,
遣策中對此亦有記載。

《中國文字》新 22,頁 205

○何琳儀(1998)　膚,从虍,角聲。疑觳之異文。《説文》:"觳,盛觶卮也。从
角,𣪊聲。讀若斛。"膚與斛均从角聲。《集韻》斛"通作觳"。

　　晉璽膚,讀斛,姓氏。爲斛律斯等氏所改。見《正字通》。

　　望山簡膚,讀縠。《廣雅・釋器》:"縠,絹也。"其他楚簡膚,讀觳。包山

墓、信陽墓出土鏤空筒形器即《廣韻》"觳,盛脂器"。

《戰國古文字典》頁 338

△按　此字楚簡多見,然諸家釋法多歧,其具體涵義仍待進一步研究。

虘

郭店・忠信 7　 郭店・唐虞 27

○**周鳳五**(1999)　咸由此也:咸,《郭簡》以爲从虎,含聲,讀作咸,可從,唯注引裴錫圭按語以爲"即皆之訛體"。按,咸,皆也,《尚書》與《孟子》習見此訓,不必改讀。下文"萬物咸隱",咸字从虎,今聲,論作君聲,裴錫圭也以爲"皆"字之訛。其實本篇出自齊魯儒家之手,傳入楚國,此處"咸"字的用法與《尚書》相同,正反映其爲儒家的著作,由於非楚人所素習,且輾轉傳抄,故不免文字訛誤。

《史語所集刊》70-3,頁 748

○**楊澤生**(2001)　簡文"均"字从"虍"从"君",舊釋作"皆"。郭店簡表示範圍副詞的"皆"有兩種寫法,一種是作"皆",另一種是从"虍""皆"聲。根據副詞"皆"的第二種寫法,簡文从"虍"从"君"之字應當是以"君"爲聲的。古音"君"和"均"分屬見母文部和見母真部,音近可通。《禮記・聘儀》:"孚尹旁達,信也。"鄭玄注:"尹讀如竹箭之筠。"《經典釋文》說:"尹又作筠。""君"从"尹"得聲,而"筠"从"均"聲,因此該字讀作"均"是沒有問題的。"均"也用作範圍副詞,與"皆、都"等同義,如《商君書・墾令》:"均出餘子之使令,以世使之。"古書用作範圍副詞的"均"又寫作"鈞",如《孟子・告子上》:"公都子問曰:'鈞是人也,或爲大人,或爲小人,何也?'"再從修辭的角度考慮,上引簡文"群物皆成而百善均立",前後使用"皆"和"均"兩個不同的字似乎要比連用兩個"皆"字好一些。

　　須要說明的是,《古文四聲韻》"皆"字引《古孝經》《王庶子碑》和《道德經》寫作从"虍"从"君","階"字引《雲臺碑》和"諧"字引《字略》的"皆"旁也都从"虍"从"君",我們懷疑這裏的"皆"也可能本應釋作"均",因爲其音義和"皆"相近而釋作了"皆"。"皆"字古音屬於見母脂部,與見母真部的"均"可以對轉,因此"均"和"皆"其實是同源字,而《古文四聲韻》"階"字和"諧"字都以从"虍"从"君"的"均"爲聲旁也不足爲奇。

《中國文字》新 27,頁 167—168

△**按**　"虡"在簡文中與"皆、均、咸"等義近,楚文字中"皆"多從虎作"虡",故此"虡"可能是"皆"之異體。

虡　虢

仰天湖 39　　包山牘 1　　郭店・語三 50　　上博四・曹沫 39

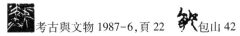

考古與文物 1987-6,頁 22　　包山 42

○**李零**(1996)　(編按:包山 81 等)我們的看法是,它們根本就不是皋字,而是甲字,即"甲冑"之"甲"的本來寫法(有別於干支之甲)。夆字,甲骨文作 夆、夆、夆、夆等形,學者以爲桎梏之形。讀音,于省吾先生以爲許氏諸説應"以讀若繭爲是","《説文》繭與鉗互訓","夆爲繭的本字"。周法高先生也引桂馥《義證》,指出《説文》"讀若瓠"乃"讀若瓠讘"之誤,其音如讘,夆、甲同屬古葉部字,唯前者爲泥母,後者爲見母,聲紐不近,"不知'夆'是否可讀爲'甲'"。繭、讘都是古葉部字,可見即使漢代讀音,它與甲字也是比較接近的。《説文》從夆之字皆與刑獄拘禁之事有關,如"罕"是監視犯人,"執"是拘捕犯人,"圉"是關押犯人,"螯"是抽打犯人,"報"是論罪定刑,"籀"是審訊犯人。我們懷疑,夆字古音原同於甲,乃關押之押的本字;虢字從之,則是柙的本字。《説文》卷六上:"柙,檻也,以藏虎兕。"《論語・季氏》:"虎兕出於柙。"柙是老虎籠子,所以從虎從夆。虡、虢皆其變形。早期的"甲冑"之"甲"本來就是假古押字或柙字爲之(按:殮尸玉衣古稱"玉柙",正像甲)。

另外,順便説一句,古文字中的"夆"字雖像桎梏之形,但本身並不是梏字。

《于省吾教授百年誕辰紀念文集》頁 271

○**朱德熙、裘錫圭、李家浩**(1995)　(編按:望山 1・95)"虢"當爲人名。此字亦見於小盂鼎,舊認爲是"建皋"之"皋"的專字(參看《兩周金文辭大系考釋》38 頁)。

《望山楚簡》頁 98

○**何琳儀**(1998)　虡,從虍,夆聲。仰天湖簡"虡衣",讀"甲衣"。參夆字讀柙。《禮記・少儀》"則袒櫜奉冑"。《釋文》:"櫜,音羔,甲衣也。"鎧甲之袋。包山簡虡,讀甲。《書・説命》中"惟甲冑起戎",傳:"甲,鎧。"

《戰國古文字典》頁 1381

○**李零**（1999）　（編按:郭店·語三 50）"犴"原从人从甲（古"甲"字）从皿,疑以音近讀爲"犴"。"犴"與"習"音義相近（"犴"是匣母葉部字,"習"是邪母緝部字,讀音相近）,古人常以二字互訓。

《道家文化研究》17,頁 492

○**李家浩**（2003）　（編按:郭店·語三 50）"虘"字亦見於包山 81 號簡和仰天湖 39 號簡,从"虍"从夲聲。此字庚壺作"䡇",金文多作"夲",其義同"甲"。張政烺先生讀爲"介",于豪亮先生讀爲"甲"。我過去是贊成張先生的説法的,但現在考慮到"介、甲"是同源詞,認爲可以根據"虘、䡇、夲"等字在古文字資料中跟其他的字構成的不同的詞,按照古人的語言習慣作不同的讀法,不必强求一致。例如根據古書中有"駟介"一詞（見《詩·鄭風·清人》等）,庚壺的"駟䡇"可以讀爲"駟介";根據古書有"兵甲"一詞（見《左傳》哀公十五年等）,包山 81 號簡的"兵夲"可以讀爲"兵甲";根據古書中有"甲裳"一詞（見《吕氏春秋·去尤》等）,仰天湖 37 號簡的"虘衣"可以讀爲"甲衣";根據古書中既有"甲冑"一詞（見《左傳》文公十三年等）,又有"介冑"一詞（見《管子·小匡》等）,戰國中山王壺的"夲冑"不妨兩讀。

《古籍整理研究學刊》2003-5,頁 2

○**陳偉**（2003）　（編按:郭店·語三 50）介,字本从虍从夲。原無釋。李家浩先生認爲:"這里的虘應該讀爲'犴'。《國語·晉語四》'陽人未犴君德,而未敢承命',韋昭注:'犴,習也。''犴於德'即習於德的意思。"李零先生也讀爲"犴",他寫道:"《禮記·少儀》'士依於德,游於藝',《緇衣》'德易犴而未親也'。'犴'原作'虘',乃古'甲'字。《集韻·犴韻》'柙'作'㮕',與'據'字形相近。《述而》的'據'字可能是'犴'字的誤寫。"在這以前,二氏均有關於"甲"字的討論,對本簡此字的釋讀與之相關聯。與此不同的是,李學勤先生認爲簡文此形當從孫詒讓釋爲"皋",這里"是'虘'字的錯寫。楚文字的'豕',形狀和'虘'下部的'夲'近似,因此致誤。'虘'即讀爲'據',繁體字'據'从'虘'。"對於此字的辨釋,李家浩、李零先生之説似更可憑信。但若讀爲"犴",恐怕也不太好。因爲傳世本《論語·述而》此字作"據",與"習"之義涵有較大差異。李零先生已作引述的《禮記·少儀》説"士依於德,游於藝",顯然是這類説法的另一種表述。依、據義近,相互印證,更使我們增加對讀"犴"之説的疑慮。"甲、介"二字音近義通,王力先生認爲屬於同源字。簡文中的這個"甲"字疑當讀爲"介"。介有因憑、依靠之訓。在這個意義上,適與據、依相通。

《郭店竹書別釋》頁 224—226

○**劉信芳**（2003） （編按：包山 81）字从虍，夲聲，讀爲"甲"，中山王方壺"身蒙夲冑"。"夲冑"即甲冑（參朱德熙、裘錫圭《平山中山王墓銅器銘文的初步研究》，《文物》1979 年 1 期），郭店《語叢三》50："虜於悳。"《論語·述而》作"據於德"，是"虜"本"虜"之異構，音轉而讀爲"甲"。

《包山楚簡解詁》頁 78

△**按** 對於此字的辨析，李家浩、李零釋"甲"之説最爲可信。

虞

望山 1·136

○**何琳儀**（1998） 虞，从虍，吳聲。望山簡虞，不詳。

《戰國古文字典》頁 789

虝

郭店·語一 30　　郭店·語一 61　　郭店·語一 67

△**按** 楚簡中皆用爲"然"，詳見卷十火部"然"字條。

虥

集成 15 留鎛

○**何琳儀**（1998） 虥，从虎，素聲。疑虥之異文。《玉篇》："虥，虎兒。"留鎛虥，人名。

《戰國古文字典》頁 585

虖

集成 10008 欒書缶　　集成 2840 中山王鼎　　集成 2840 中山王鼎　　三晉 115

○**張政烺**（1979） （編按：集成 2840 中山王鼎）虖，从虍，魚聲，金文中常見，讀爲吾。

《古文字研究》1，頁 217

○**商承祚**（1982） （編按：集成 2840 中山王鼎）虗从虍，魚聲。王國維曰：“古魚、吾同音，敦煌唐寫本商書（《尚書·微子》）‘魚家旄孫于荒’，日本古寫本周書（《尚書·泰誓上》）‘魚有民有命’，皆假魚爲吾。《史記·河渠書》：‘功無已時兮，吾山平。’吾山即魚山也。”者減鐘“虗王”，齊鎛“保虗兄弟”，欒書缶“虗以祈眉壽”，林氏壺“虗以匽飲”，又或从攴作戲，“戲以匽以喜”，無不用作吾。但又見吾字，是一是二還是借，皆有可能。

《古文字研究》7，頁 49

△**按** 戰國文字中“虗”一般多用作第一人稱代詞“吾”。

【虗陽】貨系 1959 等

○**丁福保**（1938） 魯陽見第三〇一—三〇五圖。《古金待問録》：右一品左文第一字不可識，第二字當是昊字，已詳太昊幣，右文爲陽字，《路史》少昊青陽氏。上古貨幣皆以代别，故既曰陽，又曰昊，猶太昊之幕文了旁斜畫，爲義字也，故定爲少昊之幣。《古金待問續録》：面文曰魯陽字。

培按，此布自左旋讀，朱氏所載一作圉鱻，（中略）《楚語》惠王時有魯陽文子，是楚地，《漢·地理志》魯陽屬南陽郡，師古曰：“即淮南所云魯陽公與韓戰，日反三舍者也’。”一種左作鱻，《史記·魏世家》：“武侯十六年，伐楚，取魯陽。”（以上《古泉匯考》）

右布文曰魯陽，左讀，元愷考《左氏·昭二十九年傳》：“懼而遷於魯縣。”杜注：“今魯陽也。”此爲周地。《楚語》：“惠王以魯陽與文子。”此爲楚地。《魏世家》：“武侯十六年伐楚，取魯陽。”則爲魏地矣。漢爲縣，屬南陽郡，今汝州魯山縣也，魯字作鱻，蓋昪白在魚上。《説文》無魚字古文，此可補其缺。（選青）

《古錢大辭典》頁 2167，1982

○**鄭家相**（1958） 文曰魯陽。《竹書紀年》：“孔甲七年，劉累遷魯陽。”《地志》：“戰國屬韓，後屬魏。”《史記》：“魏武侯十六年，伐楚，取魯陽。”未知何年入秦。在今河南魯山縣。此布先鑄屬韓，後鑄屬魏，至入秦則爲三孔圓足布矣。

《中國古代貨幣發展史》頁 98—99

○**曾庸**（1980）

虞字舊釋魯，不確。錢文从虎頭从魚，當爲虗字。古代魚和吾、吳音相同，如吳器中把攻吳可寫作攻敔或攻虗，東漢時人把漁陽寫作吾陽。由於魚和吳音相通，故知虗、虞相通。

　　戰國地名中有漁陽、梧、吳城,錢上的虞陽或是其中之一。漁陽爲燕地,
在今北京之懷柔。從虞陽布的形制、書體、後背畫文來看,它屬於較爲典型的
三晉布幣,而燕國的布幣多鑄於今遼東一帶。今北京附近,當時似爲明刀鑄
造區,故知虞陽不會是燕的漁陽。梧見於《戰國策》,它與許、鄢陵相近。銅兵
器銘文上的部或許就是梧,但現在所知,這一帶的許多縣,鑄布幣者不多見,
則虞陽不會是梧。戰國時以吳爲地名者很少,僅《史記・秦紀》説秦:"伐魏,
取吳城。"魏的吳城在今山西南部。《括地志》:"虞故城在陝州河北縣東北五
十里虞山之上,亦名吳山,周武王封弟陝仲於周之北故夏墟,吳城即此城也。"
虞山即今之中條山,《水經注》説:"其城北對長坂二十許里,謂之虞坂。"虞也
稱爲北吳,文獻中多寫作虞,可知錢幣上的虞陽即《史記》上所説的吳城了。
戰國吳城在今山西平陸北。

《考古》1980-1,頁 84—86

○**汪慶正等**(1988)

盧陽　　盧陽　　盧陽　　盧陽　　盧陽　　盧陽　　盧陽　　盧陽(簡筆)

　　地名,戰國韓地,今山西省平陸縣境;或釋虞陽,戰國趙地或燕地,今北京
市密雲縣境。舊釋魯陽,戰國韓地,今河南省魯山縣北。

《中國歷代貨幣大系 1・先秦貨幣》頁 1105

皿　盍

　　貨系 510　　　仰天湖 29

○**鄭家相**(1941)　右布文曰皿,在右。按皿爲盟省,見隱十一年,今河南孟縣
西南十八里即孟津也。

《泉幣》9,頁 24

○**饒宗頤**(1957)　　(編按:仰天湖 29)〔皿〕見簡 26:"五銑皿。"《説文》:"皿,食飯
之用器也。"字亦作鈲。《寶蘊樓彝器》九五有寧鈲。

《金匱論古綜合刊》1,頁 65

○**中大楚簡整理小組**(1977)　　(編按:仰天湖 29)皿、血二古字同用,戰國以後才
嚴格區分。器口一橫,表示皿中所盛物高出口外,有豐滿意。

《戰國楚簡研究》4,頁 14

○**何琳儀**（1998）　皿，甲骨文作（前五・三・七）。象器皿之形。上有外翻口沿，下有底座。西周金文作（皿屖簋），春秋金文或在底座中閒加飾筆作（嬰次盧盧作）、（蔡侯申缶盥作）。戰國文字承襲兩周金文。或外翻口沿與皿體脱節作，或口沿取直作、、、、，或由訛作、遂似从止。（中略）

周空首布皿，讀盟。《左・昭四》：“周武有孟津之誓。”《史記・楚世家》引孟作盟。《史記・魯周公世家》：“東伐至盟津。”正義：“盟作孟，地名。”是其佐證。《左・隱十一》：“向、盟、州、陘、懷。”在今河南孟縣南。盟、盟津、孟、孟津，均一地之異名，皿則爲孟之省寫。

《戰國古文字典》頁 731

孟　盂

上博二・容成 44

──────────

△**按**　簡文辭例爲“視（實）盂炭丌（其）下”。

盛　盛

集成 9734　妌兹壺　　集成 4494 盛君縈簠　　璽彙 1318　　璽彙 1319
郭店・唐虞 2　　包山 125　　上博一・詩論 2　　新蔡乙一 13

──────────

△**按**　戰國文字中的“盛”與古書中的用法基本相似，或用作“强盛”之“盛”，亦或用作姓氏。

齍　齍

陶彙 3・1017　　陶彙 3・1018　　陶彙 3・1019　　陶録 3・63・1

──────────

○**何琳儀**（1998）《說文》：“齍，黍稷在器以祀者也。从皿，齊聲。”齊陶齍，見《說文》。

《戰國古文字典》頁 1270

○**王恩田**（2007）　齍。

《陶文字典》頁 124

盧

集成 10386 王子嬰次爐　　璽彙 3418　　故宮 402　　貨系 1219

○**何琳儀**（1998）　秦璽盧,姓氏。姜太公之後,至文公子高,高孫傒,食采於盧,今盧縣也,因姓盧氏。見《元和姓纂》。

《戰國古文字典》頁 453

【盧山禁丞】

○**周曉陸、陳曉捷**（2002）　盧山禁丞(圖 36),《風》頁 161。此泥記載了一處未見記載的禁苑。《讀史方輿紀要・青州府・諸城縣》瑯邪山條記:"盧山,縣東南四十五里,以秦博士盧敖隱處而名。""盧水源於此,巖壑頗勝。"《紀要・山東・瑯邪》記:"《史記》始皇二十八年南登瑯邪,大樂之,留三月乃徙黔首三萬戶瑯邪臺下。復十二歲,作瑯邪臺立石刻頌秦德。又三十七年,從會稽還,過吳並海上北至瑯邪、之罘。"著名的瑯邪山、臺與盧山禁苑或在一地,或交錯相鄰。

《秦文化論叢》9,頁 268

圖 36

【盧氏】貨系 580 等

○**鄭家相**（1958）　文曰盧氏。按盧氏屬古陰地,自陝西雒南縣以東,至河南嵩縣,皆陰地也,盧氏在其閒。盧氏地名見於《漢書》,蓋周時舊名,漢仍之也。春秋時晉國強大,陰地大部屬晉,盧氏亦晉地也。

《中國古代貨幣發展史》頁 54

○**汪慶正**（1984）　關於"盧氏",李佐賢《古泉匯》釋盧化,並引《左傳》隱公三年"尋盧之盟"條,因此誤定爲齊國盧邑(今山東濟南地區),現代學者釋"盧氏"是一致的。《括地志》:"伊水出虢州盧氏縣東巒山,東北流入洛。"《水經注・洛水》引《竹書紀年》:"晉出公十九年,韓龐取盧氏城。"《漢書・地理志》載弘農郡有盧氏縣。其地即今河南盧氏縣,春秋時爲西虢邑,公元前 655 年爲晉所滅後即爲晉地。戰國屬韓。"盧氏"在貨幣史上值得重視,其地有"盧氏"原始布、"盧氏"斜肩弧足空首布,"盧氏金匕"平首大布,但並無小方足布。

《中國歷代貨幣大系・先秦貨幣・總論》頁 16

○**韓自強、馮耀堂**（1991）　盧氏,春秋時西虢莘川地。《竹書紀年集證》:"周定王三年(前 594)晉韓龐取盧氏城。"今在河南陝县東南,或曰今河南盧氏縣

戰國時期盧氏屬韓國,但該戈字體接近秦篆,可能是秦占領韓國盧氏后,在繳
獲的兵器上加刻的地名。

《東南文化》1991-2,頁 258—259

○何琳儀(1992)

　　十二、盧氏半釿　　　1455

　　“盧氏”,又見《貨系》原始布(29)、斜肩弧足空首布(578)、銳角布(1215)
等銘文。《水經注·洛水》引《竹書紀年》:“晉出公十九年,韓龐取盧氏城。”
在今河南盧氏,地處魏、韓、秦三國交壤。《國策地名考》附“韓地圖”和“魏地
圖”中均有“盧氏”,這種處理十分合理。

《古幣叢考》(增訂本)頁 178,2002;原載《吉林大學學報》1992-2

○蔡運章(1995)　【盧氏·斜肩空首布】　春秋晚期至戰國早期青銅鑄幣。
鑄行於周、晉地區。屬中型空首布。面文“盧氏”,篆法各異,極富變化,爲古
地名。《漢書·地理志》弘農郡有盧氏縣,春秋早期爲虢國封邑,晚期歸晉,戰
國屬韓,在今河南盧氏、三門峽一帶。1975 年以來河南洛陽、宜陽、三門峽等
地有出土,僅宜陽就出土 200 餘枚。

《中國錢幣大辭典·先秦編》頁 184

○何琳儀(1998)空首布、韓銳角布、魏橋形布“盧氏”,地名。《水經注·洛
水》引《竹書紀年》:“晉出公十九年,韓龐取盧氏城。”在今河南盧氏。

《戰國古文字典》頁 453

○吳振武(2000)

盧氏

《古文字研究》20,頁 334

盉　盉

集成 9719 令狐君嗣子壺

○何琳儀(1998)　令狐壺盉,讀淑。《爾雅·釋詁》:“淑,善也。”

《戰國古文字典》頁 308

盇 盇

 望山 2 · 51　　 睡虎地·封診 88

○**睡簡整理小組**（1990）　（編按:睡虎地·封診 88）盇（音柳），盆。

《睡虎地秦墓竹簡》頁 162

○**朱德熙、裘錫圭、李家浩**（1995）　（編按:望山 2 · 51）盇。

《望山楚簡》頁 112

△**按**　望山簡中的字上部所從不似"央"旁，楚文字中"央"旁與此稍有區別，如:牮（上博二·子 11）、糞（上博四·彭 7）、糞（上博五·三 4）、糞（新蔡甲二22）、糞（上博六·用 2）。據此可知，釋作"盇"不無可疑。劉國勝（《楚喪葬簡牘集釋》頁 105，科學出版社 2011 年）結合包山簡中的相關內容，懷疑此字所從"皿"之上當是"侴"旁，與"盓"爲一字異體，指煮牲之鼎，即文獻所稱"鑊"鼎。

醢 醢

醢 睡虎地·日甲 26 背貳

△**按**　前後簡文作"入人醢、醬、滫、將（漿）中"，用作酸醋。

盉 盉　鑑 鋡

盉 集成 9426 楚叔之孫途爲盉　　鋡 新收 1484 春成侯盉

○**李零**（1987）　楚墓中常出土一種小口帶蓋、鼓腹、三足，帶提梁和獸首形曲頸流的器物，習慣上人們把它叫作鐎壺。鐎是漢代器物，有柄，與此形制不同。根據江蘇吳縣何山所出楚叔之孫途爲盉（自名"鋡"），它的名稱應叫做"盉"。盉在楚墓中較爲常見，一般只出一件，也有出兩件的。

《江漢考古》1987−4，頁 75

○**湯餘惠等**（2001）　盉　從金。

《戰國文字編》頁 318

△**按** 戰國楚金文中“盉”字多从金,卷十四金部重見。

益 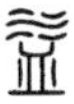

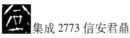

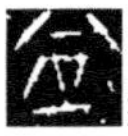集成 2773 信安君鼎 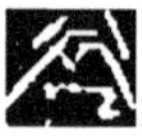集成 2793 坪安君鼎 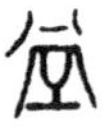新收 1484 春成侯盉

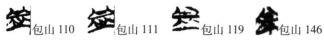

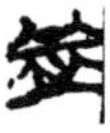包山 110 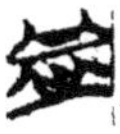包山 111 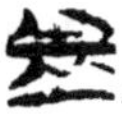包山 119 包山 146

○**羅昊**(1981) (**編按**:集成 2793 坪安君鼎)益即鎰。鎰、釿均爲重量單位,銘文記載器重 9 益,實測器重 2842.5 克,一鎰合 315.85 克强。蓋銘記載蓋重二鎰六釿,可以看出釿是小於鎰的重量單位。若釿到鎰是十進位,則蓋重即 26 釿,今實測蓋重 787.3 克,一釿合 30.28 克强,一鎰則爲 302.8 克,此數與器測每鎰爲 315.83 克是接近的。器測數據略高於蓋測數據的原因之一,是器内土銹尚未除淨。由此可知,十釿等於一鎰,一鎰約合 303 克。

《考古與文物》1981-2,頁 20、18

○**裘錫圭**(1982) (**編按**:集成 2773 信安君鼎)信安君鼎以益與釿爲記重單位。羅文疑“釿到鎰是十進位”(20 頁)。今按,泌陽官莊秦墓所出平安君鼎蓋銘有“一益十釿半釿四分釿”之語,則一鎰所含釿數必大於十無疑。除非衛國釿鎰進位之制與魏國不同,而這種可能性顯然不大。上引平安君鼎蓋銘“十”字,原簡報釋“七”。此字豎畫上所加横筆極短,故知不應釋作“七”,李學勤同志《秦國文物的新認識》一文釋作“十”(《文物》1980 年 9 期 28 頁),是正確的。

羅文已指出,據信安君鼎器重折算,一鎰合 315.85 克强。古文獻中一鎰之重有二十兩及二十四兩二説。上舉數值與秦漢時代二十兩之重大致相當。如依此數值,將鼎蓋實測重量 787.3 克減去二鎰之重,剩下來的 155.6 克即六釿之重,每釿合 25.93 克强。這樣,一鎰大致相當於十二釿。古代銅器保存至今,其重量與原來必有出入,古人稱量也可能有誤差。因爲根據個别銅器得出的重量單位的數值是難以爲憑的。對釿這種較小的單位來説,更是如此。上博所藏和泌陽出土的兩件平安君鼎,都有以釿、鎰爲單位的記重銘文。非常希望有關單位能做一下校量工作,將結果發表。

《考古與文物》1982-2,頁 54

○**湯餘惠**(1993) (**編按**:集成 2773 信安君鼎)九鎰,是稱量所得鼎器的重量。據測算,器重 2842.5 克,一鎰合 315.85 克。鼎蓋“二鎰六釿”,重 787.5 克,一釿合 25.97 克。另據 1978 年河南泌陽出土的平安君鼎測算,一鎰合 297 克,一釿合

38.5 克。取其平均值,戰國時期一鎰大約 300 克左右,一釿重 30 克左右。古文獻記載一鎰之重爲二十兩,一說二十四兩,應以二十兩之説比較接近實際。

《戰國銘文選》頁 6

○**郭若愚**(1994)　(編按:信陽 2·16)益,同鎰。衡名。《孟子·公孫丑》:"於宋餽七十鎰而受。"注:"古者以一鎰爲一金,一鎰是爲二十四兩也。"

《戰國楚簡文字編》頁 86

○**何琳儀**(1998)　晉器益,讀鎰或溢,衡名。《孟子·梁惠王》下:"雖萬鎰,必使玉人雕琢之。"注:"二十兩爲鎰。"(中略)楚器益,讀鎰或溢,衡名。

《戰國古文字典》頁 733

○**唐友波**(2000)　(編按:新收 1484 春成侯盉)典籍漢注多謂一益(鎰、溢)合二十兩。據研究,先秦有楚、趙、秦三國用斤,在 250 克左右,西漢、新莽及東漢的衡值有下降的趨勢,約在 220 克至 245 克之閒爲多見。以每兩 15 克換算,依春成侯盉銘重之數,每益重約 295 克,正好將近漢人的 20 兩之值。唯望今後能出更多的銘重韓器,庶能更全面地反映韓衡的真實情況。

《上海博物館集刊》8,頁 164

△按　戰國金文及楚簡中⿰金⿱人圡多用作重量單位"鎰"。

盈　盈　溫

石鼓文·霝雨　睡虎地·效律 21

九店 56·47　上博五·三德 8　上博六·用曰 17

○**强運開**(1935)　楊升庵作有重文,非是。《説文》:"盈,滿器也,从皿、及。"段注云:"秦以市買多得爲及,故从及。"

《石鼓釋文》戍鼓,頁 2

○**何琳儀**(1998)　(編按:睡虎地·效律 21)睡虎地簡盈,滿。

《戰國古文字典》頁 812

○**李家浩**(2000)　(編按:九店 56·47)"溫"字不見於字書,應當分析爲从"皿"从"涅"聲。據上(三)組二六號簡"乃涅其志"語,雲夢秦墓竹簡《日書》作"乃盈志"(參看考釋〔八○〕),"溫"可能是"盈"字的異體。戰國璽印中有"呈志"箴言印(《古璽彙編》四一二·四五一七至四一三·四五二四)。本簡的"溫志"和璽印的"呈志",疑皆應當從秦簡讀爲"盈志"。或説本簡的"溫志"、璽印的"呈志"和秦簡的"盈志"皆應當讀爲"逞志"。《楚辭·大招》："逞志究欲,心意安只。"

《九店楚簡》頁 114

△按　戰國文字中秦系作"盈",楚系作"溋"。

盡 盡

陶彙 5·387　　集成 9735 中山王方壺　　侯馬 3:2

○**劉樂賢**(1994)　(編按:睡虎地·日甲 2 背 2)按:成家徹郎讀盡爲贐,認爲是富强的意思。此説不對。下文第六號簡背云:"凡參、翼、軫以出女,丁巳以出女,皆棄之。"直參之日顯然是嫁女的忌日。室必盡,指其家庭將要破産耗財。

《睡虎地秦簡日書研究》頁 206—207

盦 盦

侯馬 156:20

○**何琳儀**(1998)　《説文》:"盦,覆蓋也。从皿,酓聲。"侯馬盟書"盦章",讀"熊章"。參酓字。熊,姓氏。黃帝有熊氏之後。見《元和姓纂》

《戰國古文字典》頁 1391

盈 盈

包山 260　　集成 2766 徐䝬尹鼎　　上博六·鄭壽 7

○**劉桓**(1992)　金文有一習語作:

　　　　🔥罃猷遲(王孫誥編鐘銘)　　　　🔥罃熿屖(王子午鼎銘)

　　　　🔥罃熿屖(王孫遺者鐘銘)

(中略)

　　至於🔥罃二字,舊釋被誤讀爲弘龏,主要是從字形上與从弓的📿(毛公鼎銘)相混淆,這樣一來,這一習語便不可通了。其實🔥即甲骨文中的🔥字,本象人的腹内懷孕形,卜辭中常用做地名讀爲温,字本即温字之所從。因之,我們可以判定温龏當讀爲典籍中習見的"温恭"。(中略)

附帶提一下,前幾年在紹興坡塘出土徐器中有郤臧尹擧鼎銘:"⟨字⟩良圣每。"在此亦當讀爲"盈(温)良圣敏"。

《文博》1992-3,頁 19

○**趙平安**(1997)　(編按:包山 260)"盈"指臂衣,是射箭時戴在左臂上用以蔽膚、斂衣的東西。

《第三屆國際中國古文字學研討會論文集》頁 714

○**何琳儀**(1998)　盈,甲骨文作⟨字⟩(戩四六·一四)。从人,从函省,會包蘊之義。函亦聲。盈,影紐;函,匣紐。影、匣均屬喉音,盈爲函之準聲首。典籍以蘊爲盈。《詩·小雅·小宛》"飲酒温克",疏:"包裹曰蘊。"或作⟨字⟩(《類纂》○○五五),省函之提手。西周金文作⟨字⟩(盈弗生盨),春秋金文作⟨字⟩(王孫誥鐘)。戰國文字承襲兩周金文。或省函之提手作⟨字⟩,在偏旁中或省人旁作⟨字⟩。小篆作⟨字⟩形下加皿旁,乃醖之初文。《説文》:"醖,釀也。从酉,盈聲。"古文字盈本應隸定爲函,茲暫從舊説以盈代函爲聲首。(中略)包山簡盈,讀韞。《後漢書·崔駰傳》:"今子韞櫝六經。"注:"韞,匣也。"徐郊尹鼎"盈良",讀"温良"。《論語·學而》:"夫子温良恭儉讓以得之。"疏:"敦柔潤澤謂之温,行不犯物謂之良。"

《戰國古文字典》頁 1310

○**劉釗**(1998)　(編按:集成 2766 徐贅尹鼎)上引徐賸(?)尹晉鼎謂"⟨字⟩良聖每(敏)","⟨字⟩良"即"温良"。《論語·學而》:"子貢曰:夫子温良恭儉讓以得之。"《漢書·兒寬傳》:"寬爲人温良,有廉知自將。"《漢書·匡衡傳》:"仁愛温良者戒於無斷。"凡此均爲"⟨字⟩良"即"温良"之證。(中略)

最後附帶談一下楚簡中的"函"(盈)字和"燰"(煴)字。

包山楚簡二六○號簡有一句説"一奠(鄭)弓　一紛敆夬⟨字⟩"。

我們在《包山楚簡文字考釋》一文中,曾將簡文中的"⟨字⟩"字釋爲"盈"。(中略)

"夬盈"的"夬"字應讀作"袂"。《玉篇》:"袂,彌鋭切,袖也。""袂"在此是指"射韝",即射箭時套在左臂上起"遂弦"和"蔽膚斂衣"作用的皮"套袖"。(中略)字書从"盈"的字皆有"蘊藏""包含"之義,如"韞"字《集韻》上聲隱韻訓爲"藏",《集韻》平聲魂韻又訓爲"韜",而"韜"字《玉篇》謂:"弓衣也,韜也。""韜"即"套"也。又"褞"字《集韻》上聲隱韻亦訓爲"衣"。"袂盈"猶言"袖衣"或者"袖套"也。

《古文字考釋叢稿》頁 152—154,2005;原載《容庚先生百年誕辰紀念文集》

○**李家浩**(1999)　(編按:包山 260)疑簡文(3)的"夬盈",應該讀爲上引《呂氏春秋·必己》"不衣芮温"的"芮温",也就是"靹温",指"紛袷"細頓温暖。

《中國古文字研究》1,頁 98

○**陳佩芬**(2007)　(編按:上博六·鄭壽 7)函龔㠭悳　讀爲"謙恭淑德"。"謙恭",《漢書·于定國傳》:"爲人謙恭。"《後漢書·北海靖王興傳》:"而睦性謙恭好士。"皆爲謙遜之意。

《上海博物館藏戰國楚竹書》(六)頁 263

△**按**　戰國文字中的"盈"多作"㢝",底部並不从皿。金文中多用作"温",包山簡"夬盈"所在辭例爲"一奠(鄭)弓,一紛斂,夬盈",所記皆爲弓箭類器物。其中"一紛斂"的"斂"字,田河(《戰國遣册文字補釋四則》,《江漢考古》2011年 1 期 114—115 頁)讀爲"拾",即文獻中所記"韝"之異名,指射箭時套在左前臂上的保護物件。另據考證,簡文中的"夬"即射箭時置於大拇指上的扳指,古書中亦寫作"決、玦"等。綜上可見,此處簡文中的"夬盈"當讀作"夬韞","韞"即藏也。《論語·子罕》:"韞匵而藏諸。"朱熹《集注》:"韞,藏也。"簡文"一紛斂(拾),夬盈(韞)"當是指:一件紛組編織而成的護臂,其中同時藏有勾弦用的扳指。

盥　盥

近出 1010 倗匜　　集成 9992 蔡侯龖缶

△**按**　金文"盥"字多見,皆用作盥洗之"盥"。

㢝

集成 10276 塞公孫𦉪父匜　集成 10207 曾子伯父匜　集成 10273 楚嬴匜

集成 10274 大孟姜匜　集成 10268 番昶伯者君匜

○**李守奎**(2003)　㢝　匜字異體。

《楚文字編》頁 309

△**按**　金文中"㢝"皆爲卷十二匚部"匜"字異體,另有異體作"鉈",參見卷十四金部鉈字條。

盙

集成 2623 楚王酓肯鼎

○**何琳儀**（1998）　盙，從皿，貞聲。楚王酓肯鼎盙，讀鼎。

《戰國古文字典》頁 795

△**按**　"鼎"字異體，參見卷七鼎部"鼎"字條。

盍

集成 4662 铜方豆

○**李零**（1987）　春秋戰國時期使用的豆有帶蓋和不帶蓋之分。其中蓋豆常常被用來盛放穀物，與"簠"作用相似，而且蓋豆還有作方體者，方體的蓋豆，據河南固始侯古堆大墓出土的铜盍，自名是"盍"。（**中略**）

　　另外，漆木器的這種豆曾出土於長臺關 M1，遣冊記爲"亓（其）木器：八方琦"。器名爲"方琦"，也就是盍。

《江漢考古》1987-4，頁 73—74

△**按**　"盍"爲方豆自名，不過亦有圓豆自名爲"錡"者。參見葛亮《〈玫茵堂藏中國銅器〉有銘部分校讀》文末學者評論（復旦大學出土文獻與古文字研究中心網 2009 年 12 月 11 日）。《説文》金部："錡，鉏鋤也。從金，奇聲。江淮之閒謂釜曰錡。"段玉裁注云："《召南》：'維錡及釜。'傳曰：'錡，釜屬，有足曰錡。'《方言》曰：'鍑，江淮陳楚之閒謂之錡。'郭云：'或曰三腳釜也，音技。'按《詩》《左傳》皆錡釜並言，然則本以有足別於釜，而江淮語同之耳。"又《説文》足部："踦，一足也。"段玉裁注曰："《管子》：'倍堯之時，一踦腓，一踦屨，而當死。'謂一足刵，一足屨當死罪也，引申之凡物單曰踦。"此類豆器形或圓或方，但均有一高足支撐，因此，頗疑其自名曰"盍、錡"或"方琦"可能均與此造型有關。

盜

集成 9625 盜叔壺

○**湯餘惠等**（2001）　溢。

《戰國文字編》頁 320

△**按**　"溢叔"乃器主之名。

湓

集成 2234 鄧尹疾鼎　　集成 2622 昶伯業鼎

○**湯餘惠等**（2001）　溢。

《戰國文字編》頁 321

△**按**　楚器鼎之異名自稱。

溢

集成 2782 哀成叔鼎

○**趙振華**（1981）　溢，與盠彝之盠字同，而旁加水形。盠，《博雅》："瓢也。"《廣韻》："以瓢爲飲器也。"《集韻》："與蠡同，亦作盠。"瓢爲水器，故字或从水。夔即獲。《廣韻》："得也。"《左傳》定公九年："夏，陽虎歸寶玉大弓。書曰'得'，器用也。凡獲器用曰得，得用焉曰獲。"

《文物》1981-7，頁 68

○**張政烺**（1981）　亦弗其盠夔。

盠，从皿，柇聲。柇，見《仲叔父盤》（編按：三代 17・10）"柇粱來麥"（代一七・一〇），確是黍字。盠夔是聯綿詞，疑讀爲專漢（黍音與雨字近，雨專喉脣音通轉）。《史記・司馬相如傳・封禪文》："非唯雨之，又潤澤之。非唯濡之，氾專漢之。"胡廣曰："氾，普也。言雨澤非偏於我，普遍布散，無所不漢也。"字亦作布漢，《廣韻》去聲十一暮，漢字下云："布漢，猶分解也。"

《古文字研究》5，頁 30

○**李學勤**（1983）　亦弗其盠夔（顧護）嘉。（中略）

黍，《呂氏春秋・權勳》云："酒器，受三升曰黍。"即觚，參看朱駿聲《説文通訓定聲》。此處讀爲"顧"。

《新出青銅器研究》頁 237、244，1990；原載《歐華學報》1983-1

○**蔡運章**（1985）　"〔圖〕"，有的同志釋爲"盠"。張政烺先生釋爲"盠"，乃黍字

異體,李學勤先生從其説。我們從此字的構形看,當以釋"黍"爲是。古文字中在字下增置四符的現象屢見不鮮。例如,曾侯簠眉字作𥂝,㑇肯鼎鼎字作𥂝,皆是其證。(中略)

"黍𦰩",李學勤先生讀爲"顧護。"(中略)當是。"顧護"即看護之義。

《中原文物》1985-4,頁 57

○**趙平安**(1992)　我們認爲,"𥂝𦰩"應當就是古書中的"𥂝臐"。𦰩與臐都是鐸部字,聲母又同是喉音,可以通用。(中略)

黍臐是一種精美的食物,可以用來吃,也可以用來祭祀。《辭源》將它解釋爲"雜以黍米的肉羹",其説可從。

《中山大學學報》1992-3,頁 129

○**劉宗漢**(1996)　𥞲,諦視拓片,上從水禾,故當隷定爲"𥞲"。"𥞲𦰩",我們認爲即後世的"跋扈",現論述如下:

"𥞲"顯係從"禾"得聲。禾,中古讀匣母戈韻。許多音韻學家都認爲不少中古的匣母字上古讀見母,如《詩·大雅·江漢》的"武夫光光",漢揚雄《法言·孝至》引作"潢潢",光是見母字而潢是匣母字。李新魁先生的《古音曉匣歸見溪群説》對此有過論述,舉例頗備,此不一一具引。

我們曾經指出,上古河北南部、河南北部及其附近地區,存在着見母和幫母通讀的現象,並指出洛陽正在該方言區范圍内。基於上述認識,我們認爲,從禾得音的"𥞲",上古在洛陽地區讀爲幫母。"跋"中古讀並母末韻。幫、並旁轉,戈、末同部。所以上古洛陽地區"𥞲"的讀音應和"跋"很接近。(中略)

"跋扈"是一個聯綿詞,或作"畔援、伴换、伴奐、畔彦"等。《詩·大雅·皇矣》:"無然畔援。"鄭箋云:"畔援,猶跋扈也。"《釋文》引《韓詩》云:"畔援,武强也。"(中略)

"跋扈"一詞,或訓爲"强梁"(《後漢書·馮衍傳》"誚始皇之跋扈"李賢注),或訓爲"暴横"(《後漢書·朱浮傳》"往年赤眉跋扈長安"李賢注)。(中略)不難看出,《哀成叔鼎》的"君……弗其𥞲𦰩(跋扈)",也是哀成叔對君的一種贊頌,説他不强梁暴横。

《洛陽考古四十年——1992 年洛陽考古學術研討會論文集》頁 247—248

△**按**　張政烺對該字的隷定十分準確,趙平安讀此詞爲"黍臐"比較符合文意。劉宗漢析此字從"禾"得聲已誤,讀此詞爲"跋扈"則離本義愈遠。

㿱

上博五・三德 13　　　　上博六・平王 3

△按　此字爲"羹"字之異,詳參卷三弼部"羹"字條。

盥

集成 2646 叔夜鼎　　集成 4550 楚王酓前簠　　集成 2296 鑄客鼎　　包山 18

△按　"盥"爲"鑄"字異體,參見卷十四部金部"鑄"字條。

盫

璽彙 3086　　　璽彙 4051

○何琳儀(1998)　盫,從皿,歫聲。或疑歫之繁文,皿爲疊加音符。晉璽"盫門"讀"臧文",複姓。臧文氏,姬姓,魯大夫臧文仲之後。見《通志・氏族略・以邑諡爲氏》。

《戰國古文字典》頁 700

寅

集成 4190 陳肪簠蓋　　集成 4649 陳侯因咨敦　　集成 156 能原鎛

○徐中舒(1933)　（編按:集成 4649 陳侯因咨敦）寅,從寅從皿,即寅之繁文。吳大澂釋爲裸,非是。陳猷釡寅作𡨋,與此偏旁寅形既相似;陳逆簠云"余寅事齊侯",寅事齊侯,與"寅薦吉金",義實相同。

《徐中舒歷史論文選輯》頁 412,1998;原載《史語所集刊》3 本 4 分
○何琳儀(1998)　寅,從皿,寅聲。齊金寅,讀寅。《爾雅・釋詁》:"寅,敬也。"能原鎛寅,地支用字。

《戰國古文字典》頁 1219
△按　戰國文字中"寅"爲"寅"之繁體,參見卷十四寅部"寅"字條。

醓

睡虎地・秦律 12

○**睡簡整理小組**（1990）　醓（酤）酉（酒），(中略)酤酒,賣酒。《韓非子・外儲説右上》有宋人酤酒故事。《漢書・景帝紀》:"夏旱,禁酤酒。"注:"酤,謂賣酒也。"

《睡虎地秦墓竹簡》頁 22

艠

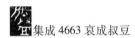集成 4663 哀成叔豆

○**李學勤**（1983）　豆銘自名爲"艠",即登,與《周金文存》三・一六七富子上官登相同。

《歐華學報》1983-1,頁 98

○**何琳儀**（1998）　艠,從皿,朕聲。哀成叔豆艠,讀登。《爾雅・釋器》:"瓦豆謂之登。"《説文》:"登,禮器也。"

《戰國古文字典》頁 151

△**按**　"艠"字李學勤讀作"登",似可從。

鈲

集成 9976 蔡侯瓶

△**按**　"鈲"字異體,參見卷十四金部"鈲"字條。

盉

包山 265

○**劉彬徽、彭浩、胡雅麗、劉祖信**（1991）　盉,讀作升。盉鼎即升鼎。東室有二件平底束腰鼎,楚墓中都以此種鼎爲升鼎。

《包山楚簡》頁 63

○**何琳儀**（1998）　盨，從皿，登聲。包山簡盨，讀升，典籍習見，"升鼎"見春秋楚式銘文。

《戰國古文字典》頁 140

△**按**　劉彬徽等整理者將"盨"讀作"升"，並謂"盨鼎"即"升鼎"可從。

醢

上博六·平王 3　上博六·平王 4

○**陳偉**（2007）　醢，《集韻·腫韻》："咸菹。"即用鹽腌製的菜肴。

《新出楚簡研讀》頁 284，2010

△**按**　此字後出，單育辰（《占畢隨録》，簡帛網 2007 年 7 月 27 日）認爲，在楚國遣册中，多見一個"笠"字，是一種盛食器的名稱，和"醢"似爲一字異體，不過此文中的"醢"從西從皿，顯然是作爲醃菜用的。此外，陳劍（《釋上博竹書和春秋金文的"羹"字異體》，復旦大學出土文獻與古文字研究中心網 2008 年 1 月 6 日）指出："'醢'從'共'聲從意符'皿'，當釋讀爲'瓮'或'甕'。兩字古常通用無別，（中略）'甕/瓮不蓋，酪不酸'當指盛酪漿之甕/瓮平常没有加以覆蓋，導致其揮發而無酸味，故以之調味的'酪羹'也不酸了。"

酪

上博六·平王 4　上博六·平王 3

○**陳佩芬**（2007）　"酪"，《説文》所無。疑爲"醢"字，《字彙》："肉醬也。"

《上海博物館藏戰國楚竹書》（六）頁 270

△**按**　此字後出，有網文數篇可參。何有祖（《讀〈上博六〉札記》（二），簡帛網 2007 年 7 月 9 日）指出："'酪'，原從酪從皿，整理者以爲即'醢'，指肉醬。按：此字當讀作'酪'，指醋。《禮記·禮運》：'以亨以炙，以爲醴酪。'鄭玄注：'酪，酢載。'"陳偉（《〈王子木蹠城父〉校讀》，簡帛網 2007 年 7 月 20 日）從何有祖釋，並補充説："《楚辭·大招》：'鮮蠵甘雞，和楚酪只。'王逸注：'酪，酢載也。'即醋。酪菜，恐是用醋調拌的蔬菜，有如現今涼拌菜，所以不須要放在火上燒煮（不爨）。"參見氏著。

蜀皿

蜀皿 璽彙 0372　　蜀（上博五·鮑叔 3）

○何琳儀（1998）　　蜀皿，从皿，蜀聲。晉璽蜀皿，人名。

《戰國古文字典》頁 379

○陳佩芬（2005）　（編按：上博五·鮑叔 3）“蜀皿”即“蜀皿”，讀作“蜀”。《方言》十二：
“一，蜀也，南楚謂之蜀。”郭璞注：“蜀猶獨耳。”《爾雅·釋山》：“獨者蜀。”郭
璞注：“蜀亦孤獨。”“器必獨視”，器物要單獨放置，必須看得見。

《上海博物館藏戰國楚竹書》（五）頁 184

○陳劍（2006）　（編按：上博五·鮑叔 3）“蜀皿”疑即“蠋”字之省體。

《戰國竹書論集》頁 171，2013

○李守奎、曲冰、孫偉龍（2007）　蜀皿　按：當即“蠋”字，卷十三虫部重見。

《上海博物館藏戰國楚竹書（一——五）文字編》頁 268

△按　上博五《鮑叔牙》3 號簡中的“蜀皿”當可直接讀作“蠋”，不必將其視作
“蠋”字之省體。

鉽皿

鉽皿 集成 4660 邵方豆

○劉彬徽（1986）　　最後一字爲器名，字書所無，釋爲鉽皿，應爲此器之專名，類
似之方豆，在河南固始侯古堆 M 一所出的自名爲“盉”。

《古文字研究》13，頁 251

○何琳儀（1998）　　鉽皿，从皿，鉽聲。（《玉篇》：“鉽，金也。”）邵方豆鉽皿，讀盉。
《爾雅·釋地》：“軹首蛇。”《楚辭·天問》軹作歧。《説文》：“胑或作肢。”是其
佐證。《海篇》：“盉，器也。”

《戰國古文字典》頁 747

○李守奎（2003）　　鉽皿　信陽簡作鉽。

《楚文字編》頁 310

△按　此字隸作“鉽皿”没有疑問，但究係何字，仍不能確知。卷十四金部“鉽”
字重見。

盧

集成 3634 邵王之諻簋

○**張政烺**（1939）　（**編按**：集成 3634 邵王之諻簋）簋銘"盧廏"即"薦簋"。吳大澂等舊釋盧爲餯（《窓》），今依偏旁求之亦不合。从皿从鷹決是薦字。鄭登伯鬲（《三代》五·二二）"作叔媚薦鬲"，叔朕簠（《三代》一〇·二三）"自作薦簠"皆與此簋義同，固可證也。廏簋爲簋。

《張政烺文史論集》頁 67，2004；原載《史語所集刊》8 本 3 分

○**何琳儀**（1998）　（**編按**：集成 3634 邵王之諻簋）盧，从皿，鷹聲。邵王之諻簋盧，讀薦。

《戰國古文字典》頁 759

△**按**　金文中"盧"爲"薦"之異體，張政烺説至確。

鎏

近出 313 倗之鎏鼎

○**李守奎**（2003）　鎏。

《楚文字編》頁 310

△**按**　"鎏"字在鼎銘中用作"湯鼎"之"湯"。

醢

新蔡甲三 320

○**賈連敏**（2003）　醢。

《新蔡葛陵楚墓》頁 198

○**張新俊**（2005）　新蔡葛陵楚墓竹簡甲三 320 中有下揭一字：醢

此字又見於甲三：345-2，整理者隸定作"醢"，但不見於後世字書。從古文字的構形規律來看，它應該是一個从"酉"从"皿、兒"聲的字。我們認爲它就是"醯"字的異體。"兒"的上古音屬於日母支部，"醯"爲曉母支部，二者韻

部相同。從聲母上説,日母和曉母關係密切。从"堯"得聲的"繞、饒、橈"等古音屬於日母,但"曉"則在曉母;从"難"得聲的"戁"屬日母,但是"漢、嘆"則在曉母;(中略)以上是從諧聲上日、曉二母相通的例證。又"嬈"古有兩讀,一爲"而沿切",古音屬日母,一爲火羊切,上古音在曉母。此乃異讀之例。又古代典籍中的"向"和"曩"可以相通,如《大戴禮記・衛將軍文子》:"向者問女。"《孔子家語・弟子行》"向"作"曩"。"向"古音屬曉母,"曩"古音屬日母,是異文的例證。所以,把"齍"看作"醢"字的異體,從聲音上説,是沒有問題的。

"醢"在簡文中用作神祇的名稱,乃古楚地人所祭禱的對象。

《中原文物》2005-4,頁 82

△按　"齍"字在簡文中用作神祇的名稱,乃古楚地人所祭禱的對象,是否可釋作"醢"仍不能確定。

盨

曹家崗 1

△按　"盨"爲"器"之異體,參見卷三甜部"器"字條。

盬

輯存 298

○湯餘惠等(2001)　盬。

《戰國文字編》頁 321

去

集成 2782 哀成叔鼎　　集成 2840 中山王鼎

郭店・語一 101　　新蔡甲三 165　　睡虎地・答問 12

璽彙 1161　　集成 9734 中山圓壺　　上博四・曹沫 43

璽彙 0856　　　璽彙 0857　　　璽彙 3190　　郭店・老乙 8　　上博四・柬大 12

○蔡運章(1985)　(編按:集成 2782 哀成叔鼎)"去"《戰國策・齊策》:"不能相去。"

高誘注："去,離也。""母父",張政烺先生説："母父當作父母,蓋因叶韻故爲顛倒。"當是。《論語・微子》："何必去父母之邦。"皇侃疏："去,謂更出國往他邦也。"《孟子・萬章下》："遲遲吾行也,去父母國之道也。"故釋者多據此將"去母父"解爲"離開故國"之義。但是,從下句銘文看,"嘉"在"去父母"時,曾"作鑄飤器黃鑊",就難以解釋。《後漢書・梁鴻傳》："鴻乃等訪燒者,問所去失。"李賢注："去,亡也。"《公羊傳・桓公十五年》何休注："亡,死亡也。"因此,我們認爲從上下文意看,將此句解爲年少時死去了父母較爲順當。

《中原文物》1985-4,頁 57

○**何琳儀**(1998)　去,甲骨文作(前一・四七・七)。从大从口,會張大其口之意,呿之初文。《玉篇》："呿,張口皃。"金文作(盂鼎灝作)、(九年衛鼎鸞作)。戰國文字承襲金文。(中略)哀成叔鼎去,離去。中山王鼎去,退移。

《戰國古文字典》頁 494

△**按**　戰國文字中的"去"用法與古書相差不大,或加止、辵旁寫作"𢓜、迲"。卷二止部"𢓜"字條、辵部"迲"字條重見。

血　盉

睡虎地・封診 57	集成 4630 陳逆簠	陶彙 3・1229
郭店・六德 15	郭店・語一 45	上博三・周易 2

○**何琳儀**(1998)　血,甲骨文作(粹一二)。从皿,短豎表示皿中盛血以祭。借體象形。西周金文作(五祀衛鼎卹作),春秋金文作(邿公華鐘卹作)。戰國文字承襲兩周金文。(中略)陳逆臣血,讀恤。《漢書・韋玄成傳》："恤我九列。"注："恤,安也。"

《戰國古文字典》頁 1082

○**吳振武、于潤儀、劉爽**(2004)　(13)皿(室藏編號:1-519):

泥質灰陶。殘片似是斂口罐之口沿。單字印戳,陰文。舊未見著録,同文者見《陶彙》3・1229。此"皿"字係器名抑或人名,暫不能定。估計是器名的可能性較大。

《史學集刊》2004-4,頁 96

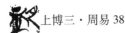 

○**何琳儀**（1998）　衁，西周金文作（五祀衛鼎）。从血从卩，會人跽見血憂懼之意。卩亦聲。春秋金文作（邾公華鐘）。戰國文字承襲兩周金文。（中略）侯馬盟書"無衁"，習見人名。曾姬無衁壺"無衁"，習見人名。徐贇尹鼎"知衁"，見《書・立政》："知衁鮮哉。"衁，讀溢。《詩・周頌・維天之命》："假以溢我。"傳："溢，慎也。"《左・襄廿七》引作"何以衁我"。是其佐證。詛楚文"衁祠"，即《書・多士》："罔不明德衁祀。"衁，讀溢，訓慎。又春秋銘文邾公華鐘："台衁其祭祀盟祀。"邾公鈺鐘："用敬衁盟祀。"其衁均釋慎。

　　　　　　　　　　　　　　　　　　　　　　《戰國古文字典》頁 1095

△**按**　戰國文字中的"衁"與古書中用法基本相同，大都訓作"憂"。

盍 盇 盇

 集成 2794 楚王酓忎鼎　 集成 4694 鄝陵君王子申豆　 集成 9452 長子盇

 侯馬 67:52　 璽彙 2738　璽彙 2739

 仰天湖 17　 信陽 2・19　 包山 254　 九店 56・21

上博六・競公 2　　上博六・平王 3　　睡虎地・日乙 11

○**中大楚簡整理小組**（1977）　（編按：信陽 2・19）"又盇"即"有蓋"。盇字金文皆从去从皿，小篆从大从皿，非是。本來有器蓋的意思，後來增加皿，就把凵作爲皿內所盛的東西而省作"一"了。

　　　　　　　　　　　　　　　　　　　　　　《戰國楚簡研究》2，頁 29

　　（編按：仰天湖 17）即《酓忎鼎》字之省，古盇（音何）與器物之盇（蓋）字同用，後增艸爲蓋。"皆有蓋"，説明這種器有的是沒蓋的。

　　　　　　　　　　　　　　　　　　　　　　《戰國楚簡研究》4，頁 13

○**李零、劉雨**（1980）　（編按：集成 4694 鄝陵君豆）盤口銘文所記器名"盇"，前所

未聞。盉是豆的異名或是相近的另一種器名,待考,此處姑仍稱豆。“盉”上一字在兩件豆上字形稍異,似應以豆之二爲正。這個字可能是形容金屬質地、色澤的;或連“盉”字爲讀,解釋爲器名。（中略）

這批銅器中有兩件可以按本身的銘文叫做“盉”,但器形是屬於通常稱之爲豆的一類,它們與豆類銅器的關係是耐人尋味的。過去我們籠統稱之爲豆的銅器,器形有多種,器名有豆、箈（匜、鋪、甫）、鐇諸稱。現在“盉”可以説是已發現的第四種名稱,它爲豆類銅器的研究增添了新資料;並且因器形與漢代的錠相似,還爲錠的出現和演變提供了研究線索。

《文物》1980-8,頁 31、33

○**陳松長**（1995）　（編按:包山 254）竊以爲“盉”即“榼”字。《説文》:“榼,酒器也。”裘錫圭先生曾指出:“漢代人所説的‘榼’,通常就指扁壺”（見《説鈚、榼、椑榼》,《中國歷史博物館館刊》1989 年 13—14 期）。湖北江陵鳳凰山 8 號漢墓出土的遣册中有“二斗榼一”的記載,裘先生認爲這二斗榼也就是指隨葬品中的漆扁壺。

“榼”在漢代既然是指扁形的酒壺。那在戰國時期,其器形是否一樣呢?《包山楚簡》給我們透露了一些信息。所謂“鐇盉”應是指像豆一樣的圓壺。或許正是漢代人所稱的“椑榼”之別稱,也就是指一種呈臥式圓柱形的圓酒壺。由此,我們亦可進而推知所謂“二膚盉”,也就是二只象酒卮一樣的酒壺。其中“膚”和“鐇”一樣,都是“盉”（榼）的形容性定語。

《第二屆國際中國古文字學研討會論文集續編》頁 394—395

○**何琳儀**（1998）　盍,甲骨文作🔣（甲七六四）,象器、蓋相合之形。盍（🔣）與去（🔣）字形有別,但畢竟容易相混,聲紐亦有移動趨勢。（盍,匣紐;去,溪紐;匣、溪爲喉牙通轉。）故盍、去漸混爲一字。春秋金文作🔣（秦公簋蓋作🔣）,口形作厶。《説文》:“厶,厶盧,飯器,以柳爲之,象形。笲,厶或从竹,去聲。”（五上二十）可證甲骨文🔣所从口形爲食器之象形。其下加皿旁爲疊加義符。戰國文字承襲春秋金文。食器或作口形,或作厶形,或省作❤形。或省食器僅存器蓋作🔣形,小篆趁勢加點作🔣,盍遂演變爲盍。盍爲初文,盍爲省文,實爲一字。（中略）長陵盍盉,讀蓋,器蓋《禮記·少儀》:“器則執蓋。”晉璽盍,姓氏。春秋齊地,以地爲氏。見《路史》。亦作蓋。蓋氏,出自齊大夫,食采於蓋,以邑爲氏。見《古今姓氏書辯證》。楚器盍,讀蓋。器蓋。睡虎地簡盍,十二日名之一。古璽盍,姓氏。

《戰國古文字典》頁 1425

○**劉信芳**（2003）　（編按：包山254）盍：字本象覆蓋形,《説文》作"盇","覆也"。

《包山楚簡解詁》頁257

○**陳佩芬**（2007）　（編按：上博六・平王3）"盍",《説文・皿部》:"覆也。从血,大聲。"段玉裁注:"皿中有血,而上覆之,覆必大於下,故从大。"《集韻》:"盍,隸作盇。"又:"通作蓋。"

《上海博物館藏戰國楚竹書》(六)頁270

△**按**　仰天湖簡中的當爲"盇"之異體。郏陵君豆中的"盇"與"鈇"連稱,用作器名。

衃

 楚帛書　　　 楚帛書

○**陳槃**（1953）　右一章言"山陵儴㴜"（蓋即漾洸,同聲通用。云漾洸至於山陵,猶之言"蕩蕩懷山襄陵"矣）。

《史語所集刊》24本,頁193

○**商承祚**（1964）　衃同血,安寧寂靜意。字又見六行。

《文物》1964-9,頁16

○**饒宗頤**（1968）　衃同血。《説文》:"血,靜也。"《詩》:"閟宮有血。"毛傳:"血,清靜也。"此謂洪水已治,九州無橫流,而川谷安靜也。

《史語所集刊》40本上,頁8

○**陳邦懷**（1981）　按:"衃",从血,夭聲,讀作妖。《國語・晉語》"辨妖祥於謠",韋注:"妖,惡也。"字从血有傷害之義,《易經・需》卦王弼注:"凡稱血者,陰陽相傷者也。"乙篇六行"非九天,則大衃",衃亦讀作妖,訓惡。此二句意爲,九州大水滂滂,山陵長久爲害。此可與《尚書・堯典》"帝曰:咨四岳,湯湯洪水方割（害）,蕩蕩懷山襄陵,浩浩滔天"相印證。《孟子・滕文公》:"當堯之時,天下猶未平,洪水橫流,氾濫於天下。"堯時遭洪水猶未平,是洪水爲害必不自堯時始,今據帛書知當夋之時,九州洪水已滂滂矣（堯爲夋子）。

《古文字研究》5,頁241

○**李零**（1985）　衃字並非从光或从夭,而是从矢,矢是聲旁,其讀法不詳。

《長沙子彈庫戰國楚帛書研究》頁70

○**高明**（1985）　備後一字嚴一萍釋盛,此字从血不从皿,當爲衃字,也作脈,

即山脈之脈，"山陵備崍"，謂山陵俱已通貫相聯。

《古文字研究》12，頁 379

○**何琳儀**（1986）　"衇"，从矢，血聲，乃"衁"之異文。"厌"，籀文作"厌"，是"矢、人"相通之證。"衁"，典籍或作"洫"。《莊子·齊物論》："以言其老洫也。"釋文："本亦作溢。"《則陽》："所行之備而不洫。"釋文："洫音溢。李注，洫，濫也。王云，壞斷也。"林希逸《南華真經口義》釋"洫"爲"泥著而陷溺之意"。"山陵備衁"應釋爲"山陵盡壞"，與上句"九州不塝（平）"意亦相涵。

《江漢考古》1986-2，頁 81

○**陳秉新**（1988）　衇字兩見，分明从血从夫，高明先生釋崍，陳邦懷先生釋衇，李零先生隸定爲衇，均不確。衇，不見字書，當是肤的異文，血、肉作形符可互代，脈从肉，或从血作衇，胚从肉，或从血作衃，是其證。《集韻》肤與膚同。帛書衇借爲敷。《書·舜典》："敷奏以言。"傳："敷，陳。"疏："敷者，布散之言，與陳設義同，故爲陳也。"山陵備敷，即山陵具敷之義。

《文物研究》4，頁 189

○**嚴一萍**（1990）　盛　叓季良父壺作𥁕，與繒書同而微有訛變。當是盛字無疑。

《甲骨古文字研究》3，頁 303

○**朱德熙**（1992）　衇字从血从失，帛書兩見，字不識。不過血與益作爲偏旁常常相通。例如武威漢簡《儀禮》甲、乙本《服傳》溢字皆作洫。臨沂銀雀山漢墓竹簡《孫子·形》"勝兵如以鎰稱銖，敗兵如以銖稱鎰"，鎰皆寫作洫。原本《玉篇》水部"洫，餘質反，《毛詩》'假以溢我'"，又"溢，《聲類》亦洫字也"。此外《衡方碑》"謚以旌德"，謚字亦寫作謚。這些字所从的血大概都是益字的簡化。頗疑帛書衇字所从的血也是益字。益與也都是支部字，衇有可能是弛字的假借。把備衇讀爲崩弛，與帛書上下文文義相當協調。《漢書·劉向傳》"山陵崩弛"，又《新序·雜事二》"山陵崩弛"。可見"山陵崩弛"是古人常語。

《古文字研究》19，頁 292

○**曾憲通**（1993）　選堂先生謂衇借爲衁，从夭从大與从人同意。《説文》："衁，靜也。""山陵備衇"，言陵谷盡安謐（靜）也。"非九天則大衇"，謂能配九天而行，則可大安謐（寧）也。可見衇有安靜寧謐之意。朱德熙先生謂備衇讀爲崩弛，"山陵崩弛"爲古人常語。

《長沙楚帛書文字編》頁 57—58

○**何琳儀**（1998） 衉，从血，矢聲。

　　帛書衉，讀仄。《説文》：“仄，側傾也。”

《戰國古文字典》頁 96

○**李零**（2000） 衉从益，是支部或錫部字，徙是心母支部字，亦屬同部。而陁與弛是歌部字，與从益聲之字不同部。則此句讀爲“山陵坭徙”也許更合適。

《古文字研究》20，頁 171

○**劉信芳**（2002） “衉”，諸家均以爲字从“血”得聲，誤也。按《説文》血部文十五，重三，除“血”字外，字均非从“血”聲。朱駿聲《説文通訓定聲》所録从“血”聲者，僅“衁、衄、衉、洫、恤”五字，其中“衄”字破許説爲例。如是知“衉”應是以“矢”爲聲，字讀爲“矢”。“備矢”與“不平”互文見義，不正曰矢，不中曰側（參朱駿聲《説文通訓定聲》），矢、側古通用。平矢猶後世之平仄。山陵不正不中者，謂遠古只知地勢起伏之“仄”爲山陵，尚未及有分辨而一一爲之正名此爲某山，彼爲某山也。及至四極持正，方位規矩度量確立，於是知某山爲某山，如《山海經》之南山、西山、北山、東山、中山然。

　　又《説文》：“矢，傾頭也。”是“山陵備矢”又可理解爲山陵盡傾矢。（中略）

　　“矢”，謂違失九天之道，則九州、山陵將不正不中，即不知何地何山在何州，不知何州之方位與道度，不知天靈將應在何處也。“矢”謂不正不中，説參上文“山陵盡矢”。

《子彈庫楚墓出土文獻研究》頁 38、45

○**陳斯鵬**（2006） 帛書五行、七行兩見■字。字左爲“血”没有問題，右旁或以爲“夭”，如商承祚、饒宗頤諸家隸定爲“衉”，讀作“衉”，訓“靜”；或以爲“矢”，如何琳儀先生改隸作“衉”，以爲“衉”之異文，而訓“敗壞”。劉信芳先生從何氏隸定，但卻讀作“矢”。

　　今按，“夭”字古文字作■，從無作■形者，故字之不宜釋“衉”是比較明顯的。而“矢”字金文作■或■，人頭左側或右側均可，但以左側者居多。其作右側者確與帛書此字右旁■相似，但“矢”字的側頭部分和人體軀幹連作一筆，而■則是在“大”上加一橫畫，仍有明顯的不同。戰國文字中“吳”字所從的“矢”絶大多數變爲“大”，極少數保留側頭形者如包山楚簡 174 號之作■，其“矢”旁亦與■不同。所以釋“衉”也是有問題的。

　　其實，此字右旁極可能是“夫”的變體，因爲在新蔡楚簡中“夫人”合文可以寫爲■（乙一 6）。“夫”字“大”上一橫没有向左出頭，與帛文所從完全一

樣。故帛書此字可隸釋爲“衃”。“衃”似可分析爲“从血夫聲”，很可能是
“膚”字的異體。《周易》有幾處“膚”字，上博楚簡本作“肤”（簡 33、38、41），
正以“夫”爲聲，與今日之簡化字同。而“肉、血”作爲義符可通用，如“脈”的
異體作“衇”，“腴”之異體作“䘒”。故疑“衃”同“肤”同“膚”。而“衃”在帛書
中則疑讀爲“逼”。上古“夫、甫”同音，故二聲系之字相通者甚多，如“夫”通
“傅”，“扶”通“匍”，又通“蒲”，又通“敷”，又通“榑”，“麩”之或體作“䴸”，等
等。而“甫”聲複通“冨”聲，如古地名“偪陽”（《左傳·襄公十年》等）又作
“傅陽”（《穀梁傳》），《漢書·地理志》云：“傅陽，故偪陽國。”由是言之，從
“夫”聲的“衃”讀作“逼”也應是完全可能的。“逼”同“偪”，由逼迫義引申
而可指傾側、危逼。帛書“山陵備衃（逼）”，是説山陵都傾危，意正與“九州
不平”相承接；“非九天則大衃（逼）”意思是：如果非違天意，則將遭大危
大難。

《古文字研究》26，頁 347

△按　“衃”字原形作：𧖐、𧖕。商承祚、饒宗頤等隸定爲“衈”，讀作“衋”，訓
“靜”。何琳儀改釋作“衃”，以爲“衈”之異文，訓作“敗壞”。劉信芳從何琳儀
所隸定，但讀作“矢”。陳斯鵬結合新蔡楚簡中“夫人”合文中的“夫”字將此
字改隸作“衃”，讀作“逼”，並認爲“逼”同“偪”，帛書中當訓作“傾側、危逼”。

　　諸家訓釋均有一定的道理，放在原文中也大致都講得通，現在我們提出
另外一種可能供參考。我們認爲此字右部從“矢”，整字當從何琳儀隸作
“衃”，在此可以讀作“殈”，《禮記·樂記》：“而卵生者不殈。”鄭玄注：“殈，裂
也。今齊人語有殈者。”《玉篇》歹部：“殈，裂也。”將“衃”讀作“殈”放在帛書
原文“山陵備衃（殈）”和“非九天則大衃（殈）”中也大致可通。

主　𡈼

上博三·亙先 7　上博 28　睡虎地·效律 17

○**何琳儀**（1998）　主，甲骨文作Ｔ（後上一·二），象祭祀神主之形。金文作
Ｔ（𠭯父壺），豎筆上加飾點。戰國文字承襲金文，飾點延伸爲橫筆，或橫筆上
方加橫筆爲飾。其演變序列爲Ｔ、Ｔ、Ｔ、Ｔ。或作Ｔ，則省豎筆之上圓點、短
橫。秦文字豎筆下又加橫筆作主，上橫筆向上彎曲遂成小篆。（中略）秦璽主，
姓氏。嬴姓，即主父氏也，或單言主氏。見《通志·氏族略·以次爲氏》。睡

虎地簡主,主人。

《戰國古文字典》頁 356—357

【主户】里耶秦簡
○**湖南省文物考古研究所、湘西土家族苗族自治州文物處**(2003) 主户,縣署中負責户口和税收的官吏。

《中國歷史文物》2003-1,頁 13

【主正】璽彙 4893
○**何琳儀**(1998) 晉璽"主正",讀"主政"。《管子·禁藏》:"主政可往於民,民心可繫於主。"

《戰國古文字典》頁 357

【主責】里耶秦簡
○**湖南省文物考古研究所、湘西土家族苗族自治州文物處**(2003) 主責,縣曹職官,責與債通,此處似爲司職催繳貲錢等。

《中國歷史文物》2003-1,頁 15

音 啇

睡虎地·封診 88

○**睡簡整理小組**(1990) 音(胚)。

《睡虎地秦墓竹簡》頁 161

衁

睡虎地·封診 87

○**睡簡整理小組**(1990) 衁(胚)(中略)胚(音胚),《説文》:"凝血也。"

《睡虎地秦墓竹簡》頁 161、162

丹 月

陶彙 3·200　　陶彙 5·6　　貨系 895　　璽彙 0421　　集成 11039 邯鄲上庫戈

包山 170　　新蔡乙四 141　　望山 2·23　　上博二·容成 6

○**何琳儀**（1998）　丹，甲骨文作𠙵（乙六四五一）。从凡从一，其義不明。金文作𠙵（庚嬴卣）。戰國文字承襲金文。或省凡內圓點或短橫，或筆畫穿透作井形。(中略)齊陶丹，姓氏。堯子丹朱之後。見《萬姓統譜》。趙器“甘丹”，讀“邯鄲”，地名。《釋名·釋兵》：“旃，戰也。”是其佐證。信陽簡丹，赤色。《廣雅·釋器》：“丹，赤也。”包山簡“丹黃”，見《周髀算經》：“青黑爲表，丹黃爲裏。”

《戰國古文字典》頁 1018

䑇　䑇

曾侯乙 15　　曾侯乙 18　　包山 62　　包山 193　　望山 1·1　　望山 1·170

上博三·周易 37　　上博四·昭王 7　　上博四·曹沫 61

○**朱德熙、裘錫圭、李家浩**（1995）　(編按：望山 1·1)軏䑇志，人名，亦見於天星觀一號墓竹簡。“軏”與“范”通。“軏”“䑇”二字原文不清，此據一七〇號簡同一人名而釋。“軏”下一字从“月”从“隻”，“月”字右側豎畫與“隹”字左側豎畫併爲一筆。“月”可能是“丹”字的省寫，此字疑即“䑇”字異體。《汗簡》“片”部“䑇”字古文作𦣝，或即由此訛變。“䑇志”似可讀爲“獲志”。

《望山楚簡》頁 87

○**何琳儀**（1998）　《說文》：“䑇，善丹也。从丹，蒦聲。《周書》曰，惟其斁丹䑇。讀若雀。”隨縣簡䑇，赤色。《山海經·南山經》：“雞山其下多丹䑇。”注：“䑇，赤色者。或曰䑇，美丹也。”

《戰國古文字典》頁 444

○**白於藍**（1998）　包山簡中有一字作如下諸形：

𩪡(62)　𩪡(65)　𩪡(94)　𩪡(161)　𩪡(182)　𩪡(186)　𩪡(193)　𩪡(119)

　　按，此即《說文》䑇字，䑇字亦於隨縣曾侯乙墓竹簡，作“𦣝”，與此實爲一字。

《吉林大學古籍整理研究所建所十五周年紀念文集》頁 73

△**按**　諸家釋“䑇”，正確可信。

彤　彤

石鼓文·鑾車　　曾侯乙 126　　包山 223　　望山 2·13　　新蔡甲三 72

○**强運開**（1935）　《説文》：“丹飾也，从丹、彡。彡其畫也，彡亦聲。”按古文丹亦作𠁰。段云似是古文彤。考金文彤多作𠁰彡，與鼓文同。

《石鼓釋文》丁鼓，頁 3

○**何琳儀**（1998）　彤，金文作𠁰彡（休盤）。从丹，彡聲（據小徐本）。彡，甲骨文讀彤（《廣韻》“以戎切”），彤疑彤之訛。戰國文字承襲金文。或省彡爲彡。（中略）

　　石鼓“彤矢”，見《書·文侯之命》“彤弓一，彤矢百”，《左·僖廿八年》“彤弓一，彤矢百”，注：“彤，赤也。”

《戰國古文字典》頁 275

○**劉信芳**（2003）　該字常見於秦漢簡牘及漆器文字，西漢漆器針刻文字或从水作“汈”，或釋作“彫”，不確。作爲加工工藝，“彤”應指上底漆並以丹石打磨之工序。《説文》：“丹，巴越之赤石也。”此赤石俗稱“胭脂石”，細密堅硬，可用以磨刀。凡漆器加工，上底漆後須水磨使之平滑，再上面漆方能見出光澤，故西漢漆器針刻文字“彤”或从水作“汈”，凡漆器上底以丹砂作底色，故其水磨亦須用丹石。

《包山楚簡解詁》頁 255

△**按**　釋“彤”至確，多訓爲赤。秦漢漆器文字中的“汈”字从“水”，與“彤”並非一字。

【彤开】望山 2·13

○**陳邦懷**（1982）　“丹关”：关字簡文作𢆉，戰國時从关之字如此。此关字蓋爲紊字省文，《説文解字》系部：“紊，攘臂繩也，从糸，𢆉聲。”

《一得集》頁 122，1989；原載《楚文化新探》

○**朱德熙、裘錫圭、李家浩**（1995）　“关”（“卷”字聲旁，《説文》作“𢍏”）因與“末”相對，疑當讀爲“旛”（旛从“番”聲，《説文》認爲“𢍏”與“番”均从“釆”聲）。旛是旌旗正幅之稱。

《望山楚簡》頁 121

△**按**　所謂“彤关”的“关”字原形作𢆉，實爲“开”字，在簡文中似可讀作“旜”或“旃”，傳世文獻中从开得聲的“栞”之異體作“刊”，如《書·益稷》：“隨山刊木。”《史記·夏本紀》作“行山栞木”。《漢書·地理志》引刊作栞。而从干得聲的“飦”之異體常作“饘”，如《禮記·檀弓上》：“饘粥之食。”《釋文》：“饘本又作飦。”《莊子·讓王》：“足以給飦粥。”《釋文》：“飦字或作饘。”據此看來，“彤开”可讀作“彤旜”。文獻中“旜”亦多寫作“旃”。《儀禮·聘禮》：“使者

載旝,帥以受命於朝。”鄭玄注:“旝,旌旗屬也。載之者所以表識其事也。”《周禮·春官·司常》:“通帛爲旃。”鄭玄注:“通帛,謂大赤,從周正色。”《説文》:“旃,旗曲柄也。所以旃表士衆。从㫃,丹聲。《周禮》曰:‘通帛爲旃。’旝,旃或从亶。”《左傳·定公四年》:“分康叔以大路、少帛、綪茷、旃旌。”簡文“彤旝/旃”即一種紅色的旌旗。曾侯乙簡中記有“梟旃、紫旃、朱旃”三種旃旗,其中 115 號簡所記“朱旃”似即此處的“彤开(旝/旃)”。

【彤屎】曾侯乙 130

○**裘錫圭、李家浩**(1989)　彤屎(殿)。

《曾侯乙墓》頁 497

△**按**　簡文“彤屎(殿)”爲車名。

【彤笒】包山 223

△**按**　參見本卷竹部“笒”字條。

睯

曾侯乙 10　曾侯乙 58

○**裘錫圭、李家浩**(1989)　(編按:曾侯乙 10)睯。

《曾侯乙墓》頁 490

○**何琳儀**(1998)　腦,从丹,鹵聲。隨縣簡腦,讀耳。

《戰國古文字典》頁 78

○**白於藍**(2003)　曾侯乙墓竹簡中另見“睯鞍”(簡 10)、“睯韋之席”(簡 58)。關於“睯”字,就其用法來看,與上引“酉”字相同,但該字从“丹”表義,似與紅色有關,若從這方面來考慮,則該字似當釋爲“赭”。“丹、赤”義近。《廣雅·釋器》:“丹,赤也。”即其證。“赭”从“者”聲,上古音“者”爲章母魚部字,與“鹵”聲母同爲舌音,韻則疊韻。《説文》:“者,別事詞也。从白,㫃聲。㫃,古文旅字。”前已云“鹵”與从“盧”聲之字多可相通,而“旅”與从“虍”聲之字亦多可相通。其例甚多,兹不贅舉。可見,“睯”有可能是“赭”之異體。《廣雅·釋器》:“赭,赤也。”若此,則“睯鞍、睯韋之席”當指紅色皮革之“鞍”和“席”。當然,“睯”字既从“酉(鹵)”聲,亦不排除其仍當讀爲“盧”,義指黑色的可能。

《中國文字》新 29,頁 197—198

△按 "朏"字待考。

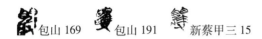

朌矍

包山 169　　包山 191　　新蔡甲三 15

○劉彬徽、彭浩、胡雅麗、劉祖信（1991） （編按：包山 169）矍。

《包山楚簡》頁 30

○張守中（1996）　矍。

《包山楚簡文字編》頁 76

○何琳儀（1998）　矍，從朏，矍聲。疑矍之繁文。（中略）包山簡矍，人名。

《戰國古文字典》頁 444

○白於藍（1998）　包山簡中又有一字作如下諸形：

矍（191）　　矍（169）　　矍（58）

此字上部從朏，下部從矍，即《説文》矍字。

《吉林大學古籍整理研究所建所十五周年紀念文集》頁 73—74

○賈連敏（2003）　（編按：新蔡甲三 15）志（恐）矍（懼）。

《新蔡葛陵楚墓》頁 189

青 青

垔彙 1335　　陶彙 4·23　　楚帛書　　信陽 2·3　　新蔡乙一 15

郭店·太一 10　　上博一·詩論 28　　上博六·競公 7　　郭店·語三 44

○嚴一萍（1990） （編按：楚帛書）青　吳尊青作昔，與此形近。《説文》古文作𡇲。王國維曰："《説文》青之古文作𡇲，屮者生之省，𠂇者丹之訛也。"（《魏石經古文考》）

《甲骨古文字研究》3，頁 299

○曾憲通（1993） （編按：楚帛書）按《説文》青字從屮從丹會意。古文作𡇲。王國維云："《説文》青之古文作𡇲，屮者屮之省，𠂇者丹之訛也。"信陽楚簡青字作屮，楚帛書𧪩字所從亦作𡇲，此則作𡇲。準《説文》古文之例，𡇲字之屮乃生之省，丹爲丹字之變，作丹者則將丹中之點省去。下之口爲增益之符號，與帛文紀作緄、丙作酉同例。

《長沙楚帛書文字編》頁 40—41

○**何琳儀**（1998）　青，西周金文作𡗜（牆盤）。从生（本義爲草生於地），井聲。本義爲草之青色。或作“𡗜”（吳方彝），井旁訛作丹形。或作𡗜（毛公鼎静作𡗜），丹形又省作凡形。春秋金文作𡗜（秦公鎛静作𡗜）、𡗜（秦公簋静作𡗜）。戰國文字承襲兩周金文。井旁多作凡形或丹形，或訛作𡗜、𡗜、𡗜、𡗜、𡗜，六國文字下加口旁爲飾（在偏旁中或省）。（**中略**）信陽簡“青黃”，彩色之飾。《莊子·大宗師》：“瞽者無以與乎青黃黼黻之觀。”包山簡三一青，姓氏。見《廣韻》。帛書“青木”，東方之神木。古璽青，姓氏。見《廣韻》。

《戰國古文字典》頁 821

△**按**　戰國文字中的“青”除了多用作顏色詞之外，還常用作“請、静、情”。

【青中】璽彙 5385

○**葉其峰**（1983）　“中青”（圖二十一）。“青”讀作“精”，從王人聰説（參看《香港中文大學文物館藏印集》）。此璽似應從左往右讀爲“中精”，而不讀作“精中”。《管子·心術》：“中不精者心不治。”秦印有“中精外誠”，均可證“中精”是古代的一個成語。中精意即心中潔淨粹美。

圖二十一

《故宫博物院院刊》1983-1，頁 76

○**吳振武**（1983）　4644 𡗜中·青（精）中（忠）。

4647—4650 同此釋。

《古文字學論集》（初編）頁 522

○**吳振武**（1989）　𡗜

此璽重新著録於《古璽彙編》（五三八五）。璽中𡗜字《古璽文編》未録，《古璽彙編》不識。

今按：𡗜應釋爲“青中”二字合文。上部𡗜即“青”。古璽“青”字往往增“口”作𡗜或𡗜（《古璽文編》111 頁及 180 頁精字所從），如將𡗜旁去掉，即與此字同。“青中”應讀作“精忠”。古璽中“青（精）中（忠）”成語璽極多，或作“精中（忠）”，看《古璽彙編》三一五五—三一五八、四六四三—四六五二及三三三七等璽（三一五五—三一五八及三三三七諸璽《古璽彙編》誤入姓名私璽類）。此外，戰國成語璽中還有“精（《古璽彙編》五三七四）、青（精）（同上五三一〇）、中（忠）”（同上五二〇七、五二〇八、五三五一、五三五二）等單字璽,亦可參看。此"青(精)中(忠)"合文璽中的"青、中"二字作上下重疊式合文,據此亦可知有同志據秦"中精外誠"成語璽將上舉"青中"成語璽讀作"中精"不確。

《古文字研究》17,頁 280—281

【青楪】楚帛書

○**李學勤**(1960)　四時神的春神名"青楪",與《爾雅》和《漢書・禮樂志》所記春爲青陽相近,但其他三時都不相同,特別是秋季不是白色而是黃色。

《文物》1960-7,頁 68

○**李零**(1985)　青榦,即帛書右上角之青木,代表東方和春天,下領一至三月。

《長沙子彈庫戰國楚帛書研究》頁 70

靜 靜

郭店・老甲 5　　上博一・緇衣 2　　上博四・內豊 10

△**按**　戰國楚簡中"靜"除表示安靜、清靜外還用作"爭",如《郭店・老甲》5:"古(故)天下莫能與之靜(爭)。"

井 井

貨系 180　　曾侯乙衣箱　　侯馬 85:4

上博六・用曰 13　　上博六・用曰 4

○**蔡全法**(1986)　一、"井"字陶盆:

一件,泥質灰陶,戰國時器,1984 年 9 月"鄭韓故城"西城(又稱內城)T22井 9 出土。"井"陰文,豎向刻寫於盆沿上。字中間刻有數道水的波紋。《説文》井部段注:"八家爲一井。"《孟子》曰:"方里而井。"《周禮・小司徒》:"四井爲邑……"《詩・信南山》:"甸六十四井,出長轂一乘。"看來,除了水井之義外,井還是古時村社的基層組織之一。

《中原文物》1986-1,頁 76

○**黃錫全**(1994)　平肩弧足空首布中,有一種面文作如下之形:

井乙大系 180(**中略**)上揭幣文,當釋讀爲“乚成”,即“槩城”,古地名。平肩弧足空首布鑄地,主要在周、晉、鄭、衛等地區,尤以周地爲多見。因此,布文“槩城”有可能就是春秋周地“闕塞”。槩、闕均从欮聲,於古可通。《左傳·昭公二十六年》:“晉知躒、趙鞅帥師納王,使女寬守闕塞。”杜注:“闕塞,洛陽西南伊闕口也。”即今洛陽市南 30 里之龍門。《史記·秦本紀》秦昭襄王:“十四年,左更白起攻韓、魏於伊闕,斬首二十四萬,虜公孫丑,拔五城。”“闕塞”是一重要關口,地理位置十分重要。《書·秦誓·序》疏:“築城守道謂之塞。”《禮記·月令》:“備邊境,完要塞。”即指邊城要道。“闕塞、槩城”當指同一地點。漢曾在此置縣,稱“新成”,後漢作“新城”,隋改爲“伊闕縣”。

《先秦貨幣研究》頁 3,2001;原載《陝西金融》22

○**何琳儀**(1998) 井,甲骨文作井(京津二〇〇四),象井欄四木相交之形。金文作井(盂鼎),或加飾點作丼(五祀衛鼎),圓點或説爲汲器。戰國文字承襲商周文字。(**中略**) 趙方足布“井陽”,讀“清陽”,地名。見《漢書·地理志》清河郡。在今河北清河東南。

《戰國古文字典》頁 817

○**吳良寶**(2002) 《貨系》180 號有一枚平肩弧足空首布,原書以爲面文有二字,釋爲“成□”(第 102 頁);或改釋爲“乚城”,讀作槩城,又曾隸定作“井”。可見對面文的釋讀還存有猶豫。(**中略**)

空首布中有標準寫法的“成”字(見《貨系》169—177 號),幣文雖然與有的“成”字相似,但那些均爲特殊寫法,有別於常體,因此該布面文應釋爲井。這枚空首布曾著録於奥平昌洪《東亞錢志》,該書已釋爲井。另,《先秦編》64 頁還有一枚“井”字平肩空首布,出土於河南臨汝縣,面文與此字寫法相同。

井可以讀爲邢。《左傳·宣公六年》:“赤狄伐晉,圍懷,及邢丘。”杜預注:“邢丘,今河南平皋縣。”幣文井(邢)即邢丘之省,漢以後稱平皋。這還可以河南温縣出土的“郱公”戰國陶文(原篆从土、邑,戰國文字地名用字中習見)爲證。《嘉慶重修一統志》卷二〇三《懷慶府二·古迹》“平皋故城”條引《府志》云:“平皋城在温縣東二十里,邢城在平皋東北隅。”

《金景芳教授百年誕辰紀念文集》頁 125

△**按** 《貨系》180 號幣文井當釋作“井”,讀作“邢”,即古書中的“邢丘”。

集成 10374 子禾子釜　　璽彙 1281　　曾侯乙 75　　睡虎地・答問 3

○**何琳儀**（1998）　子禾子釜荆，亦作刑。《爾雅・釋詁》：“刑，法也。”齊璽荆，讀刑，姓氏。出自古刑官之後。漢楊震碑有刑升高。見《姓氏考略》。燕璽荆，讀刑，姓氏。四年□雍令戈荆，讀刑，姓氏。隨縣簡荆，疑讀荆。詛楚文“荆戮”，讀“刑戮”。《莊子・人閒世》：“身爲刑戮。”

《戰國古文字典》頁 818

【刑丘】睡虎地・編年 41・1
○**睡簡整理小組**（1990）　邢丘，魏地，今河南溫縣東。此年秦取邢丘，與《史記・秦本紀》相合。梁玉繩《史記志疑》卷四主張《秦本紀》“邢丘當依《魏世家》作郱丘，此與《范雎傳》作邢丘，同誤”，則是錯誤的。

《睡虎地秦墓竹簡》頁 9

石鼓文・車工　　集成 9735 中山王方壺　　璽彙 4682　　璽彙 5318

貨系 949　　貨系 2476　　郭店・老丙 1　　上博一・詩論 8

上博三・周易 5　　上博六・季桓 2　　上博六・用曰 14　　睡虎地・答問 167

璽彙 0808　　津藝 37

○**張政烺**（1979）　（編按：集成 9735 中山王方壺）即，讀爲次。《說文》坖古文作聖。《尚書・康誥》：“用其義刑義殺，勿庸以次汝封。”《荀子・宥坐》《孔子家語・始誅》引次皆作即，是即、次音近通假之證。

《古文字研究》1，頁 220

○**朱德熙、裘錫圭、李家浩**（1995）　（編按：望山 2・50）“即”疑當讀爲“櫛”。

《望山楚簡》頁 128

○**何琳儀**（1998）　即，甲骨文作（前六・五二・三）。從皂（食器）從卪，會人跽而就食之意。卪亦聲。西周金文作（盂鼎），春秋金文作（秦公鎛）。戰國文字承襲兩周金文。趙國文字即或省卪旁，楚國文字皀旁或作食旁。

（中略）

杕氏壺即，讀則。《詩·邶風·終風》:“願言則嚏。”《衆經音義》十、十五引則作即。《論語·子張》:“如得其情則哀矜而無喜。”《鹽鐵論·孝養》引則作即。是其佐證。趙幣“榆即、俞即”，均讀作“榆次”，地名。《書·康誥》:“義刑義殺勿庸以次。”《荀子·宥坐》引次作即。《說文》坙古文作聖。是其佐證。趙三孔布“鳶即”，讀“鴈次”，地名。趙三孔布“即斖”，讀“即裴”，地名。見《漢書·地理志》魏郡。在今河北肥鄉西南。中山王方壺“其即”，讀“其次”。

石鼓即，就。見《詩·衞風》“來即我謀”箋。又《儀禮·士冠禮》:“即席坐。”注:“即，就也。”

《戰國古文字典》頁 1096—1097

△按　戰國文字中“即”亦多用作“次”或“櫛”等。古爾中的🔲、🔲二字形，田煒（《古璽印字詞零釋》（八篇），《中國文字》新 33 期，藝文印書館 2007 年）釋爲“即”之異體。

既　䜭

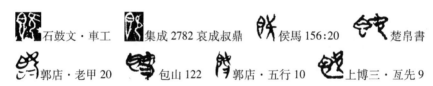

石鼓文·車工　　集成 2782 哀成叔鼎　　侯馬 156:20　　楚帛書
郭店·老甲 20　　包山 122　　郭店·五行 10　　上博三·亙先 9

○强運開（1935）　運開按，金文中既生明、既生霸等既字均作🔲，與鼓文同。可見古文作🔲，小篆則作䜭耳。

《石鼓釋文》甲鼓，頁 2

○饒宗頤（1968）　（編按:楚帛書）🔲字从欠，林氏釋欿，《說文》聖古文作坙，故讀爲次，是也。《呂氏春秋》:“日窮于次。”次，宿也。此謂如日月之次亂，則有荒歉發生。

《史語所集刊》40 本上，頁 15

○嚴一萍（1990）　（編按:楚帛書）既　甲骨金文作🔲。繒書从“欠”之字皆作🔲，此既字亦从🔲，當是訛變。

《甲骨古文字研究》3，頁 263

○何琳儀（1998）　既，甲骨文作🔲（粹四九三）。从皀从旡，會食畢之意。旡亦聲。引申已經發生之事。金文作🔲（頌鼎）。戰國文字承襲金文。皀旁或作🔲、🔲、🔲、🔲，旡旁或以欠旁爲之作🔲、🔲、🔲、🔲。加🔲爲飾者，在楚系文字習見。（中略） 戰國文字既，副詞。《廣雅・釋詁》四：“既，已也。”

《戰國古文字典》頁 1196

爵 🔲

🔲睡虎地・雜抄 38　🔲睡虎地・答問 113

○**何琳儀**（1998）　爵，甲骨文作🔲（京津二四六一），象爵杯之形。商代金文作🔲（父癸卣），象右手持爵杯。西周金文作🔲（伯公父勺），爵杯之柱和流尚保存，腹和足則被皀所替代。戰國文字承襲金文。（中略）　睡虎地簡爵，爵位。

《戰國古文字典》頁 318—319

食 🔲

🔲集成 2574 鄂孝子鼎　🔲信陽 2・21　🔲新蔡甲三 243　🔲睡虎地・日甲 45 背

○**羅運環**（1991）　包山 2 號墓竹簡：“左馭番成飤（食）田于邖國……邑。”（中略）《禮記・坊記》“君子與其使食浮于人也，寧使人浮于食”，鄭玄注：“食，禄也。”簡文中的“食田”，即禄田，是番成任“左馭”時作爲官俸的禄田。

《楚文化研究論集》2，頁 287—288

○**何琳儀**（1998）　食，甲骨文作🔲（乙一二五），从亼从皀，會進食之意。西周金文作🔲（扳共簋），春秋金文作🔲（仲義昃簋），皀旁底座之筆畫漸變作🔲形。戰國文字承襲兩周金文。皀旁底座或與器身脫離作🔲、🔲形，或散筆作🔲、🔲、🔲等形。亼旁或作🔲形，多見於楚系文字。（中略）　鄂孝子鼎“食鼎”，另器作“飤鼎”，西周金文亦作“飤鼎”。秦簡飤作🔲，或省化作🔲，遂與漢代食作🔲（《縱橫家書》一八九）、🔲（史晨碑）合二爲一。故典籍食、飤每每相混，實則有別。參飤字。《鼎録》：“漢景帝時鑄一鼎，名食鼎。”　秦陶“食官”，掌管飲食之官。《周禮・天官・膳夫》注：“食官之長。”

《戰國古文字典》頁 65

○**劉信芳**（2003）　（編按：包山 151）食田即禄田。《禮記・坊記》“君子與其使食浮于人也，寧使人浮于食”，鄭玄《注》：“食謂禄也。”《國語・晉語四》：“士食田。"韋昭《注》:"受公田也。"

《包山楚簡解詁》頁 155

饒 鑄

集成 4596 陳曼簠　　　集成 3939 禾簠

○**何琳儀**(1998)　　戰國文字饒,熟食。《爾雅‧釋言》:"饋,餾,稔也。"

《戰國古文字典》頁 1296

餾 鑘

鑘　璽彙 1176

○**何琳儀**(1998)　　晉璽餾,人名。

《戰國古文字典》頁 264

養 養 羖

養　睡虎地‧爲吏 27

羖　郭店‧六德 33　　　羖　郭店‧唐虞 11　　　羖　上博一‧性情 38

○**睡簡整理小組**(1990)　　(編按:睡虎地‧秦律 72)養,做飯的人,《公羊傳》宣公十二年注:"炊烹者曰養。"

《睡虎地秦墓竹簡》頁 38

○**濮茅左**(2001)　　(編按:上博一‧性情 38)牧,《古今韻會舉要》:"牧,治也。"《荀子‧成相》"請牧基",楊倞注:"牧,治。"又《逸周書‧周祝解》:"爲天下者用牧。"注:"牧,爲法也。""弗牧"亦同"不牧",見於《漢書‧韓安國傳》:"非感不能制,彊不能服也,以爲遠方絶地不牧之民,不足煩中國也。"顏師古注:"不牧,謂不可牧養也。"語意都相近。

《上海博物館藏戰國楚竹書》(一)頁 274

○**李天虹**(2003)　　(編按:上博一‧性情 38)羖。

《郭店竹簡〈性自命出〉研究》頁 217

△**按**　楚簡中"羖",《字彙補》認爲即"古文養字"。在楚簡中均用作"養",

如："敃（養）眚（性）命之正"（郭・唐 11）；"求敃（養）新（親）之志"（郭・六 33）等等。

【養匿】睡虎地・語書 6

○睡簡整理小組（1990）　養匿,縱容包庇。

《睡虎地秦墓竹簡》頁 14

飯 𩚵 䬵

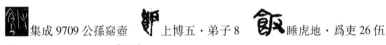

集成 9709 公孫窖壺　　上博五・弟子 8　　睡虎地・爲吏 26 伍

上博二・魯邦 6　　上博四・曹沫 2 正

○齊文濤（1972）　（編按：集成 9709 公孫窖壺）"飯者月"疑爲齊國紀月名稱之一。

《文物》1972-5,頁 12

○馬承源（2002）　（編按：上博二・魯邦 6）"䬵",從食,會意兼形聲,讀爲"飽"。

《上海博物館藏戰國楚竹書》（二）頁 210

○徐在國（2003）　《魯邦大旱》第六簡"公豈不飽粱食肉才（哉）"。

　　"飽"字原簡從"食"從"攴"。原書考釋如下："從食,會意兼形聲,讀爲'飽'。"按：此字讀爲"飽"是正確的。字形分析應爲從"食","攴"聲。《説文》："鞄,柔革工也。從革,包聲。讀若朴。""朴"從"卜"聲,"攴"也從"卜"聲。因此,"飽"字或體可從"食","攴"聲。

《新出楚簡文字考》頁 185,2007；原載《學術界》2003-1

○李零（2004）　（編按：上博四・曹沫 2）飯於土㽍　讀"飯於土塯"或"飯於土簋"。

《上海博物館藏戰國楚竹書》（四）頁 244

○李守奎、曲冰、孫偉龍（2007）　按："反"旁與"攴"旁形近易混。

《上海博物館藏戰國楚竹書（一—五）文字編》頁 274

△按　由上博四《曹沫之陣》2 號簡"䬵（飯）於土㽍"推知,"䬵"即"飯"字異體,上博四《魯邦大旱》中的"䬵粱食肉"也當釋作"飯",似不必讀作"飽"。公孫窖壺中的"飯者月"中的"者"字,張振謙（《齊月名初探》,《中國國家博物館館刊》2014 年第 9 期第 54—55 頁）改釋爲"香",認爲從黍從口。從字面意思看,"飯香月"指黍穀飯食飄香,引發人們食欲之月。《説文》："秋,禾穀孰也。"作爲齊月名,"飯香月"或爲秋季的某一月,但其不見於傳世文獻,具體爲哪一月,待考。

○**殷滌非**(1980)　　(編按:新收 1327 大府鎬)僉字从人,不从劦,也不从刀,釋"創"亦非。僉者,合會也;晉者,進也。應以"僉晉鎬"爲句。過去以"創晉"爲句,而把鎬字連下文讀,非是,今一並更正。

《文物》1980-8,頁 26

○**湯餘惠**(1986)　　(編按:新收 1327 大府鎬)楚器太府鎬銘文云:

秦客王子齊之戠(載),太寶(府)爲王𦈋晉(進)鎬。集胝。

"王"後一字,或釋爲"創",爲"僉",似均不妥。字从食从人,左方食旁从皀作𣌭,與齊即墨刀幣節字所从作𣌭(參見《古大》1013、1014、1016、1019、1028 諸品)者相合。皀,商周古文多作𣌭,晚周器陳純釜作𣌭(節字所从),其下作𥫕形者即由此形離析蜕變。我們在《楚器銘文八考》一文中曾指出"王飤"爲楚王室饌食機構,是職掌飲食的有司,其性質和見於楚璽的"太㿻(飤)、雍(饔)飤"相類。

《古文字研究》15,頁 21

○**何琳儀**(1998)　　飤,西周金文作𣌭(命簋),从人从食,會進食之意。食亦聲。春秋金文作𣌭(䣄子行盆)。戰國文字承襲金文。(中略)　鄍孝子鼎"飤鼎",讀"食鼎"。(中略)　哀成叔鼎"飤器",讀"食器"。《禮記·少儀》:"食器不刻鏤。"《韓非子·十過》"作爲食器"與鼎銘"乍鑄飤器"辭例相合。邵之食鼎"飤鼎",讀"食鼎"。包山簡"飤田",讀"食田"。《國語·晉語》四:"大夫食邑,士食田。"楚簡"内飤",讀"入食"。楚簡"酉飤",讀"酒食"。

《戰國古文字典》頁 66

○**李家浩**(1999)　　既然"晉鎬"應該讀爲"薦鎬",那麼位於其前的動詞"飤"就應該讀爲"飭"。"飭"从"飤"得聲,故二字可以通用。《國語·吳語》"周軍飭壘",韋昭注:"飭,治也。"《禮記·月令》仲夏之月"命樂師……飭鐘、鼓、磬、祝、敔",鄭玄注:"飭者,治其器物。"《周禮·天官·大宰》"百工飭化八材",孫詒讓《正義》:"案《考工記》'飭五材',先鄭注謂'飭'爲'治',此'飭化’與下文‘化飭’，義蓋略同。《説文》力部云：‘飭，致堅也。’謂治八材極其堅致，化礦樸以成器物也。”鎬銘“飭薦鎬”之“飭”，與此用法正同。

《語言學論叢》22，頁 97

○**李守奎**（2003） 楚之飤皆讀爲食。當即歡食之食。

《楚文字編》頁 317

△**按** 戰國文字中的“飤”多用作“食”，《新收》1327 大府鎬銘文中的“飤”也當讀作“食”，不必讀作“飭”。

【飤官】秦代陶文

○**袁仲一**（1987） “麗山飤官”與“麗山食官”的飤與食意相通。食官是奉常的屬官。《漢書·百官公卿表》記載：“奉常，秦官，掌宗廟禮儀，有丞。景帝中六年更名太常。屬官有太樂、太祝、太宰、太史、太卜、太醫六令丞……又諸廟寢園食官令長丞……又博士及陵縣皆屬焉。”

《秦代陶文》頁 69—70

【飤器】集成 2782 哀成叔鼎

○**蔡運章**（1985） “飤”，《説文·食部》：“糧也。”《玉篇·食部》：“食也。”《漢書·郊祀志上》師古曰：“食，讀曰飤。”故“飤器”當是指食用的器皿，這裏泛指祭器。

《中原文物》1985-4，頁 57

餔 餔

睡虎地·日甲 135

△**按** 此字見於秦簡紀時名詞“餔時”，亦見《淮南子·天文訓》：“至于悲穀，是謂餔時。”

饋 饋

集成 4634 大府蓋　集成 2099 無臭鼎　集成 2288 邵王之諻鼎

望山 1·110　包山 202　包山 250　新蔡甲二 38　新蔡甲三 304

○**張政烺**（1939） 無臭之**饋**鼎。（《三代吉金文存》二·五三）

　　吴大澂等舊皆釋饙（見《説文古籀補》卷五食部），今以形聲考之不類。按此字當从食貟聲，貟當从貝㞢聲。貝即鼎字之省，《説文》鼎部所謂“古文以貝爲鼎，籀文以鼎爲貝”是也（金文例證繁多，不煩列舉）。㞢即甾字，齊叔夷鐘（《嘯堂集古録》［簡稱《嘯》］下·七九）淄作□，从水省从兩甾相背，陳向殘陶（簠齋舊藏，唐蘭先生有文考之，載《國學季刊》）甾作□，並即地名臨淄，形體皆與此近，是其證也。古者“才”“甾”音同，故依聲類求之，貟蓋與茲同字，饙當是飻。《説文》：“飻，設飪也。从丮从食，才聲。讀若載。”故“埇夜君成之載鼎”（《三代》三·一一）即“飻鼎”，而“嬴霝德作□殷”（《三代》七·一五）□則从丮食，甾聲。與饙字聲符同。金文又有與此語相類者，如滕鼎（《三代》三·三七）“作其□鼎”，曾者子鼎（《三代》三·三九）“用作□鼎”，則直叚淄爲之。“饙鼎、載鼎、淄鼎、飻殷”義即同貫，音又相若，其皆用爲飻字斷無疑矣。

　　　　　　　　　《張政烺文史論集》頁 67，2004；原載《史語所集刊》8 本 3 分

○**李零**（1983）　因爲楚國文字中有一個□字（字亦作□、□），如卲王之諻鼎、無臭鼎自銘“□鼎”，江陵望山、天星觀楚簡“戠牛□之、戠狣□之”，舊釋餝顯然不對，應據此銘正爲饋。饋，就是禮書所説饋食之饋。

　　　　　　　　　　　　　　　　　　　　　　　《古文字研究》8，頁 60

○**朱德熙、裘錫圭、李家浩**（1995）　（編按：望山 1·110）“饋”字原文作□，亦見於卲王之諻鼎及郿臭鼎（《金文編》138 頁），吴式芬首釋爲“饋”（《攈古録金文》卷一之三·六下），臺灣學者馬薇廎亦釋爲“饋”（《彝銘中所見加於器名上的形容字》，《中國文字》四二册），但吴、馬所釋一直未受到重視。李零《戰國鳥書箴銘帶鉤考釋》（《古文字研究》第八輯）釋宋代著録的戰國鳥書帶鉤銘文“不擇□嫩”四字爲“不擇貴賤”，甚是。帶鉤銘文“貴”字的寫法證明吴、馬二氏所説之確。簡文此字亦是“饋”字，《書·酒誥》：“爾尚克羞饋祀。”簡文“饋祭”即《酒誥》“饋祀”。《文選·祭顔光禄文》：“敬陳奠饋。”李善注引《蒼頡篇》曰：“饋，祭名也。”《戰國策·中山策》：“飲食餔餽。”高誘注：“吴謂食爲餽，祭鬼亦爲餽。古文通用，讀與饋同。”

　　　　　　　　　　　　　　　　　　　　　《望山楚簡》頁 99—100

○**劉信芳**（2003）　（編按：包山 200 等）饋：簡文屢見，望山簡有“月饋、饋祭”。向神靈進獻犧牲、黍稷之祭儀，或稱“饋”，或稱“饋食”，或稱“饋薦”，或稱“饋祭”。《儀禮·特牲饋食禮》：“特牲饋食之禮，不諏日。”鄭玄《注》：“祭祀自孰始曰饋食，饋食者，食道也；諏，謀也。”《周禮·春官·大宗伯》：“以饋食享先王。”鄭玄《注》：“饋食者，著有黍稷，互相備也。”《荀子·禮論》：“卜筮視日，齋戒

脩除,几筵饋薦告祝,如或饗之。"楊倞《注》:"饋,獻牲禮也;薦,進黍稷也。"

《包山楚簡解詁》頁 214

△按　戰國文字中的"饋"字較爲常見,諸家在釋字方面基本没有異議,張政烺將無臭鼎銘中的"饋"字釋作"饋"讀作"飤"似不必。

餘 餘

睡虎地·效律 31

○**黃德寬等**(2007)　秦簡餘,用其本義。

《古文字譜系疏證》頁 1500

館 餰 餡

餰璽彙 2443

○**朱德熙**(1973)　(編按:璽彙 2443)此外,戰國璽印文字裏有以下幾個从"自"的字:

餰徵附 16 上　　　　鞄徵 14·2 上　　　　鄆徵附 29 上

邶尊一 5·19　　　　餰徵 13·2 上　　　敆簠 55 下(與左字爲一字)

如果我們機械地根據"自"字偏旁來分析這些字,那麽這五個字全都不可識,只能説是"今字所無"。現在我們既然知道戰國時代的"官"字可以簡化爲"自",那麽這五個字就都有了著落,它們分别釋爲:館、輨、輨、棺、縮。

《朱德熙古文字論集》頁 84—85,1995;原載《文物》1973-12

○**羅福頤**(1981)　(編按:璽彙 2443)餡　餰2443,《説文》所無,《玉篇》:"同餾,蜀人呼蒸餅爲餾。"

《古璽文編》頁 113

○**吳振武**(1983)　(編按:璽彙 2443)2443 棺餡·稟(廩)館。

《古文字學論集》(初編)頁 507

○**林素清**(1990)　(編按:璽彙 2443)五·八列餰2443,隸定爲餡,云:"《説文》所無,《玉篇》:'同餾,蜀人呼蒸餅爲餾。'"按,戰國官字常省作𠂤、𠂤形,故餰或可逕釋成館字。

《金祥恆教授逝世周年紀念論文集》頁 102

○何琳儀（1998）　（編按:璽彙 2443）晉璽館，人名。

《戰國古文字典》頁 1073

△按　字當釋“館”，在璽文中用作人名。

餲　館

館璽彙 2352

○羅福頤等（1981）　《汗簡》謁作𥹋，羯作𣙶，揭作𤇾，渴作𤇾，以是知此爲餲字。

《古璽文編》頁 112

○何琳儀（1998）　《説文》:“餲，飯餲也。从食，曷聲。”晉璽餲，人名。

《戰國古文字典》頁 902

飢　飢　餢

飢睡虎地·爲吏 31 叁

餢上博二·從甲 19　餢上博五·三德 15

○張光裕（2002）　（編按:上博二·從甲 19）餢。

《上海博物館藏戰國楚竹書》（二）頁 231

○黃德寬（2004）　（編按:上博二·從甲 19）“餢”隸定有誤，此字應分析爲从食、日，几聲，即“飢”字。“几”字寫法，楚文字常見。《説文》:“飢，餓也。”

《上博館藏戰國楚竹書研究續編》頁 440

○李零（2005）　（編按:上博五·三德 15）“餢”，同“飢、饑”，《爾雅·釋天》:“穀不熟爲饑。”

《上海博物館藏戰國楚竹書》（五）頁 299

△按　戰國文字中秦系寫作“飢”，楚系寫作“餢”。

餓　餝　飶

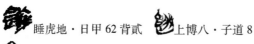

餝睡虎地·日甲 62 背貳　餝上博八·子道 8

飶睡虎地·秦律 60

○**睡簡整理小組**(1990)　(編按:睡虎地·秦律 60)餒(音輓),飢餓。本條所述是以飢餓作爲懲罰囚犯的手段。

《睡虎地秦墓竹簡》頁 35

○**孫曉春、陳維禮**(1985)　(編按:睡虎地·秦律 60)餒囚,《倉律》:"食餒囚,日少半斗。"(53 頁)"食餒囚",《竹簡》譯爲:"給受饑餓懲罰的罪犯。"

　　按:秦世有囚、有徒,蓋被拘押在監獄中的爲囚,《爾雅·釋言》釋囚云:"拘也。"《周禮·秋官·掌囚》注:"囚,拘也,主拘繫當刑殺者。"徒,即刑徒,《漢書·成帝紀》又作"作徒",秦律中的"城旦舂、舂司寇、鬼薪、白粲",都屬於徒。由於囚和徒有拘、作的差別,所受的待遇也各不相同,所以,《倉律》對於囚、徒的口糧有不同的規定,徒"三食之"(餐三分之一斗,見"城旦之垣"章,51 頁),本簡"日少半斗",就是囚的口糧,因爲囚於監中,屬純消費者,所以口糧少於徒。

　　餒字,《玉篇》《廣韻》都釋爲饑貌,簡文中的餒囚,也就是呈饑貌的囚犯,實爲對囚犯的貶稱。譯文把"餒囚"釋爲受饑餓懲罰的囚犯,似乎於"餒囚"之外還有飽食的囚犯,恐與原意相違。

《史學集刊》1985-2,頁 70

△**按**　秦簡《日書》簡 62 背中的"餓"用於"餓鬼"一詞當中,上博八《子道餓》1 號簡"餓"字新出,前後辭例作"亓(其)一子道餓而死安(焉)"。《秦律十八種》60 號簡中異體作"餒"。

餒 餒

睡虎地·答問 129

○**睡簡整理小組**(1990)　餽,通饋(音潰)。《説文》:"餉也。"《禮記·檀弓》注:"遺也。"送食物給人稱爲餽遺。

《睡虎地秦墓竹簡》頁 123

飢

珍秦·戰 48

△**按**　"飢"字見於戰國古璽文,原璽文爲"趙飢",用作人名。

䬻

璽彙 3812

○何琳儀（1998）　　䬻，从食，女聲。或从女，食聲（疑䬻之省文。《篇海類編》
“䬻，粆也”）。則亦可入之部食聲。晉璽䬻，人名。

《戰國古文字典》頁 562

䭈

璽彙 2019

○羅福頤等（1981）　（編按：璽彙 2019）弔䚯卣䚯字作，與此形近。

《古璽文編》頁 64

○吳振武（1983）　（編按：璽彙 2019）2019 郵䚯·郵（童）䭈（餼）。

《古文字學論集》（初編）頁 503

○黃錫全（1985）　（編按：璽彙 2019）古璽有字，《文編》列入正編丮部，釋爲䚯，
並謂：“弔䚯卣䚯字作，與此形近。”

　　按上舉璽文从食从戈，應該隸作䭈。弔䚯卣之䚯从戈，戈與戈雖然形近，
但並不同形。䭈字不同䚯，也不能釋爲䚯。

　　古文字中从弋之字往往譌从戈。如國字本从弋作（何尊）、（矢殷），後
譌从戈作（毛公鼎）、（齊鎛）；戔字本从弋作（班殷），後譌从戈作（戔伯
鼎）、（叔夷鐘）；密本从弋作（趙殷）、後譌从戈作（高密戈）等。因此上
揭古璽的䭈，本當作䭈，从弋，後譌从戈。

　　《説文》無䭈字。《汗簡》食部録林罕集字餼作，釋文原脱，據《古文四聲
韻·至韻》録林罕集字餼作，知《汗簡》脱去的是餼字；又據杜從古《集篆古
文韻海》餼字作，知原本《汗簡》可能是从戈，今本从弋，當是傳抄過程中誤漏
一筆。从食从戈，與璽文形體類同，原本从弋，後譌从戈。

　　䭈从弋聲，與餼从壹聲音近。《玉篇》餼，古文作䭈。《一切經音義》十三：
“餼，古文䭈。”《説文》有餼無䭈。

　　由此可知，古璽的䭈就是《汗簡》的䭈或䭈，爲古文餼。鄭珍誤以爲䭈是
餼字俗體。璽文“郵䭈”（《彙編》二一〇九）爲人名，應讀“郵（重）䭈”或“郵

(重)饐"(郵字也可視爲鄭,通童)。

《古文字研究》15,頁 137—138

○**何琳儀**(1998) 飮,从食(或省作皀旁),弋聲。饐之異文。《玉篇》:"飮,古文饐。"《説文》:"饐,飯傷溼也。从食,壹聲。"楚璽飮,讀貣。

《戰國古文字典》頁 71

△**按** 《上博八·成王》4 號簡有字,整理者釋作"飮",並懷疑是"餓"字或體。參見馬承源主編《上海博物館藏戰國楚竹書》(八)第 176 頁,上海古籍出版社 2011 年。

毧

🔲璽彙 0812　🔲璽彙 3095　🔲璽彙 4038

🔲集成 11565 廿年司寇矛

○**何琳儀**(1998) 毧,从食,毛聲。晉璽毧,姓氏。

《戰國古文字典》頁 329

餰

🔲璽彙 3094

○**何琳儀**(1998) 餰,从食,舟聲。晉璽餰,人名。

《戰國古文字典》頁 186

△**按** "餰"字早年研究者多隸定作"餰",實際上此字右部所从當爲"潮"之初文。詳參陳斯鵬《讀〈上博竹書(五)〉小記》,簡帛網 2006 年 4 月 1 日。

飿

包山 257　🔲包山 257

○**劉彬徽、彭浩、胡雅麗、劉祖信**(1991) (編按:包山 257)飿,借作醃。《周禮·天官·醢人》:"醃食糝食。"鄭司農云:"醃食以酒醃爲餅。"

《包山楚簡》頁 60

○**劉信芳**(1997) 包山簡二五七:"睿飿二筥,白飿二筥。""睿飿"讀如"蜜酏”。《説文》釋“酏”爲“黍酒”,經典多以之謂釀酒所用發酵物,呈稀粥狀。《周禮・天官・酒正》:“四曰酏。”鄭玄注:“今之粥。”實即米酒(醪糟)之類。《周禮・天官・醯人》:“羞豆之食,酏食糝食。”鄭司農注:“酏食,以酒酏爲餅。”此説是也,蓋古代做餅以酒酏爲發酵物,此乃“酏”爲餅之别名。由簡文可知此“睿飿”置放於竹笥之中,其爲餅甚明。“白飿”,《周禮・天官・籩人》記籩之實有“白、黑”,鄭玄注:“稻曰白,黍曰黑。”“白飿”應是米粉所製之餅。

《中國文字》新 23,頁 117

○**何琳儀**(1998)　　飿,从食,它聲。疑飴之異文。《集韻》:“飿,飴也。”包山簡飿,讀飴。

《戰國古文字典》頁 866

○**李守奎**(2003)　　飿　《集韻・支韻》有飿字。

《楚文字編》頁 318

△**按**　此字見於包山楚遺册簡所記名物“蜜飿”當中,結合“蜜”字來看,何琳儀釋爲“飴”之異體最爲可從。

餖

璽彙 3335

○**吳振武**(1983)　　3335 餖氏丞・餖(館)氏丞。

《古文字學論集》(初編)頁 514

○**何琳儀**(1998)　　餖,从食,亘聲。璽“餖氏”,讀“元氏”,地名。《左・僖四》“屈完”,《漢書・古今人表》作“屈桓”。是其佐證。《史記・趙世家》孝成王十一年“城元氏”。在今河北元氏西北。

《戰國古文字典》頁 1054

餞

信陽 2・17　　　　包山 130

○**劉雨**(1986)　　(編按:信陽 2・17)餞(盛)。

《信陽楚墓》頁 129

○劉彬徽、彭浩、胡雅麗、劉祖信(1991)　（編按:包山 130）餀。

《包山楚簡》頁 26

○郭若愚(1994)　（編按:信陽 2・17）餕,從食,烝聲。應是饎。《字彙》:"同烝。"《説文》:"火氣上行也。"《詩・大雅・生民》:"烝之浮浮。"疏:"炊之於甑,爨而烝之,其氣浮浮然。"

《戰國楚簡文字編》頁 86

○何琳儀(1998)　（編按:信陽 2・17）餖,從食,烝聲。疑盛之異文,見盛字。信陽簡餖,讀盛。

《戰國古文字典》頁 811

○徐在國(1998)　（編按:包山 130）包山 130 號簡有如下一字:餀。

《包山楚簡》隸作"餀"（見該書 26 頁）。（中略）今按:此字隸作"餀"誤。我們諦審原簡照片,發現此字右旁應作"成",即"成"字,由於與"米"形近,故誤爲"米"了。此字應該分析爲從"食""成"聲,隸作"餴",釋爲"盛"。《信陽楚墓》2・017 簡"二餴具"之"餴"字作"餴",《信陽楚簡釋文與考釋》已將"餴"字釋爲"盛",甚確。《説文》:"盛,黍稷在器中以祀者也。從皿,成聲。""盛"是裝有黍稷的器皿,故其字異體可以從"食"作。

《江漢考古》1998-2,頁 83—84

○李守奎(2003)　（編按:包山 130）包簡之餴與盛異文。

《楚文字編》頁 318

△按　包山 130 號簡中的餴字即"盛"異文,故當從徐在國釋作"餴"。

餘

餘 仰天湖 26

○李學勤(1956)　（26）五餘皿。

《文物參考資料》1956-1,頁 48

○郭若愚(1994)　（二十九）"五餘皿"。

餘,從食,朱聲,當是饘。朱、亶爲一聲之轉。《説文》:"糜也。從食,亶聲。周謂之饘,宋謂之餬。諸延切。"皿,《説文》:"飯食之用器也。象形。""五餘皿"即五枚食用饘鬵之盛器。

《戰國楚簡文字編》頁 125

△**按**　此外,劉國勝(《楚喪葬簡牘集釋》122 頁,科學出版社 2011 年)認爲"餘"字从食,朱聲,疑讀爲"廚","廚皿"指盛食器皿。或疑讀爲"瓶"。但是,楚文字中的"廚"字多寫作"腏",並不如此作。值得注意的是,新蔡簡中"速"字多有作"迷"者,如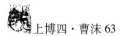(甲三 16)、(甲三 127)、(甲三 208)、(乙四 110)等。據此看來,簡文"餘"似亦可讀作"餗"。《易·鼎》卦:"鼎折足,覆公餗。"《正義》:"餗,糝也。八珍之膳,鼎之實也。"《周禮·天官·醢人·糝食》注:"糝食,菜餗蒸。"《疏》:"若今煮菜,謂之蒸菜也。""餗"字在《説文》中作"𩞤",訓作"鼎實"。因此,簡文"五餘(餗)皿"似即五個盛放鼎實的器皿。

餚

上博四·曹沫 63

○**李零**(2004)　餚　待考。

　　　　　　　　　　　　　　　　《上海博物館藏戰國楚竹書》(四)頁 284

○**季旭昇**(2007)　"餚(曉陽)"似可讀"盍(曉陽)","盍"在甲骨文中就是一種用牲法(參《甲骨文字詁林》2814 號,此字的考釋見裘錫圭先生《釋殷虛卜辭中的𧷡𧷡等字》)。"盟盍"疑指祭祀之義。

　　　　　　　　　　　　　《〈上海博物館藏戰國楚竹書(四)〉讀本》頁 231

△**按**　簡文殘甚,"餚"字的具體涵義不能確知。

餡

郭店·緇衣 33

○**荊門市博物館**(1998)　餡,从"旨"聲,讀作"稽"。

　　　　　　　　　　　　　　　　　　　　《郭店楚墓竹簡》頁 135

○**劉信芳**(2000)　稽,原簡从食,旨聲,《郭店》未予隸定。所从"食"之字形可參郭店《語叢三》56"飲"字。

　　　　　　　　　　　　《郭店楚簡國際學術研討會論文集》頁 175—176

○**何琳儀**(2001)　行則餡(旨)其所幣(敝)。《緇衣》33。

　　"餡"原篆作,《釋文》僅隸定其右旁"旨"。今補其左旁"食","餡"疑

"旨"之繁文。

《簡帛研究二〇〇一》頁 161

○**李守奎**（2003）　餂　讀稽。

《楚文字編》頁 318

餥　餥

 侯馬 156:20　　餥 侯馬 156:1　　餥 侯馬 49:1

○**何琳儀**（1998）　餥，从食，呈聲。《集韻》："餥，饋也。"侯馬盟書餥，人名。

《戰國古文字典》頁 805

餥

餥 璽彙 0301

○**何琳儀**（1998）　餥，从食，邑聲。《玉篇》："餥，餥溼也。"魏璽"昌餥"，讀
"昌邑"，地名。

《戰國古文字典》頁 1371

餢

餢 集成 2840 中山王鼎

○**張政烺**（1979）　餢，从食，攸聲，《説文》所無，疑即滫之異體，在此讀爲修。
《禮記·中庸》"修道之謂教"，注："修，治也。治而廣之，人放傚之，是曰教。"

《古文字研究》1，頁 230

○**徐中舒、伍仕謙**（1979）　餢，从攸。攸、修古通。漢婁壽碑："不攸廉隅。"張
表碑："令德攸兮。"攸即修也。

《中國史研究》1979-4，頁 91

○**于豪亮**（1979）　餢从攸聲，讀爲修。(中略)修教的意思是對百姓加以訓練。

《考古學報》1979-2，頁 176

○**商承祚**（1982）　餢，《廣韻》音修，《玉篇》餢，"饋也，與餯同"。此借作修。

《古文字研究》7，頁 60

○**何琳儀**（1998）　䉦，从食，攸聲。《玉篇》：“䉦，饋也。饈同䉦。”中山王鼎“䉦敎”，讀“修教”。《穀梁·桓六年》：“修教明諭，國道也。”注：“修先王之教，以明達於民，治國之道。”

《戰國古文字典》頁 208

△**按**　䉦，从食，攸聲，在銘文中用作“修”。

餂

璽彙 5627

○**何琳儀**（1998）　餂，从食，全聲。疑哽之異文。《説文》：“哽，語爲舌所介也。从口，更聲。”古璽餂，人名。

《戰國古文字典》頁 1064

餗

信陽 2·14

○**中大楚簡整理小組**（1977）　餗即餦字。《説文》：“餦，熬稻粻程也。”《急就篇》顏師古注：“餦之言散也，熬稻米飯，使發散也，古謂之張皇，亦目其開張而大也。”餦鼎即煮飯鼎。

《戰國楚簡研究》2，頁 31

○**郭若愚**（1994）　餗，亦作鬻。《玉篇》：“食也。”此謂一枚深口的食鼎。

《戰國楚簡文字編》頁 83

○**何琳儀**（1998）　信陽簡餗，讀散。《説文》：“散，襍肉。从肉，㪔聲。”

《戰國古文字典》頁 1050

△**按**　劉國勝（《楚喪葬簡牘集釋》頁 39，科學出版社 2011 年）認爲“餗”疑讀爲“糜”。《釋名·釋飲食》：“糜，煮米使糜爛也。”該墓左後室出土 2 件湯鼎疑即簡文所記“一澮之餗鼎”。

餡

璽彙 1708　　璽彙 0813

○**何琳儀**（1998）　餎，从食，昏聲。　齊璽餎，人名。

《戰國古文字典》頁 1312

餘

集成 11562 六年安阳令矛

○**何琳儀**（1998）　鵒，从食，烏聲。《五音篇海》："鵒，安姑切。"又《玉篇》："餘，同飫。""飫，食多也。"六年安陽令矛鵒，人名。

《戰國古文字典》頁 441

饙

璽彙 0304

○**王輝**（1987）　饙字从食从貣，貣亦聲。貣與貸《説文》分爲兩字，貣爲"從人求物也"。貸爲"施也"。段玉裁《説文解字注》云："求人施人，古無貣、貸之分……經史内貣、貸錯出，恐皆俗增人旁。"段氏的説法是有道理的。金文有貣無貸，璽印亦同。漢碑始有貸，如孫叔敖碑："優孟曾許千金貸吾。"《玉篇》："貸，假也，以物與人更還其主也。"《周禮·泉府》；"凡民之貸者，與其有司辨而授之。"鄭玄注："貸者謂從官借本賈也。"《廣韻》德韻："假貣謂以從官借本賈也。"《漢書·韓王信傳》："旦暮乞貣蠻夷。"又《漢書·桓帝紀》："若公侯吏民有積穀者，一切貣得十分之三。"

《中國考古學研究論集》頁 352

○**何琳儀**（1998）　饙，从食，貣聲。疑飫之繁文。　晉璽"饙廥"，讀"貸府"，疑"泉府"類之借貸機構。《周禮·地官·泉府》："凡民之貸者，與其有司辨而授之，以國服爲之息。"

《戰國古文字典》頁 71

○**曹錦炎**（2000）　曹逸饙府，饙字當隸作饙，在古文字裏，戈旁往往有用爲弋旁的現象，如邨作郏；代作伐；貣作貣，等等，均其例。饙字从食从貣，而貣即貸字。（中略）從文字發展的角度看，貸當是貣的孳乳字。《説文》將貸、貣分列爲二字。一訓"施也"；一訓"從人求物也"，段玉裁《注》指出："按代弋同聲，古無去入之別；求人施人，古無貣貸之分。由貣字或作貸，因分其義，又分其

聲。如求人曰乞,給人之求也曰乞,今分去訖、去既二音……經史内貣、貸錯
出,恐皆俗增人旁。蟘字《經典釋文》《五經文字》皆作蟘,俗作蝳,亦其證
也。"其説甚確。印文"饑"讀作"貸"。

《古文字研究》20,頁 188—189

餡

○何琳儀(1998)　餡,从臼,飲聲。晉璽餡,人名。

《戰國古文字典》頁 1453

餲

璽彙 0809

○何琳儀(1998)　餲,从食,雩聲。晉璽餲,人名。

《戰國古文字典》頁 458

餤

集成 11546 七年宅陽令矛　　集成 2577 十七年坪陰鼎蓋　　香續一 74

○曹錦炎(1985)　（編按:集成 2577 十七年坪陰鼎蓋）"餤"爲視事者,"敬才"爲冶即
工匠的名,這裏都省略了姓氏。

《考古》1985-7,頁 634

○湯餘惠(1993)　（編按:集成 2577 十七年坪陰鼎蓋）餤,人名,疑即七年宅陽矛的
"宅陽令隖餤",亦即《周金文存》6·100·1 劍銘"隖餤、赴、疵"中的"隖餤"。

《戰國銘文選》頁 7

○何琳儀(1998)　餤,从食,登聲。《廣韻》:"餤,祭食。"晉兵餤,人名。

《戰國古文字典》頁 140

餇

包山 88

○**何琳儀**（1998）　餇，从食，蜀聲。《集韻》：“餇，粥也。”包山餇，人名。

《戰國古文字典》頁 379

合　合　盒

集成 4649 陳侯因咨敦　　新收 292 合陽矛　　睡虎地・封診 72

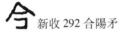郭店・老甲 34　　上博二・魯邦 3　　信陽 2・24　　集成 2693 長合鼎

○**朱德熙、裘錫圭、李家浩**（1995）　“盒”從“曰”“合”聲。“答”之古文作“盒”，應即由“盒”訛變。信陽一〇九號簡“……爲之如（如）可（何）？盒曰……”，“盒曰”即“答曰”。字在此當讀爲“合”。“合”字古訓“配”，訓“對”。二十合即二十對。

《望山楚簡》頁 125

○**何琳儀**（1998）　合，甲骨文作 （菁七・一），象盒蓋、器相合之形。亼亦聲。盒之初文。西周金文作 （召伯簋），春秋金文作 （秦公鎛）。戰國文字承襲商周文字。（中略）因咨鎛“合鼎”，讀“答揚”。《書・顧命》“答揚文武之光訓”，傳：“用對揚聖文武之大教。”

《戰國古文字典》頁 1386

【合陽】新收 292 合陽矛

○**何琳儀**（1998）　合陽矛“合陽”，地名。《史記・魏世家》：“（魏文侯十七年）西攻秦，至鄭而還，築雒陰、合陽。”在今陝西合陽東南。

《戰國古文字典》頁 1386

僉　僉　僉

集成 11629 越王州句劍　　郭店・老甲 5　　郭店・性自 26　　上博七・凡甲 24

上博一・緇衣 14　　上博一・詩論 3　　上博二・容成 35　　上博四・曹沫 8

上博二・容成 21　　上博五・鮑叔 7　　上博六・季桓 5　　上博六・慎子 1

○**何琳儀**（1998）　　僉，从兂（《正字通》：“兂，同昆。”《詩·王風·葛藟》“謂他人昆”，傳：“昆，兄也。”）从亼，會皆同之意。亼亦聲。僉，清紐；亼，從紐。清、從均屬齒音，僉爲亼之準聲首。燕系文字或作（參竺、皆等字）、、、，多有繁飾。晉系文字或作，加豎筆、曰旁爲飾。楚系文字或作、、，亦多有變異；或作、，則省亼旁。（中略）　楚系器僉，讀劍。《説文》：“劍，人所帶兵也。从刃，僉聲。，籀文劍从刀。”

《戰國古文字典》頁 1460

○**裘錫圭**（1998）　　（編按：郭店·性自 26）疑“僉”當讀爲“儉”。

《郭店楚墓竹簡》頁 183

○**張桂光**（1999）　　（編按：郭店·老甲 5）三是甲組第五簡之奩字。此字編者釋爲“僉”，讀作“憯”，注〈12〉已指出所據爲帛書甲本之“咎莫憯于欲得”。考“莫”下“于”上一字，諸本異文有三：河上公本、王弼本等作“大”；敦煌本、遂州本等作“甚”；傅奕本、范應元本等作“憯”。按聲類推求，讀“奩”爲“憯”若“甚”均無不可。但如果在僉或从僉之中能夠找到合理的解釋的話，也就沒有必要用戰國抄本去遷就漢代抄本或更後的抄本了。因此，頗疑“奩”當讀“險”。《玉篇》：“險，惡也。”簡文“罪莫厚乎苛欲，咎莫險乎欲得，禍莫大乎不知足”，解作“罪沒有比苛欲更厚，災沒有比欲得更惡，禍沒有比不知足更大”。文義已足，實在毋需假借。

《江漢考古》1999–2，頁 73

○**顏世鉉**（2000）　　（編按：郭店·老甲 5）《老子》甲簡 5—6：“罪莫重乎甚欲，咎莫僉乎欲得，禍莫大乎不知足。”帛書甲本作：“罪莫大於可欲，禍莫大於不知足，咎莫憯於欲得。”《韓詩外傳》卷九引作：“罪莫大於多欲，禍莫大於不知足，咎莫憯於欲得。”王本則作：“禍莫大於不知足，咎莫大於欲得。”

　　簡文“咎莫僉乎欲得”，《方言》卷一云：“碩、沈、巨、濯、訏、敦、夏、於，大也。齊宋之間曰巨，曰碩。凡物盛多謂之寇。齊宋之郊，楚魏之際曰夥。自關而西秦晉之間，凡人語而過謂之過，或曰僉。”又卷十二云：“僉，勮也。僉，夥也。”可見“僉”猶過、甚、夥、多、勮（劇），大也。簡文“僉”字別本作“憯、大”；“憯”可讀作甚，也可讀作沉，均可訓爲大、甚之意。

《郭店楚簡國際學術研討會論文集》頁 100

○**陳佩芬**（2005）　　（編按：上博五·鮑叔 7）厚其奩　讀爲“厚其斂”。（中略）厚斂，即重斂，課以重税。

《上海博物館藏戰國楚竹書》（五）頁 189

○**濮茅左**（2007）　　（編按：上博六·季桓 5）“奩”，从曰，僉聲，《説文》所無，或爲

“嗛”,《字彙》:“嗛,《石經》借作驗。”

《上海博物館藏戰國楚竹書》(六)頁 204

○李朝遠(2007)　(編按:上博六・慎子 1)“僉”,同僉,楚簡中往往讀爲“儉”。

《上海博物館藏戰國楚竹書》(六)頁 276

○曹錦炎(2008)　(編按:上博七・凡甲 24)“僉”,讀爲“險”,“險”从“僉”聲,可以相通。

《上海博物館藏戰國楚竹書》(七)頁 264

△按　戰國文字中的“僉”下部多“甘”旁作“簽”,形成雙聲符字。

侖 侖

古文字研究 17,頁 23 侖氏銀　　集成 2840 中山王鼎　　集成 11322 七年侖氏戈

璽彙 0341　　郭店・尊德 35　　郭店・成之 31　　郭店・成之 32　　上博一・性情 9

○何琳儀(1998)　韓器“侖氏”,讀“綸氏”,地名。《水經注・伊水》引《紀年》曰:“楚吾得帥師及秦伐鄭,圍綸氏。”在河南登封西。魏璽侖,讀綸,地名。《左・哀元》:“虞思於是,妻之以二姚,而邑諸綸。”注:“綸,虞邑。”在河南虞丘東南。中山王鼎侖,讀論。《禮記・王制》:“凡官民材必先論之。”注:“謂考其德行道藝。”

《戰國古文字典》頁 1345

○湯餘惠(1999)　中山王鼎銘云:“侖其德。眚(省)其行,亡(無)不慾(順)道,考宅(度)隹(惟)型。”侖,各家均讀爲“論”,無說。

　　今按,侖、論爲諧聲字,音義固可通,但鼎銘疑非“論議”之“論”。《說文》五下:“侖,思也。从亼从册。”小徐《說文繫傳》進一步解釋說:“思,思理也。”王筠《說文句讀》:“案人之思必依乎倫理,而又不可以意爲之也,故亼古人之典册,使其思無越畔。”侖,後世或增心旁作“惀”。《說文》:“惀,欲知之貌。”《玉篇》:“惀,思也。”《廣韻》:“欲曉之也。”《集韻》:“思求曉之謂之惀。”惀,即侖之後起字。侖、惀亦借“論”字當之。《詩・大雅・靈臺》:“於論鐘鼓。”毛傳:“思也。”清代學者多以爲“侖”若“惀”之假借字,甚是。鼎銘“侖其德,省其行”,爲中山王沉思默想之辭,侖、省二字對舉,意謂思其德而觀其行,“侖”當讀如其字或後世的“惀”字。

《中國古文字研究》1,頁 62—63

【侖氏】集成 11322 七年侖氏令戈

○**黄盛璋**（1974）　（12）戈　七年侖氏命（令）韓□、工帀（師）榮原、冶□（據傳世拓本摹）

“原”字適當戈內殘處，應缺左邊一筆。《水經注·伊水》引《竹書紀年》：“楚吾得帥師及秦伐鄭，圍綸氏。”王國維《古本竹書紀年輯校》誤引作“取綸氏”。以致李學勤同志將長沙出土之“廿九年侖氏”銀皿及“鄃氏”陶印都定爲楚器（見《文物》1959 年 9 期 61 頁），今查各書所引只作“圍”（如《路史》後紀十三及《國名紀》《太平寰宇記》穎陽縣下所引），從未見作“取”。方足布亦有“鄃氏”，或釋“輔氏”，戰國秦地。據《竹書紀年》綸氏肯定屬韓，既未入楚，亦非秦地。鄃氏方足布也證明屬於三晉，與秦楚無關。

《史記·白起傳》：秦昭襄王“四十六年秦攻韓緱氏、藺，拔之”。《集解》引“徐廣曰：屬穎川”。《正義》：“按檢諸地記，穎川無藺。《括地志》云：‘洛州嵩縣本夏之綸國也，在緱氏東南六十里。’《地理志》云：‘綸氏屬穎川郡。’按既攻緱氏、藺，二邑合相近，恐綸、藺聲相近似，字隨音而轉作藺。”漢綸氏縣，後魏又改爲穎陽，後廢爲鎮，故城即今登封西南七十里之穎陽鎮，正與緱氏相鄰接。楊寬《戰國史》年表中已據《集解》改藺爲綸，秦昭王四十六年爲韓桓惠王十二年，因此，戈銘“七年”不得遲於韓桓惠王七年。

《考古學報》1974-1，頁 17

今　仒　含

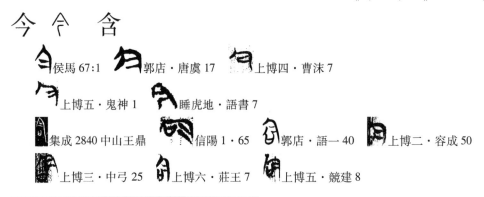

　侯馬 67:1　　　郭店·唐虞 17　　　上博四·曹沫 7

　上博五·鬼神 1　　　睡虎地·語書 7

　集成 2840 中山王鼎　　　信陽 1·65　　　郭店·語一 40　　　上博二·容成 50

　上博三·中弓 25　　　上博六·莊王 7　　　上博五·競建 8

○**何琳儀**（1998）　今，甲骨文作（後下一·七）。从人，右下加短橫分化爲今。人亦聲。或説，人象倒口之形，右下短橫表示口中有所含，指事。含之初文，今、含爲古今字。西周金文作（盂鼎），短橫向左下彎曲。或作（克鼎）。春秋金文作（晉公盞），人旁已不對稱。秦國文字承襲西周金文，六國文字承襲春秋文字。或加飾筆作、。（中略）　今永里者鼎“今永”，地名。

《戰國古文字典》頁 1389

○**何琳儀**（1998）　　中山王鼎含，讀今。楚簡含，讀今。

《戰國古文字典》頁 1389

○**李守奎**（2003）　　楚之吟、含皆讀爲今，當是今之異體。

《楚文字編》頁 320

△**按**　戰國晉系、楚系文字中"今"多加贅符"口"變作"含"。卷二口部"含"字條重見。

舍

璽彙 2329　　 璽彙 1989　　 集成 2840 中山王鼎　　 集成 12110 鄂君啟車節　　 侯馬 156:19

包山 154　　 郭店・老甲 10　　 上博一・詩論 27　　 上博二・從甲 14

○**于省吾**（1963）　（編按：集成 12110 鄂君啟車節）（十）"毋舍棹飤"　此語也見車節。舍即余字，"居簋"和"魏三體石經"古文余均如此作。余應讀作給予之予。凡周代典籍中的"予"字本應作余，予爲後起字。

《考古》1963-8，頁 444

○**何琳儀**（1998）　　舍，金文作（牆盤）。从余，口爲分化符號。余、舍一字分化。戰國文字承襲金文。口或作曰形，或訛作口形與小篆同。（中略）中山王鼎舍，讀余，第一人稱代詞。鄂君車節舍，讀予。典籍余、予通用。《爾雅・釋詁》："予，賜也。"包山簡舍，姓氏。微子後有舍氏。見《路史》。包山簡"舍月"，讀"余月"，七月。見《爾雅・釋天》。金村器"中舍"，官名。

《戰國古文字典》頁 534

○**李家浩**（1998）　（編按：九店 42）"舍"讀爲給予之"予"。參看孫詒讓《古籀拾遺》卷下 21 頁。

《九店楚簡》頁 102

△**按**　孟蓬生《上博竹書（二）字詞札記》（簡帛研究網 2003 年 1 月 14 日）對《上博二・從甲》14 號簡的此字有進一步說解，現錄之如次：《從政》（甲篇）簡 1："昔三代之明王又（有）天下者，莫之舍也，而□取之，民皆以爲義。"又簡 2："其亂王舍（餘）人邦家土地，而民或弗義。"整理者曰："舍讀爲'餘'，如《郭店楚墓竹簡》：'攸之身，其悳（德）乃貞（真）。攸之家，其悳（德）又（有）舍（餘）。'"生按：此實即舍字，从口，从余聲。但讀爲餘，簡文仍難以索解。當改釋爲"與"或"予"。古音余聲和予聲、與聲並相通。人稱代詞之余也寫作予。

《説文·女部》:"㛥,女字也。从女,與聲。讀若余。"《周書·諡法》:"愛民好與曰惠。"《荀子·富國》:"凡主相臣下百吏之屬,其於貨財取與計數也,順孰盡察;其禮義節奏也,芒軔僈楛,是辱國已。"注:"與謂賜與。"用"舍"爲"與"也是西周金文以來的傳統。《令鼎》:"余其舍汝臣十家。"這兩支簡用了對比的方法,大意是三代的明王之所以得到天下,並不是誰給的,是他們自己取得的(缺字無法辨認,據文義補爲"自"),然而老百姓都以爲合於道義;而到了亂君把國家和土地都給了別人,老百姓還不以爲他們所作所爲合於道義。

【舍人】睡虎地·秦律 101

○**睡簡整理小組**(1990)　舍人,《漢書·高帝紀》注:"親近左右之通稱也,後遂以爲私屬官號。"此處指有官府事務者的隨從。

《睡虎地秦墓竹簡》頁 44

何琳儀(1998)　弁,从人,丑聲。疑劍之本字。《正字通》:"劍,即敂字變體。"晉璽弁,即劍。姓氏。漢有劍東,見《元和姓纂》。

《戰國古文字典》頁 197

會　會

○**中大楚簡整理小組**(1977)　(編按:望山 2·47)會,集也,合也。十會,指合十枚而成一套。

　　江陵望山一號楚墓出土有髹漆木雕酒具盒,内盛兩盤、兩酒注和九枚漆耳杯。馬王堆一號漢墓簡文有"右方鬃畫小具杯廿枚,檢二合",則一合盛十枚。江陵鳳凰山一六八號漢墓簡文"具杯一合杯十枚有橐",出土物與記錄相符。大概戰國時候成套的耳杯還不叫"具杯",不以多少枚杯盛於多少盒的數量詞表示,而是以耳杯的數目下連"會"或"亯"來表示。據盜墓者口述,此墓有十餘枚小漆耳杯,置於南邊箱東頭。

《戰國楚簡研究》4,頁 23

○**羅福頤等**(1981)　（編按:璽彙 0253）會　與蔡子匜會字同。

《古璽文編》頁 114

○**李家浩**(1986)　（編按:集成 4695 鄦陵君豆）以會父兄　此句與上句"以祀皇祖"對言。"祀"是對死人而言,"會"是對活人而言。古代"會、饋"音近可通。如《周禮・天官・女祝》:"凡以神仕者,以檜國之凶荒。"鄭玄注:"檜,除也,讀如潰癰之潰。"《禮記・玉藻》:"緇布冠,繢緌,諸侯之冠也。"鄭玄注:"繢,或作繪。"銅器銘文里也有"會"讀爲"饋"的例子。趙亥鼎銘文云:"宋牆(莊)公之孫趙亥自乍(作)會鼎。""會鼎"即讀爲"饋鼎"。疑鑑銘的"會"也應當讀爲"饋"。《禮記・曲禮》:"侍食于長者,主人親饋則拜食。"孔穎達疏:"饋,謂進饌也。"《淮南子・詮言》:"滌杯而食,洗爵而飲,浣而後饋,可以養家老,而不可以饗三軍。"高誘注:"饋,進食也。"據此,"以饋父兄"蓋是用來饋食父兄的意思。

《江漢考古》1986-4,頁 84

○**何琳儀**(1998)　會,西周金文作（郘妣鬲），春秋金文作（趙亥鼎）。从困(《玉篇》:"困,地名。莫兮切。")从合,象藏草料之形,合體象形。疑窞之初文。《說文》:"窞,匘臬之藏也。从广,會聲。"與繪、稽亦有關。《集韻》:"稽,《說文》糠也。或从米。"戰國文字困旁或訛、、、、、。（中略）

　　齊璽"會亓、會巠",讀"魏其"。地名。《周禮・春官・神仕》:"以檜國之凶荒。"注:"檜讀如潰癰之潰。"《說文》:"螝,讀若潰。"是其旁證。"魏其",見《漢書・地理志》瑯玡郡。在今山東臨沂東南。鄙羌鐘會,見《左・宣七》:"凡師出,與謀曰及,不與謀曰會。"鄦陵君器會,見《廣雅・釋詁》三:"會,聚也。"信陽簡、天星觀簡會,讀繪。《書・益稷》:"日月星辰山龍華蟲爲會。"傳:"會,五采也。"釋文:"會,馬、鄭作繪。"五里牌簡、包山簡二六三會,讀盒。天星觀簡"司會",神名。包山簡"會懇"讀"合歡"。《禮記・樂記》:"酒食者,所以合觀也。"帛書會,見《詩・小雅・車攻》:"會同有繹。"傳:"時見曰會。"

《戰國古文字典》頁 892

○**劉信芳**(2003)　（編按:包山 181）會懇:猶言"屬觀"。《說文》:"會,合也。"《廣雅・釋詁》:"會,聚也。""屬觀"是觀社的委婉語,《墨子・明鬼下》:"燕之有祖,當齊之社稷,宋之有桑林,楚之有雲夢也。此男女之所屬而觀也。"孫詒讓《閒詁》:"屬,猶合也。"或讀"會觀"爲"合懽",亦通。惟古人言男女之事多用委婉語,則讀爲"會觀",理解爲"屬觀"爲義長。

《包山楚簡解詁》頁 271—272

△按　戰國文字中"會"或用作表示"合",但大多與古書中的"會"表意相同。郲陵君器"以會父兄"之"會"當解作"聚會",不必讀作"饋"。

倉 倉

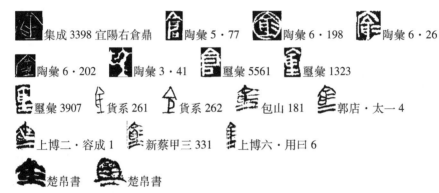

○鄭家相(1942)　(倉)𡘍

右布文曰倉,在右。按倉即倉門,見襄十年。顧棟高曰:"倉門鄭之東南門,以面石倉城得名,石倉在陳留西南七十里。"

《泉幣》10,頁 19

○鄭家相(1958)　𡘍𡘍　文曰倉。按倉即倉門,見襄十年。顧棟高曰:"倉門鄭之東南門,以面石倉城得名,石倉在陳留西南七十里。"

《中國古代貨幣發展史》頁 46

○李學勤(1960)　(編按:楚帛書)七月之"兔"蓋从"倉"聲,與"相"通假。

《文物》1960-7,頁 68

○商承祚(1964)　(編按:楚帛書)(辰)"倉□夏"

從屬神之一。神作雙直角(兩耳缺去左耳)岐尾尖足獸。𡘍字《説文》奇字倉,魏三體石經古文創字偏旁作𡘍,比此更爲簡化。

《文物》1964-9,頁 18

○饒宗頤(1968)　(編按:楚帛書)𡘍爲倉字,七月月名,《爾雅》作相。《説文》謂倉字从食省,口象倉,奇字倉作𡘍,與繒書形作𡘍最相近。

《史語所集刊》40 本上,頁 25

○**羅福頤等**（1981） （編按:璽彙1323）倉 《汗簡》蒼作𡴌,所从與此形近。

《古璽文編》頁114

○**饒宗頤**（1985） （編按:楚帛書）曾憲通謂"中山王響器百字或作𩰫,此或百字異構"。今按百正借爲魄。《説文》:"魄,陰神也。"《淮南子》:"地氣爲魄。"謂陰氣也。《顏氏家訓・勉學篇》記遊柏人城,見徐整碑"洦流東指"。"吾按《説文》,此(洦)字古魄字也"。今本《説文》有脱誤。洦爲古魄字。帛書之百氣即魄氣,可證顏説。漢高祖言:"柏人者,迫於人也。"《白虎通》云:"魄者,迫也,猶迫迫然著於人也。"知漢時有此語。柏人、洦水,皆從魄字生義。《淮南子・原道訓》:"泰古二皇。"即指陰陽二氣。帛書熏氣指陽,百(洦)氣指陰:二氣爲萬物之原。《西南彝志》宇宙論中之哎與哺正代表陰陽二氣(即影與形、清與濁二氣)爲萬物本。見《西南彝志選》。以帛書證之,西南彝此説有其遠源,可追溯至戰國楚人之學。

（編按:楚帛書）帛書作𨮯,近於《説文》奇字倉之作𩰫。石經蒼字古文作𡴌,从屮从𩰫,與奇字同。《汗簡》引孫强説"創"字作𨥘,从刀从𩰫,偏旁同於《説文》,帛書增益彡形,釋倉甚是。

《楚帛書》頁18—19、113

○**李零**（1985） （編按:楚帛書）"既"下一字,饒宗頤(1968)釋金,不確,疑爲害字,這裏讀爲豁,也是穿通的意思。

（編按:楚帛書）倉,即《爾雅・釋天》十二月名之相,秋七月。所附神象作鳥身人首形,人首上戴角,鳥身僅一爪。

《長沙子彈庫戰國楚帛書研究》頁68、78

○**高明**（1985） （編按:楚帛書）第二字饒宗頤釋爲金字,至確。楚簡與楚印中之金字均寫作"𨥚、𨥚"(望山竹簡),或"𩰫(楚伍官鉨)、𨥚"(楚戠戠鉨)等,則同此字形體一致。金氣及陰氣。

（編按:楚帛書）七 倉莫得（中略）

倉在此爲月名,《爾雅・釋天》"七月爲相",相、倉古音相同,彼此通用。

《古文字研究》12,頁378、391

○**曹錦炎**（1985） （編按:楚帛書）《爾雅・釋天》:"七月爲相。"倉、相古音同一韻部,聲母也相近,故可互作。

《江漢考古》1985-1,頁65

○**何琳儀**（1986） （編按:楚帛書）卤,原篆作"𩰫",下有短橫乃贅筆,帛書"至"作"𡵉",是其佐證。"𩰫"與金文中習見的"𨥚"顯然一字。《説文》:"卤,氣行兕……讀若攸。”《史記·趙世家》：“烈侯卣然。”正義：“卣音由，古字與攸同……悠悠，氣行兕。”《左傳》哀公三年“鬱攸從之”。注：“鬱攸，火氣也。”帛書“卣燹”即“火氣”，與“燎氣”對文見義。

　　　　（編按：楚帛書）“倉”，原篆作“■”，亦見戰國璽文、陶文，與《說文》“倉”之古文“■”實爲一字。“倉”，即“相月”，見《爾雅·釋天》“七月爲相”。“倉、相”一音之轉。

《江漢考古》1986-2，頁 80、85

○何琳儀（1989）　（編按：楚帛書）第四字原篆作“■”。《通釋》交稿後，已覺釋“卣”不妥。後見李零甲釋“害”，旋悟應釋“百”。今曾已釋“百”。可謂先獲我心。帛書“燎燹百燹”似指山陵空隙中之各種氣脈，與上文“山陵不斌疏”，下文“以爲其斌疏”意本相涵。

《江漢考古》1989-4，頁 51

○嚴一萍（1990）　（編按：楚帛書）■　屬羌鐘唯廿又再祀之再作■，陳璋壺再立事歲之再作■，與此字形近，疑即再字。

　　　　（編按：楚帛書）陰　濟陰圜幣作■，右軍戈作■，古璽作■■■諸形，尤與繒書相近。此字各家或釋“金”，商氏釋“倉”，皆誤。繒書四邊文字之第四行第一段與此爲陰陽對舉。入暮則天黑，即陰。故曰：“暮得。”三字之含義如此，必非神名可知。其與《爾雅·釋天》七月之“相”亦不同，郝氏《義疏》曰：“相者，導也。三陰勢已成，遂導引而上也。”繒書則直截了當以“陰”當七月矣。

《甲骨古文字研究》3，頁 296、337

○黄錫全（1993）

編號	幣文	原釋	今釋	簡注	國別	幣形
261—262	■ ■	金	倉	古璽作■，説文古文、古陶作■■，疑即倉垣，河南開封市西北。	周	空

《先秦貨幣研究》頁 350，2001；原載《第二屆國際中國古文字學研討會論文集》

○曾憲通（1993）　（編按：楚帛書）■　燹燹百燹（甲三·一八）　此字嚴一萍氏釋再，選堂先生初據仰天湖楚簡金字偏旁釋作金，李零改釋爲害，今按望山楚簡害字作■，上體與此形不類，中山王譻器百字或作■，與此極近。帛文■下有短橫乃衍畫，與■、■、■等同例。選堂先生謂燹燹（氣）指陽，百燹（氣）指陰，二氣爲萬物之源。百字作■、■，猶四字作■、■，可字作■、■，皆帛文異寫之例。

（編按：楚帛書）《説文》：倉，奇字作⿰金，《玉篇》同。魏三體石經《咎繇謨》“蒼生”作⿱⿰，《汗簡》引孫强説，創字作⿰，所从並與《説文》奇字同。帛書乃奇字之滋化，戰國古璽文蒼字作⿱，與帛文尤近，知釋倉無疑。《爾雅・釋天》：“七月爲相。”倉、相古通。帛文之⿰金爲七月月名。

　　　　　　　　　　　　　　　　　《長沙楚帛書文字編》頁 27、65

○蔡運章（1995）【倉・平肩空首布】　春秋中晚期青銅鑄幣。鑄行於周王畿。屬大型空首布。面文“倉”，或釋爲金。背無文。1970 年河南伊川出土 8 枚。

　　　　　　　　　　　　　　　《中國錢幣大辭典・先秦編》頁 143

○李零（1995）　（編按：楚帛書）此字，我曾疑爲害，曾憲通先生采之，讀爲百，現在從文例看，應是寒字。寒字，金文寫法與小篆相近，是作⿱、⿰（參看《金文編》1714 寒字[編按：編號“1714”應爲“1214”]和附録下 335 應釋⿰），此字作⿱，與之相似。

　　　　　　　　　　　　　　　　　　《國學研究》3，頁 269

○劉信芳（1996）　（編按：楚帛書）寒　原篆作“⿱”，“⿱煭（氣）”既與“寮煭（熱氣）”對稱爲文，知“⿰”應是“寒”字。金文“寒”作“⿱”（克鼎）、或“⿱”（寒妣鼎）。“⿱”可分析爲从宀从⿰下有“仌”（有如《説文》對“寒”字的解説），中間部分“⿰”應是“⿰”之省寫。

　　　　　　　　　　　　　　　　　　《中國文字》新 21，頁 76

○周鳳五（1997）　（編按：楚帛書）按，⿱與金文二寒字字形相去甚遠，實在説不上“非常相似”。若以此字爲寒之省形，則⿰省作⿰，⿰省作⿰，在古文字資料中從來未見，且如此省改也完全不合於古文字演變的規律。劉信芳先生贊同李説，（中略）劉説分析字形較爲具體，但仍然無法解答前述有關字形省變的質疑。⿱氣釋作寒氣，與熱氣反意成文，於帛書上下文句固然可通，而字形則顯有扞格。與其勉强牽合，不如由文意入手，依循字形立説，期能文從字順，一舉解決問題。

　　就字形而言，包山楚簡有倉字，作⿱，另外，天星觀楚簡有滄字，作⿱、⿰，又包山、望山、天星觀簡均有愴字，所从倉形均與帛書⿱字“非常相似”，則帛書此句可以讀爲“熱氣倉氣”。倉，《説文》訓“穀藏”，與帛書文意不合。但《説文》水部另有滄字，解作“寒也”。段注引《周書・周祝》：“天地之間有滄熱。”與《列子・湯問》：“一兒曰：日初出，滄滄涼涼。”爲證，可謂確鑿可信。另外，仌部有凔字，也解作“寒也”。段注：“此與水部滄音義皆同。枚乘上書曰：‘欲

湯之滄,絶薪止火而已。’”可見滄或凔訓作寒,在先秦古籍並非罕見,則讀帛
書此句爲“熱氣倉氣”形義均妥適,應該是可以成立的。

　　除了上述古籍之外,最重要的證據是近年新出土的文物資料。1993 年 10
月,湖北荊門市郭店一號楚墓出土竹簡《老子》,其中 B 三組竹簡有這樣一段
文字:“枭勅蒼,清勅然。”第一句三字,馬王堆帛書《老子》甲種、乙種均作“趮
勝寒”,今本《老子》作“躁勝寒”,簡帛各本用字雖小有出入,文意則完全一
致。劉信芳先生指出:“枭勅蒼”當釋“躁勝凔(滄)”,依前引《説文》及先秦兩
漢古籍所見,訓凔(滄)爲寒可謂毫無疑問。子彈庫帛書與郭店簡《老子》同屬
戰國時代楚國之物,然則帛書“熱氣倉氣”之説於此更得堅強的證據,應該可
以定論了。

《中國文字》新 23,頁 239—240

○**何琳儀**(1998)　倉,甲骨文作𝑨(通別二・一〇・七)。从合从户,會倉廩閉
閡有門可入之意。金文作𝑩(𫚇鐘)。戰國秦系文字承襲商周文字,六國文字
則多有變異。户或訛作𝑎、𝑏、𝑐、𝑑、𝑒、𝑓等,𝑔則以一、二代替,或在右側加𝑥、
𝑦爲飾。(中略)帛書倉,讀相。《詩・小雅・楚茨》:“我倉既盈。”《太平御覽》
三五引倉作箱。是其佐證。《爾雅・釋天》:“七月爲相。”秦璽“倉事”,讀“倉
吏”,穀倉之吏。《史記・貨殖傳》:“宣曲任氏之先,爲督道倉吏。”

《戰國古文字典》頁 696

○**王志平**(1998)　(編按:楚帛書)七月　倉。

　　七月日躔與歲星同宿於張或翼,於十二次當鶉尾,於十二辰爲建申之月。
　　我們認爲七月之“倉”應與翼宿有關。而七月之“倉”,《爾雅・釋天》作
“相”。《開元占經》卷六七《石氏中官》“相星占五十四”云:“石氏曰:相一星,
在北斗南。入翼五度,去極三十一度半,在黃道内三十七度也。”“相星”屬於
中官,應屬於恆顯圈内的拱極星。我國古代爲了比較容易找到二十八宿中某
些比較微小、幽暗的星宿,經常把北極星與拱極星連接起來,再向南延伸到赤
道附近,這樣就很容易找到那些比較微小、幽暗的星宿了。這是我國古代天
文學的特點之一。所以“相星”入翼宿五度,正與翼宿相當。所以我們認爲從
天象上來看,七月之“倉”應即中官之“相”星,相當於二十八宿之翼宿。

《華學》3,頁 185

○**曾憲通**(1999)　(編按:楚帛書)第三字歷來爭議最多,早期有釋“再”、釋“金”
諸説,李零曾疑是“害”字,筆者據中山王𩵋器之“百”字作𝑨而釋爲“百”之異
構,形雖近而義未安,近時李零改釋爲“寒”字之省,推理成分較多而未見有省

寫之實證。周鳳五氏根據包山、望山和天星觀楚簡的"倉"和从"倉"的字,認爲形體與第三字"十分相似"而釋爲"倉"字。雖然楚帛書丙篇亦有"倉"字作,楚簡中較爲草率的寫法作,且下亦从二橫,就形體而言,較金文的"寒"字更爲接近,周説可從。

郭店楚簡《老子》乙組竹簡云:"梟勳蒼,清勳然。"周鳳五指出第一句三字馬王堆帛書甲、乙種均作"趠勝寒",今本作"躁勝寒",簡帛各本用字雖小有出入,文意則一。劉信芳謂"梟勳蒼",當釋"躁勝滄(滄)"。周先生以爲"熱氣倉氣"得此堅强證據可成定論。其實,文意雖得確詁,若論釋字,帛書"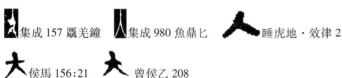"則宜釋爲"寅(燥)熒(氣)倉(滄)熒(氣)"。郭店簡《太一生水》云:"四時復相補(輔)也,是以成倉(滄)然(熱)。倉(滄)然(熱)復相輔也,是以成淫澡(燥)。"據此則"倉(滄)"與"然(熱)"對,"淫"與"澡(燥)"對。不過,"燥"與"熱"二字均从火,義實相涵,今語"燥熱",猶自沿用。故"燥"可與訓寒之"倉(滄)"對舉,而帛書之"寅(燥)熒(氣)倉(滄)熒(氣)"與楚簡《老子》之"梟(燥)勳蒼"正可互證。

《中國古文字研究》1,頁 92

△按 對於楚文字中或釋爲"寒"或釋爲"倉"之字,郭永秉有新説(《從戰國文字所見的類"倉"形"寒"字論古文獻中表"寒"義的"滄/滄"是轉寫誤釋的產物》,《出土文獻與古文字研究(第六輯)——復旦大學出土文獻與古文字研究中心成立十週年紀念文集》頁 379—397,上海古籍出版社 2015 年)。

入 ∧

入 集成 157 鬲羌鐘　入 集成 980 魚鼎匕　人 睡虎地·效律 2

大 侯馬 156:21　大 曾侯乙 208

○**裘錫圭、李家浩**(1989) (編按:曾侯乙 1)"入"字亦見下面 C 類簡 207、208 號。原文"入"字作**大**,在豎畫的中閒加有一短橫,與侯馬盟書"入"字(《侯馬盟書》278 頁)和江陵望山一號墓竹簡、天星觀一號竹簡、鄂君啟節"內"字所从之"入"相同。簡文所記的車大都是別人贈送的。"書入車",意即記録所納之車。

《曾侯乙墓》頁 501

○**王素芳**(1995) 【入·尖首刀】 春秋中晚期青銅鑄幣。鑄行於燕國。屬小型尖首刀。面文"入",倒書。幕平素。1979 年河北易縣燕下都遺址出土 1 枚。

　　　　　　　　　　　　　　　　　　　《中國錢幣大辭典・先秦編》頁 424

○**何琳儀**(1998)　　入,甲骨文作 入(戩一四・五)、人(佚七二○),與六字同形。入,泥紐;六,來紐。泥、來均屬舌音,入與六爲一字分化。西周金文作 入(宅簋)、人(趞曹鼎),春秋金文加飾筆作 大(庚壺)。戰國文字承襲商周文字。(中略)　侯馬盟書"入室",或作"内室"。(中略)安邑下官鍾入,讀納。《正字通》:"納,受也。"參《書・禹貢》:"九江納錫大龜。"釋文:"馬云,納,入也。"

　　　　　　　　　　　　　　　　　　　《戰國古文字典》頁 1379

△**按**　戰國文字材料中的"入"用法與傳世文獻中近似。

内 内 囟

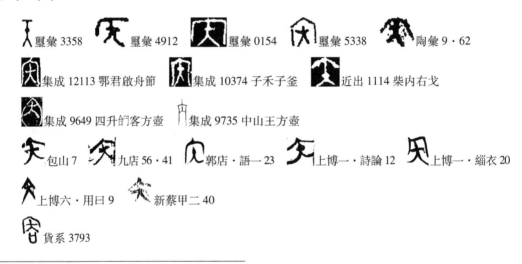

　　　　　　　　　　　　　　　　　聖彙 3358　　　　聖彙 4912　　　　聖彙 0154　　　　聖彙 5338　　　　陶彙 9・62

　　　　　　　　　　集成 12113 鄂君啟舟節　　　集成 10374 子禾子釜　　　近出 1114 柴内右戈

　　　　　　　　　　集成 9649 四升的客方壺　　　集成 9735 中山王方壺

　　　　　　　包山 7　　　九店 56・41　　　郭店・語一 23　　　上博一・詩論 12　　　上博一・緇衣 20

　　　　　　　上博六・用曰 9　　　新蔡甲二 40

　　　　　　　貨系 3793

○**羅福頤等**(1981)　(編按:聖彙 5337 ⟨⟩)内　子禾子釜内字與此同。(編按:聖彙 0514 ⟨⟩)鄂君啟節内字作⟨⟩,與聖文同。

　　　　　　　　　　　　　　　　　　　《古聖文編》頁 114

○**李學勤、祝敏申**(1989)　　"内",前人多與下連讀爲"入伐"。按以齊伐燕,不宜稱"入伐"。此字當讀爲"納",即向齊朝廷獻納。

　　　　　　　　　　　　　　　　　　　《文物春秋》1989 創刊號,頁 14

○**何琳儀**(1998)　　内,甲骨文作⟨⟩(前四・二八・三)。从宀从入,會入室之意。入亦聲。内、入均屬泥紐,内爲入之準聲首。入、内一字分化。西周金文作⟨⟩(井侯簋),春秋金文作⟨⟩(芮公鼎)。戰國文字承襲商周文字。或加飾筆作⟨⟩、⟨⟩,或收縮筆畫作 矢(與矢字同形)、⟨⟩、⟨⟩。燕系文字或作⟨⟩,晉系文字

或作**𢓜**,比較特殊。（中略）

　　陳璋壺内,讀入。子禾子釜“内者”,官名。《漢書・百官公卿表》:“少府,秦官。内者、宦者、八官令丞。”《後漢書・百官志》:“少府内者,令一人,六百名。”注:“掌中布裴諸衣物,左右丞各一人。”齊璽“叟内”,讀“職内”,官名。齊璽内,讀入。齊陶内,姓氏。見《姓苑》。齊“内出”,讀“入出”。

　　燕璽内,讀入。

　　左内𠈁壺“内𠈁”,讀“内曹”,疑内宮之官。侯馬盟書“出内”,讀“出入”。侯馬盟書“内室”,讀“納室”,兼併他人財産家室。《國語・晉語》:“納其室以分婦人。”晉璽“出内”,讀“出入”。分齍鼎“内黄”,地名,見《漢書・地理志》魏郡。在今河南湯陰東。中山王方壺内,見《廣雅・釋言》:“内,裏也。”兆域圖“内宮”,見《左・襄廿八》:“陳須無以公歸,稅服而入内宮。”

　　鄂君舟節内,讀入。入水之支流。楚器、越器内,讀入。帛書“入月”,亦見秦簡《日書》“入月七月乙酉”（七七七反）、“入月七日及冬末春戌夏丑秋辰”（七五三反）等,猶一月之内。

　　詛楚文内,裏。與外相對而言。青川牘“内史”,官名。《書・酒誥》:“太史友、内史友。”傳:“掌國典法。”

《戰國古文字典》頁 1258

【内公孫】睡虎地・答問 185

○**睡簡整理小組**（1990）　《漢書・惠帝紀》:“上造以上及内外公孫、耳孫有罪當刑及當爲城旦、舂者,皆耐爲鬼薪、白粲。”注:“内外公孫,國家宗室及外戚之孫也。”據此,内公孫即宗室的後裔。

《睡虎地秦墓竹簡》頁 137

【内右】近出 1114 柴内右戈

○**魏國**（1994）　“内右”2 字,可能爲軍隊編制名稱。據大通上孫家寨出土的漢簡記載,漢代軍隊編制單位名稱中有“左部、右部、左官、右官”。因此,“内右”可能爲右部或右官之屬。

《文物》1994−3,頁 52

【内史】睡虎地・秦律 20

○**袁仲一**（1984）　（編按:睡虎地・秦律 20）在秦簡中“内史”一名曾出現十四處,都與財物、錢貨等經濟問題有關。“内史”即後來的治粟内史。《漢書・百官表》:“治粟内史,秦官,掌穀貨。”中央主管兵器製造的本應屬於少府。但少府始置於始皇時代,故在少府未置以前由内史代行其管理兵器製造事宜。少府設置後,內史似專掌穀貨,疑其名稱亦變爲治粟內史。

《考古與文物》1984-5,頁 105

○**栗勁**(1984)　（**編按**:睡虎地·秦律 20)內史課縣,太倉課都官及受服者。（《廄苑律》）

　　按:從新出土的簡文上看,地方徵收、儲存、使用穀物和飼草的情況,要"上內史";都官更換設備和處理器物,也要"上內史";邊境收繳和沒收走私的珠玉,也要"上內史"。可見這個內史是"掌穀貨"的治粟內史,而不是"掌治京師"的內史。

《吉林大學社會科學學報》1984-5,頁 92

○**睡簡整理小組**(1990)　（**編按**:睡虎地·秦律 20)內史,《漢書·百官表》:"周官,秦因之,掌治京師。"一説,此處應指治粟內史,《百官表》:"治粟內史,秦官,掌穀貨。"漢景帝時改名大農令,武帝時改名大司農。

《睡虎地秦墓竹簡》頁 25

○**湖南省文物考古研究所、湘西土家族苗族自治州文物處**(2003)　內史,掌治京師。

《中國歷史文物》2003-1,頁 21

【內府】璽彙 3358
○**李家浩**(1987)　⑨《周禮·天官》有"內府"。《古璽彙編》314·3358 印文"入府",當讀爲"內府"。

《北京大學學報》1987-2,頁 17

【內室】九店 56·27
○**李家浩**(2000)　"內（納）室"亦見於下四一號簡。侯馬盟書:"□自今已（以）峀（往）……而尚（倘）敢或內（納）室者,而或睧（聞）宗人兄弟或內（納）室者,而弗執弗獻,不（丕）顯🪝公大冢明亟覞（視）之,麻夷非是。"《國語·晉語六》"殺三郤而尸諸朝,納其室以分婦人",韋昭注:"納,取也;室,妻妾貨財。"秦簡《日書》甲種楚除交日占辭無"又（有）志百事,大吉。秒（利）於內（納）室"之語。

《九店楚簡》頁 83

【內黃】集成 2308
○**黃盛璋**(1989)　内黃戰國屬魏,《史記·趙世家》:肅侯十六年圍魏黃,不克。《正義》:"黃城在魏州。"漢内黃屬魏郡,見《漢書·地理志》,注引應劭曰:"陳留有外黃,故加内云。"章懷太子曰:"内黃故城在今縣西北。"《太平寰

宇記》:"隋於故城東南十九里重置。"《縣志》:"舊縣城在縣西二十里。"今内
黄即隋唐縣,西二十里有舊縣村,即漢縣。戰國當亦在此。

《古文字研究》17,頁 7—8

○崔恆昇(2002)　内黄鼎:"内黄。"戰國魏邑,在今河南内黄縣西北。《史
記・趙世家》:"(趙肅侯十七年)圍魏黄,不克。"清乾隆《彰德府志》卷一云:
"黄以黄澤名。魏以河南爲外,河北爲内,故陳留有外黄,此名内黄。"東魏併
入臨漳。西漢置内黄縣。

《古文字研究》23,頁 220

【内齋】望山 1・106
○朱德熙、裘錫圭、李家浩(1995)　(編按:望山从 1・106)"内齋"亦見一三二號、
一三七號、一五五號諸簡,一五六號簡又有"野齋"。疑野指城外,内指所居宫
室。或謂"内"當讀爲"入"。

《望山楚簡》頁 99

仝 仝 全

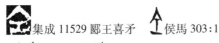

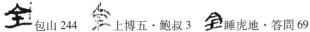

○睡簡整理小組(1990)　(編按:睡虎地・答問69)有怪物其身及不全,指嬰兒有先
天畸形。

《睡虎地秦墓竹簡》頁 110

○何琳儀(1998)　全,戰國文字作全,構形不明。或下加飾筆作全,或中加飾
筆作全、全。全與晉系文字百字形體相同,僅據文意區別。(中略)侯馬盟書、中山
雜器仝,讀全。《周禮・考工記・玉人》:"天子用全。"注;"全,純玉也。"晉璽仝,讀
全,姓氏。全氏,出自周官泉府之後,以官爲氏,其後以同音通於全。見《鮚埼亭
集・全氏世譜》。　包山簡全,讀全。《穀梁・哀元》:"全曰牲,傷曰牛。"《淮南
子・時則訓》:"視肥臞全粹。"注:"全,無虧缺也。"　秦璽仝,讀全,姓氏。

《戰國古文字典》頁 1046

缶 击　銌 砝 塯

陶彙4·120　陶彙4·83　燕下都165·2　燕下都234·10
包山265　望山2·54　信陽2·14　新蔡甲三244
集成10008 欒書缶
包山255
包山255

○**何琳儀**（1998）　缶，甲骨文作 （前八·七·一）。从午从口，構形不明。西周金文作 （缶鼎），春秋金文作 （蔡侯缶）。戰國文字承襲春秋文字。口內或加飾筆作 、 、 。燕系文字午旁豎筆上或作 、 、 、 等，地域特點明顯。（**中略**）燕陶"缶君"，讀"陶尹"，管理陶工的職官。燕陶"缶攻"，讀"陶工"，製陶工人。見《通典·職官》。韓陶"亩缶"，讀"廩陶"，職掌倉廩陶器之官。楚簡缶，圓形盛酒漿之器。包山簡"錡缶"，地名。秦陶缶，圓形盛酒漿之器。

《戰國古文字典》頁243—244

○**陳偉武**（2003）　埖："缶"先由陶土燒製，因加"土"旁，包山簡2·255："蜜某（梅）一埖。"缶或由石製，作"硳"，如包山簡2·255："蜜一硳。"或由木製，作"楅"，如包山簡2·270："一敝楅。""埖、硳、楅"均是"缶"的專用字。

《華學》6，頁100

△**按**　戰國文字中"缶"異體衆多，或加土、石等旁形成專用之字。卷九石部"硳"字條、卷十三土部"埖"字條、卷十四金部"鋊"字條，皆重見。

匋　匋

集成11651 鵙公劍　吉大145　璽彙0272　陶彙3·71　陶彙3·95
郭店·窮達2　郭店·忠信1　郭店·忠信3　上博二·容成13

○**王恩田**（1996）　齊國陶文里名中有一個常見的字，有多種寫法：

季53.6　　匯3.248　　季54.11　　季54.1

季60.2　　季59.12　　季77.7

吳大澂釋窨,又改釋寶。丁佛言初從吳說釋寶或窨,後釋陶。柯昌泗同意釋陶,後又認爲内从缶,釋寶較勝。孫文楷釋䲡。

金文从穴的字(《金文編》卷七)和陶文从穴的字(《字徵》176頁)作、,上不从人,八不外出。釋窨與此字形不合。金文陶字作(荀伯盨),借爲寶。齊國陶文自有"陶"字,已如上述,釋陶亦非。應從孫文楷釋䲡。

《説文》:"产,从人在厂上。""詹,从言从八从产。"徐鉉注:"产,高也。八,分也。"可見产是從人在厂上會意,引申爲"在高而懼"的危。上揭陶文从缶,从詹省聲。、、諸形,从人在屋上會意。宀内的八、乂,或如徐鉉解爲"八,分也",或是表示屋内的梁架結構。國差䲡"䲡"作,从缶,詹聲。詹从厂从八从言,與《説文》合,只是厂上省人。

䲡,《説文》無,古籍作甔。从缶、从瓦古可互作。或音同作儋。齊人稱罃(罌)爲甔。《方言》:"罃,齊之東北海岱之閒謂之甔。"《史記·淮陰侯列傳》集解引蘇林《漢書》注引應劭並曰:"齊人名小罌爲儋。"

從器形看,國差䲡是一種小口大腹的器物(圖一:1)。而以窯名里的陶文印記幾乎全部打在與國差䲡器形完全相同的器物上。證明這類陶器也應名之爲䲡。陶䲡分兩種,一種有外捲的小口沿(圖一:2);一種爲直領無沿(圖一:3)。

圖一

均飾細繩紋,頸部素面。陶印一般都打在頸部,個別的打在口沿内側或肩部。

《考古與文物》1996-4,頁46

○**何琳儀**(1998) 匋,金文作(能匋尊)、(齕父盤)。从缶,勹爲疊加音符。戰國文字承襲金文。齊系文字在勹右側加一飾筆。(中略)齊壐匋,讀陶,地名。《史記·越世家》:"范蠡去齊,止於匋,名匋朱公。"在今山東定陶北。

《戰國古文字典》頁244

○**周鳳五**(1998) (編按:郭店·忠信1)達,《郭簡》不識。同墓所出《老子》甲種簡8有"必非微溺玄"一語,注云:"《古文四聲韻》引古《老子》達作,與簡文極近似。包山楚簡119有此字,係人名司馬達。"按,達字楚簡屢見,字形繁簡有別,不易辨識,除前引《老子》與包山楚簡119外,有省橫畫作者,見《窮達以時》簡11、簡14、簡15。有省口作者,見《包山楚簡》簡111、簡112、簡113。另外,《語叢一》簡60,此字兩見,一作,一作。可見此字所从橫畫與口形,繁省無別。由此可以推知本簡與簡3實爲達字省去辵形,仍當釋爲達。達,知曉、瞭解。《論語·鄉黨》:"康子饋藥,拜而受之。曰:'丘未達,不敢嘗。'"孔安國傳以"未達"爲"未知其故"。疏則直言:"達,猶曉解也。"（中略）

（編按:郭店·窮達2）（六）達而主常:達,《説文》;"行不相遇也。"《詩·鄭風·子衿》:"挑兮達兮,在城闕兮。"毛傳:"挑、達,往來貌。"胡承珙《毛詩後箋》云:"《小雅·大東》'佻佻公子',《釋文》引韓詩作'嬥嬥,往來貌'……其實往來者,謂其避人游蕩,獨往獨來也。"按,胡氏引《詩》證《詩》,指出挑、達除往來外,兼有孤獨義,與《説文》"行不相遇"之説可以相互發明,其説可從。且《子衿》詩次句"一日不見,如三月兮",寫獨行況味,是簡文"達"字正用此詁。

《中國文字》新24,頁122—123、125

○**何琳儀**（1999）　（編按:郭店·忠信1）"匋"原篆作**⬚**,釋文僅存原篆而不釋。按,此字戰國文字習見,多讀"陶",參拙著《戰國文字聲系》244—246。本簡"匋"應讀"悑",參高亨《古字通假會典》742。《廣雅·釋詁》四:"悑,疑也。"

《文物研究》12,頁201

○**陳斯鵬**（2000）　郭簡《忠信之道》有如下兩個字形:

A.**⬚**簡1　　　　　　　　B.**⬚**簡3

整理小組於A未作隸定,也無注釋;B則釋爲"匋"。周鳳五先生則認爲A、B"實爲達字省去辵形,仍當釋爲達"。

按,郭簡中"達"字寫法主要有:

C.**⬚**《老子》甲·8　　　　　　D.**⬚**《窮達以時》11

E.**⬚**《語叢》一·60　　　　　　F.**⬚**《語叢》一·60

若省辵旁,即爲:C₁**⬚**　　D₁**⬚**　　E₁**⬚**　　F₁**⬚**

顯然沒有一種與A或B相同。只有D₁與A、B的下部相合,但D₁很明顯由C₁省訛而成,純屬偶合。省訛之體本已不足爲據,更何況D₁較之A、B尚缺上面的一個部件。所以,周説從字形上頗説不過去。

我們不同意周先生釋A、B爲"達",但其視A、B爲一字則無疑是正確的。兩者下部同爲"缶",當無疑問。B上從"宀","宀"作**人**是楚文字的一個顯著特徵,但也有如通行寫法作**宀**的,如包山楚簡"客"既作**⬚**,又作**⬚**;"宫"既作**⬚**,又作**⬚**;又楚帛書有從"宀"字作**⬚**,等等,並可爲證。A上所從正是這種寫法的"宀",應與B爲一字無疑。各國文字的特異之處固然須加重視,但將這些特點絕對化則屬不該。郭簡《窮達以時》簡二有字與B同形,整理者也釋作“匋”,所在文句爲:“匋(陶)笞(拍)於河臣。”正好與古籍所載舜“陶於河濱”完全符合。由是驗之,B釋“匋”確不可移,故A也乃“匋”字。

A所在文句云:“不謏不匋,忠之至也。”周鳳五先生因誤釋“匋”爲“達”,訓“知曉、瞭解”,遂不可通。按,此處“匋”當讀“謡”。匋爲定紐幽部字,謡爲喻紐宵部開口四等字,根據“喻四歸定”的規律和幽宵旁轉的關係,可知匋、謡古音極近,自可通假。《説文》:“謏,謏言也。”又《楚辭・離騷》:“衆女嫉余之蛾眉兮,謡諑謂余以善淫。”洪興祖補注:“言衆女競爲謡言,以譖愬我。”謏、謡皆指虛妄不實之詞,簡文近義通用。“不謏不謡,忠之至也”,文意曉暢無礙。

B所在文句云:“大舊而不俞(渝),忠之至也;匋而者尚,信之至也。”筆者前曾讀“大舊”爲“太久”,周鳳五先生也讀舊爲久,但認爲“大”應是“夫”字,現在看來,周説較爲合理。又周先生讀“者尚”爲“主常”,也可從。唯誤釋“匋”爲“達”,已如前辯。我們認爲,此處“匋”實通“遥”。遥與謡古音全同,故也可與匋通。《方言》:“遥,遠也。梁楚曰遥。”久、遥乃近義對舉,“久而不渝”與“遥而主常”,造語雖異,其義則一,前後相應,文從字順。

《華學》4,頁 79—80

○**魏宜輝、周言**(2000)　《忠信之道》篇簡1:

不謏不🔣,忠之至也。不忞弗智(知),信之至也。

從字形上分析,“🔣”字應隸定爲“匋”,而根據文義,或可讀爲“謡”。《荀子・榮辱篇》“陶誕突盗”,王念孫《讀書雜志》按曰:

> 余謂陶讀爲謟(音滔),謟、誕雙聲字,謟亦誕也。《性惡篇》曰“其言也謟,其行也悖”,謂其言誕也,即上所謂飾邪。《説文》:“奸言也。”作陶者借字耳。凡從舀、從匋之字多相通。《小爾雅》“綹,索也。綹即‘宵爾索綯’之綯”;《小雅・菀柳》篇“上帝甚蹈”,《一切經音義》五引韓詩“蹈”作“陶”;《楚辭・九章》“滔滔孟夏”,《史記・屈原傳》作“陶陶”;《説文》“掐,掐掐也”,《一切經音義》引《通俗文》曰“掐出曰掏”,皆其證也。

《廣雅・釋詁》“突,欺也”,王念孫疏證引《荀子・榮辱篇》云:“陶誕突盗,惕悍憍暴,以偷生反側於亂世之間,陶誕突盗皆謂詐欺也。”《忠信之道》“不謏不匋”之“匋”當與此“陶”同解,讀作“謟”,訓作欺詐。《説文・言部》:“謏,謏言也。”二者的意思是相近的,故簡文曰:“不謏不謟,忠之至也。”

《古文字研究》22,頁 235

○**李鋭**(2003)　(編按:郭店・忠信1)《廣雅・釋言》:“蔿,譌也。”王念孫疏證:“譌猶化也。説見卷三‘蔿,七也’下,七與化通。”《廣雅・釋詁三》:“匋、譁、蔫、變，匕也。”《集韻·麻韻》：“譁，或作譌。”後文簡 3 言“舊（久）而不俞（渝），忠之至也”，渝，變也，則“譌”當訓爲“變化”。

《窮達以時》簡 2、本篇簡 3，原釋文隸定爲“匋”。“匋”字亦見包山簡 277。然細審字形，本簡从“宀”，宜隸定爲“窑”。《正字通》《六書故》指出此字同古文“寶”，然此字在戰國文字多讀爲“陶”。（中略）“窑”，此亦當讀爲“陶”。《廣雅·釋詁三》：“匋、譁、蔫、變，匕也。”王念孫疏證：“‘匋’者，《管子·地數》篇云：‘吾欲陶天下而以爲一家。’《淮南子·本經訓》云：‘天地之合和，陰陽之陶化萬物，皆乘一氣者也。’是‘匋’爲‘化’也，‘匋、陶’，‘匕、化’並通。《衆經音義》卷五引韓詩云：‘上帝甚陶，陶，變也。’‘變’亦‘化’也。毛詩作‘上帝甚蹈’，云：‘蹈，動也。’義亦相近……蔫、譌、譁、涅，化也……《釋言》云：‘蔫、譌，譁也。’”是“譌、陶”意近，從王念孫説則簡文意思極明白。

《華學》6，頁 89

○**陳偉**（2003）　（編按：郭店·忠信3）“大古”爲合文，字形見表 8-1，原釋爲“匋”。研究者有一些猜測。（中略）實則此字有可能是“大古”合文。我們將同樣寫在 3 號簡上的“大、古”二字摘録下來（分別見表 8-1 第 2、第 3 字），與之比較，可以看出在字形上應無問題。郭店簡中的有的合文，並不施合文符。本篇的 3 處“君子”（3、5、7 號簡）均是如此。因而，此處合文符的有無，不應妨礙我們將其作爲合文看待。

表 8—1　大古

大古	大	古
大古	大	古

“大古”古書習見，但通常指遠古，似與簡書不合。如《儀禮·士冠禮·記》“大古冠布，齊則緇之”鄭玄注：“大古，唐虞以上。”“古”有久遠義。《詩·大雅·緜》“古公亶父”毛傳：“古公，幽公也。古，言久也。”或許此處“大古”與“大久”類似，也是歷時久遠的意思。

《郭店竹書別釋》頁 77—78

△按　郭店簡（忠信3）釋作“匋”可從，但（忠信1）未必釋“匋”。

【匋工】

○**李裕民**（1997）　陶器上刻工名的有燕、齊、秦、楚、邾等國，以燕、齊爲多。燕的製陶工人稱爲陶工或陶攻，如：匋工得、匋工昌。

《文物季刊》1997-2，頁 62

【匋尚】季木藏陶 59·1

○**李裕民**（1997）　齊的製陶工人稱爲陶尚,如:去蒦圓里匋尚可(《季木藏陶》59·1)

《文物季刊》1997-2,頁 62

缾 缾　垪

包山 265　上博三·周易 44

信陽 2·14

○**何琳儀**（1998）　包山簡缾,讀瓶。

《戰國古文字典》頁 833

△**按**　信陽楚簡“缾”字異體作“垪”,參見卷十三土部“垪”字條。

䍃　䍃

睡虎地·日甲 137 背

△**按**　簡文用作星名“招搖”之“搖”。

缿　缿

睡虎地·秦律 97

○**睡簡整理小組**（1990）　缿(音項),陶製容錢器,類似後來的撲滿。《説文》:“缿,受錢器也……古以瓦,今以竹。”《漢書·趙廣漢傳》注:“缿,若今盛錢臧(藏)瓶,爲小孔,可入而不可出。”

《睡虎地秦墓竹簡》頁 43

錇

包山 265

○**劉彬徽、彭浩、胡雅麗、劉祖信**（1991）　錇,讀如箈。缾箈,指槨室内的一對深腹高腳鉼。

《包山楚簡》頁 63

○**何琳儀**（1998）　　銅，从缶，同聲。包山簡銅，讀筒或筒。

《戰國古文字典》頁 421

○**陳松長**（1995）　　此字見於 265 簡，釋文作“銅”。考釋曰：銅，讀如筒。鉼筒，指槨室内的一對深腹高腳鉼。按，古文字中，同字多作 🔲（二期後下一〇・三）、🔲（矢方彝）、🔲（《古匋文香録》七・四），其中兩橫都作平行線，與兩豎相接，簡中形體作 🔲，似略有差異。檢《古文四聲韻》中“當”的古《老子》寫本作 🔲，除下面多兩筆羡畫外，其形正與簡文相近。因此，與其將此字釋爲“銅”，還不如將其隸定爲“鐺”字。“鐺”或許就是“鎗”的異體字。《通俗文》：“釄有足曰鐺。”以此釋讀簡文，亦可與“槨室内的一對深腹高腳鉼”相印證。

《第二屆國際中國古文字學研討會論文集續編》頁 397

△**按**　　後來劉國勝（《楚喪葬簡牘集釋》頁 67，科學出版社 2011 年）從黃傑説認爲此字右上部實从“井”，整字可釋作“錯”（按：實當隸作“錯”）。此説似可從。楚簡中的“井”旁有寫作此字右上部之形者，如 🔲（郭店・性自 52）、🔲（郭店・成之 24）、🔲（上博二・緇 1）、🔲（上博四・曹沫 2）、🔲（上博五・姑成 4）、🔲（上博七・凡乙 1）等。“錯”即“鈃”之異體，《説文》中訛作“鈃”。《説文・金部》：“鈃，似鍾而頸長。”簡文“二鉼鈃”正與墓中出土的一對深腹高腳鉼相符。

舫

🔲 郭店・語四 26　　🔲 包山 85　　🔲 包山 85

○**劉彬徽、彭浩、胡雅麗、劉祖信**（1991）　　（編按：包山 85）銙。

《包山楚簡》頁 22

○**何琳儀**（1993）　　“銙”，楚文字作 🔲（包山簡 85），地名。

《第二屆國際中國古文字學研討會論文集》頁 260

○**何琳儀**（1998）　　銙，从缶，夸聲。包山簡“銙缶”，地名。

《戰國古文字典》頁 462

○**荊門市博物館**（1998）　　（編按：郭店・語四 26）銙，从“夸”聲，疑讀作“壺”。

《郭店楚墓竹簡》頁 219

○**劉釗**（2000）　　“三壺銙一茝”疑讀作“三呱一媞”或“三弧一媞”。“銙”從

"夸"聲。古音"夸"在溪紐魚部,"瓜"在見紐魚部,讀音很近,所以从"夸"得聲的字與从"瓜"得聲的字可以相通。"䂶"可讀"呱",《説文》:"呱,小兒啼聲。"此處以小兒啼聲代指小兒。"䂶"又可讀"弧"。《説文》:"弧,木弓也。"《禮記 · 射義》:"故男子生,桑弧;蓬矢六,以射天地四方。"鄭注:"男子生則設弧于門左。"此處亦以"弓"代指三個男兒。"茛"从"是"聲,應讀作"媞"。《説文》:"媞,諦也。一曰妍黠也。一曰江淮之閒謂母曰媞。"此處"媞"即讀作"江淮之閒謂母曰媞"之"媞"。"三呱一媞"或"三弧一媞"意爲三個男兒一個母親,即簡文前文所謂"三雄一雌"。

《郭店楚簡國際學術研討會論文集》頁 81—82

○林素清(2000)　(編按:郭店 · 語四 26)華,簡文原从缶从夸,整理者疑讀作壺。

《郭店楚簡國際學術研討會論文集》頁 394

○何琳儀(2001)　(編按:郭店 · 語四 26)"䂶"讀"瓡"。《説文》:"瓡,匏也。"

《簡帛研究二○○一》頁 167

○陳偉(2003)　(郭店 · 語四 26)荂,字本从夸从缶,疑當讀爲"荂"。《方言》卷一:"華、荂,晠也。齊楚之閒或謂之華,或謂之荂。"郭注:"荂亦華別名。"

《郭店竹書別釋》頁 242

○李守奎(2003)　鍾。

《楚文字編》頁 324

○劉信芳(2003)　(編按:包山 85)"䂶"或可隸定作"鍾",讀爲"鍾",疑"鍾缶公"是量器製作的監造官。

《包山楚簡解詁》頁 82

○顧史考(2006)　(編按:郭店 · 語四 26)至於"䂶"字,疑爲"虛"字異體,聲符"夸"爲溪紐魚部,"虛"字亦溪紐魚部,雙聲疊韻可通,而以"缶"爲意符者,蓋取其瓦器腹中空虛之義。

《簡帛》1,頁 64

△按　關於楚簡中的𡊎字,有"䂶、䂶、䂶"等多種隸定,陳劍(《試説戰國文字中寫法特殊的兂和从兂諸字》,《出土文獻與古文字研究》第 3 輯 167 頁,復旦大學出版社 2010 年)改釋作"䂶",兹從之。

靖

上博一 · 詩論 9

○**馬承源**（2001）　靖₌者我　《詩》篇名。"靖"字下有重文符，爲"靖靖"二字。"靖"从缶从青，《説文》所無。今本《詩・小雅・南有嘉魚之什》有《菁菁者我》，簡文係原篇名。

《上海博物館藏戰國楚竹書》（一）頁 138

鱭

包山 89

○**何琳儀**（1998）　鱭，从缶，齊聲。疑瓷之異文，後世通作瓷。《集韻》："瓷，陶器之緻堅者。或从缶。"包山簡鱭，人名。

《戰國古文字典》頁 1270

鱃

○**賈連敏**（2003）　鱃。

《新蔡葛陵楚墓》頁 194

矢

璽彙 3081　　石鼓文・鑾車　　曾侯乙 37　　上博一・詩論 22
上博二・容成 18　　上博三・周易 37　　上博六・用曰 12

○**何琳儀**（1998）　矢，甲骨文作↑（甲三一一七），象箭有鏃、桿、栝之形。或作（河三三六），加短橫爲飾。金文作（不娶簋）。戰國文字承襲商周文字。（中略）燕璽矢，姓氏。見《姓苑》。

《戰國古文字典》頁 1217

○**馮時**（2000）　矢，器名，讀如鍦。字於文獻或作鉈、鉇、鉈、䤅、䄒。

《古文字研究》22，頁 113

射 𢎺

石鼓文・田車

璽彙 0153

集成 12113 鄂君啟舟節　　包山 38　　郭店·窮達 8　　上博三·周易 44　　信陽 1·3

○于省吾（1963）　（編按：集成 12113 鄂君啟舟節）“𢎨”字从“彳”、“𠤎”，舊誤以爲从“弓”。

《考古》1963-8，頁 445

○朱德熙、李家浩（1989）　（編按：集成 12113 鄂君啟舟節）現在我們回到鄂君啟節的“𢎨”字來。這個字从“弓”从倒“矢”。由於楚文字中“矢”字有時倒寫（前引擂鼓墩一號墓竹簡可以爲證），所以“𢎨”應隸定爲“𢎨”，釋爲“躲”，即“射”字。

《朱德熙古文字論集》頁 196，1995；
原載《紀念陳寅恪先生誕辰百年學術論文集》

○何琳儀（1993）　（編按：信陽 1·3）“△”，原篆作𦥑。

中山大學疑“彝”之異體。按，“𦥑”左上从“召”，下从“収”，右上从“玉”。其中“玉”旁參見竹書 1-033 號“金玉”之“玉”，楚簡中屢見不鮮。故“𦥑”應隸定“瑤”，即“珆”之繁文。《集韻》：“珆，美玉。”

簡文“珆”應讀“韶”。《說文》：“韶，虞舜樂也。《書》曰，簫韶九成，鳳皇來儀。从音，召聲。”典籍亦作“磬”（《周禮·春官·大司樂》“九磬之舞”注），或作“招”（《左·襄二十九年》“見舞韶濩者”釋文）。其中“招”从“手”與簡文“瑤”从“収”義本相通。故“瑤”也可理解爲从“玉”，从“𦥑”（招）。

《文物研究》8，頁 168

○何琳儀（1993）　（編按：包山 138）坪𢎨公鄴（蔡）冒 138。

△，原篆作𢎨，又見 38、60，應釋“𢎨”，“射”之異文（朱德熙、李家浩《鄂君啟節考釋》，中國古文字研究會成立十周年學術研討會論文，1988）。“射”與“夜”音近可通。檢《左·桓九》：“曹伯使其世子射姑來朝。”《史記·魯世家》“射”作“夜”。《文選·高唐賦》“青筌射干”注：“見《本草》，夜干一名烏扇。”故“坪𢎨（射）”即“坪夜”（見上文），與“坪㮚、坪夏”等均一音之轉。

《江漢考古》1993-4，頁 61

○何琳儀（1998）　射，甲骨文作𦥑（乙七六六一）。从弓从矢，會射箭之意。金文作𦥑（射女方監），或加又作𦥑（靜簋）。秦系文字承襲金文中加又旁之射，弓與矢誤合爲一體訛作身形，爲篆文𦥑所本。六國文字承襲不加又之射，从弓从倒矢（箭之初文），《說文》𦥑則其訛變。楚系文字射或釋𢎨，不確。鄂

君啟節逆作🔲,射作🔲;包山簡逆作🔲,射作🔲。偏旁有别。（中略）

　　鄂君舟節"彭射",讀"彭澤",地名。《穀梁·昭八年》"以習射於射宫",《詩·小雅·車攻》傳引"射宫"作"澤宫"。是其佐證。包山簡"射旮",地名。包山簡"坪射",讀"平夜（興）",地名。《春秋·桓九年》"射姑",《史記·魯周公世家》作"夜姑"。《文選·高唐賦》"青荃射干",注引《本草》作"夜干"。是其佐證。

《戰國古文字典》頁 550—551

○**黄人二**（1999）　（編按：郭店·窮達 8）《左傳·昭公二十一年》"天王將鑄無射",《漢書·五行志》作《周景王將鑄無躲鐘》;《説文》躲字下云"射,篆文躲";《玉篇》卷十七矢部"躲今作射";《汗簡》卷三矢部同。故"躲"隸定爲"射"不會有問題。但疑"躲"讀"黜"。《論語·微子》:"柳下惠爲士師,三黜。"射,黜也。

《古文字與古文獻》試刊號,頁 129—130

○**顔世鉉**（2000）　（編按：郭店·窮達 8）《窮達以時》簡 8:"孫叔三躲邘（期）思少司馬,出而爲令尹,遇楚莊也。"裴錫圭先生按語云:"'孫叔'下一字,朱德熙、李家浩認爲是'躲（射）'字（《朱德熙古文字論集》196 頁）。據此説,此字在此似應讀爲斥退之'斥','射''斥'古音相近。"按,此字當讀爲謝（謝）,《説文》:"謝,辭去也。"段注:"辭,不受也。《曲禮》:'大夫七十而致事,若不得謝,則必賜之几杖。'此謝之本義也;引申爲凡去之稱。"又簡文躲也可讀作"釋",射和從"睪"之字相通之例,出土文物及傳世典籍均有是例,如鄂君啟節"彭躲（射）"即"彭澤",《詩·周南·葛覃》"服之無斁",斁字《禮記·緇衣》引作射,《緇衣》簡 41 引作"懌"。《禮記·禮器》"禮釋回增美質",鄭注:"釋,猶去也。"簡文"三射期思少司馬",射讀爲"謝、釋"均可通,指去職之意。《論語·公冶長》載子張之言:"令尹子文,三仕爲令尹,無喜色;三已之,無愠色。"邢疏:"'三已'者,《詩·墓門》箋:'已,去也。'《南山有臺》箋:'已,止也。'"《淮南子·道應》:"昔孫叔敖三得令尹無喜色,三去令尹無憂色。"令尹子文"三仕、三已"之説,乃大略之辭,"三"爲虚數;此事原係子文事,後傳訛而爲孫叔敖。簡文云:"孫叔三謝期思少司馬。"孫叔敖爲期思少司馬之事,不見史籍所載;而"三謝"也當是大略之辭。

《江漢考古》2000-1,頁 38

○**楊澤生**（2001）　（編按：信陽 1·3）"弽"字原作🔲,左旁"弓"的下部有一短横,這與楚簡和古璽的"弓"字和"張、强"等字的"弓"旁相同,右旁與楚簡的"矢"字和"弢、矰"等字所从的"矢"旁作❤相近,都作倒"矢"形,而且在豎畫的下部增加一個短橫,只不過前者在兩個長橫之間的豎筆側面增加了一道斜畫,這種情況與包山楚簡和曾侯乙墓竹簡的"攻"所从的"工"旁寫作"𢀖"和"𢀖"相類。這種从"弓"从倒"矢"形的"弢"字又見於鄂君啟節,是"射"字的異體。"射"作爲教學的内容和上面所説的"書"一樣都是"六藝"中的一藝,指射箭的技術。

《簡帛研究二〇〇一》頁 3

○裘錫圭(2002)　（編按：郭店·窮達 8）《論語正義》文所引《楚語下》説"鬥子文三舍令尹",《國語》韋昭注:"舍,去也。""射"是船母魚部字,"舍"是書母魚部字,上古音很相近。"三射"的"射"無疑就應讀爲"舍"。不過韋昭直接把"舍"訓爲"去",恐怕並不十分妥當。"舍"在古代訓"置"（這種"舍"亦作"捨"）。"舍令尹"是放下令尹職位的意思,這當然意味着"去令尹",即離開令尹職位,但"放下"畢竟不等於"離開"。在上述子文和孫叔敖的傳説中,"三舍、三去"無疑都指出因被免而去職,而不會指主動辭職。我們現在説"丟官",是指丟失官位,而不是指主動抛棄官職,似可相比。

《上海博物館集刊》9,頁 183

△按　郭店簡《窮達以時》8 號簡中的"躲"字爭議比較大。黃人二讀"躲"爲"黜"恐不妥當,從語音來看,"躲"爲魚部字,"黜"爲物部字,上古音有明顯的差距。顏世鉉讀"躲"爲"謝",釋可通。後裘錫圭讀爲"舍",於音義更爲合適。

【弢呂】包山 38、包山 60

○顏世鉉(1997)　包山楚簡"弢呂君"的封地"弢呂"應該讀作"澤皋（或臯）"或"澤九",其地望大概在今江西省鄱陽湖和長江交會處一帶。

《中國文字》新 22,頁 227

○史傑鵬(1998)　"射呂"當是邑名,"射呂君"即因封於"射呂"而得名。《漢書·地理志》九江郡下轄有"橐皋"縣。我們懷疑簡文的"射呂"即"橐皋"。"橐皋"和"射呂"古音相近。（中略）

橐皋這個地名還見於《左傳·哀公十二年》的《經》文"公會吳於橐皋",杜預注:"橐皋在淮南逡遒縣東南。"清代沈欽韓《春秋左氏傳地名補注》卷十二:"《江南通志》:'橐皋城在廬州府巢縣北六十里。一名會吳城。'按杜預云淮南者,沈約《州郡志》云:'魏復九江爲淮南郡。今治壽春。'"可見魏代的淮南郡相當於漢代的九江郡地域,杜説和《漢書·地理志》所載是相合的。櫜皋當在今天的安徽省巢縣境内。這個地方原先是屬於吳國的。史載,吳國已於公元前473年被越國所滅,而越國最後又被楚國所滅。櫜皋自然就歸屬楚國了。

《陕西歷史博物館館刊》5,頁136

【射虎車】睡虎地·雜抄25

○**睡簡整理小組**(1990)　射虎車,一種有防禦設備專用於獵射猛獸的車。《三國志·張昭傳》:“乃作射虎車,爲方目,閒不置蓋,一人爲禦,自於中射之。”

《睡虎地秦墓竹簡》頁85

【射官】秦代印風,頁39

○**王輝**(2002)　五、射官　《秦代印風》39頁:“射官。”

　　《周禮·夏官》有“射人”,賈公彦疏:“在此者,以其主射事。”其職云:“若有國事,則掌其戒令,詔相其事。掌其治達;以射法治射儀。”《儀禮·大射禮》:“射人戒諸公卿大夫射。”“射官”應即射人。凡《周禮》稱某人者,皆主管或從事某項事務之官,如庖人、染人、鼓人、牧人、占人、校人、梓人皆是。

《陕西歷史博物館館刊》9,頁35—36

矯　橋

矯 睡虎地·語書2

○**睡簡整理小組**(1990)　矯端,即矯正。當時避秦王政諱,用“端”字代替“正”字,如正月改爲端月,《史記·秦楚之際月表》索隱:“秦諱正,故云端月也。”又如《吕氏春秋·情欲》“端直之遠”,以及秦刻石,也都避諱“正”字。下文自端、公端同例。

《睡虎地秦墓竹簡》頁14

矰　橧

矰 秦代印風92　　矰 集成11285相子公矰戈

矰 集成11376十八年戈　　矰 璽彙0845

矰 包山165　　橧 上博五·三德20　　橧 睡虎地·日甲139背

○吳振武(1983)　　0845 長·長歔(䎀)。

3526 郗·歔(䎀)郗(秦)。

《古文字學論集》(初編)頁 494、516

○何琳儀(1998)　戰國文字䎀,均人名。

䎀,從矢,留聲。瘤之異文。《字彙補》:"䎀,古文瘤字。"《説文》:"瘤,腫也,從疒,留聲。"晉璽䎀,人名。

《戰國古文字典》頁 155、263

△按　"䎀"除了用作人名外,在《上博五·三德》20 號簡中用作"增"。

矦(侯)

| 璽彙 1075 | 新收 1225 曾侯乙盤 | 集成 11168 曾侯乙戈 | 集成 83 楚王酓章鐘 |

集成 4646 十四年陳侯午敦　　 集成 10583 郾侯載器　　 集成 11707 四年相邦春平侯鈹

貨系 209　　 集成 9735 中山王方壺

包山 243　　 郭店·老甲 13　　 上博二·容成 50　　 新蔡甲三 25

○丁福保(1938)　(編按:貨系 209 等)侯見第七六八—七六九圖。侯　一在左,次在右,傳形,侯或係侯國所鑄,亦猶小刀之有伯貨,爲伯國所鑄也【錢匯】。

右侯字《説文》,郗,晉之溫地,《春秋傳》曰:爭郗田。【錢略】

侯即侯氏,周地,見《左氏傳·昭公二十二年》。(善齋吉金録)

《古錢大辭典》頁 1264,1982

○蔡運章(1995)　(編按:貨系 209 等)【矦·平肩空首布】　春秋中期至戰國早期青銅鑄幣。鑄行於周王畿。面文"矦",形體稍異。背無文。按形制有大、中兩種:大型者 1972 年以來河南洛陽、臨汝、伊川等地有出土。

《中國錢幣大字典·先秦編》頁 139

○陳偉武(1996)　侯、王　東周以後,禮崩樂壞,天下諸侯相繼稱王。例如,據《史記》記載,公元前 325 年韓、魏皆稱王,次年秦惠文君亦稱惠王(《秦本紀》);此後不久,燕國亦稱王(《燕世家》《六國表》)。一些軍器題銘恰好反映了這種歷史變化。如《集成》11185、11186、11218、11219、11220、11383 戈、11513 矛銘文均稱"郾(燕)侯軍(載)";燕侯朕均作"郾侯朕";11221、11222、11223 戈稱"郾侯職",其餘都稱"郾王職",表明了由稱侯改稱王之事發生於

“職”這一代燕君的時候。郾王詈、郾王戎人、郾王喜之器，俱稱“王”，不再稱“侯”。與燕器題銘稱“侯”變爲稱“王”的現象相似，秦國虎符或稱“君”，或稱“王”，或稱“皇帝”，先後有別，也成了斷代的有效標準。

《華學》2，頁 75

○**黄錫全**（1997）　（編按:中國錢幣 1997-2）原篆作𠄌，應是侯字，其形與甲骨文之𠈮、金文之𠈮（康侯爵）、𠈮（其侯父戊簋）等形類同。侯當即郇，見於《左傳·成公十一年》：“晉郤至與周爭郇田。”杜注：“郇，温別邑。今河内懷縣西南有郇人亭。”其地在今河南武陟縣西南，春秋晚期當已屬晉。或以“郇田”爲地名，今有布文爲證，當不確。

《先秦貨幣研究》頁 20，2001；
原載《第三屆國際中國古文字學研討會論文集》1997

○**何琳儀**（1998）　矦，甲骨文作𠈮（甲二二九二）。从矢，厂聲。矦，匣紐；厂，曉紐；均屬喉音。矦爲厂之準聲首。金文作𠈮（保卣）。戰國文字矢旁作𠈮、𠈮、𠈮、𠈮等，𠈮、𠈮與大形混同。或作𠈮與夫形混同，或作𠈮爲小篆所本。厂旁或向右折曲作𠈮、𠈮、𠈮，與医形混同。厂上或加圓點、短橫爲飾。曾國文字矦所从矢旁訛變尤巨。秦系文字於厂之上附加人形，爲小篆所本。（中略）

　　齊金矦，五等爵之第二等。《孟子·萬章下》：“公一位，矦一位。”又凡指諸矦。（中略）　矦興權、晉璽，姓氏。出自姒姓，夏后氏之裔，封於矦，子孫以爲氏。見《姓氏考略》。（中略）望山簡、包山簡“矦土”，讀“后土”。《古文四聲韻》四·三八鰇作鰊，是其佐證。《周禮·春官·大宗伯》：“王大封，則先告后土。”注：“后土，土神也。”包山簡“郘矦”，或作“陰郘”，地名。（中略）　秦璽矦，姓氏。睡虎地簡“矦王”，官爵。《史記·項羽本紀》：“立諸家爲矦王。”

《戰國古文字典》頁 332

【矦土】望山 1·54

○**中大楚簡整理小組**（1977）　“矦土、司命”，另一人所寫的第 120、121 簡（編按:即今 55.56 簡）作“句土、司命”，爲二神名。矦即医之省，医土即后土。句土亦爲后土。句、后古韻在侯部，句屬見母，后屬匣母，同爲牙音，可通假。《周禮·大祝》“先告后土”，鄭注：“社神也。”《禮記·月令》“季夏之月……其神后土”，鄭注：“土官之神。”《禮記·祭法》：“共工氏之霸九州也，其子曰后土，能平九州，故祀以爲社。”后土，即后世所稱土地神。

《戰國楚簡研究》3，頁 17

○**朱德熙、裘錫圭、李家浩**（1995）　與下五五號、五六號二簡文字對照，可知

"秃土"應即"后土",疑"土"上一字是没有寫全的"侯"字。"侯、后"古音相近,"侯土"可讀爲"后土"。

《望山楚簡》頁 97

錫 傷

璽彙 3921

○**何琳儀**(1998) 《説文》:"錫,傷也。从矢,易聲。"齊璽錫,人名。

《戰國古文字典》頁 670

短 短

睡虎地・爲吏 15 伍

○**何琳儀**(1998) 睡虎地簡"短長",見《管子・乘馬》:"時之短長,陰陽之利用也。"

《戰國古文字典》頁 1028

○**劉桓**(1998) 短長,或作長短。《漢書・主父偃傳》説"學長短從横術"。服虔注:"蘇秦法百家書説也。"又《張湯傳》説"邊通學短長"。均指縱横之學。

《簡帛研究》3,頁 166

知 知

睡虎地・日乙 46 貳

○**睡簡整理小組**(1990) (編按:睡虎地・日乙 46)《日書》甲種云:"東南刺離……西南室毁。"此簡之知字,疑即刺字,蓋知與刺均支部字,以音近相通。

《睡虎地秦墓竹簡》頁 236

○**劉樂賢**(1994) (編按:睡虎地・日乙 45、46)刺。日書乙種四五貳、四六貳簡有:"入月六日、七日、八日、二旬二日皆知,旬六日毁。"注:"二旬二日即二十二日,旬六日即十六日。《日書》甲種云:'東南刺離……西南室毁。'此簡之知字,疑即刺字,蓋知與刺皆支部字,以音近相通。"此説正確,日書就有知即刺

的確證。日書甲種一二四簡背有:"入月六日刺,七日刺,八日刺,二旬二日刺,旬六日毀。"刺、毀的日期與上引日書乙種知、毀的日期完全相同,知、刺通用之説可成定論。

《文物》1994-10,頁39

矣

集成2840中山王鼎　　郭店·老甲6　　郭店·老乙10

上博一·緇衣23　　　睡虎地·封診84

○張政烺(1979)　(編按:集成2840中山王鼎)从矢,丩聲,疑讀爲糾,義爲糾正或糾合。勿義與弗不相近。勿知構成一個詞,疑有混亂之意。

《古文字研究》1,頁223

○于豪亮(1979)　(編按:集成2840中山王鼎)矣字從矢,丩聲,當讀爲究,《逸周書·文酌》:"維有永究。"注:"究,終也。"

《考古學報》1979-2,頁172

○商承祚(1982)　(編按:集成2840中山王鼎)爲疑字所從,甲骨文有,我謂即矣之初字,象人翹首旁顧,疑之象也,金文伯疑父簋作,即之後起字。

《古文字研究》7,頁48

○何琳儀(1984)　(編按:集成2840中山王鼎)矣,原篆作,其上所從似"丩",最易引起疑竇。檢《侯馬盟書》"以事其主"的"㠯"有三種形體:

1:62　　　1:65　　　1:29

㠯與台爲古今字,例可通用(兵器文冶作亦可參)。本銘與筆畫吻合,非㠯字而莫屬。(中略)另外,《汗簡》引王存乂切韻"治"作,也與此屬同類現象。總之,本銘矣並非從丩,乃㠯之變體。矣以其得聲,毋庸置疑。

《史學集刊》1984-3,頁5

○何琳儀(1998)　《説文》:"矣,語已詞也。從矢,㠯聲。"中山王鼎矣,語末助詞。古璽矣,姓氏。見《姓氏考略》。

《戰國古文字典》頁60

△按　中山王器字當釋"矣"。

矵

上博三・周易 14

○ **濮茅左**(2003)　"矵",從矢從介,《説文》所無,馬王堆漢墓帛書《周易》作
"疥",今本《周易》作"介",讀爲"介"。

《上海博物館藏戰國楚竹書》(三)頁 156

矦

包山 36　　包山 190

○ **劉彬徽、彭浩、胡雅麗、劉祖信**(1991)　矦　矦。

《包山楚簡》頁 19、31

○ **劉釗**(1998)　(編按:包山 36)簡 36 有字作"矦"。字又見於 60、190 等簡,字表
釋爲"矦"。按字從"可"從"<u>矢</u>"。"<u>矢</u>"非"羊"字。簡文中"<u>羊</u>"字上部筆畫皆
下垂,與"<u>矢</u>"形有別。按"<u>矢</u>"形乃"矢"字倒書。簡文中"矦"字作"<u>矦</u>"
(60)、"<u>矦</u>"(138)可證。簡 60 此字作"<u>矦</u>",爲從倒"矢"的確據。字應隸作
"矦"。按"奇"字以"可"爲聲,故從"奇"得聲的字,又可從"可"作。(中略)從
這一點出發,可將"矦"字釋爲"矞"。"矞"字見於《集韻》《類篇》等書。在簡
文中用爲人名。

《出土簡帛文字叢考》頁 7—8,2004;原載《東方文化》1998-1、2

○ **何琳儀**(1998)　矦,從矢,可聲。疑矞之異文。見矞字。包山簡矦,人名。

《戰國古文字典》頁 854

矤

石鼓文・鑾車

○ **强運開**(1935)　薛尚功作疑,誤。趙古則作族,楊升庵作簇,郭云籀文族
古作矤,小異,《汗簡》作矤,云出《字略》。潘云有重文,疑借作鏃。張德容云,
按《説文》"族,矢鋒也,束之族族也,從扒從矢。扒,所以標衆,衆矢之所集"。
是鼓文下與許書"族族"同意。蓋古鏃字本即作族,後借爲宗族字,即引申衆

集之義。運開按:段注“今字用鏃,古字用族。金部曰,鏃者,利也。則不以爲矢族矣”。是矢鋒爲族,乃其本義,自後人專以族爲宗族字,遂更叚鏃爲矢族字。

《石鼓釋文》丁鼓,頁 9

○**黄錫全**(1986) 石鼓文《搴（䩴）》:“□徒如章,邍溼陰陽,趍趍奔馬,射之𢑻,迂□如虎……”文中之𢑻,歷來困惑不解。郭老曾以爲:“字不識,音當在魚部。”王國維隸作𢑻,亦謂:“此字不可識,疑韻。”

按古文字中从㫃之字往往訛作㠯。如旂作父戊鼎旂字作□,邾公釛鐘變作□;矢𣪕旅作□,薛子仲安簠變作□,攸从鼎作□;王孫鐘旟作□,楚王戈變作□;明公𣪕族作□,不易戈變作□,侯馬盟書作□(85:23)等。《汗簡》止部引古尚書族作□,矢部引李商隱《字略》作□。很顯然,石鼓□字所从之□即由□、□而訛,《汗簡》之□又由石鼓□而訛。石鼓的□依字形的演變和《汗簡》應釋族。石鼓中□、□所从之□與□有別,這種現象類似吾字作□、□、□,鯾作□,而驃作□、□,趩作□,而𧾷作□等。(中略)

族有會聚、會集之義。《説文》:“族,矢鋒也,束之族族也。从㫃从矢。㫃所以標衆,衆矢之所集。”(據段注本)。《莊子·在宥》:“雲氣不待族而雨下。”《釋文》引司馬注:“族,聚也。”《廣雅·釋詁三》:“族,聚也。”石鼓“射之族族”,當是描繪狩獵時以弓矢射獸而衆矢會集獸身之狀。

《古文字研究》15,頁 141

○**鄭剛**(1996) 石鼓文搴䩴:“趍趍奔馬,射之䂸䂸(□)。”䂸,从矢从失,當讀爲秩,形容快。《詩經·斯干》“秩秩斯干”,形容水快。按本義是失,佚,逸,放射,縱出,在這里重疊作修飾語,説明射的狀態。

《中山大學學報》1996-3,頁 112

○**何琳儀**(1998) 矫,从矢,市聲。疑翄之異文。《説文》:“翄,飛盛皃。从羽,之聲。”矢與羽義訓相函。石鼓“矫矫”,讀“翄翄”。見《説文》。

《戰國古文字典》頁 50

○**徐寶貴**(2008) 按此字乃从矢、失聲的字。詛楚文“淫□甚亂”之□,乃是“失”字,在句中讀爲“泆”。睡虎地秦簡“失”字作如下形體:□(《秦律十八種》一一五)、□(同上一九六)、□(同上一二六)、□(《秦律雜抄》二六)。此“失”字跟石鼓文“䂸”字所从之“失”與詛楚文“失”字十分相近。睡虎地秦簡《語書》“鄉俗淫失之民不止”“而長邪避淫失之民”,均以“失”字爲“泆”字,亦跟詛楚文同。秦簡“失”字的形體與用法都跟詛楚文吻合,充分證明了詛楚文這個字應該釋爲“失”。詛楚文“失”字的形體跟石鼓文此字之所从最近，這也證明了石鼓文此字之所从應釋爲“失”。“𫲨𫲨”，重言形況字，在此詩句中殆拟發矢之聲或狀發矢之貌。

《石鼓文整理研究》頁 841

△**按**　此字似當從鄭剛釋，讀作“秩秩”。不過可能不一定是指速度迅疾，似當訓作多而有序之貌，指的是射箭時衆矢齊發，多而有序。《荀子・仲尼》：“貴賤長少秩秩焉，莫不從桓公而貴敬之。”楊倞注：“秩秩，順序之貌。”

頍

陶彙 3・458

○**高明、葛英會**（1991）　頍　《説文》所無。

《古陶文字徵》頁 228

高 高

陶彙 5・85 近出 1194 六年上郡守閒戈 集成 11473 高奴矛
集成 12110 鄂君啟車節 三晉 99 璽彙 1100 璽彙 1137 璽彙 1133
包山 241 郭店・老甲 16 上博四・柬大 13

○**鄭家相**（1942）　右布文曰高，在左，在右。按高即高氏，見成十七年，在今河南禹州西南。

《泉幣》10，頁 17

○**李學勤、鄭紹宗**（1982）　非發掘品四年吕不韋戈有“高工”，“高”係高奴之省，與此同例。

《古文字研究》7，頁 134

○**陳平**（1994）　（**編按**：集成 11370 上郡守起戈）故宫四十年上郡守戈銘的鑄地名，張政烺先生釋作圖；我在擬寫《試論》一文初稿時，也曾從張師之釋；但在我到故宫審視原器後才發現，該字實作，應釋作高，理解爲高奴之省。同樣的省稱法還見於二年上郡守冰戈的“高工丞”。王輝同志因未見原拓，對我釋其字作高“也未敢必”；除了對其審慎態度表示贊賞外，我也不便以己意相强，但對他

將其疑測爲圜,作圜陽或圜陰之省的説法,卻不敢苟同。

《考古》1994-9,頁 846—847

○**蔡運章**(1995)　【高·平肩空首布】春秋中晚期青銅鑄幣。鑄行於周王畿。屬大型空首布。面文"高"。背無文。1948 年以來河南孟津、洛陽、臨汝等地有出土。

《中國錢幣大辭典·先秦編》頁 151

○**何琳儀**(1998)　因肓敦"高且",讀"高祖",始祖。《書·盤庚》下:"肆上帝將復我高祖之德。"高子戈"高子",齊上卿名。《國語·齊語》:"有國子之鼓,有高子之鼓。"高密戈"高密",地名。《史記·高祖本紀》:"漢三年,齊王烹酈生,東走高密。"在今山東高密西。高陽劍"高陽",地名。隸《漢書·地理志》瑯邪郡,在今山東莒縣東南。齊璽高,姓氏。齊太公之後,食采於高,因以爲氏,見《廣韻》。齊璽"高堂",複姓。齊卿高敬仲奚,食采於高唐,因氏焉。見《風俗通》。齊陶"高閲",讀"高閒"。《戰國縱橫家書·蘇秦謂秦五章》"逆于高閒",注:"高閒,應是齊都臨淄的城門。"

　　燕璽高,姓氏。韓璽"高志",讀"高氏",地名。《左·成十七年》:"救晉侵鄭,至于高氏。"在今河南禹縣西南。魏器"高都",地名。《史記·秦本紀》:"莊襄王三年,蒙驁攻高都,拔之。"在今山西晉城。魏橋形布高,讀鄗或郊。《左·文三年》:"取王官及郊也。"《史記·秦本紀》引郊作鄗。今山西聞喜附近。

　　楚器"高坵",地名。《楚辭·離騷》:"哀高丘之無女。"疑與包山簡"高坵"爲一地,似在三峽之中。楚璽"高膚",讀"高府"。《史記·楚世家》:"因劫惠王,置之高府,欲弑之。"集解:"賈逵曰,高府,府名也。杜預曰,楚別府。"楚璽高,姓氏。楚璽"高奞官",讀"高疑官"。高,尊顯。《禮記·月令》:"以大牢祠于高禖。"疏:"高者,尊也。"疑,天子左右之高官,故其前冠以高。望山簡高,讀縞。《書·禹貢》:"厥篚玄纖縞。"傳:"縞,白繒也。"隨縣簡高,姓氏。

　　秦金"高奴",地名。《史記·項羽紀》:"立董翳爲翟王,王上郡,都高奴。"在今陝西延安。九年弋丘令戈"高堲",讀"高望",地名。隸《漢書·地理志》上郡。在今內蒙古烏審旗北。秦璽、秦陶高,姓氏。秦陶"高里",地名。青川牘高,高度。

《戰國古文字典》頁 290

【高工】近出 1213 相邦呂不韋矛

○**湯餘惠**(1993)　高工,即高奴工師。戰國時期,"高奴"又稱"咎奴",見於貨幣及兵器銘文,原爲魏上郡縣,秦惠文王前元十年(公元前 328 年)以後屬秦。

《戰國銘文選》頁 70

○**陳偉武**(1999)　四年相邦呂不韋矛銘云:“四年,相邦呂不韋造,高工龠,丞申,工地。”“高工”爲“高奴工師”省稱,“高奴”,其他出土材料亦作“峀奴”,地名;工師,官名。

《中國語言學報》9,頁 308

【高子】集成 10961 高子戈

○**于嘉芳**(1987)　高子戈應是春秋中期之物,也就是説與管仲、高傒同時或相去不遠。《禮記》鄭玄注:“子,有德者之稱。”高子,並非一定專指高傒,但從高子戈的時代特徵、出土地點看當與高傒有密切的關係,這對研究當時齊國的政治、經濟、軍事制度有重要價值。

《管子學刊》1987-1,頁 14

【高丘】集成 12110 鄂君啟車節

○**郭沫若**(1958)　高丘,不詳。疑是高氏,在河南禹縣西南,《左傳・成公八年》“衛北宮括救晉侵鄭,至于高氏”。

《文物參考資料》1958-4,頁 5

○**孫劍鳴**(1982)　高丘　郭云:“不詳。疑是高氏,在河南禹縣西南,《左傳・成公八年》‘衛北宮括救晉侵鄭,至于高氏’。”按繁陽在方城東約 400 里,已至繁陽,又回到方城以北 200 里左右禹縣,恐無此理。譚以爲高丘在今臨泉南,比較可信。陳懷荃先生則云繁陽在臨泉西北鮦城集。

《安徽省考古學會會刊》6,頁 32

○**黄盛璋**(1982)　車節於繁陽、下蔡之閒有“庚高丘”,按屈原《離騷》“忽反顧以流涕兮,哀高丘之無女”,漢王逸注於高丘下共引三説:(1)“楚有高丘之山”,(2)“或云:高丘閬風山上也”,(3)舊説:“高丘楚地名也。”(1)説當爲王逸本人意見,因宋玉《高唐賦》“妾在巫山之陽,高山之阻”而想起的,(2)説當因上文有“登閬鳳而緤馬”而望文生訓,皆不一定有什麼根據,所以王逸也無把握,注引三説之多,可注意的是(3)説,既云“舊説”,必較王逸爲早得多,至少證明當時去戰國不遠,還確知楚有地名高丘,所以用來注《離騷》之高丘,雖然未必合乎《離騷》之原意,《離騷》之高丘未必爲專有地名,也不一定在繁陽與下蔡閒。

　　《漢書・王子侯表》有高丘侯破胡,中山靖王子,以“(元朔)五年三月癸酉封"，中山靖王諸子所封多在本國中山或其鄰近之地，但也有分封較遠的，如同表有"澎侯屈釐"，也是中山靖王子，"以征和二年封，師古曰：澎，東海縣也"，所以不能一概而論，分封淮北，並無不可。"高丘楚地名也"，鄂君啓節證明楚地確有高丘，所以至漢初可能還存，中山靖王子高丘侯破胡所封高丘可能即此。《漢書·地理志》不載高丘之名，而僅見於漢武帝所封侯名中，說明此地名較早，西漢後期省廢，所以東漢之王逸不知高丘所在，僅以"舊說"目之，列在最後。

《楚史研究專輯》頁 82—83

○**劉和惠**（1982） 我疑高丘之得名，可能與古代傳說中高辛氏有關。《元和郡縣志》云："高辛氏故城，在谷熟縣西南四十五里，帝嚳初封於此。"《太平寰宇記》亦同此說。顧氏《讀史方輿記要》（卷五十）謂："谷邱在城南四十里，《左傳》桓二十年，公會宋公，燕人盟於谷邱，是也。"《水經注·睢水》："睢水又東逕高鄉亭北。"熊會貞注："疑此高鄉爲高辛之誤，在今商邱縣西南。"谷熟城故址在高邱東南四十里；高辛氏故城在谷熟縣西南四十五里，谷丘在商邱故城南四十里，撥其方位，谷丘與高辛氏故城可能爲一地。高、谷二音，一聲之轉，有可能高丘即谷丘。其地望在商邱以南，亳縣以北，這一帶在戰國時爲魏、楚、宋三國交錯地區。谷丘在春秋時爲宋地，戰國間何時入楚，文獻上缺乏記載（楚、魏、齊三家分宋是楚懷王以後的事）。我們懷疑谷丘可能爲楚鹽食之地。

高丘位於楚之東北境，爲通宋、魯、齊之要道，亦一邊關。商隊回程至郢，也應在棘陽換爲舟運。

高塘陂是漢以後出現的水名，前此於史無徵；且節文所"庚"之地非關即市，很難與高塘陂聯繫起來。

《考古與文物》1982-5，頁 64

○**李零**（1986） 高丘，待考，估計可能在今安徽阜陽一帶。

《古文字研究》13，頁 371—372

○**張中一**（1989） "高丘"是個泛稱地名，即高大的山丘，說明車隊已經進入湘西北的山區了。

《求索》1989-3，頁 128

○**何琳儀**（1993） "高丘"，見《楚辭·離騷》："哀高丘之無女。"注："楚有高丘之山……或云，高丘閬風山上也……舊說高丘楚地名也。"鄂君啓節"高丘"爲地名，包山簡"高丘"則爲山名。《文選·高唐賦》："妾在巫山之陽，高丘之岨。"應在三峽之中，爲楚人膜拜之神山。屈宋賦與包山簡可以互證。

《江漢考古》1993-4，頁 60

○**李零**（1994） 山陵之神。簡文有"五山"和"坐山"，又有"高丘"和"下丘"。"高丘"可能即《楚辭・離騷》中"哀高丘之無女"的"高丘"。

《李零自選集》頁 63，1998；原載《學人》5

○**李家浩**（2000） 鄂君啟節是 1957 年在壽縣發現的。值得慶幸的是，30 年後在包山楚墓出土的竹簡中也有"高丘"，爲確定其地理位置提供了新的資料。

在包山楚墓竹簡卜筮祭禱類里，"高丘"凡兩見：

大司馬悼愲將楚邦之師徒以救郙之歲，荊尸之月，己卯之日，鹽吉以寶家爲左尹它貞：……以其古（故）説之：……享祭簹之高丘、下丘各一全豢。 簡 236—238

大司馬悼愲將楚邦之師徒以救郙之歲，荊尸之月，己卯之日，陳乙以共命爲左[尹]它貞：……以其古（故）説之：……與鹽吉之説：享祭簹之高丘、下丘各一全豢。 簡 239—241

這兩條簡文是貞人鹽吉、陳乙同時爲左君昭它的疾病卜筮的記録。意思是説：鹽吉根據卜筮的結果，決定祭祀"高丘、下丘"各用一全豢；陳乙根據卜筮的結果，決定采用鹽吉之"説"，也祭祀"高丘、下丘"各用一全豢。"高丘、下丘"在這裏，顯然是作爲自然神中的山神出現的，因其丘一高一低而得名。這一點可以證明上引《離騷》（編按：楚有高丘之山）王逸注 1 種説法是有所據的。

從上面兩條簡中的"享祭簹之高丘、下丘"之語看，"高丘、下丘"都屬於"簹"這個地方。如果能弄清楚"簹"的地理位置，那麼"高丘、下丘"的相對地理位置也就知道了。

《説文》説"簹""從享，竹聲"。古代有地名"竹"。《史記・曹相國世家》："黥布反，參以齊相國從悼惠王將兵車騎十二萬人，與高祖會擊黥布軍，大破之。南至蘄，還定竹邑、相、蕭、留。"《漢書・地理志》稱"竹邑"爲"竹"，屬沛郡。張守節《史記正義》引《括地志》云："徐州符離縣城，漢竹邑城也。"按"符離"本是戰國時的楚邑，《戰國策・秦策三》謂魏冉曰楚破章所説的楚"符離之塞"，指位於"符離"的關塞。秦漢置縣，治所在今安徽宿縣東北。唐貞觀初移治竹邑城，即今宿縣北的符離集。《括地志》所説的"符離"，即移治今符離集的"符離"。於此可見，漢以前的"竹"與"符離"相距甚近。《戰國策・秦策三》謂魏冉曰楚破章的年代,學者多繫在周赧王十二年,即公元前303 年。湖北方面的學者把簡文"大司馬悼愲將楚邦之師徒以救郙之歲"的紀年,定在公元前 316 年,跟謂魏冉曰楚破章的年代相隔僅 13 年。既然那時的"符離"位於楚國的疆域之內,那么與"符離"比鄰的"竹",在那時也應該位於楚國的疆域之內。據此,我認爲簡文的"𥴢"當讀爲《漢書・地理志》沛郡屬縣的"竹","高丘、下丘"當在"竹"的附近。也就是説,鄂郡啟節銘文等的"高丘",當在今安徽宿縣北的符離集附近。此地位於淮水北不遠,跟有人把《高唐賦》中與"高丘"同時出現的"巫山、高唐"定在淮水流域是一致的。

《古文字研究》22,頁 139—140

○**劉信芳**(2003)　　高丘:地名,又見於鄂君啟節。《離騷》:"忽反顧以流涕兮,哀高丘之無女。"王逸《章句》:"楚有高丘之山……或云高丘,閬風山上也……舊説高丘楚地名也。"按高丘、下丘應是實有地名,爲楚人崇拜祭祀之所。

《包山楚簡解詁》頁 246

△**按**　　節銘高丘當是實有地名,但具體地望尚不確知。

【高半釿】貨系 1434

○**何琳儀**(1992)　　高半釿,"高"即"鄗",見《左傳・文公三年》:"秦伯伐晉……取王官及郊也。"《秦本紀》則引"郊"作"鄗"(《戰國縱橫家書》16"邯鄲之鄗",即"邯鄲之郊")。"王官",見《水經注・涑水》:"涑水又西逕王官城北。"在今山西聞喜南。"鄗"亦應在"王官"附近,戰國屬魏。

《古幣叢考》(增訂本)頁 178,2002,原載《吉林大學學報》1992-2

【高奴】集成 11473 高奴矛

○**陳平**(1987)　　此外,高奴也並非由魏入秦後始有,在魏即已有之。不過其時不寫作高奴,而寫作咎奴。咎、高古音相同,例可相通。咎奴在魏時就是重要兵器鑄地,此可以《三代》20・25・2 著録的魏造"四年咎奴戈"爲證。魏之咎奴入秦改稱高奴,它在未立爲秦上郡郡治之前當已是上郡重要兵器鑄地。所以"王五年上郡疾戈"的鑄地爲高奴,並不妨礙我們將該戈鑄年定在秦昭王三年高奴爲郡治以前。

《中國考古學研究論集》頁 317

○**李丁生**(1999)　　"高奴"是上郡的一個屬縣,是此戈的鑄造地。目前已發表的上郡守戈有五件是"高奴"造的,説明"高奴"是當時重要的兵器製造中心。

《文物研究》12,頁 260

【高安】貨系 1431—1433

○**裘錫圭**（1978）　戰國貨幣里有一種面文作“㐭一鈣”的方足圓胯布（《發展史》130 頁）。《發展史》釋第一字爲“毫”,不確。這個字的上半確是省“口”的“高”,但是下半顯然是“女”字而不是乇字,應該釋爲“高安”二字的合文。“高”字因與“安”字合書而省“口”,並以下部的“冖”兼充“安”字上部的“宀”。在戰國文字裏,構成合文的字省去字形一部分的現象是很常見的。前面講過的榆次半布的“榆即”合文、慮虒半布的“膚虎”合文、大陰布的“大險”合文,都是例子。（中略）《史記·趙世家》:“（成侯）四年,與秦戰高安。”《正義》:“蓋在河東。”這應該就是高安布的鑄造地。據《趙世家》,高安布似可定爲趙幣。不過,高安在河東,有可能曾爲魏邑,高安布爲魏幣的可能性也不能完全排除。

《北京大學學報》1978-2,頁 78—79

【高都】 貨系 1906—1920

○**丁福保**（1938）　高都,自右讀,都字篆異,《史記》,蘇氏曰,臣能爲君得高都。索隱曰:韓邑,又秦昭王三年,攻魏高都,則又屬魏邑。【錢匯】

又小布面文二字曰高都,又一種左讀。

按高都班志屬上黨郡。《史記》,秦昭王三年,攻魏高都、汲,拔之。【文字考】

右布面文爲高都,按高都有二,《史記·周本紀》徐廣注,高都,今河南新城縣高都城也。《括地志》云,高都故城,一名郜都,在汝州伊闕縣北三十五里,又高都屬上黨。《秦本紀》,莊襄王,三年,蒙驁攻高都,注引《括地志》,今澤州是。【錢略】

尚齡按:此布右曰高,左曰都,其一自左及右讀,《史記·夏本紀》,蘇氏曰,臣能爲君得高都。索隱曰,高都,韓邑。【所見録】

高都傳形省邑旁,次自左讀,俱見前譜,此都字各異,子年云中都高都,俱有省邑旁者,尤足見當日畫範之簡易若範金合土,一布製一笵,斷無若是之草草者也。【續錢匯】

《古錢大辭典》頁 1203—1204,1982

○**鄭家相**（1958）　文曰高都。見《西周策》,高注,韓邑,屬上黨。鮑同吳師道曰:“《水經注》,伊水逕邥郵亭,又北逕高都。正義曰,高都一名郜都城,在洛州伊闕縣北三十五里,今河南洛陽縣西南十六里。”

《中國古代貨幣發展史》頁 93

○**黃盛璋**（1974）　劍　廿九年高都命（令）陳愈、工帀（師）華、冶（《陶齋》5·

29）戈（銘文同上）（《小校》10・52・2）

　　韓、魏都有高都，韓高都原爲周與韓者，《水經注・伊水》：“伊水又北逕高都縣城東，徐廣《史記音義》曰：‘今河南新城縣有高都城。’《竹書紀年》：‘梁惠成王十七年東周與鄭高都利者也。’”王報時蘇代説韓相國與周高都，見《戰國策・西周策》及《史記・周本紀》，此時高都韓又歸周，顯然與原爲周地有關。其地即在洛陽南不遠伊水上，屬周時長，屬韓時短。魏高都見《史記・秦本紀》：“莊襄王三年蒙驁攻魏高都、汲，拔之”。《集解》引《括地志》：“高都故城，今澤州是。”漢爲高都縣，故城即今山西晉城北之高都鎮。劍及戈均端方官陝西時所得，故《陶齋》5・29定爲秦器。秦莊襄王三年當魏安釐王三十年，但《秦本紀》所記莊襄王三、四兩年攻魏的戰爭，《六國年表》都推前一年，而莊襄王並無四年，所以梁玉繩、張文虎等都認爲《年表》是對的，如此，則二十九年恰與秦攻高都時間符合，因戰爭需要而鑄戈、劍，城陷後又爲秦所獲。

　　高都亦見於方足布幣，當是同地所鑄。

　　　　　　　　　　　　　　　　　　　　　《考古學報》1974-1，頁34

○**梁曉景**（1995）　【高都・平襠方足平首布】戰國晚期青銅鑄幣。鑄行於魏國，流通於三晉、燕等國。屬小型布。面文“高都”，書體多變。背部多無文，或鑄數字。“高都”，古地名，戰國魏邑。《史記・秦本紀》：秦莊襄王“三年（公元前247年），蒙驁攻魏高都、汲，拔之”。在今山西晉城東北。1957年以來北京，山西祁縣、襄汾、屯留，河北易縣燕下都遺址、靈壽，河南鄭州等地有出土。

　　　　　　　　　　　　　　　　　　《中國錢幣大辭典・先秦編》頁233

○**何琳儀**（1996）　“高都”（1906）。或據《水經注・伊水》引《竹書紀年》：“梁惠成王十七年，東周與鄭高都（今河南洛陽西南）。”定爲周幣。但據《史記・秦本紀》，莊襄王“三年，蒙驁攻魏高都、汲”（今山西晉城），則屬魏幣。“高都”布多出土太行山區，故暫定“高都”布爲魏幣。

　　　　　　　　　　《古幣叢考》（增訂本）頁77，2002；原載《舟山錢幣》1996-2

○**黃錫全**（1998）　“高都”小方足布若是洛陽之高都，依年代，當以屬周的可能性大。考慮到近40年來，此種布多出在北京，山西祁縣、襄汾、屯留，河北易縣、靈壽，河南鄭州等地，與魏高都相近，又有兵器戈、劍銘文之依據，我們傾向於將高都之布暫定爲魏幣。

　　　　　　　　　　《先秦貨幣研究》頁131，2001；原載《中國錢幣論文集》3

【**高望**】近出1103高望戈　集成11493高望矛

○**樊瑞平、王巧蓮**(1999)　高望也爲地名,據《漢書·地理志》在上郡,《中國歷史大辭典》歷史地理卷云在今內蒙古烏審旗北。《三代吉金文存》20·22·2 戈也刻有"高望"銘文。

《文物》1999-4,頁 87—88

【高密】集成 11023 高密戈
○**杜宇、孫敬明**(1992)　高密戈:高密造戈(《三代吉金文存》19·35·1)。《史記·高祖本紀》:"漢三年齊王烹酈生,東走高密。"《韓信傳》《水經注》均涉及此高密。在今高密西南境,漢初之高密,乃沿戰國之舊稱,同爲此地。

《管子學刊》1992-2,頁 93

【高陵】西北大學學報 1997-1,頁 33
○**周偉洲**(1997)　高陵丞印《元和郡縣圖志》卷二京兆下高陵縣條云:"本秦舊縣,孝公置。"當與藍田一起置縣。秦併六國前後,其爲秦內史屬縣;丞爲縣令佐官。地在今陝西高陵。

《西北大學學報》1997-1,頁 33

【高陵君】考古 1993-3,頁 268 高陵君鼎
○**吳鎮烽**(1993)　高陵君是秦惠王的兒子、昭王同母弟公子悝。據《史記》載,高陵君在昭王四十五年(公元前 262)死於就國途。因此,銘刻中的"十五年"應爲秦昭王十五年,即公元前 292 年。

《第二屆國際中國古文字學研討會論文集》頁 238

○**張懋鎔、肖琦**(1993)　高陵君其人其事,集中地反映在《史記》中,記載雖不很多,但已勾畫出輪廓。他是秦昭王同母弟。在秦昭王之父武王死後,昭王諸弟爭立,而魏冉將"昭王諸兄弟不善者皆滅之"(《穰侯列傳》),高陵君則不在其列,可見一開始即爲掌握大權的宣太后所寵愛,嗣後,"穰侯相,三人者(指華陽君、涇陽君、高陵君)更將,有封邑,以太后故,私家富重於王室"(《范睢蔡澤列傳》)。以至於范睢對秦昭王說:"臣居山東時……聞秦之有太后、穰侯、華陽、高陵、涇陽,不聞其有王也。""今太后擅行不顧,穰侯出使不報,華陽、涇陽等繫斷無諱,高陵進退不請"(《范睢蔡澤列傳》)。高陵君依仗宣太后,名望與財富都超過秦昭王。證之銅器,非常吻合。本鼎可注意之處乃是高陵君自己擁有銅器鑄造機構。查秦昭王時銅器,能私家監造者,除了太后,就是高陵君了。現在發現的以宣太后名義製造的器物有秦昭王二十九年漆卮。最近王輝同志指出,還有一件上刻太后二字的車書,也是以宣太后名義設立的機構製造的。所認甚是。宣太后、高陵君並未在秦國王廷擔任具體要

職,卻擁有器物鑄造機構,這是空前絕後的特殊現象,進一步證明了秦昭王時,宣太后、高陵君的擅權專政和秦國君權旁落的真實情形。

《考古》1993–3,頁 270

【高陽】集成 11581 高陽劍

○**杜宇、孫敬明**(1992) 高陽、齊邑,位於齊東境。《漢書·地理志》瑯邪郡下轄有"高陽、侯國"。漢元始元年封淮陽王憲孫並爲侯國,後漢省。《太平寰宇記》在高密西北三十四里。今屬昌邑,在縣城南四十里的高陽村,據稱在此發現過高陽侯漢印。由戈銘證之,此高陽地名,戰國已有,漢代封侯仍沿其舊稱。"左"則爲"左庫"之省。

《管子學刊》1992–2,頁 91

【高賡】璽彙 0132

○**湯餘惠**(1984) 古璽印有"高賡之鉩"(《古璽彙編》第 23 頁 0132),馬國權先生曾據此璽白文有邊、文字粗放等特點,推定爲楚國官璽。我們認爲,璽文府字作"𤔡",之字作"𡴍",都是楚文字的通常寫法;高字作"𠋡"與楚王酓感鼎銘喬字所從高旁相同;"賡"下從貝作"𤕟"亦爲楚文字所僅見。因此,斷此璽爲戰國楚物是可信的。

此外,上述看法在古書中還可以找到可靠的證據。《史記·楚世家》記載:

> (惠王)八年,晉伐鄭,鄭告急楚,楚使子西救鄭,受賂而去。白公勝怒,乃遂與勇力死士石乞等襲殺令尹子西、子綦於期,因劫惠王,置之高府,欲弑之。惠王從者屈固負王亡走昭王夫人宮。白公自立爲王。

《集解》引賈逵云:"高府,府名也。"又杜預注:"楚別府。"看來,高府爲楚國之府,已無疑義,但高府性質如何仍須要深入考求。

古代的"府"無非兩類:一是治事之府,一是財貨之府。這就是《風俗通義》所謂"府,聚也。公卿牧守府道德之所聚也。藏府、私府財貨之所聚也"。以往出土和傳世的晚周楚文字資料中"府"的名目繁多,其中有的屬於私人,如鄂君啟之府、司馬之府之類。是封君、貴族聚斂財貨的機構;還有的是國家所屬製造並貯藏財貨的府庫,太府、中府、行府、公府、造府,等均是。前者於府字之前冠之以職官或名氏,與後者有明顯的不同,有辭例可資分別。高府既然是楚惠王被囚禁處,而且府字之前沒加職官或私名,其爲國家所設大概也是沒有問題的。

明董說《七國考》引《春秋後語》云:"吳入楚,燒高府之粟,破九龍之鼎。"

可見,高府必有儲糧倉廩之設。又《呂氏春秋》分職篇記載:

> 白公勝得荊國,不能以其府庫分人。七日,石乞曰:"患至矣! 不能
> 分人則焚之,毋令人以害我。"白公又不能。九日,葉公入,乃發太府之貨
> 予衆,出高庫之兵以賦民。因攻之,十有九日而白公死國。

按府、庫義近,此處的高庫,當即彼處的高府。由此可知,高府之中不僅
有糧粟而且有兵器,應是春秋戰國之際楚國京城之内貯藏糧穀、兵械等物資
的重要府庫之一。

《江漢考古》1984-2,頁 50

○**王輝**(1987)　楚又有高府。《古璽彙編》0132 有"高廥之鉨",廥下從貝作
🔲,爲楚文字所僅見。高府或作高庫。《呂氏春秋・似順・分職》:"白公勝
得荊國,不能以其府庫分人。七日,石乞曰:'患至矣,不能分人則焚之,毋令
人以害我。'白公又不能。九日,葉公入,乃發太府之貨予衆,出高庫之兵以賦
民。因攻之,十有九日而白公死。"白公乃楚平王太子建之子。《史記・楚世
家》記楚惠王十年(前 479 年)白公勝作亂,殺令尹子西,"劫惠王,置之高府,
欲弑之"。《集解》引賈逵曰:"高府,府名也。"杜預曰:"楚別府。"出土銘文未
見楚有庫,這裏的高府、高庫又均與白公勝的事迹有關,極可能高庫就是高府。

《中國考古學研究論集》頁 348

亭 🔲

陶彙 4・168　　陶彙 5・317　　陶彙 5・433　　秦陶 1306

璽彙 3093　　璽彙 0279　　三晉 129

○**俞偉超**(1963)　在傳世的漢代陶文中,常常可見到一種"某亭、某市"的戳
記,如"萳亭、臨亭、螯亭、南鄉之市、焚市、東武市、曹市、代市、高市"等等。(中
略)"某亭"陶文的意義,以例推之,當與"某市"相同。衆所周知,秦、漢時期於
鄉下置亭,十里一亭,亭長下設亭父、求盜,分掌"關閉掃除"和"逐捕盜賊"等
事,但"某亭"陶文假如是指此鄉亭而言,義不可通。(中略)它所以稱爲"某
亭",實因市内的"市樓"在漢代又被稱爲"旗亭"。

《文物》1963-2,頁 34

○**羅福頤等**(1981)　(編按:璽彙 3093 🔲)京　此與邳羌鐘京字同。

《古璽文編》頁 118

○**李如森**(1987)　　"亭"字戳記。

　　最早見於漆器之上是在戰國中晚期。四川清川戰國墓葬出土的二件漆巵和有的漆奩底部烙印"成亭"。四川榮經一期秦墓出土的一件漆圓盒底部也有"成亭"二字。這種"亭"字戳記的漆器不僅出土於四川,在其他地區也有發現。如湖北雲夢睡虎地秦墓出土的一件雙耳長盒的外壁烙有"□亭□",一件獸首鳳形勺尾下有"咸□、□□亭□"以及漆耳杯外底部有"亭"字戳記等等。

　　上面的"成亭、咸亭"或"亭"字銘文的漆器分別出自戰國中晚期的墓葬或秦墓之中,説明這種漆器使用的時間,當在戰國至秦。所謂"亭",應爲"市亭"。《周禮·地官·司市》"上旌於思次以令市",注曰:"思次,若今之市亭。""市亭"爲治市政之所,"司市"即爲"掌市之治"的官吏。這段記載表明,"亭"是市場的管理機構,猶如現代的市場管理所,"司市"當然就是管理所的所長了。不過古代的"市亭"管轄的職權範圍要遠比今天市場管理所的權限爲大。有的學者根據西漢陶文常見的"某亭、某市"戳記研究的結果確認:"某亭、某市即爲某地市府作坊的標記"(俞偉超《漢代的"亭""市"陶文》,《文物》1963年2期)。所以,"市亭"不但是市場貿易的商業性管理機構,同時也是手工業作坊的生產管理機構。"亭、市"之前往往冠以地名,其中"地名爲二字者,大都省略一字,一般還都是省略第二字"(同上)。作爲製地標志的常規,那麽,"成亭、咸亭"漆器則分別爲巴蜀時期的成都和秦國都城咸陽二地的製品,其漆器手工業的性質,無疑是地方官府手工業。

《天津社會科學》1987-5,頁 60

○**王藴智**(1994)　　京字又是《説文》所釋"民所安定也,亭有樓"之亭字初文。亭字始見於戰國文字,最初亭字或寫如京。如咸陽陶文有"咸𩵋"(《古陶文彙編》5·6);山西翼縣陶文有"降𩵋"(《彙編》7·1),侯馬陶文作"降𩵋"(《彙編》7·2,7·3),高明先生前一名釋"降京",後者釋"降亭",其實"降京"即"降亭"。亭乃京之借形變體分化字,《説文》亭字從丁聲,實爲京字下部進一步變形而音化。

《鄭州大學學報》1994-4,頁 21

○**何琳儀**(1998)　　《説文》:"亭,民所安定也。亭有樓。从高省,丁聲。"晉器亭,行政區域單位。《漢書·百官公卿表》:"十里一亭,十亭一鄉,亭有亭長。"中山雜器亭,姓氏。見《姓苑》。秦器亭,行政區域單位。

《戰國古文字典》頁 792

△按　後來,吳振武對於戰國文字中舊釋作"亳"之字改釋作"亭",並對有關亭字有系統梳理(《談齊"左掌客亭"陶璽——從構形上解釋戰國文字中舊釋爲"亳"的字應是"亭"字》,《社會科學戰線》2012 年 12 期 200—204 頁)。此外,對於"亭、京"二字,趙平安亦續有討論(《"京"、"亭"考辨》,《復旦學報》2014 年 4 期 87—92 頁)。

亳 亳

集成 9975 陳璋壺　　璽彙 0225　　陶彙 6·121

陶彙 6·129　　陶彙 6·137　　陶彙 3·35

陶彙 3·47　　睡虎地·日甲 149 背

○鄭家相(1941)　右布文曰亳,在右。見昭四年,今河南偃師縣西二十里,湯即位於此。

《泉幣》9,頁 23

○吳振武(1983)　(編按:璽彙)0225 維□亳之鉨·維□亳之鉨。
　　0289 陘(陳)窶立事歲安邑亳釜·陘(陳)窶立(蒞)事歲安邑亳釜。

《古文字學論集》(初編)頁 490、491

○李學勤、祝敏申(1989)　(編按:集成 9975 陳璋壺)"亳邦",多以爲地名。按《左傳》昭九年:"肅慎、燕、亳,吾北土也。"前人引之,以"亳邦"爲燕地,但不能確指亳的所在,又不知亳何以稱爲"亳邦"。《左傳》的亳,《春秋大事表》以爲在陝西北境,與燕相去甚遠,同時"燕亳"也有人以爲是"燕京"之誤。"亳"疑爲動詞,讀爲"薄",《廣雅·釋詁》:"至也。"王念孫在《廣雅疏證》中說:"薄之言傅也。《小雅·菀柳》'有鳥高飛,亦傅于天',鄭箋云:'傅,至也。'""邦"即國,指燕的都城。

《文物春秋》1989 年創刊號,頁 14

○鄭傑祥(1991)　(編按:中原文物 1983-3,頁 40)現在通過考古工作,特別是根據鄭州發現的"亳丘"陶印文字,可以知道春秋戰國時期的鄭國亳地,應當就是現今鄭州市,這個亳地正是商代亳邑的丘墟。

《中原文物》1991-1,頁 64

○何琳儀(1998)　《說文》:"亳,京兆杜陵亭也。从高省,乇聲。"盱眙壺"匽亳”,讀“燕亳”,地名。韓器亳,地名。《書·立政》:“三亳,阪尹。”鄭注:“三亳者,湯舊都之民,服文王者,分爲三邑,其長居險,故云阪尹,蓋東成皋、南轘轅、西降谷也。”成皋、轘轅戰國均屬韓境。

《戰國古文字典》頁 525

○**何琳儀**(2002)　(編按:舟山錢幣 1995-1)近王貴忱先生惠贈鋭角布新品彩色照片,係澳門陳萌先生所藏,銘文三字:██百涅。

　　首字應釋“亳”。《書·立政》“三亳阪尹”,正義引鄭玄云:“湯舊都之民服文王者,分爲三邑。其長居險,故言阪尹,蓋東成皋、南轘轅、西降谷也。”按,成皋和轘轅分別在今河南滎陽西北和登封西北,戰國屬韓境。

《古幣叢考》(增訂本)頁 91,2002

△**按**　陳璋壺又名盱眙壺,其銘文所謂的“亳”字係摹本,究竟是否爲“亳”,尚不能確知。董珊、陳劍改釋爲“勝”字異體(《郾王職壺銘文研究》,《北京大學中國古文獻研究中心集刊》第三輯第 49—51 頁,北京大學出版社 2002 年)。此外,吳振武對於戰國文字中舊釋作“亳”之字改釋作“亭”(《談齊“左掌客亭”陶璽——從構形上解釋戰國文字中舊釋爲“亳”的字應是“亭”字》,《社會科學戰線》2012 年 12 期 200—204 頁)。此外,趙平安對此亦續有討論(《“京”、“亭”考辨》,《復旦學報》2014 年 4 期 87—92 頁)。

冂 片 冋

楚帛書　　上博三·周易 49　　陶彙 3·5　　秦陶 1437

○**安志敏、陳公柔**(1963)　(編按:楚帛書)“星辰不也”(A.7.26—29)　　按《薛氏鐘鼎款識》載秦權一、秦斤一,其二世詔文中,權上之也字作也;斤上之也字作殹,《新郪虎符》“燔燧事雖無會符行殹”。秦刻詛楚石三種,巫咸本“將之以自救殹”,厥湫本及亞駝本二“殹”字均作“也”。是也即殹,不也即不殹。《方言·第十二》:“殹,幕也。”是知“星辰不也”即星辰皎潔爛漫,無掩殹。

《文物》1963-9,頁 55

○**商承祚**(1964)　(編按:楚帛書)4.“星辰不也”(七、26—29):

　　晨字三見(五行及乙篇七行),在此殆指房星。立春晨中于午,爲農事節候。

　　也字作“**㞢**”,與信陽竹簡竹書中的也字形同。秦新郪虎符:“雖毋會符,行殹”的“殹”同“也”。始皇統一文字,廢除其先秦使用的“殹”,而采用六國的“也”。此用爲掩蔽的翳字。

《文物》1964-9,頁 14

○**李學勤**(1982)　（編按:楚帛書）“星辰不公”,“公”字不很清楚。《廣雅·釋詁一》:“公,正也。”不公,或即不正,備參考。

《湖南考古輯刊》1,頁 69

○**饒宗頤**(1985)　（編按:楚帛書）不◻筆有殘泐,◻字中一筆相連,知非公字,可釋爲“不同”。《呂覽·大樂》:“日月星辰,或疾或徐,日月不同,以盡其行。”高注:“不同,度有長短也。”同與上文凶協韻。

《楚帛書》頁 58

○**李零**(1985)　（編按:楚帛書）林巳奈夫(1966)釋冋讀炯。

《長沙子彈庫戰國楚帛書研究》頁 90

○**高明**(1985)　（編按:楚帛書）冋假爲炯,《説文》:“炯,光也。”《倉頡篇》:“炯,明也。”繒書謂日月皆亂,星辰無光,或不明。

《古文字研究》12,頁 386

○**嚴一萍**(1990)　（編按:楚帛書）冋　　商釋“也”説:“也字作◻,與信陽竹簡‘竹書’中的也字形同。”按◻形釋也,無誤。惟繒書作◻形,即上文之“同”字,因繒書斜裂而變形。與◻形殊異。

《甲骨古文字研究》3,頁 263

○**湯餘惠**(1993)　（編按:楚帛書）冋,通炯,明亮。

《戰國銘文選》頁 168

○**劉信芳**(1996)　（編按:楚帛書）字因絹裂而變形,疑是“同”字,《洪範五行傳》:“星辰莫同。”鄭注:“莫,夜也。星辰之變,夜見亦與晝同。”按帛書“日月皆亂,星辰不同”應指曆法失序,曆譜上所記日月之會以及星辰的位置不同於二十八宿的實際天象。《説文》:“同,合會也。”是謂星辰至時不能會合。

《中國文字》新 21,頁 93

○**何琳儀**(1998)　冋,金文作◻(師旗簋)。从◻,象門栓之形。口形爲裝飾部件,無義。扃之初文。《説文》:“扃,外閉之關也。从户,冋聲。”戰國文字承襲金文。多加口形爲飾。齊系文字◻旁訛作◻形,與冂旁同形。參《説文》◻之古文作◻(口旁亦訛作◻形)。(中略)帛書冋,讀炯。《倉頡篇》:“炯,明也。”

《戰國古文字典》頁 787

○**顏世鉉**(2000)　（編按:楚帛書）楚帛書乙篇有:“日月皆亂,星唇不◻。”末一字也當釋爲"尚",讀爲"常";將之釋爲"常"字也符合文義。

《郭店楚簡國際學術研討會論文集》頁 102

○張新俊(2007)　(編按:楚帛書)從形體上説,它和上博楚簡《周易》中的"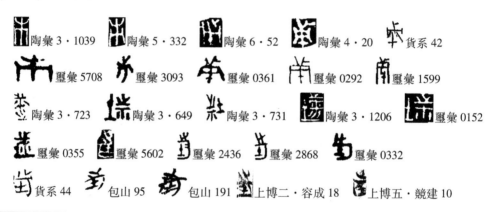"極其相近。所以,疑 字也有可能是"凸"字。

《平頂山學院學報》2007-4,頁 81

△按　楚帛書中的"回"字早年多誤釋,林巳奈夫釋作"回"讀作"炯",最爲可從。上博三《周易》4 號簡亦有"回"字,整理者誤釋作"同"。此處今本作"熏",屬通假關係。清華簡第二册《繫年》62 號簡所記"齊頃公"之"頃"寫作"回",亦可證楚帛書該字當釋作"回"。

市 常 埘

市　陶彙3·1039　市　陶彙5·332　市　陶彙6·52　市　陶彙4·20　市　貨系42

市　璽彙5708　市　璽彙3093　市　璽彙0361　市　璽彙0292　市　璽彙1599

市　陶彙3·723　市　陶彙3·649　市　陶彙3·731　市　陶彙3·1206　市　璽彙0152

市　璽彙0355　市　璽彙5602　市　璽彙2436　市　璽彙2868　市　璽彙0332

市　貨系44　市　包山95　市　包山191　市　上博二·容成18　市　上博五·競建10

○李家浩(1980)　(編按:貨系48、50、60 等)(9)至(12)"市東、市南、市西、市中",分別指市場的東邊、南邊、西邊和中閒地區,或許是市府所屬鑄錢作坊的地點。

《中國語文》1980-5,頁 375

○裘錫圭(1980)　(編按:陶彙4·20、4·151)在燕國文字里有一個寫作下列諸形的字: 市　市　市

《補補》(3·13·上)釋作"用",《古徵》收入附錄(51 上),其實也應該釋作"市"。這個字的上部是"之"字,古印"齒"字或作 市(《古徵》2·5 上),可證。把兮甲盤"市"字所從的"丂"的彎筆拉直,並把"丂"旁的兩點也改成豎畫,讓它們都跟"之"的橫畫相接,就變成燕國的"市"字了。

《考古學報》1980-3,頁 291

○羅福頤等(1981)　(編按:璽彙3093 市)市　與兮甲盤市字相近。

《古璽文編》頁 118

○**何琳儀**(1998) 秦器"市亭",見《周禮・地官・司市》:"上旌于思次以令市。"注:"思次,若今市亭也。"

《戰國古文字典》頁 49

○**曹錦炎**(1984) 𡊥𡊥(P.159)《文編》釋爲"至"。此字應釋爲"市",屬韓、魏文字。此種圓錢面文曰"市坪",即"市平",舊或釋爲"武平",不確。"市平"圓錢可能是法錢或法碼。

《中國錢幣》1984-2,頁 69

△**按** 戰國文字中的"市"字形變化大,早年多誤識。裘錫圭綜合多種材料,釋爲"市",至確。後來刊布的新材料也證明釋"市"正確可信。異體作"坿、賄",參見卷十三土部、卷六貝部。

【市久】陶彙 3・1069　　陶彙 3・1324

○**施謝捷**(1997) 這種用法的"久",屢見於雲夢睡虎地秦墓所出的秦律,如《秦律十八種・效》:"公器不久刻者,官嗇夫貲一盾。"《秦律雜抄》:"工擇幹,幹可用而久以爲不可用,貲二甲。"等等,是其比。"久"同"灸",《説文》:"灸,灼也。"因此秦律及陶文戳印中的"久",大概是指烙印或戳印以作標記而言的,同常見的"印、壐"用法相類。

《古漢語研究》1997-3,頁 66

【市日】睡虎地・日甲 99 背 1

○**睡簡整理小組**(1990) 市日,當即食日,疑與《漢書・淮南王安傳》日食時同義,亦即食時。

《睡虎地秦墓竹簡》頁 222

○**劉樂賢**(1994) 按:"市日"當即本篇第一段之"餔時"。

《睡虎地秦簡日書研究》頁 163

△**按** 雖然"市日"即"食日"或"餔食",但爲何記作"市日"仍無確解。

【市亭】壐彙 3090

○**王輝**(2001) "亭"字作𠅣,與秦俑文"鄭亭"(《集證》圖版 192・163)亭字略同。

秦陶器上多戳印某市某亭,如"杜亭"(《秦陶》1279)、"杜市"(《集證》311 頁)、"高市"(《集證》316 頁)。亦有市亭連稱者,如湖北雲夢睡虎地 M14 出土陶甕有陶文"安陸市亭"。此"市亭"印殆亦縣之市亭。

《壐彙》3090 亦有"市亭",湯餘惠以爲是秦印。惟該印"市"字作

"",與秦文字風格不盡同,故是否秦印尚有疑問。

《四川大學考古專業創建四十周年暨馮漢驥教授百年誕辰紀念文集》頁 303

【市庸】睡虎地·封診 18

○**睡簡整理小組**(1990)　庸,《漢書·司馬相如傳》注:"即謂賃作者。"後世多寫作傭。市庸,市場中所雇傭的人。

《睡虎地秦墓竹簡》頁 150

【市器】秦代陶文 1411

○**王輝**(2001)　市爲市亭之省。秦陶文有"咸亭完里丹器"(《秦陶》1411),可見市亭製作器物。

《四川大學考古專業創建四十周年暨馮漢驥教授百年誕辰紀念文集》頁 303

央 卆

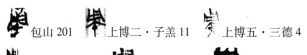

包山 201　　　上博二·子羔 11　　　上博五·三德 4

上博六·用曰 2　　　新蔡甲二 22　　　睡虎地·日乙 207 壹

○**何琳儀**(1998)　央,甲骨文作卆(菁一·一)。从天(象人形),頸上有凵形物。借體象形。疑紻或靰之初文。《説文》:"紻,纓卷也。从糸,央聲。""靰,頸靼也。从革,央聲。"《釋名·釋車》:"靰,嬰也。喉下稱嬰,言纓絡之也。"金文作卆(虢季子白盤)。戰國文字承襲金文。凵或演變爲𠙵、用、凵、用,大形或演變爲大、卆、卆,至爲奇譎(楚系文字變化尤烈)。(中略)

天星觀簡"絭央",讀"鞙靰"。《左·僖二十八年》"鞙靷鞅靽",注:"在腹曰靰。"馬腹之纓絡。楚簡"大央、央皆"之央,或作敨、英,筮草。疑讀英。見英字。

古璽央,疑讀靰,姓氏。陳敬仲後有靰氏。見《潛夫論》。或讀英,亦姓氏。出自偃,皋陶之後,封國於英,子孫以國爲氏。見《姓譜》。

《戰國古文字典》頁 617

【央蓍】包山 201

○**劉信芳**(2001)　央蓍,讀爲"英蓍",占筮工具,用與簡 197"保家"同。英爲美稱,蓍謂蓍草。

《包山楚簡解詁》頁 216

亯

石鼓文・吳人　　集粹　　陶彙 3・344

新收 1758 郭大夫釜甀　　璽彙 5672　　上博二・從甲 5　　上博四・曹沫 18

○**王蘊智**（1994）　　在戰國陶文中，古亯字習用爲區域稱名，如"豆里👤□、左南👤衙、南👤衙"等（《古陶文字徵》頁 268）。亯的這種用法猶如文獻中的"東郭、南郭"之稱，其誼顯然是由本來表城郭方位而固定下來的一種習慣稱名。又如齊國陶文"門左南亯衙"，李學勤先生認爲是指"在齊南門之左附郭的地方"，蓋爲陶器匠人的籍貫，可備一説。

《鄭州大學學報》1994-4，頁 19

○**王輝**（1994）　　(編按：新收 1758 郭大夫釜甀)"👤"爲二字合文，其中的"👄"旁爲二字共用，即所謂借筆字，分之則爲"👤👤"二字。

"👤"字亦見信陽楚簡 1-09："天下爲之，女可👤，曰……"此字徐中舒師《漢語古文字字形表》287 頁（四川辭書出版社 1981 年）、高明先生《古文字類編》390 頁（中華書局 1980 年版）均隸定作"富"；劉雨先生爲《信陽楚墓》（文物出版社 1986 年）所作附錄"信陽楚簡釋文與考釋"則隸作"答"（125 頁）。這兩種意見，殆以前者爲是。(中略)

"👤"應爲春字訛省。(中略)

甀銘從文字風格看，與包山楚簡相近，甀當爲戰國時期楚國器物。(中略)

"富春"見《漢書・地理志》會稽郡，班固自注："莽曰誅歲。"王先謙《漢書補注》："今富陽縣治西北隅富陽新城。"又《後漢書・嚴光傳》："（嚴光）耕於富春山。"唐章懷太子李賢注："今杭州富陽縣也。"這些記載表明富春置縣在漢，最早可到秦。而由甀銘可知，早在戰國時期，富春已置縣，甀銘是考察富春地理沿革的重要資料。

富春原爲越國地，越亡後歸於楚。楚滅越，依《史記・越王句踐世家》記載，在楚威王（前 339—前 329 年）時。此甀爲楚器，時代在楚滅越之後，其上限爲前 339 年。

《考古與文物》1994-4，頁 60—61

○**湯餘惠**（1995）　　(編按：新收 1758 郭大夫釜甀)西安市文物中心所藏青銅器中，有一件戰國時期的銅釜甀，甀腹外壁上刻鐫銘文兩處。其中地名用字寫法略同,一作🔲,一作🔲。原報告闕疑未釋;或釋"富春"合文,以爲楚器。

今按,參照兩形合觀,字應是"亯",上即古文"享",下爲"于","享于"即"淳于",爲合文。（中略）

淳于,春秋時國名,見於《左傳》,後來轉化爲姓氏,相傳爲淳于公之後。戰國時期,淳于爲齊國轄地,在今山東省安丘縣東北。此器銘"淳于大夫",當係淳于邑大夫所監造。

《文物》1995-8,頁25

○**李家浩**(1998)　我們所説的燕國璽印文字中另一個用填實寫出的字作R₁:🔲

這個字顯然與下揭燕國銅器銘文之字是同一個字:

　　　　R₂ 🔲　　　　R₃ 🔲

它們不同之處在於 R₁ 的上半中閒部分是用填實法寫出的。按秦印文字"壹"或作 R₄、R₅ 二形:

　　　　R₄ 🔲《印典》2·1323　　　　R₅ 🔲《印典》2·1323

R₄ 的下部與"又"字形近。古文字往往把"又"寫作"寸",所以 R₅ 的下部訛作"寸"字形。R₁、R₁、R₃ 與 R₅ 形近,當是"壹"字的訛體。"壹"是城郭之"郭"的本字。爲印刷方便,下面徑將此字寫作"郭"。

以上説的是🔲、🔲、🔲的字形,現在説它們在原文中的用法。

(1)郭乘(圖二)。《古璽彙編》516·5672

(2)郭大夫。

　　　郭大夫丌(其)復銛也(圖三)。《考古與文物》1994年4期6頁圖二·6.7

圖二　　　　　圖三

(1)是私印,"郭"用爲姓氏,即以(2)的郭邑爲氏。燕昭王之師叫郭隗,見《戰國策·燕策一》《史記·燕召公世家》等。可見燕國確實有"郭氏"。

(2)是同一件銅釜甑上的兩行銘文。"郭"當是地名。《左傳》昭公七年"春王正月……癸巳,齊侯次于虢"。杜預注:"虢,燕竟(境)。"沈欽韓《春秋左氏地名補注》卷九云："虢與郭通。《方輿紀要》:高郭城,在河閒府任丘縣西十七里。漢縣,屬涿郡。"沈氏以爲燕之虢邑即《漢書・地理志》涿郡的屬縣高郭。正如沈氏所説,"虢"與"郭"古通。(2)的"郭"當是《左傳》昭公七年所説的"虢"。"郭大夫"即郭邑的大夫。

《著名中年語言學家自選集・李家浩卷》頁 156—157,2002;
原載《中國文字》新 24

○**馮勝君**(1999) 覃,此字亦見於燕璽,寫作👐(《璽彙》五六七二),或釋爲覃(郭),近是。郭,讀爲虢。二字皆見紐鐸部,古音極近,典籍中通假之例甚多(參《古字通假會典》866 頁)。《左傳・昭公七年》:"齊侯次于虢。"杜注:"虢,燕竟。"地在今河北任丘縣西北。

《中國古文字研究》1,頁 193

○**王輝**(2003) 傅氏藏封泥有"覃丞□□[之印?]"。

覃爲郭之本字,《説文》以爲"象城郭之重"。古璽郭姓之郭多用之,《吉大璽印選》136 有"覃講",《香港中文大學藏印續一》69 有"覃洋□",71 有"覃起"。

郭在封泥中有兩種可能的解釋:

一指山東聊城之郭地。《説文》:"郭,齊之郭氏虛(墟)。"段玉裁注:"郭,本國名。郭國既亡,謂之郭氏虛。郭氏虛在齊境内。"秦或於此置縣。

二指《漢書・地理志》右扶風虢縣。覃、虢、郭通用。1974 年陝西扶風縣强家村有 5 件西周有銘銅器出土,其中師𣪘鼎銘云:"𣪘敢對王休,用妥,作公上父隣于朕考敦季易父敦宗。"同出之師丞鐘銘:"師丞庸(肇)作朕剌(烈)且(祖)虢季、㝬公、幽叔……大林鐘。"兩相對照,知"覃季"即"虢季"。馬王堆帛書《春秋事語・晉獻公欲伐虢章》:"晉獻公欲襲郭……獻公之師襲郭還。"此章事又見《春秋》三傳僖公二年,《公羊》作郭,《左》《穀梁》作虢。《元和郡縣志》:"虢縣,故虢國,周文王弟虢叔所封,是曰西虢。後秦武公滅爲縣。《漢志》有虢宮,秦宣太后起。"故城即今寶雞縣虢鎮。

兩種可能性中以第二種可能性爲大。

《秦文化論叢》10,頁 170

△**按** 《新收》1758 郭大夫釜甑銘文中的當從李家浩釋作"郭",不應釋作"富春"合文。卷六邑部"郭"字重見。

⿰𩫖夬 

上博三·周易 52

○**濮茅左**(2003)　⿰𩫖夬,从𩫖,夬聲,讀爲"窫",《廣雅·釋詁三》:"窫,空也。""⿰𩫖夬丌亡人",即"空寂無人"。今本作"闃",《説文·門部(新附)》:"静也。"《玉篇》:"闃,静無人也。"

《上海博物館藏戰國楚竹書》(三)頁 207

⿰爿𩫖

包山 170　郭店·語四 2　上博一·詩論 28

△**按**　⿰爿𩫖,牆字異體。詳見本卷嗇部"牆"字條。

𩫨

包山 2

△**按**　𩫨,城字異體。詳見卷十三土部"城"字條。

⿰𩫖虫　⿰𩫖蟲

望山 1·123　包山 237　上博五·鬼神 5　楚帛書　新蔡乙一 22

△**按**　戰國文字"融"字作"⿰𩫖虫、⿰𩫖蟲",詳見卷三鬲部"融"字條。

京 

集成 157 屭羌鐘　陶彙 5·438　貨系 391

上博五·三德 7　郭店·語一 33

○**鄭家相**(1942)　右布文曰京,在右。按京見《隱元年》,杜注鄭地,今河南滎陽縣東南二十一里有故城。

《泉幣》10,頁 18

○ 黃錫全（1993）

編號	幣文	原釋	今釋	簡注	國別	幣形
385、386	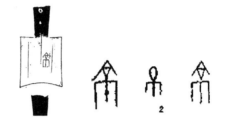	亳	京	𠪞羌鐘京作𠪞，古璽作𠪞。春秋鄭邑京。河南滎陽縣東南。	周	空

《先秦貨幣研究》頁 351,2001；原載《第二屆國際中國古文字研討會論文集》

○ 蔡運璋（1993）　（編按：貨系 387—392）

【京·平肩空首布】　春秋中晚期青銅鑄幣。鑄行於周王畿。屬大型空首布。面文"京"，背無文。"京"爲地名，古京地有二：(1)《左傳·隱公元年》：姜氏爲共叔段"請京，使居之，謂之京城大叔"。杜預注："京，鄭邑，今滎陽京縣。"在今河南滎陽東南。(2)《左傳·昭公二十二年》："子朝奔京。丙寅伐之，京人奔山。"京，周邑，在今河南偃師西南。平肩空首布爲周王畿的鑄幣，此"京"當在河南偃師西南。1974 年以來河南臨汝、孟津等地有出土。

《中國錢幣大辭典·先秦編》頁 133

○ 何琳儀（1998）　京，甲骨文作𠪞（前四二·三八·四），象高臺上有建築物之形。金文作𠪞（班𣪘）。戰國文字承襲金文。或在中閒豎筆加點、橫爲飾。楚系文字形變爲𠪞、𠪞，與三體石經《僖公》京作𠪞基本吻合。（中略）

　　周空首布、韓器京，地名。《左·隱元》："請京，使居之。謂之京城大叔。"在今河南滎陽東南。𠪞羌鐘"楚京"，地名。韓陶京，讀亭。京、亭形近，音亦近。漢代韻文京與耕部字相諧。《韻補》亭讀"徒陽切"。故戰國文字或以京爲亭。《漢書·百官公卿表》："十里一亭，十亭一鄉，亭有亭長。"　楚器京，讀亭。秦器京，讀亭。

《戰國古文字典》頁 639—640

○ 劉釗（2000）　（編按：郭店·語一 33）"樂生于亳"之"亳"應讀爲"度"。亳字古音在並紐鐸部，度字古音在定紐鐸部。《說文》謂亳"从高省乇聲"。而古从"乇"得聲的字都在舌音的"端、透、定"三紐。所以从"乇"聲的"亳"也應可以讀爲定紐鐸部的"度"。戰國齊國量器陶文中常見有"亳區、亳豆、亳釜"等記載，"亳"字即可讀爲"度"，訓爲"法度"或"度量"。"樂"有節奏，亦必須中律，所以簡文說"樂生于度"。《左傳·襄公二十九年》載吳公子札觀周樂後說："五聲和，八風平，節有度，守有序，盛德之所同也。"《禮記·樂記》說："百度得數而有常。"《吕氏春秋·大樂》説:"音樂之所出來者遠矣,生于度量,本于太一。"文中"生于度量"正是簡文的"生于度"。

　　　　　　　　　　　　　　《郭店楚簡國際學術研討會論文集》頁 85

○陳偉(2000)　(編按:郭店·語一 33)亳、薄音同,古書中多見通之例。亳在此似當讀爲"薄",指輕薄。莊、薄相對爲文。

　　　　　　　　　　　　　　《郭店楚簡國際學術研討會論文集》頁 144

○李家浩(2002)　本文第三篇説:"以'市亭'印文和'戾亭'、'斛(?)亭'陶文的'亭'以'京'字爲之來看,'京'字三合印的'京'也有可能用爲'亭'。"按此説似不可信,所謂的"市亭"印是一枚小型朱文圓印,見於《古璽彙編》291頁,該書釋讀爲"京市"。《簠齋手拓古印集》49 頁下著録一枚"焦市"朱文小型方印,"焦"是地名,在今河南陝縣南,戰國時屬魏。《史記·魏世家》:"襄王……五年,秦……圍我焦、曲沃。""焦市"即焦邑市府所用的印。"京市"與"焦市"文例相同,可見《古璽彙編》的釋讀是對的。古代有地名"京",故城在今河南滎陽東南二十餘里,原爲鄭邑,公元前 375 年韓哀侯滅鄭,其地應該歸韓所有。"京市"是京邑市府所用的印。至於所謂的"戾亭、斛(?)亭"陶文是否應該讀爲"京戾、京斛(?)",待考。

　　　　　　　　　　　　《著名中年語言學家自選集·李家浩卷》頁 140,2002

△按　關於戰國文字中的"京、亭、亳"諸字,吳振武、趙平安有進一步的系統梳理(吳振武《談齊"左掌客亭"陶璽——從構形上解釋戰國文字中舊釋爲"亳"的字應是"亭"字》,《社會科學戰線》2012 年 12 期 200—204 頁;趙平安《"京"、"亭"考辨》,《復旦學報》2014 年 4 期 87—92 頁)。

就　絩　歆　亯　還

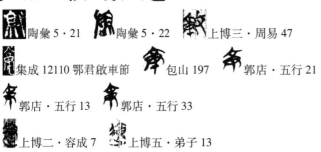

　陶彙5·21　　　　陶彙5·22　　　　上博三·周易 47

　集成 12110 鄂君啟車節　　包山 197　　　郭店·五行 21

　郭店·五行 13　　　郭店·五行 33

　上博二·容成 7　　　上博五·弟子 13

○郭沫若(1958)　(編按:集成 12110 鄂君啟車節)庚讀爲更,經歷也。

　　　　　　　　　　　　　　《文物參考資料》1958-4,頁 4

○殷滌非、羅長銘(1958)　(編按:集成 12110 鄂君啟車節)庚字,長銘釋庚讀爲更,有經歷之意,滌非讀爲亭,因字與古亭形相近。

《文物參考資料》1958-4,頁 10

○于省吾(1963) （編按:集成 12110 鄂君啟車節）羅謂“庚”讀爲“更”,訓爲“經歷”是對的。

《考古》1963-8,頁 445

○朱德熙、李家浩(1989) （編按:集成 12110 鄂君啟車節）我們懷疑節銘的商雖然與“商”字同形,實際上代表“帝”字,在銘文中讀爲“適”。“適”從“啻”聲,“啻”從“帝”聲,所以二字相通。複姓“馬適”,古璽寫作“馬帝”可證,望山簡的𤗏從“辵”從商,乃“適”字異體,這種寫法的“適”字又見於魏三體石經古文,馬王堆漢墓帛書和漢印。(中略)

把商釋爲“帝”,讀爲“適”,節銘可以得到十分合理的解釋,《方言》一“適,往也”,古書多言適某地。《左傳·成公二年》“適鄀”,與節銘“適鄀”之語正同。

《紀念陳寅恪先生誕辰百年學術論文集》頁 63

○謝元震(1991) （編按:集成 12110 鄂君啟車節）節銘“自鄂生(往)商易至(陽丘)商鄀城”云云,商字屢見,諸家釋“賡”,以賡續爲解,不甚可通。曾讀已故顧頡剛先生論述我蘇州地區古代吳越交通,引證《越絕書·吳地傳》云:“吳古陸道,出胥明,奏出土山,度灌邑奏高頸,過猶山奏太湖。”又云:“吳古水道,出平門上郭池,入瀆,出曹湖上,歷地過梅亭,入楊湖,出漁浦,入大江,奏廣陵。”又云:“吳古故從由拳辟塞,渡會夷,奏山陰。”又云:“百尺瀆,奏江,吳以達糧。”以上《越絕書》記吳國古陸道古水道,實與“鄂君啟節”車、舟兩節道里計程相類,而“奏”字用法,可與“賡”字比較。(中略)

以上各條可證商應爲“奏”字。(中略)節文“奏”有“前進”的意義,《詩·大雅·縣》:“予曰有奔奏,予曰有先後。”《離騷》:“忽奔走以先後兮。”王逸注引詩曰:“予聿有奔走。”是古文以“奏”爲走,恐戰國楚語有此解説。

《中國歷史博物館館刊》1991-15、16,頁 152—153

○何琳儀(1993) （編按:集成 12110 鄂君啟車節）原篆作商,或作商 209,舊釋“庚”,不確。近或改釋“商”,讀“適”(朱德熙、李家浩《鄂君啟節考釋》,見上文)。按,從字形分析,商釋“商”可信。(中略)至於鄂君啟節屢見“商某”之“某”均爲地名,可以有兩種解釋:一、“商”仍訓“降”,自“鄂市”(裘錫圭《戰國文字中的市》,《考古學報》1980 年 3 期)到某地爲“降”。二、“商”由“行商坐賈”之“商”引申其義爲“至某地行商”。(《易·復》:“商旅不行。”釋文:“資貨而行曰商。”)節銘“商”已由名詞演化爲動詞。“商某”的總批發站位於“鄂市”,

“某”爲楚王批准鄂君啓行商的地點。“市”與“商”前後呼應。似更有助於加深對舟、車二節用途的理解。

《江漢考古》1993-4，頁 62

○**湯餘惠**（1993）　（編按：集成 12110 鄂君啓車節）庚，通更，經過。《廣雅·釋詁》：“庚，更也。”又：“更，過也。”《史記·大宛列傳》：“道必更匈奴中。”《索隱》：“更，經也。”節銘過城邑均曰庚。節銘庚字作𩱛，與通常寫作𩱟者上部略有不同，考包山楚簡“自某月，以庚集歲之某月，盡集歲”一語（216、232、234 號簡），庚字均寫作𩱠，與節銘合，可知𩱛、𩱟均爲庚字異體。

《戰國銘文選》頁 47

○**劉信芳**（1996）　（編按：集成 12110 鄂君啓車節）“𩱛”即“賡”，釋爲“續”，隸定爲“庚”，亦不稱誤。（中略）鄂君啓節之“𩱛某地”即續至某地，包簡之“自某月𩱛某月”即從某月續至某月。

《考古與文物》1996-2，頁 85

○**李零**（1996）　上述銘文中的怪字，其實是“就”字的一種簡寫。西周金文的“就”字有兩種寫法，一種作𩰲，象重亭之形，學者多隸定爲𩰴，還有一種是加有辵旁。過去學者多把此字當成“京”字的異體。（中略）不過，也有學者不這麽看，如高田忠周和朱先生都曾根據《説文》《正始石經》《汗簡》和《古文四聲韻》中的有關線索，指出此字應釋爲“就”，只不過沒有引起重視罷了。

1980 年，史惠鼎在陝西長安縣出土，對人們重新認識這個字是重要推動，因爲史惠鼎銘有“日就月將”一語，是見於《詩·周頌·敬之》和《禮記·孔子閒居》的古代成語，鼎銘“就”字從辵從𩰴，正與《正始石經》等書假借爲“戚”的“就”字相同。

古書中的“就”字有成就、趨就二義，《爾雅·釋詁》以成訓就，以終訓就。《廣雅·釋詁》也以就字與歸、往同訓，與即、因同訓，與長、久同訓，這裏除最後一條是假借之義，其他多與成就、趨就之義有關。西周金文中的“申就乃命”是再次下達此命的意思，而本節開頭所列三例中的“就”字是抵達或到的意思，這種含義正是從成就、趨就之義引申。

《于省吾教授百年誕辰紀念文集》頁 272—273

○**朱德熙、裘錫圭、李家浩**（1995）　“以”下一字亦見於三四號簡。鄂君啓節屢言“𩱛某地”，此字所從即𩱛字變體，其意當與節銘𩱛字同，似當作“至”或“經”解。

《望山楚簡》頁 93

△按　楚文字中的"就"字早年多誤釋作他字,後來隨着材料的增多,諸家多改釋作"就",正確可信。卷二辵部"遺"字條重見。

亯

集成 85 楚王酓章鎛　集成 4630 陳逆簠　　陶彙 3・709

包山 163　　楚帛書　上博三・周易 17　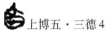上博五・三德 4

○陳槃(1953)　(編按:楚帛書)"亯"即亯,仲年父簠,楚王酓章鐘亦如此作。畫文云:"帝可以亯。"

《史語所集刊》24 本,頁 194

○羅福頤等(1981)　(編按:璽彙 5296 字)亯　與齊鎛亯字相近。

《古璽文編》頁 118

○饒宗頤(1985)　(編按:楚帛書)《史記・曆書》:"民以物亯,災禍不生。"亯即享。

《楚帛書》頁 63

○曾憲通(1993)　(編按:楚帛書)《説文》字,篆文作亯、三體石經古文作字、戰國古璽作字。信陽楚簡作字同《説文》,江陵楚簡作字同帛文。

《長沙楚帛書文字編》頁 49

○何琳儀(1998)　亯,甲骨文作字(後上一二・九),象宗廟之形,於宗廟祭祀,故有進獻之義。或作字(粹一三一五),加二橫爲飾。西周金文作字(令簠)、字(師袁簠),或於○内加短橫爲飾。戰國文字承襲春秋金文。或變字、字爲字形。秦文字隸變爲享、亨。(中略)楚簡"亯祭"讀"享祭",《管子・侈靡》:"安鄉樂宅享祭。"包山簡"亯月",楚之六月。《爾雅・釋天》作疧。

《戰國古文字典》頁 620

【亯月】包山 103

○李零(1988)　月名作合文,周文闕釋,按應釋爲"亯月"。據包山楚簡,亯月即紡月,是楚的六月。

《江漢考古》1988-4,頁 102

○何琳儀(1988)　"亯月"即"享月",乃楚國特有的代月名。

《江漢考古》1988-4,頁 98

○李家浩(2000)　"享月"是楚月第六月,秦簡作"紡月"。按"享"與"亨"古本一字;"亨"有許庚切、撫庚切二音,後一讀音的"亨"即"烹"字,與"紡"的上古音同屬滂母陽部,所以"享、紡"二字可以通用。《周易》的《大有》九三"公用亨(享)于天子"和《隨》上六"王用亨(享)于西山",馬王堆漢墓帛書《周易》二"亨(享)"字皆作"芳"(《馬王堆帛書〈六十四卦〉釋文》,《文物》1984年3期6頁)。秦簡"享"作"紡",猶此"亨(享)"作"芳"。

《九店楚簡》頁 67

羍 羍

羍 集成 4648 十四年陳侯午敦　　羍 集成 11124 羍于公戈　　羍 陶彙 4·157

羍 上博三·周易 49　　羍 上博三·周易 19(殘字)

○**何琳儀**(1998)　　羍,甲骨文作羍(前四·三四·七)。从亯(享)从羊,會以熟羊祭享之意。羊亦聲。羍、羊均屬定紐,羍爲羊之準聲首。西周金文作羍(不敓簋),春秋金文作羍(齊侯錞)。戰國文字承襲兩周金文。秦國文字羊旁訛似子形,故後世凡从羍之字均隸定爲享旁,與亯字(獨體)亦隸定爲享混同。(中略)十年陳侯午錞羍,讀錞。圓形飪食器,器身、器蓋對稱,三足。典籍通作敦。《爾雅·釋丘》疏引《孝經緯》:"敦與簠、簋容受雖同,上下內外皆圓爲異。"

《戰國古文字典》頁 1334—1335

【**羍于**】集成 11124 羍于公戈　　璽彙 4024

○**何琳儀**(1998)　　淳于公戈、劍"羍于",讀"淳于",地名。《左·昭元》:"城淳于。"在今山東安邱東北。

《戰國古文字典》頁 1335

簹 簹

簹 包山 237　　簹 郭店·老甲 24　　簹 新蔡甲三 374

簹 上博四·柬大 13　　簹 上博四·曹沫 4　　簹 上博五·君子 11

○**劉彬徽、彭浩、胡雅麗、劉祖信**(1991)　　(編按:包山 237) 簹,《說文》:"簹,厚也。"

《包山楚簡》頁 58

○何琳儀（1998）　　包山簡筥,厚。

《戰國古文字典》頁 192

○**朱德熙、裘錫圭、李家浩**（1995）　（編按:望山 2・2）此字簡文屢見,也寫作垕。信陽二一五號簡也有此字,作垕。《説文》"厚"字篆文作垕,古文作垕,與此形近。"厚"字所從的昌,下部與￧(亯)字下部相似。長沙楚帛書"韇"字所從的"亯"作￧,望山一號墓一二三號簡"韊"字所從的"亯"作￧,其下部正與此字下部相似。信陽二〇八號、二二五號諸簡又有垕₌字,疑是"厚表(奉)"二字合文,其義待考。

《望山楚簡》頁 116

○**何琳儀**（1998）　　厚,金文作垕（趠鼎）、垕（牆盤）、垕（魯伯盤）。上從石,下從不詳。戰國文字從石從土,會土石厚重之意。秦文字下似從子形,其訛變序列爲昌、￧、昌。（中略）青川牘厚,厚度。《禮記・檀弓》上"其厚三寸",釋文:"度厚薄曰厚。"

《戰國古文字典》頁 334

○**荊門市博物館**（1998）　（編按:郭店・成之 5）垕（厚）。

《郭店楚墓竹簡》頁 167

○**馮勝君**（2007）　　上博《緇衣》"厚"字寫作:

　　　　垕上緇 2

可分析爲从石省章(塘)聲。其所从"章"旁可與下列形體相對比:

　　　　齊:　　　　垕拍敦,集成 4644

楚：　　（章）孔子 28 （墉）所从

三晉：　哀成叔鼎 所从，集成 2782

燕：　　璽彙 5672

三體石經：君奭

通過對比，我們不難發現上博《緇衣》“厚”字所从旁，與齊系文字及三體石經古文最爲接近。、見於《説文·亯部》：“亯，用也。从亯从自。自，知臭香所食也。讀若庸。”

　　《説文》把“亯、章”看成是不同的兩個字，前人已指出其誤。其實所謂“亯”就是“章”字在齊系文字和三體石經古文中的寫法，如“城”字《説文》籀文从章寫作，而齊系文字則寫作（武城戈，集成 11024），从亯；“垣”字《説文》籀文从章寫作，三體石經古文則寫作（僖公），从亯。據此，我們認爲上博《緇衣》“章”旁形體具有比較明顯的齊系文字及三體石經古文的特徵。

《郭店簡與上博簡對比研究》頁 264—265

△按　楚文字中的“厚”寫法多从石从毛，或从石从句等。

畐　富

璽彙 3291　　　璽彙 4560　　　睡虎地·日乙 195

○劉釗（1990）　《古璽彙編》3291、4698 號璽璽文作下揭之形：
其中“”字《古璽彙編》不釋。按“”用畐字倒寫，應釋作畐，讀作富。古璽畐字作“、”，富字作“”。古璽有吉語璽璽文作“”，《古璽彙編》釋作“富生”。按“”璽也爲吉語璽，應釋作“畐生”，讀作“富生”或“生富”。

《考古與文物》1990-2，頁 47—48

○何琳儀（1998）　畐，西周金文作（士父鐘），象酒罈之形。春秋金文作（秦公鎛福作）、（曾子𢈙福作）。戰國文字承襲兩周金文。楚系文字或作、、，與酉字易混。（中略）戰國文字畐，讀福。

《戰國古文字典》頁 126

○徐在國（2002）　古陶文中有如下字：

A　陶彙 3・853—854

B　同上 3・1063

《陶彙》缺釋。《陶徵》將 A 倒置放入附録中（311 頁），《陶字》從之（664 頁）。《陶字》將 B 放入附録中（687 頁），又隸作"畖"，放在"田"部下（543 頁），前後矛盾。丁佛言在《補補》中將 A 倒置釋爲"魯"。吳大澂認爲 A"似盛酒之器，中象郁鬯形。或即古文尊酉字"。B 字，丁佛言懷疑是 A 之省文。

　　按，諸釋不可從。丁佛言將 A、B 視爲一字之異，頗具卓識。我們認爲此字應釋爲"畐"。古璽文字中"畐"字作：

璽彙 4559　　又畐

同上 4560　　大畐

同上 3291　　生畐

同上 4698　　生畐

《璽彙》3291、4689 中的"畐"字均是倒文，舊不識。劉釗先生釋爲"畐"，甚確。將 B 與上引諸"畐"形比較，不難發現 B 字應該釋爲"畐"。A 所從的五點可以看作是飾點，與 B 應爲一字，應釋爲"畐"。"畐"字作，又作；與"福"字作（王孫誥鐘），又作（王子午鼎）相類同。

　　如上所述，A、B 應釋爲"畐"。《説文》："畐，滿也。从高省，象高厚之形。讀若伏。"A、B 是單字陶文，著録此字的陶拓又多倒置，致使此字無法確釋。

《古文字研究》23，頁 108

良　

近出 1249 十九年夎　集成 9735 中山王方壺　璽彙 1377　璽彙 2712　璽彙 3926

信陽 2・4　上博三・周易 22　上博四・采風 3　上博六・競公 2

上博六・用曰 15　新蔡甲二 28

○羅福頤等（1981）　（編按：璽彙 3926 ）良　與季良父盉良字相近。

《古璽文編》頁 118

○吳振武（1983）　（編按：璽彙 1377、2052）1377 樂・樂良（中略）

2052 郚🔳·郚良。

《古文字學論集》(初編)頁 498、503

○**彭浩**(1984)　(編按:信陽 2·4)此簡的第一、三個良字均借作"兩"字。(中略)
值得注意的是,在這批簡中,以"兩"作爲計量的單位,其義猶如今之"雙",而
以"良"字假借爲量詞作爲車輛計數專用。可見當時已經注意到它們是兩個
不同的概念,因而表達方式也有所不同。此簡中的第二個"良"字與馬字連
用,很有可能是用良字的本義,指好馬。第四個"良"字後的一字不識,"良"字
作何解釋疑莫能定。

《江漢考古》1984-2,頁 64

○**何琳儀**(1993)　(編按:信陽 2·4)"良",訓"善"(《説文》)。本簡四"良"字均
有"優良"之義。"良馬",見《詩·鄭風·干旄》"良馬四之"。至于"良固軒、
良女乘、良韓"似均屬"良車"之類。《周禮·春官·巾車》:"凡良車、散車不
在等者。"

《文物研究》8,頁 172

○**何琳儀**(1998)　良,甲骨文作🔳(乙二五一○),象形不明。西周金文作🔳
(季良父盃)、🔳(季良父匜),或據後者以爲象量器之形,即量字之初文。春秋
金文作🔳(徐王鼎)、🔳(齊侯匜)。後者下部已聲化从亡。戰國文字承襲兩周
金文,多有變異。上部作🔳、🔳、🔳、🔳、🔳、🔳、🔳、🔳、🔳、🔳、🔳等,中部作
🔳、🔳、🔳等,下部作🔳、🔳、🔳、🔳、🔳、🔳、🔳、🔳、🔳等。齊系文字省簡作
🔳,與古文作🔳吻合。(中略)

燕璽良,姓氏。姬姓,鄭穆公子良之後。見《通志·氏族略·以字爲氏》。
中山王方壺"良�ْ",讀"良佐"。《後漢書·劉陶傳》:"斯實中興之良佐。"信
陽簡"良馬",駿馬。《詩·鄘風·干旄》:"良馬四之。"楚簡"良日",見《禮
記·祭義》:"其率用此輿,及良日,夫人繅。"疏:"良日,謂吉日也。"包山簡二
一八良,見《正韻》:"良,或以爲良久,少久也。一曰,良,略也。聲輕,故轉略
爲良。"《列子·仲尼》:"良久告退。"包山簡"良月",參上"良日"。或説十月。
《左·莊十六》:"使以十月入,曰良月也。"秦器"大良造",爵名。

《戰國古文字典》頁 694

晝

🔳集成 10328 八年鳥柱盆

○何琳儀（1998）　啚，從畐，北爲疊加音符。疑畐之繁文。參西周金文福之繁文作�'（周乎卣）。中山雜器啚，人名。

《戰國古文字典》頁 126—127

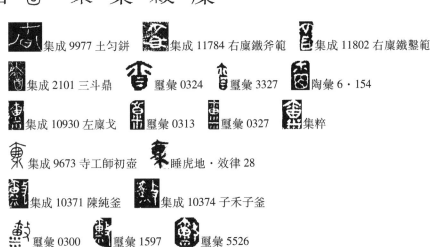

亩 🔲　稟 稟 穀 廩

$\quad$ 🔲 集成 9977 土勻鉼　　$\quad$ 🔲 集成 11784 右廩鐵斧範　　$\quad$ 🔲 集成 11802 右廩鐵鑿範

$\quad$ 🔲 集成 2101 三斗鼎　　$\quad$ 🔲 璽彙 0324　　$\quad$ 🔲 璽彙 3327　　$\quad$ 🔲 陶彙 6・154

$\quad$ 🔲 集成 10930 左廩戈　　$\quad$ 🔲 璽彙 0313　　$\quad$ 🔲 璽彙 0327　　$\quad$ 🔲 集粹

$\quad$ 🔲 集成 9673 寺工師初壺　　$\quad$ 🔲 睡虎地・效律 28

$\quad$ 🔲 集成 10371 陳純釜　　$\quad$ 🔲 集成 10374 子禾子釜

$\quad$ 🔲 璽彙 0300　　$\quad$ 🔲 璽彙 1597　　$\quad$ 🔲 璽彙 5526

$\quad$ 🔲 新收 1388 廩丘戈　　$\quad$ 🔲 璽彙 0319　　$\quad$ 🔲 陶彙 3・829　　$\quad$ 🔲 陶彙 3・967

○李先登（1982）　七、"廩"陶量：

告東陽城遺址戰國貯水池——1977 年 11 月 13 日出土。泥質灰陶。圓形，歛口，平沿，鼓腹，平底。通高 11.3 釐米，口外徑 15.5 釐米，底外徑 11.2 釐米，壁厚 1 釐米，腹深 10 釐米，實測容積 1670 毫升。

從其形制和地層關係來看，即井 2 打破貯水池 1，"廩"陶量的時代應早於"陽城"陶量，約當戰國初期。

口沿上豎向鈐印陰文長方形"廩"字印三方，印外框高 1.1 釐米，寬 0.65 釐米。

此"廩"字作🔲，上從🔲，即宀，兩點係附加，爲變體；下從🔲，即囬，故可隸定爲亩。按亩即廩字之初形。召伯簋廩字作🔲（《金文編》五・三六）與此形近。齊陶文廩字，或從亩從米作🔲，例"□痼左廩窑"（《季木藏匋》卷三・七九），或從稟從攴作🔲，例"左廩浦鈢"，戰國齊銅量子禾子釜廩字亦作🔲。《説文解字》卷五下："亩，穀所振入，宗廟粢盛，倉黃亩而取之，故謂之亩……廩，亩或從广從禾。"後來，禾訛變而爲示，即成今之廩字。

此陶量自銘爲"廩"，當爲戰國陽城倉廩之用器。按，貯水池附近發現成片夯土和大量的戰國筒瓦、板瓦，證明此處可能是倉廩等建築遺址。《禮記・

月令》:"（季春之月）命有司發倉廪。"孔穎達疏引蔡氏曰:"穀藏曰倉,米藏曰廪。"因此,戰國時期陽城一帶(潁河谷地)可能已經產米了。

《古文字研究》7,頁 212—213

○**吳振武**(1984) （1）![字]陶量(圖1)

《文物》1982 年 3 期刊載朱承山同志《邾國故城出土的兩件陶量》一文,報導了山東邾國故城宮殿區以南出土的兩件東周陶量。這兩件陶量形式、大小相同,底部内表均有![字]字戳記。原報導附有器物照片和銘文拓片,但未釋此爲何字。同年《文物》7 期刊出的平生同志《邾國故城陶量文字補正》一文對此字作了考釋。平生同志釋此字爲"竈",謂:"……文中(指原報導)又誤將摹寫之字倒置。據拓本,此字補足殘畫後當作![字],釋'竈'。"其實平生同志的這一考釋是不能成立的。1959 年出版的《山東文物選集(普查部分)》111 曾著録一件鄒縣紀王城(即邾國故城)發現的與這兩件陶量形式、戳記完全相同的陶量,可以證明朱同志在原報導中所摹戳記文字大體正確,無須補足。和平生同志所説恰恰相反,原報導是將拓片印倒了,而不是"誤將所摹之字倒置"。相同的陶文拓片還曾著録於《季木藏匋》(17·10,字稍殘,補足後作![字])和《簠齋藏陶》(吉林大學圖書館藏本,兩見)兩書中。

![字]字不見於顧廷龍《古匋文舂録》。金祥恆《匋文編》將《季木藏匋》17·10 的![字]字殘文闌入![字]字條下(附 46 下)。但是,早在 1925 年出版的丁佛言《説文古籀補補》即已收入![字]字並釋爲"亩(廪)"。我們認爲將此字釋爲"亩(廪)"是完全正確的。不過丁書未作任何説明,現舉二例補證如下:

(一)《古文四聲韻》寢韻"廪"字下引《説文》作![字],引《石經》作![字],均與此字大體相同。

(二)古璽"右廪"之廪作,亦與此字同。

除上述數器外,1977 年河南登封告城發現的戰國韓陶量上也有"亩(廪)"字戳記(詳下)。《周禮·地官》:"廪人掌九穀之數。"一般説來,廪即官府貯藏糧食的倉庫。這些帶有"亩(廪)"字的陶量都應是當地倉廪所有的專用量器,器上特打一"亩(廪)"字戳記,是爲了表示其與一般陶量的區别。因邾國與魯國爲鄰,曾爲魯國附庸,故原報導認爲![字]字陶量可能是魯器。實際上,![字]字陶量的出土地在戰國時曾先後屬邾、魯、莒等國,因此要確定陶量的國别在目前是有一定困難的,但無論如何,它總不會出齊魯范圍的。

（2）右🀄古璽（圖2）

羅福頤先生主編的《古璽彙編》0319 重新著錄。該書釋此璽爲“右稟”，誤。🀄和例（1）🀄同，也應釋爲“亩（廩）”。“右”是一般性限制語。在戰國“亩（廩）”字材料中，“右亩”和“左亩”都是較常見的。此璽從風格上看，應是齊魯作品。

（3）□公之🀄殘陶片（圖3）

《季木藏匋》81·3 著錄。首字上部已殘，下從皿。🀄字《古匋文香録》（附27）及《匋文編》（附35）均不識。和例（1）（2）比較，將此字釋爲“亩（廩）”當無問題，而且從陶文風格上看，也應是齊魯作品。

（4）🀄陳純釜（《三代》18·23·1）

陳純釜是 1875 年山東膠縣靈山衞出土的。全銘云：“陳猶㴔事歲，𣱿月戊寅，處茲安陵，🀄命左關師㻜敕成左關之釜，節于廩釜。敦者曰陳純。”這是說：陳猶㴔事之年的某月戊寅，居於安陵，命令左關師㻜督造完成左關所用之釜，並要求以倉廩的標準釜進行校量。冶器者叫陳純。從這裏我們可以窺見當時齊國量器的製造和管理制度。

（5）🀄子禾子釜（《三代》18·23·2）

子禾子釜也是 1857 年山東膠縣靈山衞出土的。全銘殘缺頗多，其中有關“廩”字的一段云：“左關釜節于廩釜，關𨨏節于廩𥿉。”其意和陳純釜所云相仿。銘文談到“關𨨏”，同地出有左關𨨏，上刻“左關之𨨏”四字（《三代》18·17·1）。關職司徵取貿易稅，廩則是政府貯藏農產品的所在，都須備有標準的量器（參李學勤《戰國題銘概述（上）》，《文物》1959 年 7 期）。陳純釜和子禾子釜歷來都被認爲是齊器，這是明確無疑的。

（6）陳和志左🀄陶量殘片（圖4）

這是在天津靜海縣西鈞臺遺址中采集到的一塊泥質紅陶量殘片，著録於1979 年出版的《文物考古工作三十年》24 頁。書中《天津市文物工作三十年》一文認爲：“陶文中‘陳’作‘陸’，篆書風格與陳賟簠銘文完全相同。這是齊太公陳和代齊即位（公元前 379 年）以前所使用的家量。這裏有些戰國陶器的特點和作風，也不見於燕下都。聯繫到天津南部一些遺址中出土有‘區釜’戳記的戰國陶器，這一帶確實存在過流行齊國量制的一個時期。”從內容和風格看，此量確是齊器。

（7）陳固，右■（稍殘）亳釜

《綴遺齋彝器考釋》28·19 著錄。與此相同的陶釜拓片還見於《簠齋藏陶》，均爲陽文。方濬益謂："四、五字均有闕畫，不可强釋。"李學勤先生釋爲"陳固，右廩亳釜"，至確。1939 年濟南大辛莊還曾出土過一件完整的灰陶陳固區（均見《戰國題銘概述（上）》）。

（8）陳□立（蒞）事歲，右■釜_{陶璽}

《古璽彙編》0290 重新著錄。該書釋"右■圖 67"爲"右稟"，不確。應釋爲"右廩"。《古璽彙編》將其所錄古璽中的"廩、稟、敽"等字一律釋爲"稟"，這無論是從隸定上講還是從釋字上講都是不準確的，理由詳後述。

（9）陳華，右莫■□亳釜_{陶璽}

此璽見於李先生《戰國題銘概述（上）》圖 3。

從（8）（9）兩陶璽的内容上看，其爲專用於齊廩所有陶量之璽是至爲明確的。

附：《古匋文�째録》5·4 亩字條下曾著録一方打在陶器上的印文，文曰"闇門外，陳得，平陵酪亩豆，■惑"，其亩字作■，和例（9）■字相近似。原陶片全文未見。

（10）齊■_{古璽（圖 7）}

《古璽彙編》1597 重新著錄。"齊廩"即齊地之倉廩。《古璽彙編》將它視爲姓名私璽，誤。

（11）平叟（阿）左■_{古璽（圖 8）}

《古璽彙編》0313 重新著錄。該書釋爲"□叟（阿）左稟"，第一字闕釋。葉其峰同志在《戰國官璽的國別及有關問題》（《故宫博物院院刊》1981 年 3 期）一文中釋爲"平阿左稟"，他説："此璽第一字書法特殊，但與古陶文平字■、■等體近，故知是平字。"按平字作■是齊地文字的特有寫法，齊明刀背文"平陽"（《我國古代貨幣的起源和發展》圖版 36·4）和齊璽"平陽"（《古璽彙編》0062）、"平陵"（見下）之平均如此作。《史記·田敬仲完世家》：宣王"七年與魏王會平阿南"。《吕覽·離俗》"平阿之餘子"，高誘注："平阿，齊邑也。"根據平阿地望，葉同志定"平阿左稟"璽爲齊官璽，甚確。但葉同志將璽中■字僅作隸定似乎還不完美，應釋爲"亩（廩）"，其上部■旁和例（7）（8）中的"廩"字所從之亩作■、■相近似。

（12）平陵緒（縣？）左[印]鉢古璽（圖9）

日本平凡社《書道全集》27·20·3 著録。平陵，戰國齊邑，數見於戰國齊陶文中。如：

　　（一）平陵，陳得立（莅）事歲，郗公。《史學論叢》第2册插圖

　　（二）平陵，陳得，不□王釜。《季》80·1

陶文中名陳得者也見子禾子釜銘中。《説苑》："齊桓公之平陵，見家人有年老而自養者。"漢置東平陵縣，地在今山東歷城縣東七十五里。此璽"廩"字寫法較特殊，所从之[字]似介於[字]、[字]二形之間。此爲齊平陵左廩專用之璽。

（13）右[印]遠泉糨鉢古璽（圖10）

《書道全集》27·18·12 著録。首爲"右亩（廩）"二字。因璽中第三、五兩字不識，故全璽文義不十分清楚。從文字風格判斷，此亦爲齊官璽。

（14）左[印]之鉢古璽（圖11）

《古璽彙編》0227 重新著録。從此璽格式、文字風格來看，它也無疑是齊地作品。此璽明確爲左廩專用之璽。

附：《説文古籀補補》5·9 亩字條下曾著録一方文曰"匊昜料青給亩之鉢"的古璽，其亩字作[字]，和本璽"亩（廩）"字同。原璽全文未見。

（15）君之[印]古璽（圖12）

《古璽彙編》0327 重新著録。從此璽風格看。它也應是齊地作品。"君之廩"意即齊某君之倉廩。

（16）[印]單字古璽（圖13）

《古璽彙編》5526 重新著録。"亩（廩）"字的寫法和陳純釜、子禾子釜同，故可定爲齊璽。

（17）左[印]涓圳（鉢）殘陶片（圖14）

《陶璽文字合證》著録。因第三字不能確釋，故全璽文義也不十分清楚。但從"亩（廩）"字的寫法和全璽風格看，此必爲齊璽無疑。

（18）左桁[印]木古璽（圖15）

此璽圓形朱文，傳山東臨淄出土。《古璽彙編》0300 重新著録並釋爲"左桁稾木"。石志廉同志在《戰國古璽考釋十種》（《中國歷史博物館館刊》1980年2期）一文中根據它的形制定爲烙印並釋爲"左廩桁（橫）木"，他認爲此璽"應是打烙在左廩公用的木橫（衡）上面的烙印"。按古璽中又有"左桁正木、

右桁正木"兩璽(《古璽彙編》0298、0299),可知"左桁"當爲一詞。"左桁、右桁"似是一種機構。"左桁廩木、左桁正木、右桁正木"的確切含義均待考。石同志定此璽爲齊璽,可信。

(19) 單字殘陶片(圖 16)

《遯盦古陶存》著録,字特大。因原書誤將拓片倒置,以致金祥恆《匋文編》又據倒置的拓片將此字倒摹後附於該書酉部後(正編 101 頁)。從書寫風格上看,此陶文和例(9)齊陶璽最相近,故亦可定爲齊地作品。

(20)□醫左釜殘陶片(圖 17)

《季木藏匋》79·10 著録,陽文。從文字風格看,和例(8)齊大陶璽相近,其文辭格式亦常見於齊陶文中,故可定爲齊地作品。

(21)左傳世戈銘摹本(圖 18)

此傳世戈銘摹本見於黃茂琳先生《新鄭出土戰國兵器中的一些問題》(《考古》1973 年 6 期)一文。戈銘中"廩"字的寫法和例(9)(15)(19)等銘中的"廩"字相近,故定爲齊器。黃先生認爲此戈上的"左廩"二字是標志造器作坊的,可從。

(22)陶量(圖 19)

這件泥質灰陶陶量是 1977 年河南登封告城鎮古"陽城"遺址出土的。在陶量的口沿面上印有三個作三角對稱的"亩(廩)"字戳記(《考古》1980 年 6 期)。發現者根據地層和同出的其他器物,判斷它是戰國晚期的韓國陶量(《登封戰國陽城貯水輸水設施的發掘》,《中原文物》1982 年 2 期)。韓陶量上打"亩(廩)"字戳記的用意跟前述齊魯陶量上打"廩"字戳記的用意應是相同的。須要指出的是,有的文章把此字摹成是不對的,最上面的兩點是陶片上的泐痕,並非文字筆畫。如再據此認爲此字從米而把它顛倒過來看就更錯誤了。

(23)土勻(軍),四斗鍿土軍鍿(圖 20)

《文物》1981 年 8 期載胡振祺同志《太原檢選到土勻鍿》一文,報導了在太原廢銅中檢選到的這件青銅鍿。關於銘文中的第三字,原報導説:"銘文中的''字未見著録,但從其在銘文中的位置和其字形來看,應當是'容'字。"丘光明同志在同年《文物》10 期上發表的《試論戰國容量制度》一文亦將此字釋爲"容"。我們認爲把此字釋爲"容"是不正確的。從字形上看,公廚左官鼎的"容"字作🔲（《文物》1965年7期），古璽作🔲🔲🔲🔲（《古璽文編》7·10），均與此字不類。即使從其在銘文中的位置看，也不一定非"容"莫屬。下列四件戰國器物銘文中的容量前即不置"容"字。

（一）鄭東倉，半齎　　　《綴遺》28·10

（二）𩊱脄（廚），一斗半　　　《三代》2·54·1

（三）右脄（廚），三半🔲　　　同上2·53·7

（四）春成侯中府，半重（鍾？），冢（重）十八益　　　同上18·19·3

土軍鎬的銘文格式和此四器相仿。我們認爲🔲字和例（6）（15）（19）（20）（21）中的"廩"字所從之亩作🔲🔲🔲等相近似，應釋爲"亩（廩）"。"土軍亩（廩）"意即設在土軍的倉廩。胡同志根據土軍地望，定此鎬爲趙器，甚確。

（24）🔲鈢古璽（圖21）

此璽呈橢圓形，《古璽彙編》0348重新著録。首字《古璽彙編》和《古璽文編》（附95）均闕釋。我們認爲🔲字是從例（23）的🔲字演變而來的，其上部六作🔲和古璽中"中"字或作🔲、"脁"字或作🔲、"暈"字或作🔲、"安"字或作🔲、"幸"字或作🔲（《古璽文編》1·3、4·9、7·2、10·2）等等是如出一轍的，故也應釋爲"亩（廩）"。古璽文字中的筆畫彎曲現象往往是由於藝術上的需要——即章法布局上的需要而產生的。根據此璽"亩（廩）"字的寫法，我們暫時把它列入三晉范圍。

（25）盛季壺，鄭右🔲盛季壺（圖22）

《三代吉金文存》12·8·2—3著録。銘文最末一字頗奇詭。此字《金文編》入於附録；李孝定先生在《金文詁林附録》中謂"字不可識"（2642頁）；黃茂琳先生在《新鄭出土戰國兵器中的一些問題》一文中隸定爲"寡（？）"。如果我們把🔲字分成上下兩部分來看，雖然下部🔲旁奇詭不可考，但其上部亩旁可釋爲"亩"卻至爲明顯。筆者曾在河南親見當地所出陶文中的"亩（廩）"字作🔲🔲🔲🔲等形，與此字所從之亩近。所以我們認爲此字很可能就是一個以"亩"爲聲的字，可直接讀爲"廩"。銘文謂："盛季壺，鄭右廩。"依黃茂琳先生的意見，盛季既爲用器者，那麼"右廩"就只能表示製器之作坊。此"右廩"設在韓國都鄭，可知此壺爲韓器。

（26）🔲□三半鎮（鼎）鼎（圖23）

《三代吉金文存》2·54·3著録。首字舊不識。和例（22）🔲字比較，🔲也應釋爲"亩（廩）"。從本銘"亩、半"等字的寫法看，此鼎似乎也是三晉器，故暫列本節。

　　（27）□丘🔲削古璽（圖24）

　　（28）□邑（合文）🔲削古璽（圖25）

　　（29）🔲削古璽（圖26）

　　此三璽《古璽彙編》0324、2226、3327 重新著録。由於其中部分文字不能確釋,故三璽文義不清。(27)的"□丘"和(28)的"□邑"從其在璽文中的地位來看應該是地名。(27)的🔲和(29)的🔲《古璽彙編》及《古璽文編》(附87)均闕釋,(28)的🔲《古璽彙編》誤釋爲"嗇"。我們認爲此三字亦當釋爲"向(廩)"。戰國文字中"嗇夫"之嗇所从的向旁往往變作🔲🔲🔲等形,和此三字下部相近(參《古璽文編》5・11 和《中山》65 頁)。"削(廁)"字不識,"向削"或許是職司倉廩的職官名。

　　附:《説文古籀補補》14・8 酉字條下曾著録一方文曰"右🔲龍"的古璽。🔲字丁佛言釋"酉"。從🔲字字形和璽文文例看,我們疑此璽應釋爲"右向(廩)削",其文義和例(27)(28)(29)三璽相仿佛。原璽全文未見。（中略）

　　（31）右🔲鐵範（圖28）

　　《考古通訊》1956 年 1 期載鄭紹宗同志《熱河興隆發現的戰國生產工具鑄範》一文,報道了解放後興隆出土的一批燕國鐮、鋤、斧、鑿鐵範。鐵範上鑄有"右🔲"二字。關於🔲字,史樹青、楊宗榮兩先生釋"舍",認爲是"右工師"的名字(《讀一九五四年第九期〈文參〉筆記》,《文參》1954 年 12 期);李學勤先生釋"向(廩)"(《談近年新發現的幾種戰國文字資料》,《文參》1956 年 1 期);黃茂琳先生認爲"或釋'倉',或釋'廩',尚不能定"(《新鄭出土戰國兵器中的一些問題》)。我們認爲從文例和例(7)(11)(30)"廩"字所从之向作🔲🔲🔲等形來看,李先生的釋法是正確的。🔲字上部🔲和齊魯、三晉"向"字上部或作🔲🔲🔲等形相近,下部🔲(🔲)和三晉"向、嗇"等字下部或作🔲相近。根據這批鐵範的出土地點和銘中"右"字跟燕明刀背文"右"字完全相同這一點,可以確定這批鐵範均爲燕器。黃茂琳先生因鐵範出土地附近存有古代冶鐵作坊遺址,從而認爲這批鐵範上的"右廩"也是表冶鑄作坊的,和前述例(21)(25)同。

　　（32）王后右🔲,十壹(十轂)七□方壺（圖29）

　　《西清古鑑》19・3 著録。此方壺上有銘文兩行,但由於銘文本身漶漫,再

加上摹寫失真,故全銘通讀頗不易。黄盛璋先生在《試論戰國秦漢銘刻中的
"㐌""酉""茜"及其相關問題》(中國古文字研究會 1981 年年會論文,油印
本)一文中曾試釋如下:

　　十年夫⁼(大夫)乘人夕(八月或肖⁼趙)内府(?)□侯恭其寶也。

　　王后右酉十膏(十㲉)七紸

黄先生根據銘文中的"恭"字作茳和容量單位用"斠"(應作"㲉")考定此方壺
爲燕器,其説甚確。另外,銘文中的"乘"字作䇂也是燕地風格(參北文《秦始
皇"書同文字"的歷史作用》,《文物》1973 年 11 期。黄先生釋爲"乘人",小
誤)。此銘中的"右亩",黄盛璋先生釋爲"右酉(曹)",我們認爲應釋爲"右亩
(廩)",和例(31)燕國鐵範中的"右亩(廩)"同。"王后右亩(廩),十膏(十
㲉)七□",銘文格式和前述贇廚鼎等五器(包括土軍鉀)相同。由此銘"王后
右亩(廩)"一語,可知在燕國宫廷機構中亦設"右亩(廩)",大概是專爲宫廷
服務的鑄器或置器之所。

　　附:《説文古籀補補》5·9 良字條下曾著録一方文曰"良都⚊吾左"的古
璽。此璽應是燕璽。燕璽地名後一般都加"都"字。璽文中的吾即"亩(廩)"
字,和例(31)(32)燕器"亩(廩)"字寫法同。原璽全文未見。(中略)

　　(33)䆘楚・鄂君啟舟節

　　解放後在安徽壽縣發現的楚鄂君啟節中有兩枚銘文相同的舟節。根據
商承祚先生摹本(《考古》1963 年 8 期及《中華文史論叢》第六輯),知銘文中
有地名䆘,一作䆘。考釋諸家均釋此字爲"鄝",但地望考證有出入。我們認
爲此字右邊從亩不從㐭,應隸定爲"䢵"。究竟是否是"鄝"字及其地望均有待
於進一步研究。鄂君啟節鑄於公元前 323 年(楚懷王六年),由此可知戰國中
期楚地"亩"字作䆘形。

　　(34)圖圖 秦・吕不韋戈

　　傳世品五年吕不韋戈(《三代》20·29·1)和近年陝西三原一帶所出八年
吕不韋戈(《文物》1979 年 12 期)銘文中均有人名"圖",字一作圖、一作圖,基
本相同。"圖"字從㐭,"㐭"又從亩,由此可知戰國末期秦地"亩"字作圖圖
形。(中略)

　　上面我們初步考察了戰國時期齊魯、三晉、燕、楚、秦諸地區的"亩(廩)"
字材料。考察的結果可以列成下表:

魯	(字形)¹廩 (字形)⁵廩 (字形)²廩 (字形)³廩
齊	(字形)¹⁴稟 (字形)⁸稟 (字形)²⁰稟 (字形)¹⁵稟 (字形)¹⁰稟 (字形)⁹稟 (字形)¹⁶稟 (字形)¹²稟 (字形)⁷稟 (字形)¹³稟 (字形)¹¹稟 (字形)⁴敷 (字形)⁶敷 (字形)¹⁷敷
三晉	(字形)²²亩(韓) (字形)²⁵亩(韓) (字形)²⁶亩 (字形)²³亩(趙) (字形)²⁴亩 (字形)ᵇᵖᵖ亩(魏) (字形)²⁷亩 (字形)²⁹亩 (字形)³⁰稟 (字形)³⁰稟
燕	(字形)³¹亩 (字形)ᵇᵖᵖ亩
楚	(字形)³³亩(偏旁) (字形)³³亩(偏旁)
秦	(字形)³⁴亩(偏旁) (字形)³⁵亩(偏旁)

　　我們從表中可以清楚地看到戰國時期各地區“亩(廩)”字的寫法。通過這樣的考察，我們一方面弄清了戰國各地“亩(廩)”字的書寫異同，另一方面可以據此對後世“亩(廩)、稟”等字形體演變過程中的一些問題作出合理的解釋，後者在漢字發展史研究中同樣是較有意義的。下面就根據這張表談四個問題。

　　(一)《説文》謂：“亩，穀所振入，宗廟粢盛，倉黃亩而取之，故謂之亩。從入，回象屋形中有户牖……廩，亩或从广从禾。”按許慎謂“亩”字“從入”是依據已訛變了的小篆形體立説的。“亩”字商代甲骨文作(字形)等形(《甲骨文編》5·23)，周代金文作(字形)等形(《金文編》5·36 稟、亩、亩所从)，均不从入。戰國時期儘管各地“亩”字寫法不同，但都不从入也是至爲明顯的。可見許慎此説不能成立。

　　《説文》所録"㐭"字的小篆形體作㐭，這一形體訛變甚烈，反不及其他漢代金石上的小篆近古。漢印文字中"廩、嗇"二字所从的㐭作㐭田形（《漢印文字徵》5·15），跟表中韓地之嗇、楚地之嗇嗇相近。此外，从㐭的"嗇"《説文》作嗇；漢代銅器或作嗇嗇（《金文續編》5·12）；戰國三晉文字作嗇嗇等形（參《古璽文編》5·11 及《中山》64 頁），可見漢代銅器上的"嗇"字所从之㐭也較《説文》更接近戰國古文。

　　《説文》"㐭"字或體作廩，从广从禾。漢印文字中"㐭"字也有作廩廩等形的（《漢印文字徵》5·15）。從上表看，這一形體應來源於戰國（或春秋晚期）魯地"㐭"字的寫法，只不過前者將"广"旁由下向上稍作移動罷了。（中略）

　　（三）表中所示齊地"㐭（廩）"字有作稟稟形的。很顯然，其下部所从的示應是"米"旁的省作。正因爲"米"旁省成示形後和古文字中的"示"旁幾乎完全同形，以致於漢以後竟出現了从示的"稟"字。如漢隸中"稟"字或作稟（《隸辨》3·72）。這種从示的寫法一直影響到我們今天使用的標準漢字。（中略）

　　最後，我們就上述戰國"㐭（廩）"字在古文字字書中的歸屬問題談一點意見。

　　在本文所談到的戰國"㐭（廩）"字中，已有部分被編入以往出版的各種古文字字書。但是，這些字究竟應該編在《説文》的"㐭（廩）"字條下還是"稟"字條下，各家的看法並不一致。將這些字編入"㐭（廩）"字條下的有吳大澂《説文古籀補》、丁佛言《説文古籀補補》、徐文鏡《古籀匯編》、顧廷龍《古匋文𦠤録》及臺灣省出版的《中文大辭典》等書；編入"稟"字條下的則有強運開《説文古籀三補》、容庚《金文編》、徐中舒《漢語古文字字形表》（該書誤將《説文》"㐭"字的或體"廩"編爲"稟"字的或體，又誤將墻盤中的"嗇"字編入"稟"字條下）、高明《古文字類編》、羅福頤《古璽文編》等書。另外，羅福頤《古璽彙編》也將這些字一律釋爲"稟"。

　　我們認爲無論是從字形和辭例來看，還是從《説文》的訓釋來看，這些字都應編在"㐭（廩）"字條下。綜合上表所列字形，主要有"㐭、廩、稟、稟、敫"五形。從辭例上看，完全可以證明這五形是一字之變，並且都作名詞用。其中从广从禾、从米、从木、从米从支作者均是"㐭"字的繁構，即在象形的"㐭"上又加注義符，所以它們必須編在"㐭（廩）"字條下。"稟"字《説文》謂："賜穀也。从㐭从禾。"可見它是一個會意字，並且是作動詞用的。在西周金文中，六年琱生簋（舊稱召伯虎簋）和農卣均有動詞"稟"，一作稟，一作稟，將它們視爲从㐭从禾（米、禾二符通)的會意字編在"稟"字條下是完全正確的,但我們不能據此將戰國文字中作名詞用的加注義符字"稟、𣂷、廩"等也一同編入"稟"字條下。因爲從辭例上已經證明了"稟、𣂷、廩"等於"㐭",而且《說文》也明確指出"廩"是"㐭"的或體。如果我們把"㐭"和"廩"也一同編入"稟"字條下,那豈不更成問題了。所以照我們目前已有的材料來看,西周金文中作動詞用的"稟"或"啬"是會意字,即《說文》中的"稟"字,它並不能等於戰國文字中作名詞用的"稟、𣂷、廩"等加注義符的"㐭"字,兩者在起源上或許不同。當然,假如有人主張"㐭(廩)、稟"乃一字所分化,或者從古漢語名動不分來考慮,那麼在編撰中也理應先照顧名詞"㐭(廩)",後考慮動詞"稟",就像丁佛言那樣,把西周金文中的"稟、啬"二字也編在"㐭(廩)"字條下。儘管目前在早於戰國時期的古文字資料中尚未發現有作名詞用的"稟"或"啬",但在甲骨文中卻是有"㐭"無"稟",不過我們主張在目前情況下,不妨將西周金文中的"稟、啬"二字和戰國文字中的各種"㐭(廩)"字區別對待,即將它們分別編在《說文》的"稟、㐭(廩)"二字下,這樣做似乎更合理些。

　　附圖

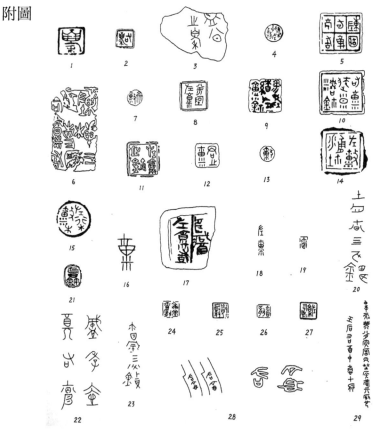

○**王輝**（1987） （<u>編按</u>:集成 9673 寺工師初壺）莽字此銘首見,爲廩人之名。《周禮・司徒》:"廩人掌九穀之數,以待國之匪頒賙賜稍食。"《儀禮・少牢饋食禮》:"廩人概甑甗匕與敦于廩爨。"鄭玄注:"廩人掌米入之藏者。"《國語・周語》:"廩協出。"韋昭注:"廩人掌九穀出用之數也。"《睡虎地秦墓竹簡・效律》也提到廩人"入禾,萬【石一積而比】黎之爲户及籍之曰:'廥禾若干石,倉嗇夫某、佐某、史某、稟(廩)人某。'"從秦律文考察,廩人地位在嗇夫、佐、史之後,可能當爲一般的倉庫收藏、出納管理人員。銘文之所以要刻上廩人的名字,在於説明壺之容量是經過廩人校驗、核准的,茜府用它從倉廩取用米穀,具有標準器的性質。

《人文雜志》1987-3,頁 83

○**裘錫圭**（1988） （<u>編按</u>:集成 9673 寺工師初壺）王輝同志《二年寺工壺、雍工敀壺銘文新釋》一文（本刊 1987 年 3 期,以下簡稱"王文"）,發表了兩壺銘文的正確摹本,並作了很好的考釋,讀後獲益良多。但是王文對二年寺工壺銘文中"廩人"一詞的解釋,似尚有商榷餘地,下面提出筆者的淺見,以供參考,不當之處請王輝同志及讀者指正。

二年寺工壺銘文分三段,一爲"二年,寺工師初,丞柑,廩人莽",一爲"三斗,北寢",一爲"茜府"。王文引用了《周禮》《儀禮》《國語》和睡虎地秦簡中關於"廩人"的資料,證明廩人是糧食倉庫的"收藏、出納管理人員",並認爲此壺"銘文之所有要刻上廩人的名字,在於説明壺之容量是經過廩人校驗、核准的,茜府用它從倉廩取用米穀,具有標準器的性質"（王文 83 頁）。今按,壺爲盛液體的容器,不大可能用作從倉廩取用米穀的標準器。而且秦器銘文所有人名,凡列於"某工師（或'某工'）某、丞某"之後的,皆爲作器工人之名,例如:

三年,上郡守□造,漆工師□,丞□,工城旦□。（戈,《商周金文録遺》583）

廿五年,上郡守□造,高奴工師竃,丞申,工鬼薪詘。（戈,《朝鮮古文化綜鑑》第一卷圖版 12）

□三年,漆工㠯、丞詘造,工隸臣牟。（高奴銅權,《文物》1964 年 9 期 43 頁）

此壺不應獨異。由此看來,壺銘"廩人"的含義似與典籍及秦簡中的"廩人"不同,須當另求別解。

我們懷疑壺銘的"廩人",意即廩取糧食之人,廩食於公之人,詞例與後世所謂“廩生”相似。據《周禮》，在官府中工作的庶人，如府、史（《周禮·天官·序官》鄭玄注“凡府、史皆其官長所自辟除”）、胥、徒（同上注“此民給徭役者”）之類，沒有正式的禄，皆受“稍食”，亦即“廩食”的待遇（詳參《周禮·天官·序官》、《天官·宮正》、《夏官·校人》等條孫詒讓《正義》）。在官府中工作的非奴隸或刑徒身份的工匠，地位相當於一般的胥、徒，通常也接受這種待遇。《禮記·中庸》：“日省月試，既廩稱事，所以勸百工也。”鄭玄注：“日省月試，考校其成功也。既讀爲餼，餼廩，稍食也。《槀人職》曰：乘其事，考其弓弩，以下上其食。”鄭注所引《槀人職》文見《周禮·夏官》，説的是對製造弓弩等物的工匠待遇。《周禮·天官·醫師》：“掌醫之政令……歲終，則稽其醫事，以制其食。”孫詒讓《正義》認爲“食”指無禄位的“散醫”的“稍食”。醫在古代也是被看作一種工匠的。《説文》：“醫，治病工也。”《急就篇》“篤癃衰廢迎醫匠”，顏師古注：“醫匠，療病之工也。”漢代並設有稱爲“醫工長”的醫官。通過上引資料來看，在秦以前，爲公家工作的手工業者，似乎普通接受廩食的待遇。壺銘提到的廩人莽，大概就是這樣的一位手工業者。

　　過去所見秦器銘文，其所記工匠之標明身份者，多爲刑徒（標明爲上造身份的工，如《三代》20·26“相邦樛游戈”的“櫟陽工上造閒”、《文物》1966 年 1 期 9 頁圖九“廿一年寺工車害”的“工上造但”，似皆爲吏而非匠）。1975 年内蒙所出一秦戈，在工師之名後記“工更長犄”之名（《文物》1977 年 5 期 31 頁），楊寬先生認爲“更”當即服役的更卒（《戰國史》1981 年版 85 頁注②）。這是研究秦的官營手工業中勞動者身份的重要新資料。如果我們對“廩人”的解釋可信的話，二年寺工壺銘也就是可以看作是這方面的一條重要新資料了。

《人文雜志》1988-1，頁 28—29

○**王輝**（1990）　（編按：集成 9673 工師初壺）裘先生的説法對人極有啟發。但目前材料太少，秦簡“廩人”又確爲倉庫出納管理人員，同一職名，秦簡與秦銅器理解似不當同，所以這一問題的最後解決，還有待於新資料的出土。

《秦銅器銘文編年集釋》頁 76

○**睡簡整理小組**（1990）　（編按：睡虎地·秦律 168）稟人，即廩人，管理穀物的收藏出納。《周禮·廩人》：“掌九穀之數，以待國之匪（分）頒賙賜稍食。”孫詒讓《正義》認爲其職務是“總計一年穀入之數爲簿書”。《儀禮·少牢饋食禮》注：“廩人，掌米入之藏者。”

《睡虎地秦墓竹簡》頁 58

○**何琳儀**（1998）　晉器亩，讀廩。《周禮 · 地官 · 廩人》："廩人掌九穀之數。"

《戰國古文字典》頁 1413

△**按**　對於戰國文字中的"亩"及相關諸字，吳振武文論述最爲詳盡全面，足可信據。不過其中所論《古璽彙編》0348 號"𣆪鉢"之𣆪似非"亩"字。盛季壺銘中的█，其下部所從的█似爲"臣"旁。

【廩丘】集成 10930 左廩戈

○**黄盛璋**（1988）　廩丘春秋、戰國原皆爲齊地，《左傳》襄二十六年"齊大夫鄔余以廩邱奔晉"，又哀二十年"公會齊人于廩邱"，《史記 · 六國表》齊宣王五十一年"田會以廩邱反"，又《趙世家》"敬侯三年救魏于廩邱，大敗齊人"。此"廩丘"二字屬秦文字，齊、三晉、楚、秦、燕皆有其特殊寫法，我在《再論鄂君啟節地理與交通路線》已列廩字斷代分國表，其後吳振武君更有專文，閒有誤釋，大多可信，據我和吳振武分別所作"廩"字分國斷代研究，此戈銘"廩"字屬秦，廩丘故城據《范縣志》在縣東南七十里義東保。西漢廩丘屬東郡，而東郡爲秦始皇五年置，均見《漢書 · 地理志》，而廩丘秦始置無考，此戈可補記載之缺。

《文博》1988-6, 頁 43

○**王輝**（1990）　"廩丘"乃置用地。廩丘本春秋齊邑。《左傳 · 襄公二十六年》："公侵齊，攻廩丘之郛。"《漢書 · 地理志》東郡有廩丘縣。廩字戰國文字多不從广，秦器二年寺工師初銅壺"廩人莽"，廩字作█，睡虎地秦墓竹簡《效律》"稟人某"，字亦不從广，此從广爲首見，則"廩丘"二字，乃秦末或漢初人所刻。但戈三穿，爲始皇以前器形，故知"廩丘"二字出於後之補刻。

《秦銅器銘文編年集釋》頁 159

亶 亶

集粹

○**何琳儀**（1998）　秦璽亶，人名。

《戰國古文字典》頁 1021

嗇 嗇

█集成 2608 十一年庫嗇夫鼎　█璽彙 0108　█璽彙 0112　█陶彙 6 · 58

郭店·老乙 1　　 上博二·子羔 2　　 上博六·用曰 12　　 睡虎地·效律 28

○**何琳儀**（1998）　嗇，甲骨文作（佚七七二），从㐭从來，會倉廩藏麥之意。來亦聲。金文作（沈子簋），來有訛變。戰國文字㐭多作目形，或作、、、等形。古文作，則爲形之變。其所从來亦多有省變。

《戰國古文字典》頁 82

【**嗇夫**】集成 11284 嗇夫戈　集成 11301 廿三年□丘戈

○**鄭實**（1978）　隨着秦的統一，鄉置嗇夫就逐漸成爲一種全國性的制度，爲漢以後到唐以前所一直沿襲。從雲夢秦簡看，嗇夫還曾一度成爲縣長吏的稱呼，即所謂"縣嗇夫"或"大嗇夫"，它們是當時縣令的別名。（中略）

秦簡告訴我們，官嗇夫是當時官僚機構中相當重要的一個組成部分，不可缺少，缺了的很快要補上。（中略）

官嗇夫和吏嗇夫一樣，只是一個總的稱呼，秦簡中提到了各種各樣的官嗇夫，計有：田嗇夫、倉嗇夫、庫嗇夫、司空嗇夫、苑嗇夫、廄嗇夫、皂嗇夫、發弩嗇夫。（中略）

這各種各樣的官嗇夫，看來也是某一方面、某一種事物的主管。

《文物》1978-2，頁 55—57

○**高敏**（1979）　《秦律》所講到的"嗇夫"一官，至少有如下一些特徵：

第一，秦時，縣一級行政機構中有"嗇夫"一官，名曰"縣嗇夫"，而且有單獨的行政系統。（中略）

第二，"倉嗇夫"是專門管理糧倉的官吏，而且受"縣嗇夫"的直接管轄。（中略）

第三，與"倉嗇夫"同級和同性質的官吏甚多，而且大都以各自所主管的經濟或業務部門的名稱命名，同管理糧倉的嗇夫叫"倉嗇夫"一樣，分別叫"田嗇夫、庫嗇夫、苑嗇夫、離官嗇夫、皂嗇夫、廄嗇夫、司空嗇夫"及"發弩嗇夫"等等。（中略）

第四，"大嗇夫"可能是"縣嗇夫"的另一稱呼，是管理全縣各級各類嗇夫的官吏；而"官嗇夫"則可能是縣內各類專職嗇夫的總稱。（中略）

第五，縣嗇夫（即大嗇夫）的職權範圍，除了管轄各類專職嗇夫外，還有防火、防"盜"等警戒任務和管轄戍邊事宜及傳達法令等等職權。（中略）

第六，秦時，不僅縣、鄉兩級行政機構中均有"嗇夫"一官，而且亭一級也

有"嗇夫"一官。(**中略**)

第七,秦時各級各類嗇夫的試用職務,謂之"守嗇夫"。(**中略**)

第八,"縣嗇夫、官嗇夫"均可簡稱爲"嗇夫"。(**中略**)

第九,"嗇夫"一官,在秦的整個官制中具有重要地位。(**中略**)

《社會科學戰線》1979-1,頁 135—138

○**裘錫圭**(1981)　　一、吏嗇夫和民嗇夫

《管子・君臣上》把嗇夫分成吏嗇夫和人嗇夫兩類:(**中略**)

秦律把倉嗇夫、庫嗇夫、田嗇夫等各種負責某一方面事務的嗇夫總稱爲官嗇夫,與官嗇夫相對的是縣嗇夫或大嗇夫。鄭文(**編按:鄭寶《嗇夫考——讀雲梦秦簡札記》**)指出秦律的官嗇夫相當於《管子》的吏嗇夫(56 頁),這是很精闢的見解。(**中略**)

從秦律看,縣嗇夫就是縣令,其實是很明白的。(**中略**)

二、嗇夫的品級(**中略**)

從秦律看,官嗇夫之下通常都設有佐、史等輔佐官吏,例不勝舉。(**中略**)

看來秦的嗇夫很可能就分有秩和月食兩級。(**中略**)鄉嗇夫和官司嗇夫雖然在職務上有治民和治事之別,但都是下級的主管官吏,並且秩禄品級完全相同。(**中略**)也有可能嗇夫在秦國曾一度由基層治民官吏的稱呼發展爲同級別的治民和治事的長官的通稱,就跟我們所説的"長"差不多。後來感到須要區分不同級別的官吏的稱呼,才縮小了嗇夫一稱的使用範圍。

三、戰國時代秦以外國家的嗇夫(**中略**)

戰國時代秦以外國家嗇夫的資料比較零碎,我們先從資料略爲豐富一些的三晉談起。(**中略**)

三晉兵器、銅器銘文中數見"庫嗇夫"官名。(**中略**)

魏國的安邑下官銅鍾銘文又有"府嗇夫"官名。(**中略**)

三晉古印中還有"余子嗇夫"官印。(**中略**)

關於三晉嗇夫的資料,我們看到的就是以上這一些。

近年來河北省文物管理處對平山縣中山王墓的發掘,提供了關於戰國時代中山國的嗇夫的資料。1 號中山王墓出土的大量銅器,有很多件銘記着主管鑄造工作的官吏的名字。例如有長篇銘文的有蓋圓壺的圈足上有如下銘文:

十三年,左使車嗇夫孫固,工□,冢(重)一石三百三十九刀之冢(重)。

《文物》1979 年 1 期 5、50 頁【《集成》15・9693】

臨沂銀雀山漢墓所出竹書中的《田法》《庫法》《市法》三篇都有嗇夫官司

名。（中略）從三篇法的内容來看，它們顯然都是戰國時代作品。（中略）我們初步推測這三篇法是齊國作品。

　　　　　　　《裘錫圭學術文集》卷五“古代歷史、思想、民俗卷”，頁 44—64，2012；

　　　　　　　　　　　　　　　　　　　　　　　原載《雲夢秦簡研究》

○**黃盛璋**（1985）　（編按：集成 11685 十年鈹）本銘導工嗇夫在工師之上，應是監造者。（中略）本劍銘的導工嗇夫證明：嗇夫就是導工的最高長官，統管左、右導工。從三晉兵器銘刻看，一庫只有一工師，負責技術，而非統管諸事之長官，故工師皆爲主造者，既不能爲監造者，也非直接勞動的制造者，而嗇夫不僅可爲主造者，也可作爲監造者。

　　　　　　　　　　　　　　　　　　　《考古》1985-5，頁 462—463

○**王輝**（1986）　魏之府有嗇夫（安邑下官鍾），中山國之左、右使車亦有嗇夫、有工。《説文》：“嗇，愛濇也，从來、㐭，來者㐭而藏之，故田夫謂之嗇夫。”嗇夫作爲官名，最初可能取義於斂藏，府主貯藏，故有嗇夫。

　　　　　　　　　　　　　　　　　　　《中國考古學研究論集》頁 354

○**睡簡整理小組**（1990）　古代官名，據簡文，縣及縣以下地方行政機構及都官的負責人都可稱爲嗇夫。

　　　　　　　　　　　　　　　　　　　《睡虎地秦墓竹簡》頁 14

○**何琳儀**（1998）　晉器“嗇夫”，官名。《左·昭十七》：“嗇夫馳，庶人走。”

　　　　　　　　　　　　　　　　　　　《戰國古文字典》頁 82）

△**按**　關於戰國文字材料中的“嗇夫”一職，裘錫圭文論列最爲詳盡，可以參看。

牆　牆　牆

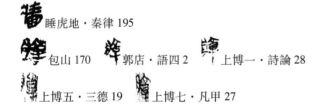

睡虎地·秦律 195

包山 170　　郭店·語四 2　　上博一·詩論 28

上博五·三德 19　　上博七·凡甲 27

○**荊門市博物館**（1998）　（編按：郭店·語四 2）㽼（牆）。

　　　　　　　　　　　　　　　　　　　《郭店楚墓竹簡》頁 217

○**陳偉**（2003）　（編按：郭店·語四 2）墉，字本作“牗”。原釋爲“墙”。此字亦見於上海簡《孔子詩論》28 號簡。整理者原未釋,研究者均釋爲“墙”,連同以下二字讀作詩篇之名“墙有茨”。此字左从爿,右旁所从則是《説文》“土”部説是“古文墉”的那個字。應釋爲“牆”,即《集韻·鍾韻》所録的“墉”字或體。《爾雅·釋宮》:“墙謂之墉。”《詩·召南·行露》:“誰謂鼠無牙,何以穿我墉。”毛傳:“墉,墙也。”墉、墙字別而義通。

《郭店竹書別釋》頁 231—232

○**李守奎**（2004）　（編按:上博一·詩論28）今據詞例可知,“牆”即楚文字的“墙”字。（中略）

　　“爿”當即“牀”字的初文象形,是一張立起的牀形。甲骨文中的“疒”字作“牀”,即象人臥牀上之形。古代牀的形制見於包山楚墓,立起來與“牀”相似。

　　“庸”即《説文》卷十三的“墉”字:“墉,城垣也,从土,庸聲。庸,古文墉。”字又見於曾侯乙墓編鐘,並與《説文》古文形近。“墉、墙”並爲垣,故“墉”可做“墙”的義符。

《上博館藏戰國楚竹書研究》頁 345—346

△**按**　戰國楚簡中的牆,皆當釋作“牆”,不應釋“墉”。

來 𣁋 𡵂 速

陶彙 3·830　　集成 10372 商鞅量　　石鼓文·吾車　　睡虎地·秦律 185

郭店·語一 99　　郭店·語四 21　　上博三·周易 37　　上博五·三德 15

上博二·容成 47　　上博三·周易 9

○**何琳儀**（1998）　來,甲骨文作𤆍(粹一○六六),象麥有穗、莖、根之形。金文作來(牆盤)。戰國文字承襲商周文字,或上下加飾筆作來、來、來,多見燕系文字;偏旁中或省作夾、夾、夾,多見晉系、楚系文字。（中略）

　　燕陶來,讀里。《書·湯誓》“予其大賚汝”。《史記·殷本紀》引賚作里。《汗簡》引《古尚書》狸作狹。均其佐證。燕陶來、叚分別讀里、軌。《國語·齊語》“管子於是制國,五家爲軌,軌爲之長,十軌爲里,里有司。”商鞅方升“來聘”,見《春秋·隱七》“齊侯使其弟年來聘”。注:“諸聘皆使卿執玉帛以相存問。”石鼓來,至。

《戰國古文字典》頁 79

○**劉信芳**（1998）　包山簡 132 反:"翁尹作駐從郢以此等。"字从ⵜ从止,應即"垂"字,讀如"諈"。《説文》:"諈,諉,累也。"《爾雅・釋言》:"諈、諉,累也。"郭璞注:"以事相屬累爲諈、諉。"釋文引孫炎注:"楚人曰諈,秦人曰諉。"所謂"以此等垂",即以此事垂詢。該簡正面所記爲一殺人案例,狀告直至楚王,是云翁尹作駐奉楚王命令,持有關訴狀從郢都至陰,問及地方執事官員。

《容庚先生百年誕辰紀念文集》頁 607—608

△**按**　戰國文字中的"來"異體或作"坴、逨",卷二止部"坴"字條、辵部"逨"字條重見。

麥

睡虎地・日乙 65

○**何琳儀**（1998）　麥,甲骨文作(戩一〇・八)。从夊,來聲。來去之來的初文。假借爲來麥之來。(中略)　睡虎地簡"禾麥",麥。

《戰國古文字典》頁 82

麴

睡虎地・秦律 43

○**睡簡整理小組**（1990）　《説文》:"麴(音敵),麥覈屑也,十斤爲三斗。"應依簡文校正。麴是在麥麩中還雜有麵,漢代據其粗細有小麴、大麴的名稱,見《九章算術・粟米》,參看段玉裁《説文解字注》。

《睡虎地秦墓竹簡》頁 30

复

集成 10407 鳥書箴銘帶鉤　侯馬 92:32　郭店・老甲 1　上博三・周易 22

○**李零**（1983）　（編按:集成 10407 鳥書箴銘帶鉤）册复毋反,复字上所从與中山王䣅方壺銘復字()相似,但下半稍有不同,是否爲复字還值得研究。

《古文字研究》8,頁 60

○**何琳儀**（1998）　复,甲骨文作(前五・一三・五)。下从夊,上从不明。金文作🔲（畗从盅）。戰國文字頗多變化。（中略）侯馬复，讀復，反復。侯馬复，讀腹。

《戰國古文字典》頁 251

△按　戰國鳥書箴銘帶鉤中的🔲字，李零文中存疑，諦審此字中與复字局部有些許相似外，其餘部分均差別較大，而且釋爲“复”也於文義不通。存疑在此，以待高明。

夌 🔲

🔲 璽彙 0101　🔲 璽彙 0283　🔲 璽彙 0164

○何琳儀（1998）　夌，甲骨文作🔲（後上一〇・六）。下从人，上所从不詳。商代金文作🔲（子夌觶），突出人足，小篆下从夊即由腳趾形演變。戰國文字作🔲，省腳趾與甲骨文一脈相承。楚系文字从土，來聲。（來，來紐之部；夌，來紐蒸部。之蒸陰陽對轉。）楚文字以坴爲陵，故亦可歸來聲首。楚文字夌亦作🔲、🔲等形，下从人形與中原文字接近，應是類化所致。（中略）楚器夌，讀陵，均地名後綴。

《戰國古文字典》頁 152

△按　戰國文字中的“夌”多用爲“陵”，詳見卷十四皀部“陵”字條。

致 🔲

🔲 陶彙 5・27　🔲 陶彙 5・384　🔲 睡虎地・日乙 135

○何琳儀（1998）　致，金文作🔲（伯致殷）。从人，至聲。侄之異文（偏旁位置不同）。或作🔲（伯致尊），突出人形之足。或訛作攴形。小篆省人形而存其足（夊），則分化爲致。（中略）秦陶“來，致文武之酢”，參《史記・秦本紀》惠文君“四年，天子致文武胙”。又參包山簡“至叟、至夋”。

《戰國古文字典》頁 1087

憂 🔲

🔲 睡虎地・日甲 55 背

△**按**　戰國秦文字"憂"字下部从"夊",而楚文字中則上部从頁或从首,下部从心。《説文》:"慐,愁也,从心从頁。"參見卷十心部"慐"字條。

愛 𤔲 悉 𢘽

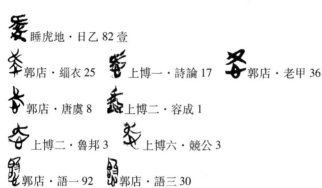

睡虎地·日乙 82 壹

郭店·緇衣 25　　　上博一·詩論 17　　　郭店·老甲 36

郭店·唐虞 8　　　上博二·容成 1

上博二·魯邦 3　　　上博六·競公 3

郭店·語一 92　　　郭店·語三 30

○**何琳儀**(1998)　睡虎地簡㤅,見《正韻》:"㤅,親也。"《字彙》:"㤅,寵也。"

《戰國古文字典》頁 1195

△**按**　戰國楚文字中的"愛"多从心,旡聲,《説文》心部:"悉,惠也。"其中的"旡"旁或訛作"夭",或變作"既"。參見卷十心部"悉"字條下。

戇 韄 歂止

九店 56·16

○**李家浩**(2000)　簡文"戇"字原文皆寫作𩫖,从"止"从"歂"。《説文》"韅、㽪、戇"等字所从聲旁"幹",即"歂"之訛誤(參看李家浩《楚國官印考釋》(四篇),《江漢考古》1984 年 2 期 44、45 頁)。《説文》夊部説"戇"从"夊"。根據古文字,"止、夊"二字皆象足趾之趾。疑簡文"韄"應當是"戇"字的異體,故釋文將其徑寫作"戇"。秦簡《日書》楚除跟"戇"相當的字,甲種作"陷",乙種作"窞"。按"戇、陷、窞"三字古音相近,可以通用。例如《説文》血部"䀩"字的重文作"盬"。"陷、窞、䀩"三字皆从"臽"聲,"戇、盬"二字皆从"幹"聲。

《九店楚簡》頁 64

夏 𩑞 顤 顥 顳 㬎 㫫

聖彙 3444　　　聖彙 15　　　包山 209　　　郭店·緇衣 7　　　楚帛書

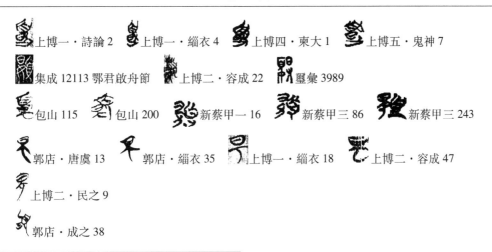

○**郭沫若**（1958）　（編按：集成 12113 鄂君啟舟節）顕是夏字，古璽“夏侯”之夏作顕，此从女者殆是从夊之訛變。“顕內”即“夏汭”，《左傳・昭公四年》“吳伐楚，楚沈尹射奔命于夏汭”，杜預注：“漢水曲入江處，今夏口也。”按即今之漢口。

《文物參考資料》1958-4，頁 4

○**殷滌非、羅長銘**（1958）　（編按：集成 12113 鄂君啟舟節）际上一字，滌非寫作顕字，與夏字寫作夒，𦥑，形相似。

《文物參考資料》1958-4，頁 9

○**嚴一萍**（1967）　（編按：楚帛書）夏。汗簡作𦥑。古璽有“夏侯癸、夏侯馭”，夏侯複姓皆作𦥑。叔夷鐘“𢧵伐夏司”作𦥑。與繒書同。石經《書・多士》，與《春秋》桓十八年之“夏”，古文皆作𦥑。當是𦥑之省。古璽亦有作𦥑者，與《説文》之古文𦥑合。其上半所从之𦥑當是“頁”之訛變。與𦥑字仍爲一系。

《中國文字》26，頁 8—9

○**許學仁**（1983）　🔲繒書甲 1・14　🔲繒書丙 11・3　🔲鄂君啟舟節 1・14　🔲鄂君啟舟節 5・13 🔲鄂君啟車節 1・14

　　顕即夏字，先秦古璽有“夏侯癸”“夏侯馭”之私印，夏侯複姓，夏皆作顕；叔夷鐘“𢧵伐夏司”，夏作𦥑，《汗簡》引《義雲章》作𦥑，並與繒書同。而鄂君啟節“夏傸之月”之夏作𦥑，曰下从女，與繒書小異。或謂女旁乃增益者，不無可商。

《中國文字》新 7，頁 135

○**李零**（1986）　（編按：集成 12113 鄂君啟舟節）夏水是古河道，據《水經注》，其故道是從湖北沙市市東南分江水東出，流經今監利縣北，至沔陽縣附近入漢水（自此以下漢水也叫夏水）。

《古文字研究》13，頁 370

○**湯餘惠**（1986）　𦥑（《璽》3990）即古文夏字。西周金文作𦥐（仲夏父鬲）、𦥐（伯夏父鬲），象人在日下有所操作之形；古人是否以此表示酷夏時令，值得研究。春秋秦公簋作𦥐、小篆作𦥐，疑即前形省“日”之後的變體。《説文》：“夏，中國之人也。从夊从頁从臼。臼，兩手；夊，兩足也。”乃就省形立説，不盡可據，戰國文字不省之形作𦥐（邵伯疊，《類編》93 頁）。前舉古璽的寫法，“頁”即整體人形的主體部分，“又”即人手部分，雖然離析解體卻是淵源有自的。璽文又有𦥑（3988），《古璽彙編》釋“夏”也是對的。“日”下从止不从又，當由整體人形足趾部分分出。魏石經《左傳·僖公》古文夏字作𦥐，《古文四聲韻》引《籀韻》作𦥐，《集韻》一書也以“是”爲古文夏字，很可能都是前形省“頁”的變體。《六書通》上聲“馬”引古文奇字夏作𦥐，又《汗簡》引《義云章》作𦥐，足見从止、从辵本是一回事。有的論者主張石經古文夏字“从日、疋聲”也是很有可能的，在“昰”的基礎上再添一筆作“是”，改造爲形聲字，完全符合古漢字聲化的規律。

《古文字研究》15，頁 20—21

○**何琳儀**（1998）　夏，西周金文作𦥐（仲夏父鬲）。从日从夔，夏日灼人。春秋金文作𦥐（秦公簋），省日旁。戰國文字承襲兩周金文。或作𦥐、𦥐等形，夊旁與頁旁脱離，且作止旁移於日旁之下，與《汗簡》中之二·四十七夏作𦥐吻合。燕系文字日旁或省化作〇形，或繁化作𦥐形，頁旁或省作卩旁。至於作𦥐、𦥐等形，與《説文》夏古文作𦥐形基本吻合。晉系文字止旁訛作又旁，進而加飾筆作寸形。楚系文字止旁或訛作女形，或省日旁作𦥐形。或省止旁作𦥐，進而省化作𦥐。或以虫旁易止旁作𦥐，進而省頁作𦥐。（**中略**）

　　邵伯疊夏，姓氏。夏氏亦曰夏后氏，姒姓，顓帝之後也。又陳宣公子少西，字子夏，其孫征舒，以王父字爲氏，是爲陳夏氏也。見《通志·氏族略·以國爲氏》。

　　燕璽“夏屋”，地名。《水經注·滱水》引《竹書紀年》：“魏殷臣、趙公孫哀伐燕，還取夏屋，城曲逆。”在今河北唐縣東北。燕璽“夏侯”，複姓。本姒姓，夏禹之後。周王立，封夏裔於杞，杞爲楚滅，簡公弟佗奔魯，魯悼公以佗夏侯，受爵爲侯，因以夏侯爲氏。見《姓譜》。燕璽夏，姓氏。

　　晉璽夏，姓氏。晉璽“夏后”，複姓。《史記》：“夏禹爲夏后，因國爲氏焉。”見《元和姓纂》。

　　楚器“夏𥝢”，楚代月名，楚之五月相當秦之二月。鄂君舟節夏，水名。《水經注·夏水》：“夏水出江津于江陵縣東南，又東逕華容縣南，又東至江夏雲夢縣,入于沔。"在今湖北境內。楚璽夏,姓氏。天星觀簡、包山簡"夏夈",楚代月名,楚之七月相當秦之四月。包山簡夏,地名。《左·宣十一年》:"乃復封陳,鄉取一人焉,以歸,謂之夏州。"在今湖北漢口。包山簡夏,姓氏。包山簡"坪夏",讀"平輿",地名。或作"坪夜、坪夈"。帛書夏,季節。隨縣簡夏,姓氏。

睡虎地簡夏,季節。付夏官鼎"夏官",官名。《周禮·夏官·序官》:"乃立夏官司馬,使帥其屬而掌邦政,以佐王平邦國。"

《戰國古文字典》頁 468

○**廖名春**(2000)　(編按:郭店·成之38)第三是簡 38 至簡 39:"《康誥》曰'不還大暊,文王复罰,型𢇍亡愍'害? 此言也,言不霹大棠者,文王之型莫厚安。"引文今本作"文王作罰,刑茲無赦,不率大戛",既有文字之異,也有句序之異。(中略)

"暊",今本作"戛"。疑"暊"當爲"夏"字。"夏"通"雅"。《墨子·天志下》:"于先王之書,《大夏》之道亦然:'帝謂文王:予懷明德,毋大聲以色,毋長夏以革,不識不知,順帝之則。'"俞樾曰:"《大夏》即《大雅》也,雅、夏古字通。《荀子·榮辱篇》曰:'越人安越,楚人安楚,君子安雅。'《儒效篇》曰:'居楚而楚,居越而越,居夏而夏。'是夏與雅通也。下文所引'帝謂文王'六句,正《大雅·皇矣》文。"而"雅"可訓爲"正"。《論語·述而》:"子所雅言,《詩》、《書》、執禮,皆雅言也。"何晏引孔安國曰:"雅言,正言也。"邢昺疏:"雅,正也。"《荀子·儒效篇》:"法二後王謂之不雅。"楊倞注:"雅,正也。"孔安國傳:"戛,常也。凡民不循大常之教,猶刑之無赦。""夏"通"雅"訓"正"與"戛"之"常"義近,故能通用。"

《郭店楚簡國際學術研討會論文集》頁 120—121

○**何琳儀**(2001)　(編按:郭店·成之38)《康䵼(誥)》曰,不還(率)《大夏(雅)》,文王𣃚(作)罰,形茲亡(無)愍(赦)。《成之聞之》38

簡文《康誥》今本作"乃其速由文王作罰,型茲無赦,不率大戛"。二者之文句和次序皆不盡相同。"還、鍰、𨨗、率"展轉相通,皆一音之轉,參高亨《古字通假會典》170、562。"夏"原篆作🌱,與戰國文字習見形體🌱相較,略有省簡而已。這類省"止"之"夏",亦見包山簡 224、隨縣簡 165 等,均爲姓氏。"大夏"應讀"大雅"。《墨子·天志》下:"非獨子墨子以天之志爲法也。於先王之書,《大夏》之道之然。"孫詒讓《閒詁》:"俞云,《大夏》即《大雅》也。雅、夏古字通……下文所引帝謂文王六句,正《大雅·皇矣》篇文。"本簡意謂"不循《大雅》所載先王之法,文王則制定刑法,懲罰他們而不赦”。今本“夏”訛作“戛”,疏引《爾雅·釋詁》訓“常”,已非《書》之原意。

《簡帛研究二〇〇一》頁 165

【夏山】睡虎地·編年 21

○**睡簡整理小組**(1990)　夏山,韓地,位置不詳。

《睡虎地秦墓竹簡》頁 8

【夏层】集成 12113 鄂君啟舟節

○**于省吾**(1963)　“頿层之月”　頿字郭、羅二氏釋夏,郭謂“此从女者殆是从夊之訛變”,甚是,但無佐證。按頿字“仲頿父鬲”作“”,舊不識。又傳世“伯頿父鬲”作“”,舊誤釋爲晏或鄀,容庚《金文編》均入附錄。今以節文驗之,既可以肯定“頿”之即“夏”,又能夠看出頿字遞嬗演化的由來。

（中略）節文稱“夏层之月”,即“夏祈之月”。《周禮·大祝》有“六祈”,鄭玄以爲“祈,嘷(叫)也,謂有災變,號呼告神以求福”。古代祀典的祭禮與祈禮有別,所以《禮記·禮器》謂“祭祀不祈”。《禮記·月令》稱季夏之月,“以共皇天上帝、名山大川、四方之神,以祠宗廟社稷之靈,以爲民祈福”,這是季夏舉行“祈禮”之證。近年長沙楚墓出土繒書的祀神文,長達六百餘字,係祭祀天帝和群神以禳災祈福之詞。節文稱“大司馬邵陽敗晉師于襄陲之歲”,是用戰功以紀年;其稱“夏层之月”,是用祈禮以紀月;金文以戰功或祀禮紀時者習見。此節係因楚王於本年季夏六月舉行過“祈禮”,故稱之爲“夏层(祈)之月”。

《考古》1963-8,頁 443

○**曾憲通**(1982)　鄂君啟節的“夏层”,即秦簡的“夏屎”(又作尸或夷),爲楚曆二月。

《雲夢秦簡日書研究》頁 80

○**李零**(1986)　“夏层”,據睡虎地秦簡《日書》即楚月名“夏屎”,簡文“屎”,或體作“尸”或“夷”,讀與“夷”同,是楚的八月。

《古文字研究》13,頁 369

○**李家浩**(2000)　“夏层”,即夏曆二月。

《九店楚簡》頁 128

敷

石鼓文·作原

○**强運開**（1935） 薛作憂,趙古則作夏,非。錢竹汀云,斿鼛即斿優,與優游義同。張德容云:"按憂即優之本字。《說文》'憂,和緩之行也。《詩》曰:布政憂．'。小篆以優爲憂,以憂爲慐。於是後人遂俱忘其本義。石鼓从夅,蓋籀文也。《說文》璿,籀文作琁,叡籀文作壡,可證。"運開按:張氏之說甚是。

《石鼓釋文》己鼓,頁 11—12

○**何琳儀**（1998） 鼛,从憂,夅聲。石鼓"斿鼛",讀"游敖"。參夅字。《詩·齊風·載驅》:"齊子游敖。"亦作"遊遨"。《漢書·孝文帝紀》:"千里遊遨。"亦作"遊鶩",《吕覽·察今》:"王者乘之遊鶩。"

《戰國古文字典》頁 284

羍 羍 萬

睡虎地·日乙 50 壹

楚帛書 郭店·尊德 26

○**商承祚**（1964） （編按:楚帛書）9."□□乃兵,每于其王"（五、2—9）

《文物》1964-9,頁 13

○**許學仁**（1983） （編按:楚帛書）按:侮字,《説文》古文从母作,段注:"母聲猶每聲也。《漢書·五行志》:慢侮之心生。"近年湖南長沙馬王堆出土帛書《老子》十七章:"其次侮之",小篆本亦假"母"爲"侮"。《説文》訓侮爲"傷",傷乃輕慢之意。唐氏引《詩·大雅·緜》毛傳:"武臣折衝曰禦侮。"以徵侮具"軍事含意",遂斷言此句爲"諸侯舉兵判王室",則又不容驟斷也。

《中國文字》新 7,頁 129

○**饒宗頤**（1985） （編按:楚帛書）每字讀爲侮,或釋虐,於形不近。甘氏《歲星法》:"不利治兵,其國有誅,必害其王。"語略同。

《楚帛書》頁 50

○**何琳儀**（1986） （編按:楚帛書）"䖑",原篆作""。其下所从之"禹"形,亦見《古璽文編》14.8、《説文》古文。"䖑"讀"禹",《風俗通·皇霸篇》:"禹,輔也。""䖑"讀"虞"訓"憂"亦通。

《江漢考古》1986-1,頁 55

○**何琳儀**（1989） （編按:楚帛書）首字原篆作"",《通釋》隸定其下从"禹",不誤,但其上不从"虍"。此字應依朱文引裘錫圭隸定爲"萬",讀"害",《開元占經》引《甘氏歲星法》"其國有誅,必害其王",與帛書"害于其王"辭例正合。

《江漢考古》1989-4,頁 49

〇**睡簡整理小組**(1990)　(編按:睡虎地·日乙 50)萬即《説文》韗(輵)字,《日書》乙種省作戛。

《睡虎地秦墓竹簡》後記

〇**朱德熙**(1992)　(編按:楚帛書)又李家浩同志指出(中略)。又 B5 第 6 字乃萬字。此字同於雲夢秦簡日書,裘錫圭同志指萬即《説文》韏字。秦簡萬字多用爲害。帛書此字亦當讀害。

《古文字研究》19,頁 297

〇**饒宗頤**(1993)　(編按:楚帛書)萬字前讀爲侮,或釋虐,於形不近。李家浩隸定鬼字爲萬,即雲夢日書之蛊,其義爲"害"。"害于其王"語與甘氏正同。甘氏《歲星法》:"不利治兵,其國有誅,必害其王。"

《楚地出土文獻三種研究》頁 257

〇**曾憲通**(1993)　(編按:楚帛書)萫　萬于其王(乙五·六)　此字舊釋爲每、爲虐,皆與形體不合。何琳儀釋虜,已認出下端是禹,但上端仍誤爲从虍。李家浩釋爲萬,才把問題徹底解決。萬字見於秦簡《日書》,裘錫圭指出即《説文》韏字(《四部叢刊》影印《説文繫傳》此字作䡏),秦簡萬字多用爲害,帛書此字亦當讀害。

《長沙楚帛書文字編》頁 78

〇**李零**(2000)　(編按:楚帛書)"萬",見於秦簡《日書》,字亦作"戛"或"踽"。裘錫圭《釋蛊》(香港中文大學《古文字學論集》初編,香港中文大學 1983 年)謂與甲骨文萫爲同一字,讀爲害。《開元占經》引《甘氏歲星法》"其國有誅,必害其王",是相同之例。

《古文字研究》20,頁 167

〇**李守奎、曲冰、孫偉龍**(2007)　(編按:上博五·競建 1)按:此字當係"害"與"禹"之疊合,與"言""京"疊合爲爭類同。簡文中讀爲"害"。《説文》之"韏"當是此類形體的訛變。

《上海博物館藏戰國楚竹書(一—五)文字編》頁 288

△**按**　楚帛書此字當從李家浩和裘錫圭釋作"萬"。

舜　舞　墊

墊郭店·唐虞 1　墊郭店·窮達 2　墊上博二·容成 30　墊上博二·子羔 6

△**按**　楚文字中的"舜"字一般作"𡙃"，與《説文》"舜"字古文𡐩相近。

韋 韋

秦文字集證 61 相邦吕不韋戟　　集成 11396 五年相邦吕不韋戈

望山 2·6　　包山 259　　郭店·老甲 30

上博三·互先 3　　上博五·君子 1　　上博六·天甲 13

○**何琳儀**（1998）　韋，商代金文作（韋爵）。从四止，从丁（城）之初文。會四周圍城之意。圍之初文。《説文》："圍，守也。从囗，韋聲。"《公羊·莊十》"圍不言戰"，注："以兵守城四圍。"甲骨文作（前四·三一·六），省二止。西周金文作（韋鼎），以帀易丁，帀（師）表示師旅。春秋金文作（黄韋俞父盤）。戰國文字承襲春秋金文。或省丁旁作、、，或草率作形。（中略）

燕璽韋，姓氏。韋氏亦曰豕韋氏，風姓。見《通志·氏族略·以國爲氏》。

侯馬盟書"韋書"，韋編竹書。《史記·孔子世家》："讀《易》韋編三絶。"楚簡韋，皮韋。《儀禮·聘禮》注"皮韋同類"，疏："去毛熟治曰韋。"

《戰國古文字典》頁 1176—1177

【韋車】包山 273
○**劉彬徽、彭浩、胡雅麗、劉祖信**（1991）　韋車，似爲兵車的一種。

《包山楚簡》頁 66

○**李家浩**（1995）　"韋車"原文是合文。"韋、革"義近。《漢書·鄭崇傳》"每見曳革履"，顔師古注："孰（熟）曰韋，生曰革。"疑"韋車"是"革車"的别名。《禮記·明堂位》"革車千乘"，鄭玄注："革車，兵車也。"

《第二屆國際中國古文字學研討會論文集續編》頁 382

○**陳偉**（1996）　韋車。整理小組以爲"似爲兵車的一種"。李家浩先生以爲"韋、革"義近，疑爲"革車"别名。據《禮記·明堂位》鄭玄注，革車即是兵車，韋也可能讀作衛。《易·大畜》"日閑輿衛"，王弼注："衛，護也。"《國語·齊語》"以衛諸夏之地"，韋昭注："衛，蔽捍也。"衛車可能與副車、倅車、貳車類似，也是同正車相對而言的。

《考古與文物》1996-2，頁 71—72

○**劉信芳**（1997）　"韋車"即革車，凡獸皮生曰革，熟曰韋，楚系文字从韋从革往往互作。

《中國文字》新 22，頁 167

韓 韓

吉大 128　　上博 35　　珍秦 119　　睡虎地·編年 24 貳　　睡虎地·日甲 22 背肆

○**睡簡整理小組**（1990）　（編按：睡虎地·日甲 22 背）韓，《説文》：“井垣也。”字亦作韓，《莊子·秋水》司馬注：“井欄也。”

《睡虎地秦墓竹簡》頁 211

○**何琳儀**（1998）　秦璽韓，姓氏。

《戰國古文字典》頁 969

靭 韌

曾侯乙 23　　曾侯乙 67

○**何琳儀**（1998）　隨縣簡靭，天星觀簡作紉。

《戰國古文字典》頁 1345

△按　“紉”字異體。

軒

包山牘 1

○**何琳儀**（1998）　包山牘軒，讀軒。《集韻》：“軒，馬被具。”

《戰國古文字典》頁 995

韒

天星觀

○**何琳儀**（1998）　韒，从韋，少聲。天星觀韒，不詳。

《戰國古文字典》頁 325

韎

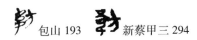包山 193　　新蔡甲三 294

○何琳儀（1998）　韎，从韋，方聲。包山簡韎，人名。

《戰國古文字典》頁 717

韰

包山 277

○劉信芳（2003）　韓（韋）。

《包山楚簡解詁》頁 317

韎

包山牘 1

○何琳儀（1998）　韎，从韋，白聲。疑韍之異文。《玉篇》：“韎，靜也。”包山牘韎，疑讀韜或韔。《正字通》：“韜，韔字之訛。”《集韻》：“韔，馬彎當面皮。”白、百、面一聲之轉。

《戰國古文字典》頁 602

韐　　韚

包山 273　　曾侯乙 58

○何琳儀（1998）　韐，从韋，合聲。　包山簡韐，不詳。

《戰國古文字典》頁 166

○劉信芳（2003）　韐：又作“紷、韚、跲”，或稱“紛紷”，以絲、革製成的車馬部件的附屬裝飾物。

《包山楚簡解詁》頁 315

皾

 璽彙 2612　　璽彙 3748　　包山 270　　曾侯乙 11　　上博二·容成 22

○**何琳儀**（1998）　皾，从韋，皮聲。疑鞁之異文。見鞁字。楚簡皾，讀皮。包山簡"皾皮"，或作"魚皾"（望山簡），讀"魚皮"。隨縣簡皾，或作鞁。

《戰國古文字典》頁 887

△**按**　"鞁"字異體，詳參卷三革部"鞁"字條。

韽

曾侯乙 61　　曾侯乙 115　　天星觀

○**何琳儀**（1998）　韽，从韋，安聲。疑鞌之異體。《説文》："鞌，馬鞁具也。从革，安聲。"天星觀簡韽，讀鞌，亦作鞍。

《戰國古文字典》頁 966

△**按**　"韽"爲"鞌"之異體，或隸作"鞍"，詳參卷三革部"鞌"字條。

韍

包山 271

○**曾憲通**（1996）　韍簡文作韍，右半乃夐字最簡之體。以上節煥字音義求之，當是鞻字。《説文·革部》："鞻，車衡三束也。"段玉裁以爲"三束"當作"五束"，並云："鞻之言欑也，以革縛之凡五。"據此，簡文"豻貘之鞻鞍"，乃指豻貘之革欑縛之鞍具。鞍具爲人所騎坐，用豻貘之革欑之，以策安全。紫紳、紃縛、紫絪等皆鞍上之飾物。

《中山大學學報》1996-3，頁 61

韔

包山 259

○**何琳儀**（1998）　包山簡鞞，不詳。

《戰國古文字典》頁 23

○**劉信芳**（1997）　包山簡二五九：“一韁鞞。”“韁鞞”讀如“章甫”，《禮記·儒行》：“冠章甫之冠。”《論語·先進》：“端章甫。”《儀禮·士冠禮》：“章甫，殷道也。”《釋名·釋首飾》：“章甫，殷冠名也。”按“章甫”作爲冠名，字不單獨爲釋，章與韁、甫與鞞讀音皆近。

《中國文字》新 23，頁 95

○**劉信芳**（2003）　韁鞞：據文例應是鞋名（縷、婁皆爲鞋名），疑讀爲“牂鞍”，“牂”乃羊名，“鞍”乃屨名，“牂鞍”似指羊皮鞋。《吕氏春秋·召類》：“南家，工人也，爲鞍者也。”高誘注：“鞍，屨也。”“鞍”字的釋讀參考了李家浩的意見。

《包山楚簡解詁》頁 272

△按　“鞞”字右旁多見於後出楚簡，如：🔣（上博四·内 10），所在辭例作“肰（然）則🔣（免）於戻”，因此當以釋“鞍”爲是，不過簡文“一韁鞍”仍不能明確究是何物。

鞘

曾侯乙 184

○**何琳儀**（1998）　鞘，从韋，肖聲。鞘之異文。《集韻》：“鞘，或从革。”《説文新附》：“鞘，刀室也。从革，肖聲。”隨縣簡鞘，讀鞘。《集韻》：“鞘，兵車，以鹿皮爲飾。”

《戰國古文字典》頁 322

韐

仰天湖 9

○**劉信芳**（1998）　仰天湖簡 9：“一坂旨之🔣，繢縫，又二録（？）紅組之綏。”🔣字从夆从韋，是句中中心詞，應是一件器物，讀如“幃”，幃是佩囊，《離騷》：“椒又欲充夫佩幃。”字所以从“夆”者，有如“襄”之作🔣、“箙”之作🔣（參下文所釋），强調該物用以垂掛之意。

《容庚先生百年誕辰紀念文集》頁 609

△按　此字簡文不清，不易確釋。

韠

包山 276

○**何琳儀**（1998）　韠，从韋，卑聲。疑鞞之異文。包山簡“鞎韠”，疑讀“捉鞞”，有捉手之刀鞘。

《戰國古文字典》頁 773

○**白於藍**（1996）　韠从卑聲，繹从畢聲，卑爲幫母支部字，畢爲幫母脂部字，兩字雙聲，韻亦不遠。字書中“韠”字就有“韡”爲或體。武威漢簡《儀禮·服傳》四有“繹”字寫作“**繹**”，而此字在《泰射》六二中則寫作“**韠**”，从卑聲，可證韠確可讀作繹。

《説文》：“繹，止也。”《説文通訓定聲·履部》：“繹，按以組約圭中，以索紩車下皆曰繹。”段注：“《考工記·玉人》曰：‘天子圭中必。’《注》曰：‘必讀如鹿車繹之繹……’鹿車下鐵，陳宋淮楚之閒謂之畢。所謂鹿車繹也，與用組約圭中央皆所以止者。”

《簡帛研究》2，頁 46

△按　“韠”之異體，參見卷三革部“韠”字條。

韜

曾侯乙 71

○**何琳儀**（1998）　韜，从韋，冟聲。冟，甲骨文作**冟**（戩六·八），金文作**冟**（毛公鼎）。从皀，冂聲。戰國文字承襲商周文字。小篆冟所从冂訛作宀，參同之古文訛作宀。《説文》：“冟，飯剛柔不調相箸。从皀，冂聲。讀若適。”舊據冟“讀若適”歸支部，兹據古文字冟从Ｈ聲歸耕部。

隨縣簡韜，讀禰。《周禮·春官·巾車》：“王之喪車五，乘木車，蒲蔽、犬禰，尾囊疏飾。”注：“犬禰，以犬皮爲覆笭。”

《戰國古文字典》頁 788

△按　“緷”或“褑”之異體,參見卷十三糸部“緷”字條。

鞤

包山 259

○**何琳儀**(1998)　鞤,从韋,冒聲。包山簡鞤,讀帽,特指皮帽。

《戰國古文字典》頁 260

○**劉信芳**(2003)　鞤:《説文》作“冃”,“小兒及蠻夷頭衣也”。字或作“冒”,《漢書・儁不疑傳》:“衣黃襜褕,著黃冒。”師古《注》:“冒所以覆冒其首。”簡文“鞤”益“韋”作繁形。

《包山楚簡解詁》頁 271

鞱

曾侯乙 3

○**何琳儀**(1998)　鞱,从韋,盾聲。韜之異文。《篇海》:“鞱,同韜。”《説文》:“韜,劍衣也,从韋,舀聲。”隨縣簡鞱,讀韜。《廣雅・釋器》:“韜,弓藏也。”

《戰國古文字典》頁 1334

△按　“盾”字異體,參見卷四盾部“盾”字條。關於“盾”字的構形趙平安有新説(《説盾》,《吉林大學社會科學學報》2014 年第 1 期,第 8—10 頁)。

韓

曾侯乙 2

○**裘錫圭、李家浩**(1989)　“韓”,从“韋”从“弇”。“韋”訓柔革,因此“韋”與“革”作爲表意偏旁時往往可以通用。(中略)疑“韓”即“鞥”字。《説文・革部》:“鞥,彎鞥。从革,弇聲,讀若膺。一曰龍頭繞者。”但簡文“韓”常與䡝、䡨、軗、䡾、席等車上之物記在一起,與《説文》所説之“鞥”似非一事。《説文・革部》:“鞥,車具也。从革,奄聲。”“弇、奄”音近古通。《穆天子傳》卷三“升于弇山”,郭璞注:“弇,弇茲山,日入所也。”古書“弇茲”多作“崦嵫”。據此,簡文"韗"可能應當讀爲"鞤"。

《曾侯乙墓》頁 504

韐

天星觀

○**何琳儀**(1998)　韐,从韋,合聲。疑韐之繁文。《廣韻》:"韐,韎韐,韋蔽膝。"天星觀簡韐,不詳。

《戰國古文字典》頁 1388

△**按**　"韐"之異體,卷三革部"韐"字條重見。

韠

曾侯乙 11

○**何琳儀**(1998)　韠,从韋,㞡聲。疑韠之異文。《集韻》:"韠,素韠履也。"隨縣簡韠,不詳。

《戰國古文字典》頁 758

韗

包山 271

○**何琳儀**(1998)　韗,从韋,堇聲。包山簡韗,讀靳。《釋名·釋用器》;"斤,謹也。"是其佐證。《說文》:"靳,當膺也。从革,斤聲。"

《戰國古文字典》頁 1322

△**按**　劉國勝(《楚喪葬簡牘集釋》頁 56,科學出版社 2011 年)認爲"韗"即"鞁"之異體。《爾雅·釋器》"輿革前謂之鞁",郭璞注:"以韋靶車軾。"

韅

曾侯乙 21　　曾侯乙 28

○**裘錫圭、李家浩**(1989)　此字原文作,有時也用字代替。與戰國文

字"繇"作(長臺關一號墓竹簡 2-011 號"襃"字偏旁)、(古印"戀"字偏旁)等形者相近,疑是"繇"字的變體(參看曾憲通《説繇》,《古文字研究》第 10 輯)。字從"韋""繇"省聲。大概簡文"繇"指一種皮革,故字或從"韋"。"繇"(古書多作"繇")、"由"古通。如所釋不誤,此字似應讀爲"鼬",指黄鼠狼。

《曾侯乙墓》頁 513

韓

新蔡乙二 10

○賈連敏(2003)　"韓"。

《新蔡葛陵楚墓》頁 203

○徐在國(2006)　乙二 10 中的"韓路"之"韓",當分析爲從"韋,雀"聲,讀爲"雀"。《書・顧命》:"二人雀弁,執惠,立于畢門之内。"孔穎達疏引鄭玄曰:"赤黑曰雀,言如雀頭色也。""雀路"相當於上引《禮記・月令》篇中的"玄路"。《説文》:"玄,幽遠也。黑而有赤色者爲玄。"《詩・豳風・七月》:"載玄載黄,我朱孔陽。"毛傳:"玄,黑而有赤也。""雀、玄"均指赤黑色,簡文"韓(雀)路"與"玄路"義同。

《簡帛》2,頁 353—354

鞴

睡虎地・日甲 81 背

△按　字從韋,番聲。簡文前後辭例作"丙名曰鞴可癸上",用作盗賊之名。

鞸

信陽 2・2

○湯餘惠(1993)　疑讀爲鞸,《廣韻》:"鞸,鞈鞸,胡履也。"

《戰國銘文選》頁 139

○郭若愚(1994)　鞸,《廣韻》:"埸白切。鞸鞶,刀飾。"《集韻》:"鞸鞶,刀靶

韋也。"緣,飾邊也。見二-〇一簡釋文。此謂一對以韋皮爲邊飾的柳衣。

《戰國楚簡文字編》頁 66

○劉信芳(1997)　"韢"字从韋从罩,讀如"褉",所謂"脛衣"是也(參"飄罩"條)。"緣韢繀"應是以韋製成的高腰靴,因穿時套於脛衣之外,此所以稱"緣韢屨"。

《中國文字》新 23,頁 97

韢

璽彙 3376

○何琳儀(1998)　韢,从韋,會聲。　楚璽韢,人名。

《戰國古文字典》頁 894

韐

方氏

○湯餘惠等(2001)　韐。

《戰國文字編》頁 350

韉

曾侯乙 40

○何琳儀(1998)　韉,从韋,雖(唯)聲。隨縣簡韉,不詳。

《戰國古文字典》頁 404

△按　此字待考。

韤

包山 259

○何琳儀（1998）　包山簡韗，不詳。

《戰國古文字典》頁 704

△按　此字待考。

韋
雜

包山牘 1

○舒之梅（1998）　“韗”字原誤隸作“韖”。按簡文作“韗”，右上從“虍”甚明，字又見信陽簡 2-011：“一白，二甿白膚，屯韗：之𥻤綳。”《説文》：“韘，收束也，從韋，糕聲，讀若酉。”簡文“韗”應即《説文》“韘”。（中略）

　　包山簡 271：“紫䩄、靾；鼾貘之韝鞍。”“韝鞍”與“韗軒”互文見義，益知“軒”即“鞍”字。“韝”讀如“繚”，《九歌·湘夫人》：“繚之兮杜衡。”王逸章句：“繚，縛束也。”《説文》：“繚，纏也。”“韝”與釋爲“收束”之“韗”音近義通，知“韗軒”即“韝鞍”也。

《容庚先生百年誕辰紀念文集》頁 593

○劉信芳（2002）　包山竹牘 1：“紫䩞、靾。鼾（犴）鉑（貘）之韗（韖）軒（鞍），紫紳，紫鞈（旒）。”簡 271：“紫䩞、靾。鼾（犴）貘（貘）之韝（䪍）鞍（鞍），紫紳，綳綘（縫），紫鞈（旒）。”“韗”字從韋，“虘”聲（“盧”乃“虘”之繁形），字讀爲“韖”，《説文》：“韖，佩刀系也。”《莊子·庚桑楚》：“夫外韖者不可繁而捉，將内揵；内韖者不可繆而捉，將外揵。”《釋文》引《三蒼》釋“韖”云：“佩刀靶韋也。”成玄英《疏》：“韖者，繫縛之名。”古代凡刀劍之把、馬鞍等，多以皮革、或藤條、或樹皮纏縛以爲護封，如朱駿聲《説文通訓定聲》釋“椁”云：“今人又以裹鞍及刀靶，致密奕温，所謂煖皮也。”以上牘文謂：以犴貘之皮繫縛於鞍，作爲鞍的護套，此所謂“犴貘之韗軒”。

　　秦始皇陵二號兵馬俑坑出土有陶質鞍馬 116 匹，“鞍的質地似爲皮革，鞍面爲白色，上面綴有八排粉紅色的鞍釘。鞍下襯着綠色的韉。鞍的兩側及前後端綴有葉形及條帶形的彩帶作爲裝飾。鞍上有類似皮質的扣帶環繞馬腹，鞍後有鞦攀於馬臀，以防鞍向前移動”。此環繞馬腹及攀於馬臀的皮帶即牘文所謂“紫䩞、靾”；鞍的兩側及前後端綴的葉形及條帶形的彩帶即牘文所謂“紫紳，紫旒”。

　　“韗”簡 271 作“韝”，“韝”讀爲“䪍”，《説文》：“䪍，車衡三束也，曲轅䪍縛，直轅暈縛,從革爨聲,讀若《論語》鑽燧之鑽。"其字或作"韃",也是纏縛的意思。

《古文字研究》24,頁 377

△按　此字待考。

○**何琳儀**(1998)　弟,甲骨文作。從柲之初文(![字]),從己,會柲纏韋有次弟之意。西周金文作,春秋金文作。戰國文字承襲兩周金文。或省作![字]、![字]、![字]。(中略)　侯馬盟書弟,見《爾雅·釋親》:"男子先生爲兄,後生爲弟。"　信陽簡"歔弟",讀"豈弟"。《詩·齊風·載驅》"齊子豈弟",傳:"豈弟,樂易也。"包山簡弟。睡虎地簡"弟兄",猶"兄弟"。《管子·山至數》:"弟兄十人,分國爲十。"

《戰國古文字典》頁 1241

△按　戰國文字中"弟"字異體或作"佛",卷八人部重見。

【弟原】璽彙 1097

○**劉樂賢**(2002)　《古璽彙編》0862 號、1097 號分別著録如下二璽:

  二璽的人名,《古璽彙編》釋作"弟备"。按:現今簡化字中的"备"字,其繁體爲"備";古璽人名中的這個字,不可能是"備"的簡化字。此字又見於古錢,丁佛言《説文古籀補補》卷二曾釋爲"原"。現在看來,丁氏的意見是可取的。從字形上説,這個字可能是"邍"的簡寫。《説文解字》:"邍,高平之野,人所登,从辵、备、录,闕。"該字金文下圖 B1(陳公子甗)、B2(單伯鬲)、B3(史敉簋)、B4(饗邍父鼎)等形,石鼓文作 B5 形("作原"第四):

    大家知道,"邍"字經傳多寫作"原"。這樣看來,上引二璽的人名似應釋爲"弟原"。"弟原"可讀爲"夷原",是"平原"的意思。

《追尋中華古代文明的蹤迹》頁 71

夆

璽彙3499　　陶彙3・489　　陶彙3・491

○何琳儀（1998）　齊璽夆，讀逢，姓氏。

《戰國古文字典》頁433

久

陶彙5・332　　陶彙3・1069

○袁仲一（1987）　關於某某“亭久”或“市久”的陶文，見於已發表的資料者有“臨淄亭久、槐里市久、干下市久、亭久、市久”等。亭久和市久的“久”字，有的學者釋爲酒，認爲是市府盛置酤榷賣酒的器物。此説不確。“久”字爲題記的代用語。如秦簡《工律》：“公甲兵各以其官名刻久之，其不可刻久者，以丹若鬃書之。其叚（假）百姓甲兵，必書其久，受之以久。入叚（假）而而（此字衍）毋（無）久及非其官司之久也，皆没入公，以齎律責之。”又：“公器官□久，久之。不可久者，以鬃久之。其或叚（假）公器，歸之，久必乃受之。敝而糞者，靡蚩其久。官輒告叚（假）器者曰：器敝久恐靡者，遝其未靡，謁更其久。其久靡不可智（知）者，令齎賞（償）。”再者，《秦律雜抄》：“工擇榦，榦可用而久以爲不可用，貲二甲。工久榦曰不可用，負久者，久者謁用之，而貲工曰不可者二甲。”《金布律》云：“縣、都官以七月糞公器不可繕者，有久識者靡蚩之。”

　　上述引文所説的在兵器上“刻久”，或以丹和漆“書久”；在官府的器物上“漆久”；借給百姓甲兵、公器“必書其久，受之以久”；使用公器時間長了，恐把久磨掉，待其未磨掉前“謁更其久”；百姓歸還借的甲兵、公器，官府驗收如發現無“久”及不是官府刻或書的“久”，要受懲罰；公器壞了要廢除時，先要把“久識”磨掉等。清楚地説明了“久”的含義是指甲兵或器物上的題字。“久”本是“暫”之反。《易・繫辭》：“恆，久也。”《中庸》：“不息則久。”《老子・道德經》：“天乃道，道乃久。”因此刻“久”或書“久”是要作爲恆久識別的標志之義。《金布律》中的“有久識者靡（磨）蚩之”一語，把“久識”連作一詞，可見“久”字是一個標志。據此可知咸陽亭久、臨淄亭久、槐里亭久、干下市久，以及省稱的亭久、市久等等的“久”字,都應是製陶作坊的標記。咸陽亭久是咸陽市亭製陶作坊的標記,表明其產品是咸陽市作坊生產的。另外,在秦漢時代的陶器上常見的僅有一個“亭”字的印文,也是某市亭作坊的標記。

《秦代陶文》頁 55—56

○**何琳儀**(1998)　久,與乓字同形(參月部乓字)。構形不明。商周文字以久爲乓(典籍作厥)。久、乓均屬見紐,爲一字之分化。代詞乓(厥)與其字音義均近,而其與久同屬見紐之部,亦可資參證。秦國文字**ス**形釋久,六國文字**ス**形釋乓。(**中略**)

　詛楚文“久湫”,神名。秦器久,讀記。《説文》玖下引“《詩》曰,貽我佩玖。讀若芑”。是其佐證。

《戰國古文字典》頁 30

△**按**　把“久”解爲標記近是,但認爲刻“久”或書“久”是要作爲恆久識別的標志之義,則欠妥。《漢語大字典》“久”字條引楊樹達《積微居小學述林》:“古人治病,燃艾灼體謂之灸。久即灸之初字也。字形从臥人,人病則臥牀也。末畫象以物灼體之形。”秦漢簡牘醫書中的針灸義多用“久”字,而少用“灸”字。灸灼之痕經久難滅,故引申出記號、長久等義。參見王三峽《秦簡“久刻職物”相關文字的解讀》(《長江大學學報》2007 年 2 期)。

【**久書**】睡虎地·答問 146

○**睡簡整理小組**(1990)　久,讀爲記,《漢書·張敞傳》注:“記,書也,若今之州縣爲符教也。”記書即地方政權對下級指示的文書。

《睡虎地秦墓竹簡》頁 127

○**裘錫圭**(1982)　《法律答問》亡久書、符券、公璽、衡贏(累),已坐以論,後自得所亡,論當除不當?

　　注釋:“久,讀爲記,《漢書·張敞傳》注:‘記,書也,若今之州縣爲符教也。’記書即地方政權對下級指示的文書。”(213 頁)

　　今按:秦時公家器物多有“久識”,下引各條秦律可證:

　　公器官□久,久之。不可久者,以桼久之。其或叚(假)公器,歸之,久必乃受之。敝而糞者,靡蚩其久。官輒告叚(假)器者曰:器敝久恐靡者,遝其未靡,謁更其久。其久靡不可智(知)者,令齎賞(償)。(72 頁)

　　縣、都官以七月糞公器不可繕者,有久識者靡蚩之。(64 頁)

　　公甲兵各以其官名刻久之,其不可刻久者,以丹若桼書之。其叚(假)百姓甲兵,必書其久,受之以久。入叚(假)而毋(無)久及非其官之久也,皆

没入公,以齎律責之。(71頁)

從所引最後一條,可知公家假器物於百姓時,"必書其久",即必須把器物上的久識記錄下來,以備查考。記錄器物之"久"的文籍,應該就是上引《法律答問》所説的"久書"。久書的性質與符券等相近。所以《法律答問》把它們放在一起來講。如果久書像注釋所説的那樣是上級指示文書的話,就不會跟符券等物並提了。

《古文字論集》頁 538—539,1992;原載《文史》13

△按　睡虎地秦簡此簡文作:"亡久書、符券、公璽、衡贏(累),已坐以論,後自得所亡,論當除不當? 不當。"相類的簡文又見於張家山漢簡《二年律令》52號簡:"亡印,罰金四兩,而布告縣官,毋聽亡印。亡書,符券,入門衞木久,塞門、城門之鑰,罰金各二兩。"據《二年律令》中"書"與"入門衞木久"分述推測,睡虎地秦簡中的"久書"似當非一物,當據《二年律令》在"久"與"書"中閒點斷。睡虎地秦簡中的"久"與《二年律令》的"入門衞木久"似爲一物。王三峽先生認爲"入門衞木久"應當是出入宮禁、標志身份的憑證。此物應當是木製且用烙鐵烙過火記的憑證。參見王三峽《秦簡"久刻職物"相關文字的解讀》(《長江大學學報》2007 年 2 期 87—64 頁)。

桀 桀 㑊 㑊

璽彙 2256　　璽彙 1387　　璽彙 1390　　上博五·鬼神 2

郭店·尊德 5　　璽彙 3501　　上博二·容成 40

包山 143　　包山 191

○**何琳儀**(1998)　晉璽桀,姓氏。襄成侯桀龍,乃匈奴相國來降受封者。見《漢書·景武昭宣元成功臣表》。

《戰國古文戰國》頁 908

△按　戰國文字中"桀"字異體或作"㑊、㑊",卷八人部、卷十三力部重見。

磔 磔

睡虎地·答問 67

○**睡簡整理小組**（1990）　磔（音折），《荀子·宥坐》注：“謂車裂也。”

《睡虎地秦墓竹簡》頁 109

乘 乘 輮

集成 11405 十五年上郡守壽戈　珍秦 122

璽彙 0251　璽彙 5386　集成 11916 廿年距末

集成 12110 鄂君啟車節　信陽 2·4　郭店·語二 26

璽彙 3554　曾侯乙 4　包山 227　郭店·語二 26　上博二·容成 51

璽彙 1107

集成 9496 公乘壺

○**何琳儀**（1998）　乘，甲骨文作（粹一一〇九）。从大从木，會人登樹之意。西周金文作（克鐘）。春秋金文作（匽公匜），突出人之雙足。戰國文字乘之雙足或延伸與雙臂相交。齊系文字乘之木旁演變爲來形，燕系文字以几旁易木旁，（从大从几，會意。）晉系文字省木，楚系文字與燕系文字均从几，秦系文字亦頗有特點。（**中略**）

　　齊符節乘，一車四馬。《詩·小雅·六月》：“元戎十乘。”乘馬戈“乘馬”，見《詩·大雅·韓奕》：“乘馬路車。”公乘器“公乘”，官名。晉璽“乘馬”，複姓。晉官名，見《左傳》。子孫以官爲氏。見《姓氏考略》。晉璽“公乘”，複姓。鄂君啟車節乘，車乘。信陽簡乘，同上。天星觀簡“乘輮”，讀“乘廣”。《說文》：“生讀若皇。”《左·昭七》“黃帝”，《風俗通·聲音》作“皇帝”。《左·宣十七》“苗賁黃”，《漢書·古今人表》作“苗賁皇”，均其佐證。《左·宣十二》“楚子爲乘廣三十乘，分爲左右”，疏：“廣車，橫陳之車。”

《戰國古文字典》頁 145—146

△**按**　戰國文字中“車乘”之“乘”多加“車”旁作“輮”，卷十四車部“輮”字條重見。

【乘車】睡虎地·答問 175

○**睡簡整理小組**（1990）　乘車，《尚書大傳》：“乘車輴輪。”注：“安車也。”即一種可以坐乘的小車。《禮記·曲禮上》：“大夫七十而致事……適四方，乘安車。”在封建國家中，乘坐安車是一種特殊待遇，所以本條規定不能用這種車乘載婦女。

《睡虎地秦墓竹簡》頁 134

○**李守奎**（2000）　乘車　見於曾侯乙墓 7 號簡，同車又見於 137 號簡。車上裝備甚全，戎車上的轡、箙、弓、箭、戈、戟、盾、旆一一俱全，它與竹簡中所記旆車、廣車、殿車等戎車的最大區別是乘車還備有"圓軒"。

《左傳》襄公二十四年："二子在幄，坐射犬於外。既食，而後食之，使御廣車而行，已皆乘乘車。"杜預注："乘車，安車。"在這裏廣車與乘車相對，楊伯峻先生以爲乘車是"平日所乘之戰車，非單獨挑戰之廣車"，裘錫圭、李家浩先生同意此説。我們現在知道了安車是有軒的，乘坐起來更安適，而乘車也有軒，坐乘上比立乘在廣車上要安適，所以杜預釋乘車爲安車。乘車與安車畢竟還有所不同，前者是兵戎之車，後者則是出行用車，相同的只是二者都有"軒"。

《古文字研究》22，頁 197—198

【乘馬】睡虎地・答問 175

○**睡簡整理小組**（1990）　乘馬，《詩・韓奕》箋："所駕之馬爲乘馬。"

《睡虎地秦墓竹簡》頁 134

【乘鼆】曾侯乙 4

○**李守奎**（2002）　乘鼆，見於曾侯乙墓 4 號竹簡。車上的裝備與 7 號簡乘車相類，也是有旆、旗、兵器和"圓軒"的車。在曾侯乙墓竹簡中還有兩乘"鼆軒"，分別見於 6 號和 28 號殘簡中，疑與乘鼆是同一類車，即 120 號簡中帶圓軒的四輛鼆車中的三乘。這些車或四馬駕，或六馬駕，都是大型車。鼆車中還有不帶軒的二馬駕的小型車，簡文中稱作鼆（60 號簡、62 號簡）或"鼆車"（31 號簡），情況比較複雜。"鼆"字尚未確識，無法與典籍參照。

《古文字研究》22，頁 196

【乘輿馬】睡虎地・雜 27

○**睡簡整理小組**（1990）　乘輿馬，帝王駕車的馬，《漢書・昭帝紀》注："乘輿馬，謂天子所自乘以駕車輿者。"

《睡虎地秦墓竹簡》頁 86

犀

包山 116

○**劉彬徽、彭浩、胡雅麗、劉祖信**（1991）　　**鼟**，簡文作**鼟**，从乘从産省，簡106有"鄒陵攻尹産"，與"鼟"爲同一人名。

《包山楚簡》頁47

○**何琳儀**（1998）　　**鼟**，从乘，産省聲。疑産之異文。包山簡**鼟**，人名，或作産。

《戰國古文字典》頁977

△**按**　　此即"産"字訛體，卷六生部産字條重出。